G000280014

10 fonts 0

1000 fonts

fonts

Consultant Editor
Bob Gordon

ILEX

Published in the UK in 2009 by
ILEX
210 High Street, Lewes
East Sussex BN7 2NS, UK
www.ilex-press.com

British Library Cataloguing in Publication
Data. A catalogue record for this book is
available from the British Library

ISBN: 978-1-905814-68-8

This book was conceived, designed,
and produced by **Ivy Press**
210 High Street
Lewes BN7 2NS
www.ivy-group.co.uk

CREATIVE DIRECTOR
Peter Bridgewater

PUBLISHER
Jason Hook

EDITORIAL DIRECTOR
Caroline Earle

ART DIRECTOR
Michael Whitehead

SENIOR PROJECT EDITOR
James Thomas

DESIGNER
Graham Davis

PROJECT MANAGER
Tom Mugridge

CONCEPT DESIGN
Wayne Blades

TYPEFACES ON THIS SPREAD
The text face is Enigma regular. The display
face is Enigma bold, both designed by
Jeremy Tankard.

Printed in China

10 9 8 7 6 5 4 3 2 1

Contents

6 Introduction
10 How to Use This Book

12 Serif

182 Sans Serif

280 Display

336 Script

396 Billboard & Poster

416 Monospaced

422 Screen & Web

430 Inline & Stencil

436 Ornamental

446 Symbols & Dingbats

456 Fun

480 Illustrative

494 Font Economics
496 Font Designers
502 Glossary
506 Resources
508 Index
512 Acknowledgments

Introduction

So many fonts, so much choice

"Why are there so many typefaces?" is a question often asked of typographers and graphic designers. Spoken language is so rich in its ability to express and communicate the myriad conditions of the human experience that it seems fitting that designers should seek to squeeze every conceivable nuance and emotion from the characters that make up the written word—in order to give visual speech greater feeling, depth, and power. By harnessing the attributes of human language and senses it can be seen that the urge to design new typefaces will be unending. Just as an author struggles to find the right words to convey a meaning, so the graphic designer struggles to find the right typeface to match, support, amplify, or enhance the words that form a body of text and other typeset matter.

Finding different or alternative fonts to do the right job is not always the easiest of tasks. Despite the fact that many graphic designers will claim to work with a worthy list of maybe a dozen faces, there are plenty of opportunities whereby they could greatly increase their choice if only they could quickly lay their hands on fonts that they feel would be fit for the purpose. Working with a small number of fonts, albeit tried and tested, is akin to an artist working with a very limited color palette which, over time, becomes boring and uninspiring. Paradoxically, the process of choosing a font is hampered by the sheer number of fonts available to us. This has a debilitating effect on our ability to make rational judgments—thus, we tend to stick to our favorite tried-and-tested fonts. It is worth bearing in mind

that some fonts have to work harder than others depending on the project at hand. It may, for instance, be a lot harder to select a suitable font for a telephone directory than for a club flyer—the durable vs. the ephemeral. It is rare to be able to choose a typeface by aesthetic value alone without regard to utility and practicality.

The simplest way of selecting fonts is through a process of elimination. For some, the first round of elimination is discarding those fonts not on their computers. If purchasing new fonts presents no problem, then a quick glance at a font supplier's list will soon show that the majority of fonts on offer can be discounted for obvious aesthetic and practical reasons. For instance, when looking for a good text font—having first decided on sans serif or serif—we may eliminate

every font that is for display purposes, decorative, or eccentric. By possessing a highly idiosyncratic set of features many fonts become unsuitable for text setting. Thus a relatively short list may be quickly produced, though this may still contain many fonts that, ostensibly, might do the job.

So we need to find ways of narrowing down our selection. What do we want from a font that might make it suitable for the task? Our choice will be governed by a mix of emotion and practicality. The good functioning of a font should come first. Once we are satisfied that a small selection of fonts meets our function criteria, we may let our emotions take over and the final decision may then be based on our own personal taste or an aesthetic suitable for the readership. Let us look at just some of the function criteria.

Readability

Readability is not to be confused with legibility. While we may be able to discern every character printed on a page (or displayed on screen), that does not mean that the set words, headings, paragraphs, or pages are comfortable or easy on the eye. The more text that the reader is expected to read, absorb, and understand, the more important it is that the eye and brain don't tire—thus our selection of font (together, of course, with attention to leading, tracking, and line length) plays a very important role.

Voice

It is no coincidence that individual letterforms are called characters and, like human characters, letters have their own unique vocal identities.

Providing there is clarity, we may find that a special tone, quirky style, or emotional projection is just as important for our typeset delivery as a verbal delivery would be.

Color

The use of textural color allows the designer to create areas of interest and contrast on a page. Most typographers will be familiar with the methods of changing the gray value of a piece of text on a page (color) by modifying the interline spacing (leading), intercharacter spacing (tracking), and gutters between columns. Also, different typefaces of the same point size will display more or less ink on the sheet. So we may be able to start a project by determining the desired textural color and add that to the criteria.

Special Tasks

Within a setting of text or display matter there may be special requirements. Stationery or data, heavy with addresses and phone numbers, may benefit from non-aligning numerals (often termed Old Style numerals), whereas tabulated accounts may benefit from fixed space-aligned numerals. Some projects will, similarly, require heavy usage of certain characters such as question marks, ampersands, currency symbols, brackets, asterisks, bullet points, or fractions—keeping an eye on these details may be critical to the overall appearance of your design.

Further tasks may include the fitting of large amounts of text into relatively small areas, spreading small amounts of text over large areas, finding fonts that work well in special colors and reverse well out of dark backgrounds, and, often overlooked, finding fonts that work well with others. Let us not forget aspects of headlining, indexing, signposting, captioning, highlighting, color compensation, good screen rendering for websites, optical character recognition—all of which will require special consideration.

Choosing the right font for the task is fundamental to a good piece of graphic communication. If you take the time and trouble to consider and list your criteria it is surprising how many fonts you are able to eliminate and this makes the task of font selection more fun and less onerous. *1000 Fonts* has been designed to help the reader identify key font features within clear categories. Just get your criteria right and the rest will follow.

How to Use This Book

This eclectic selection of 1,000 fonts has been assembled by a team of experienced typographic professionals. First, a small explanation is necessary to distinguish what we mean by the words "typeface" and "font." Strictly speaking, the word "typeface" refers to the aesthetic appearance of the design of the letterform, whereas the word "font" signifies the collection of characters in one digital file. These "collections" may be more (or less) extensive than others despite having the same "typeface" name.

The book has been designed to help you quickly pinpoint fonts by category first. Experience has shown that, generally, we tend to look for one overriding characteristic in our search for a suitable font and then refine our search to find supplementary features. The categories are defined according to functionality—we have ignored historical or cultural classifications, as the aesthetic and functionality of a font can often transcend these distinctions. So you will find, for example, all serif text fonts together followed by sans serif text fonts, since it is most likely that this is where you would want to start to look for a font suitable for a lot of text. Similarly, if you need a font that will work well in a Web page, then you would need to look at the Screen & Web Fonts section. A brief description accompanies each font, and there are numerous illustrations of fonts in use. This book is not intended as a catalog but purely as a reference book and practical guide to suitable font selection, so the fonts within the book only carry the prefix of the font foundry within their titles in instances where there may need to be extra clarity and precise identification. These will be listed alphabetically (for example, ITC Officina under "O"). Please note, however, that the index does include the foundry name and relevant copyright and trademark symbols where relevant. Most fonts contain a good selection of foreign accents and fractions. Should you need highly specialized characters or a greater range of accents and foreign glyphs, check the full character set available from your choice of font. OpenType technology allows for vastly increased character sets whereas older font formats require a separate file to accommodate a larger range. Bear in mind, also, that availability of extended character sets for any given font may vary from foundry to foundry. Text fonts, in general, will be more feature heavy than display fonts.

The Reference section at the end of the book contains bios of many great type designers of the past and present, along with resources and a glossary of terms. Where appropriate, a key identifies the features of a given font. These features will significantly help to match a font to a function criteria. The key is as follows:

❶ Small x-height

❷ Economical

❸ Small Family

❹ Useful Family Range

❺ Extensive Family Range

❻ Enormous Family Range

❼ Old Style Numerals in Font

❽ Old Style Numerals Font Available

✪ Featured Designer

The core typeface name and the foundry that supplied it for this book (the same typeface can be available from multiple foundries).

Standard alphabetic type sampler presentation, showing alphanumeric characters and essential punctuation.

A brief key to important aspects of the typeface family.

Tibere

ABCDEFGHIJKLM NOPQRSTUVWXYZ
abcdefghijklm
nopqrstuvwxyz
1234567890@&!?;:"*

⑤⑦
A font with a light touch; it has restrained serifs and mild, unassuming characteristics. But Tibere also exudes a quiet confidence and general restraint—except in Tibere Regular Swash, which has gorgeous curves flowing from the capitals. Particularly useful for book and magazine work.

Si formam cochlearis tui post prandium recordaris, ea forma perversa est. Et cochlear et littera instrumenta sunt; capit alterum cibum e catillo, altera indicium e pagina. Ubi forma digna est, lector commode fiet quoniam littera et trita et decora est. Si formam cochlearis tui post

8/10 Tibere Regular justified

Si formam cochlearis tui post prandium recordaris, ea forma perversa est. Et cochlear et littera instrumenta sunt; capit alterum cibum e catillo, altera indicium e pagina. Ubi forma digna est, lector commode fiet quoniam littera et trita et decora est. Si formam cochlearis tui post prandium recordaris

8/10 Tibere Regular Italic justified

Si formam cochlearis tui post prandium recordaris, ea forma perversa est. Et cochlear et littera instrumenta sunt; capit alterum cibum e catillo, altera indicium e pagina. Ubi forma digna est, lector commode fiet quoniam littera et trita et decora est. Si formam cochlearis tui post

8/10 Tibere Light justified

Si formam cochlearis tui post prandium recordaris, ea forma perversa est. Et cochlear et littera instrumenta sunt; capit alterum cibum e catillo, altera indicium e pagina. Ubi forma digna est, lector commode fiet quoniam littera et trita et decora est. Si formam cochlearis

8/10 Tibere Bold justified

Essential details about the settings and typographic style used for the small text setting, including details of any tracking or kerning.

Standard text used to demonstrate the appearance of type at small sizes.

Display-size character samples showing the shapes of individual letterforms.

Descriptive and historical details about the typeface and how it might be used.

Serif

Enigma Bold page 65

THE SERIF TYPEFACE FAMILY WAS EFFECTIVELY THE ONLY CORE TYPE DESIGN theme for the first few centuries after Gutenberg brought movable type printing to the Western world. The variations on the serif theme are myriad, from the classic lines of Bembo and the majesty of Caslon to the cold purity of Didot, and the slab-based strength of Memphis. Despite their differences, they all honor the same concept: that certain elements of the letterforms should include some kind of serif structure. But where did this serif shape come from?

The serif letterform has its roots in Roman inscriptions, most famously on the Trajan Column of ancient Rome, a monument raised in 113 C.E. to honor the emperor Trajan. The inscription at the column's base is a dedication to the emperor, and it is our best-known example of Roman square or inscriptional capitals. These are the foundation for our capital letters today, and the construction of the letterforms, with the flared terminating details on the ends of strokes, is where our serif designs originated.

However, these serifs weren't created as a result of limitations in the stonecutter's tools. As non-lettering detail in the stonework and sculpture of the period shows quite plainly, the tools of the time were more than able to achieve precise shapes without difficulty. In fact, the column's lettering would first have been set out using brush strokes, and the incised shapes would follow the painted ones. Brush-formed strokes are commonly ended with serif-like turns, and it seems that in the common translation of brush lettering to stone-cut inscriptions these were formalized into the structured serifs that in turn informed the development of our earliest printed type designs.

The origins of the name "serif" itself are more obscure, but it seems certain that this is far more recent than the type style itself. The *Oxford English Dictionary* dates the first use of the word "serif" as 1830, and 1841 for "sans serif," although there is also speculation that the terms emerged simultaneously. It has been suggested that "serif" comes from the Dutch "schreef" for line or stroke of the pen, while others claim it originated in 1813 as "surripses," from two Greek words in a treatise on capital letters. Wherever the name came from, the serif section in the world of typography is a majestic one that is rich with an amazing array of designs to suit any occasion or need. It is important to understand the origins of each design, as this will help you choose your face more effectively.

Albertus

ABCDEFGHIJKLM
NOPQRSTUVWXYZ
abcdefghijklm
nopqrstuvwxyz
1234567890&!?;:"✼

Si formam cochlearis tui post prandium recordaris, ea forma perversa est. Et cochlear et littera instrumenta sunt; capit alterum cibum e catillo, altera indicium e pagina. Ubi forma digna est, lector commode fiet quoniam littera et trita et decora est. Si formam cochlearis tui post prandium recordaris, ea forma perversa est. Et cochlear et littera instru

8/10 Albertus Regular justified

This face, known in some foundries as Flareserif 821, was made by Berthold Wolpe from 1932 to 1940, and was based on hand-lettered inscriptions. The serifs are subtle, swelling gently from the bold core shapes.

Alinea

ABCDEFGHIJKLM
NOPQRSTUVWXYZ
abcdefghijklm
nopqrstuvwxyz
1234567890
@&!?;:"*

Si formam cochlearis tui post prandium recordaris, ea forma perversa est. Et cochlear et littera instrumenta sunt; capit alterum cibum e catillo, altera indicium e pagina. Ubi forma digna est, lector commode fiet quoniam littera et trita et decora est. Si formam cochlearis tui post prandium recordaris, ea forma perversa est. Et cochlear et littera instrumen

7/10 Alinea Regular justified

The serif form of Alinea is an elegant transitional-style typeface designed to work well with the other Alinea designs, Alinea Sans and Alinea Incise. There is a strong contrast between the thicks and thins within the letterforms.

Alisal

ABCDEFGHIJKLM
NOPQRSTUVWXYZ
abcdefghijklm
nopqrstuvwxyz
1234567890
@&!?;:"*

Si formam cochlearis tui post prandium recordaris, ea forma perversa est. Et cochlear et littera instrumenta sunt; capit alterum cibum e catillo, altera indicium e pagina. Ubi forma digna est, lector com-mode fiet quoniam littera et trita et decora est. Si formam cochlearis tui post prandium recordaris, ea forma perversa est. Et cochlear et

8/10 Alisal Regular justified

Matthew Carter's Alisal is only a few years old, but its roots lie in the Italian Old Style designs of the late fifteenth century. It is calligraphic, with sharp, pen-like stroke weights, but the flat, unbracketed serifs give it a modern feel.

Amasis

ABCDEFGHIJ
KLMNOPQRST
UVWXYZ
abcdefghijklm
nopqrstuvwxyz
1234567890&!?;:"*

Amasis was created in the early 1990s as a contemporary slab-serif design with a gentle humanistic feel, rather than the geometric rigidity of most slab serifs. This typeface works well for small text sizes as well as for display contexts.

Si formam cochlearis tui post prandium recordaris, ea forma perversa est. Et cochlear et littera instrumenta sunt; capit alterum cibum e catillo, altera indicium e pagina. Ubi forma digna est, lector commode fiet quoniam littera et trita et decora est. Si

9/11 Amasis Regular justified

Si formam cochlearis tui post prandium recordaris, ea forma perversa est. Et cochlear et littera instrumenta sunt; capit alterum cibum e catillo, altera indicium e pagina. Ubi forma digna est, lector commode fiet quoniam littera et trita et decora est. Si formam cochlearis

9/11 Amasis Italic justified

Si formam cochlearis tui post prandium recordaris, ea forma perversa est. Et cochlear et littera instrumenta sunt; capit alterum cibum e catillo, altera indicium e pagina. Ubi forma digna est, lector commode fiet quoniam littera et trita et decora est. Si formam cochlearis

9/11 Amasis Light justified

Americana

ABCDEFGHIJ
KLMNOPQRST
UVWXYZ
abcdefghijklm
nopqrstuvwxyz
1234567890&!?;:"*

This was created in honor of the 1976 American Bicentennial—although technically it was finished ten years early, in 1966. It has an exceptionally large x-height and wide characters, and is best used for short headlines and similar tasks.

Si formam cochlearis tui post prandium recordaris, ea forma perversa est. Et cochlear et littera instrumenta sunt; capit alterum cibum e catillo, altera indicium e pagina. Ubi forma digna est, lector commode fiet quoniam littera et trita et de

7/10 Americana Roman justified

Si formam cochlearis tui post prandium recordaris, ea forma perversa est. Et cochlear et littera instrumenta sunt; capit alterum cibum e catillo, altera indicium e pagina. Ubi forma digna est, lector commode fiet quoniam littera et trita et decora est.

7/10 Americana Italic justified

Si formam cochlearis tui post prandium recordaris, ea forma perversa est. Et cochlear et littera instrumenta sunt; capit alterum cibum e catillo, altera indicium e pagina. Ubi forma digna est, lector commode fiet quoniam littera et trita et

7/10 Americana Bold justified

Angie

ABCDEFGHIJKLM
NOPQRSTUVWXYZ
abcdefghijklm
nopqrstuvwxyz
1234567890
@&!?;:"'*

5 8

As much a "stressed sans" as it is a serif design, Angie is a font family with serifs that are little more than hints. It is impressively legible at small sizes, but the subtleties of the character shapes require high-quality printing to render accurately.

Sylvia Plath

Charlotte Brönte

JANE AUSTEN

Louisa May Alcott

Emily Dickinson

Si formam cochlearis tui post prandium recordaris, ea forma perversa est. Et cochlear et littera instrumenta sunt; capit alterum cibum e catillo, altera indicium e pagina. Ubi forma digna est, lector commode fiet quoniam littera et trita et decora est. Si formam cochlearis tui post prandium recordaris, ea

9/11 Angie Regular justified

Si formam cochlearis tui post prandium recordaris, ea forma perversa est. Et cochlear et littera instrumenta sunt; capit alterum cibum e catillo, altera indicium e pagina. Ubi forma digna est, lector commode fiet quoniam littera et trita et decora est. Si formam cochlearis tui post prandium recordaris, ea forma perversa

9/11 Angie Italic justified

Si formam cochlearis tui post prandium recordaris, ea forma perversa est. Et cochlear et littera instrumenta sunt; capit alterum cibum e catillo, altera indicium e pagina. Ubi forma digna est, lector commode fiet quoniam littera et trita et decora est. Si formam cochlearis tui post

9/11 Angie Small Caps and OSF justified

Si formam cochlearis tui post prandium recordaris, ea forma perversa est. Et cochlear et littera instrumenta sunt; capit alterum cibum e catillo, altera indicium e pagina. Ubi forma digna est, lector commode fiet quoniam littera et trita et decora est. Si formam cochlearis tui post prandi

9/11 Angie Bold justified

ABCDEFGHIJKLM NOPQRSTUVWXYZ abcdefghijklm nopqrstuvwxyz 1234567890 @&!?;:"*

⑤ ⑦

Angkoon is a typeface family with an exceptionally large number of variants—four weights, with italics and small-cap options, too. It has an obvious calligraphic base, but it also has a restrained clarity that makes it useful for many other text-setting purposes.

SAMUEL BECKETT

Henry James

Alexander Solzhenitsyn

William Faulkner

CHARLES DICKENS

Si formam cochlearis tui post prandium recordaris, ea forma perversa est. Et cochlear et littera instrumenta sunt; capit alterum cibum e catillo, altera indicium e pagina. Ubi forma digna est, lector commode fiet quoniam littera et trita et decora est. Si formam cochlearis tui post

9/11 Angkoon Regular justified

Si formam cochlearis tui post prandium recordaris, ea forma perversa est. Et cochlear et littera instrumenta sunt; capit alterum cibum e catillo, altera indicium e pagina. Ubi forma digna est, lector commode fiet quoniam littera et trita et decora est. Si formam cochlearis tui post prandium

9/11 Angkoon Italic justified

SI FORMAM COCHLEARIS TUI POST PRAN-DIUM RECORDARIS, EA FORMA PERVERSA EST. ET COCHLEAR ET LITTERA INSTRU-MENTA SUNT; CAPIT ALTERUM CIBUM E CATILLO, ALTERA INDICIUM E PAGINA. UBI FORMA DIGNA EST, LECTOR COM-MODE FIET QUONIAM LITTERA ET TRITA

9/11 Angkoon Light Small Caps justified

Si formam cochlearis tui post prandium recordaris, ea forma perversa est. Et cochlear et littera instrumenta sunt; capit alterum cibum e catillo, altera indicium e pagina. Ubi forma digna est, lector commode fiet quoniam littera et trita et decora est. Si formam cochlearis

9/11 Angkoon Bold justified

Arepo

ABCDEFGHIJKLM
NOPQRSTUVWXYZ
abcdefghijklm
nopqrstuvwxyz
1234567890@&!?;:"*

Si formam cochlearis tui post prandium recordaris, ea forma perversa est. Et cochlear et littera instrumenta sunt; capit alterum cibum e catillo, altera indicium e pagina. Ubi forma digna est, lector commode fiet quoniam littera et trita et decora est. Si formam cochlearis tui post prandium recordaris, ea forma perversa est. Et cochlear et littera instrumenta sunt; capit alterum cibum e catillo, altera indic

8/10 Arepo Regular justified

Sumner Stone's Arepo is a decorative face created to accompany a number of his other typefaces. The relatively narrow characters and extreme thins show a distinct elegance, especially in the Italic and Italic Swash variants.

Arnhem

ABCDEFGHIJKLM
NOPQRSTUVWXYZ
abcdefghijklm
nopqrstuvwxyz
1234567890
@&!?;:"*

Si formam cochlearis tui post prandium recordaris, ea forma perversa est. Et cochlear et littera instrumenta sunt; capit alterum cibum e catillo, altera indicium e pagina. Ubi forma digna est, lector commode fiet quoniam littera et trita et decora est. Si formam cochlearis tui post prandium recordaris, ea forma perversa est. Et cochlear et

8/10 Arnhem Regular justified

Arnhem is a modern, elegant Transitional serif with smooth, classic characteristics. Its straightforward clarity makes it an excellent alternative to the overused Times New Roman, and the large x-height makes it highly legible at small sizes.

Arrus

ABCDEFGHIJKLM
NOPQRSTUVWXYZ
abcdefghijklm
nopqrstuvwxyz
1234567890
@&!?;:"*

Si formam cochlearis tui post prandium recordaris, ea forma perversa est. Et cochlear et littera instrumenta sunt; capit alterum cibum e catillo, altera indicium e pagina. Ubi forma digna est, lector commode fiet quoniam littera et trita et decora est. Si formam cochlearis tui post prandium recordaris, ea forma perversa est. Et cochl

8/10 Arrus Roman justified

Arrus, also known as Lapidary 721, was drawn by Richard Lipton at Bitstream in 1991. It is based on his own calligraphic lettering, which in turn is based on ancient inscription forms. It suits anything from book to display work.

Artcraft

ABCDEFGHIJKLM
NOPQRSTUVWXYZ
abcdefghijklm
nopqrstuvwxyz
1234567890@&!?;:"*

Si formam cochlearis tui post prandium recordaris, ea forma perversa est. Et cochlear et littera instrumenta sunt; capit alterum cibum e catillo, altera indicium e pagina. Ubi forma digna est, lector commode fiet quoniam littera et trita et decora est. Si formam cochlearis tui post prandium recordaris, ea forma perversa est. Et cochlear et littera instrumenta sunt; capit alterum cibum e catill

8/10 Artcraft Regular justified

Artcraft is a modern digital remake of a typeface design from the early twentieth century. It has the minimal stroke-weight variation of a face intended for small text, but many of the characters exhibit a quirkiness that deserves greater exposure.

Atma

ABCDEFGHIJKLM
NOPQRSTUVWXYZ
abcdefghijklm
nopqrstuvwxyz
1234567890@&!?;:"*

6 7

For a serif family that's good for book typesetting and provides a wide range of weights and options, Atma's ninety-six-strong set is hard to beat. It has strong Transitional characteristics and was crafted for exceptional legibility at small sizes.

Si formam cochlearis tui post prandium recordaris, ea forma perversa est. Et cochlear et littera instrumenta sunt; capit alterum cibum e catillo, altera indicium e pagina. Ubi forma digna est, lector commode fiet quoniam littera et trita et decora est. Si formam cochlearis

9/10 Atma Book justified

Si formam cochlearis tui post prandium recordaris, ea forma perversa est. Et cochlear et littera instrumenta sunt; capit alterum cibum e catillo, altera indicium e pagina. Ubi forma digna est, lector commode fiet quoniam littera et trita et decora est. Si formam cochlearis tui post prandium reco

9/10 Atma Book Italic justified

Si formam cochlearis tui post prandium recordaris, ea forma perversa est. Et cochlear et littera instrumenta sunt; capit alterum cibum e catillo, altera indicium e pagina. Ubi forma digna est, lector commode fiet quoniam littera et trita et decora est. Si

9/10 Atma Bold justified

Si formam cochlearis tui post prandium recordaris, ea forma perversa est. Et cochlear et littera instrumenta sunt; capit alterum cibum e catillo, altera indicium e pagina. Ubi forma digna est, lector commode fiet quoniam littera et trita et decora est. Si formam

9/10 Atma Medium justified

Barbedor

ABCDEFGHIJKLM
NOPQRSTUVWXYZ
abcdefghijklm
nopqrstuvwxyz
1234567890@&!?;:"*

Si formam cochlearis tui post prandium recordaris, ea forma perversa est. Et cochlear et littera instrumenta sunt; capit alterum cibum e catillo, altera indicium e pagina. Ubi forma digna est, lector commode fiet quoniam littera et trita et decora est. Si formam cochlearis tui post prandium recordaris, ea forma perversa est. Et cochlear et littera instrumenta sunt; capit alterum

8/10 Barbedor Regular justified

Barbedor was designed in 1984 for the Hell-Digiset typesetting system, but it was based on humanistic, broad pen-style designs from 500 years earlier. It has calligraphic tones but works well as body text. It comes in a variety of weights.

ITC Barcelona

ABCDEFGHIJKLM
NOPQRSTUVWXYZ
abcdefghijklm
nopqrstuvwxyz
1234567890@&!?;:"*

Si formam cochlearis tui post prandium recordaris, ea forma perversa est. Et cochlear et littera instrumenta sunt; capit alterum cibum e catillo, altera indicium e pagina. Ubi forma digna est, lector commode fiet quoniam littera et trita et decora est. Si formam cochlearis tui post prandium recordaris, ea forma perversa est. Et coc

8/10 ITC Barcelona Book justified

Barcelona was designed by Ed Benguiat. Although the core characters are strong and simple, it has decorative elements that are highly distinctive. Suitable for body and display use, depending on the weights you select.

Basilia

ABCDEFGHIJKLM
NOPQRSTUVWXYZ
abcdefghijklm
nopqrstuvwxyz
1234567890@ &!?;:"*

Si formam cochlearis tui post prandium recordaris, ea forma perversa est. Et cochlear et littera instrumenta sunt; capit alterum cibum e catillo, altera indicium e pagina. Ubi forma digna est, lector commode fiet quoniam littera et trita et decora est. Si formam cochlearis tui post prandium recordaris, ea forma perversa est. Et cochlear et littera

8/10 Basilia Regular justified

This Modern Face design shows initial similarities with Bodoni, but it has softer, rounder curves and a more open feel. Work on Basilia started in 1968, but it took five years for the first weights to be finished. Later it was adapted for filmsetting.

Baskerville

ABCDEFGHIJKLM NOPQRSTUVWXYZ

abcdefghijklm nopqrstuvwxyz

1234567890

@&!?;:."'*

Designed in 1757 by John Baskerville, this font represented a milestone in typographic development that took advantage of the latest printing innovations. At the time, some claimed that the contrasting thick and thin elements would damage eyesight, but this face has long been recognized as a very usable classic.

Credit
Design: Kevin Summers
Client: White Chimney Journal
(arts and literary journal)

Si formam cochlearis tui post prandium recordaris, ea forma perversa est. Et cochlear et littera instrumenta sunt; capit alterum cibum e catillo, altera indicium e pagina. Ubi forma digna est, lector commode fiet quoniam littera et trita et decora est. Si formam cochlearis tui post prandium recordaris, ea forma perversa est. Et cochl

9/11 Baskerville Regular justified

Si formam cochlearis tui post prandium recordaris, ea forma perversa est. Et cochlear et littera instrumenta sunt; capit alterum cibum e catillo, altera indicium e pagina. Ubi forma digna est, lector commode fiet quoniam littera et trita et decora est. Si formam cochlearis tui post prandium recordaris, ea forma perversa est. Et cochlear et littera instrumenta sunt; capit alterum cibum e catillo,

9/11 Baskerville Italic justified

Si formam cochlearis tui post prandium recordaris, ea forma perversa est. Et cochlear et littera instrumenta sunt; capit alterum cibum e catillo, altera indicium e pagina. Ubi forma digna est, lector commode fiet quoniam littera et trita et decora est. Si formam cochlearis tui post

9/11 Baskerville Semibold justified

Bauer Bodoni

ABCDEFGHIJKLM
NOPQRSTUVWXYZ
abcdefghijklm
nopqrstuvwxyz
1234567890
@&!?;:"*

Si formam cochlearis tui post prandium recordaris, ea forma perversa est. Et cochlear et littera instrumenta sunt; capit alterum cibum e catillo, altera indicium e pagina. Ubi forma digna est, lector commode fiet quoniam littera et trita et decora est. Si formam cochlearis tui post prandium recordaris, ea forma

9/11 Bauer Bodoni Std 1 Roman justified

Si formam cochlearis tui post prandium recordaris, ea forma perversa est. Et cochlear et littera instrumenta sunt; capit alterum cibum e catillo, altera indicium e pagina. Ubi forma digna est, lector commode fiet quoniam littera et trita et decora est. Si formam cochlearis tui post prandium recordaris, ea forma perversa

9/11 Bauer Bodoni Std 1 Italic justified

Si formam cochlearis tui post prandium recordaris, ea forma perversa est. Et cochlear et littera instrumenta sunt; capit alterum cibum e catillo, altera indicium e pagina. Ubi forma digna est, lector commode fiet quoniam littera et trita et decora est. Si formam cochlearis tui post prandium recordaris, ea forma perversa

9/11 Bauer Bodoni Std 2 Bold Condensed justified

Si formam cochlearis tui post prandium recordaris, ea forma perversa est. Et cochlear et littera instrumenta sunt; capit alterum cibum e catillo, altera indicium e pagina. Ubi forma digna est, lector commode fiet quoniam littera et trita et decora est. Si formam cochlearis tui post prandium recordaris, ea forma perversa est. Et cochlear e

9/11 Bauer Bodoni Std 2 Black Condensed justified

AbAb

4 ⭐

This version of Bodoni came from the Bauersche Giesserei foundry in the 1920s. It is a careful and precise revival of the face created by Giambattista Bodoni in the late eighteenth century, and is distinguished by crisp, fine serifs and extreme weight differences between the thick and thin strokes.

Credit
Design: Grant Dickson, nothingdiluted
Client: In-house project (book cover)

Baxter

ABCDEFGHIJKLM
NOPQRSTUVWXYZ
abcdefghijklm
nopqrstuvwxyz
1234567890@&!?;:"※

Si formam cochlearis tui post prandium recordaris, ea forma perversa est. Et cochlear et littera instrumenta sunt; capit alterum cibum e catillo, altera indicium e pagina. Ubi forma digna est, lector commode fiet quoniam littera et trita et decora est. Si formam cochlearis tui post prandium recordaris, ea forma perversa est. Et cochlear et littera instrumenta sunt; capit alterum cibum e catillo, altera indicium e pagina. Ubi forma digna est, lector commode fie

8/10 Baxter Roman justified

The creation of Richard Beatty, a prolific digital type designer. Available in "old style" and "new style" variations, it is an elegant and highly usable pastiche of older metal-type designs. Suitable for body text, but be aware of the tall ascenders.

Beaufort

ABCDEFGHIJKLM
NOPQRSTUVWXYZ
abcdefghijklm
nopqrstuvwxyz
1234567890@&!?;:"*

Si formam cochlearis tui post prandium recordaris, ea forma perversa est. Et cochlear et littera instrumenta sunt; capit alterum cibum e catillo, altera indicium e pagina. Ubi forma digna est, lector commode fiet quoniam littera et trita et decora est. Si formam cochlearis tui post prandium recordaris, ea forma perversa est. Et cochlear et littera instrumenta sunt; capit alterum

8/10 Beaufort Light justified

This is sometimes described as an "almost sans"; it has discreet serifs that add a delicate style to the Old Style–influenced shapes at any weight and which, it is claimed, couldn't be achieved before modern PostScript typesetting.

Bell

ABCDEFGHIJKLM
NOPQRSTUVWXYZ
abcdefghijklm
nopqrstuvwxyz
1234567890@&!?;:"*

Si formam cochlearis tui post prandium recordaris, ea forma perversa est. Et cochlear et littera instrumenta sunt; capit alterum cibum e catillo, altera indicium e pagina. Ubi forma digna est, lector commode fiet quoniam littera et trita et decora est. Si formam cochlearis tui post prandium recordaris, ea forma perversa est. Et cochlear et littera instrumenta sunt; capit alter

8/10 Bell Regular justified

Described as the first modern English typeface, Bell was created in 1788 to combine the crispness of Didot with more traditional bracketed serifs. The 1932 Monotype revival includes most of the original and distinctive character variants.

Belucian

ABCDEFGHIJKLM
NOPQRSTUVWXYZ

abcdefghijklm

nopqrstuvwxyz

1234567890@&!?;:"*

Si formam cochlearis tui post prandium recordaris, ea forma perversa est. Et cochlear et littera instrumenta sunt; capit alterum cibum e catillo, altera indicium e pagina. Ubi forma digna est, lector commode fiet quoniam littera et trita et decora est. Si formam cochlearis tui post prandium recordaris, ea forma perversa est. Et cochlear et littera

9/10 Belucian Book justified

A 1990s revival of designs by Lucian Bernhard dating from 1925. There is an elegance to its subtle swells and serifs, and

it contains weights suitable for body text and headline use. Its restricted x-height means sizes appear smaller than they are.

Belwe

ABCDEFGHIJKLM
NOPQRSTUVWXYZ
abcdefghijklm
nopqrstuvwxyz
1234567890@&!?;:"*

Belwe is influenced by Art Nouveau design ideas as well as older blackletter styles. It has shapes and angles that vary throughout the different characters, yet it all works together as a coherent whole. It was designed by Georg Belwe in 1926 for a type foundry in Dresden, Germany.

Si formam cochlearis tui post prandium recordaris, ea forma perversa est. Et cochlear et littera instrumenta sunt; capit alterum cibum e catillo, altera indicium e pagina. Ubi forma digna est, lector commode fiet quoniam littera

8/10 Belwe Medium justified

Si formam cochlearis tui post prandium recordaris, ea forma perversa est. Et cochlear et littera instrumenta sunt; capit alterum cibum e catillo, altera indicium e pagina. Ubi forma digna est, lector commode fiet quoniam littera et trita et decora est.

8/10 Belwe Light justified

Si formam cochlearis tui post prandium recordaris, ea forma perversa est. Et cochlear et littera instrumenta sunt; capit alterum cibum e catillo, altera indicium e pagina. Ubi forma digna est, lector commode fiet quoniam littera et trita et decora est. Si formam cochlearis

8/10 Belwe Condensed justified

Si formam cochlearis tui post prandium recordaris, ea forma perversa est. Et cochlear et littera instrumenta sunt; capit alterum cibum e catillo, altera indicium e pagina. Ubi forma digna est, lector commode fiet quoniam litte

8/10 Belwe Bold justified

Bembo

ABCDEFGHIJKLM
NOPQRSTUVWXYZ
abcdefghijklm
nopqrstuvwxyz
1234567890
@&!?;:"'*

The origins of Bembo lie in a face first printed in 1495 by Aldus Manutius. While it was incredibly influential in typeface design, it was Stanley Morison's 1929 project for Monotype that produced the Bembo we know today—slightly rationalized and with a reformed italic. A classic design suitable for a wide variety of uses.

Credit
Design: Bernard Higton
Client: *Beautiful Britain* magazine
(magazine spread)

Si formam cochlearis tui post prandium recordaris, ea forma perversa est. Et cochlear et littera instrumenta sunt; capit alterum cibum e catillo, altera indicium e pagina. Ubi forma digna est, lector commode fiet quoniam littera et trita et decora est. Si formam cochlearis tui post prandium recordaris, ea forma perversa est. Et cochlear et littera instrumen

9/11 Bembo Book justified

The Master Cutler

Si formam cochlearis tui post prandium recordaris, ea forma perversa est. Et cochlear et littera instrumenta sunt; capit alterum cibum e catillo, altera indicium e pagina. Ubi forma digna est, lector commode fiet quoniam littera et trita et decora est. Si formam cochlearis tui post prandium recordaris, ea forma perversa est. Et cochlear et littera instrumenta

9/11 Bembo Book Italic justified

Si formam cochlearis tui post prandium recordaris, ea forma perversa est. Et cochlear et littera instrumenta sunt; capit alterum cibum e catillo, altera indicium e pagina. Ubi forma digna est, lector commode fiet quoniam littera et trita et decora est. Si formam cochlearis tui post prandium recordaris, ea forma perversa

9/11 Bembo Book Bold justified

Berkeley Old Style

ABCDEFGHIJKLM NOPQRSTUVWXYZ abcdefghijklm nopqrstuvwxyz 1234567890@&!?;:"*

This font originated in a typeface created specifically for the University of California in the late 1930s by Frederic Goudy. It was redrawn in 1983 with an extended family, and issued as Berkeley Old Style. Designed for absolute legibility.

Si formam cochlearis tui post prandium recordaris, ea forma perversa est. Et cochlear et littera instrumenta sunt; capit alterum cibum e catillo, altera indicium e pagina. Ubi forma digna est, lector commode fiet quoniam littera et trita et decora est. Si formam cochlearis

8/10 Berkeley Old Style Book justified

Si formam cochlearis tui post prandium recordaris, ea forma perversa est. Et cochlear et littera instrumenta sunt; capit alterum cibum e catillo, altera indicium e pagina. Ubi forma digna est, lector commode fiet quoniam littera et trita et decora est. Si formam cochlearis tui post prandium

8/10 Berkeley Old Style Book Italic justified

Si formam cochlearis tui post prandium recordaris, ea forma perversa est. Et cochlear et littera instrumenta sunt; capit alterum cibum e catillo, altera indicium e pagina. Ubi forma digna est, lector commode fiet quoniam littera et trita et decora est. Si

8/10 Berkeley Old Style Medium justified

Si formam cochlearis tui post prandium recordaris, ea forma perversa est. Et cochlear et littera instrumenta sunt; capit alterum cibum e catillo, altera indicium e pagina. Ubi forma digna est, lector commode fiet quoniam littera et trita et decora est. Si

8/10 Berkeley Old Style Bold justified

Berling

ABCDEFGHIJKLM NOPQRSTUVWXYZ abcdefghijklm nopqrstuvwxyz 1234567890@&!?;:"*

Si formam cochlearis tui post prandium recordaris, ea forma perversa est. Et cochlear et littera instrumenta sunt; capit alterum cibum e catillo, altera indicium e pagina. Ubi forma digna est, lector commode fiet quoniam littera et trita et decora est. Si formam cochlearis tui post prandium recordaris, ea forma perversa est. Et cochlear et littera instru

8/10 Berling Roman justified

Created for Berling in 1951, the Old Style design works well for book and magazine typesetting despite having more stroke-weight contrast than many of its stylistic peers. This slight crispness of form also helps it serve as a display face.

ITC Biblon

ABCDEFGHIJKLM
NOPQRSTUVWXYZ
abcdefghijklm
nopqrstuvwxyz
1234567890@&!?;:"*

Si formam cochlearis tui post prandium recordaris, ea forma perversa est. Et cochlear et littera instrumenta sunt; capit alterum cibum e catillo, altera indicium e pagina. Ubi forma digna est, lector commode fiet quoniam littera et trita et decora est. Si formam cochlearis tui post prandium recordaris, ea forma perversa est. Et cochlear et littera instrumenta sunt; capit alterum cibum e catillo, alt

8/10 ITC Biblon Regular justified

Biblon is an award-winning font family from the Czech type designer Frantisek Storm. Although it was created in 2000 it has subtle overtones of the 1920s and 1930s. It has some slight quirks, but is suitable for body and display type use.

Birka

ABCDEFGHIJKLM
NOPQRSTUVWXYZ
abcdefghijklm
nopqrstuvwxyz
1234567890@&!?;:"*

Si formam cochlearis tui post prandium recordaris, ea forma perversa est. Et cochlear et littera instrumenta sunt; capit alterum cibum e catillo, altera indicium e pagina. Ubi forma digna est, lector commode fiet quoniam littera et trita et decora est. Si formam cochlearis tui post prandium recordaris, ea forma perversa est. Et cochlear et littera instrumenta

8/10 Birka Regular justified

This is an exceptionally beautiful modern type design, with an elegance that reflects the best qualities of Garamond. Birka is very well suited to book text and similar uses, and is a good choice wherever clarity and cleanliness are paramount.

Boberia

ABCDEFGHIJKLM
NOPQRSTUVWXYZ
abcdefghijklm
nopqrstuvwxyz
1234567890@ठ!?;:"*

Si formam cochlearis tui post prandium recordaris, ea forma perversa est. Et cochlear et littera instrumenta sunt; capit alterum cibum e catillo, altera indicium e pagina. Ubi forma digna est, lector commode fiet quoniam littera et trita et decora est. Si formam cochlearis tui post prandium recordaris, ea forma perversa est. Et cochlear et littera instrumenta sunt; capit alterum cibum e catillo, altera indicium e pagina.

8/10 Boberia Light justified

Harking back to the neoclassical ideals of the early twentieth century, Boberia has an Art Deco–influenced style with a large x-height and flowing, slightly quirky, letterforms. Use when a sense of period style is required.

ABCDEFGHIJKLM NOPQRSTUVWXYZ abcdefghijklm nopqrstuvwxyz 1234567890 @&!?;:"'*

❹

Ed Benguiat created the modern cuts of the original Bookman from the nineteenth century, sticking closely to the core characteristics but increasing the x-height to improve general legibility. Use in body text and display setting when clarity and authority is required.

cartae

carta

actuarius

actuari

Si formam cochlearis tui post prandium recordaris, ea forma perversa est. Et cochlear et littera instrumenta sunt; capit alterum cibum e catillo, altera indicium e pagina. Ubi forma digna est, lector commode fiet quoniam littera et trita et decora est. Si formam cochlearis tui post prandium recordaris, ea

8/11 Bookman Medium justified

Si formam cochlearis tui post prandium recordaris, ea forma perversa est. Et cochlear et littera instrumenta sunt; capit alterum cibum e catillo, altera indicium e pagina. Ubi forma digna est, lector commode fiet quoniam littera et trita et decora est. Si formam cochlearis tui post prandium

8/11 Bookman Italic justified

Si formam cochlearis tui post prandium recordaris, ea forma perversa est. Et cochlear et littera instrumenta sunt; capit alterum cibum e catillo, altera indicium e pagina. Ubi forma digna est, lector commode fiet quoniam littera et trita et decora est. Si formam cochlearis tui post prandium recordaris, ea

8/11 Bookman Light justified

Si formam cochlearis tui post prandium recordaris, ea forma perversa est. Et cochlear et littera instrumenta sunt; capit alterum cibum e catillo, altera indicium e pagina. Ubi forma digna est, lector commode fiet quoniam litte

8/11 Bookman Demi Bold justified

Breughel

ABCDEFGHIJKLM
NOPQRSTUVWXYZ
abcdefghijklm
nopqrstuvwxyz
1234567890@&!?;:"*

Si formam cochlearis tui post prandium recordaris, ea forma perversa est. Et cochlear et littera instrumenta sunt; capit alterum cibum e catillo, altera indicium e pagina. Ubi forma digna est, lector commode fiet quoniam littera et trita et decora est. Si formam cochlearis tui post prandium recordaris, ea forma perversa est. Et cochlearis tui post

8/10 Breughel Roman justified

Designed by Adrian Frutiger in the early 1980s, this is an almost postmodern creation. It is influenced by humanistic faces such as Jenson, but it mixes two styles of serif construction to produce a lively, innovative feel on the page.

Brioso

ABCDEFGHIJKLM
NOPQRSTUVWXYZ
abcdefghijklm
nopqrstuvwxyz
1234567890@&!?;:"*

Named after the Italian word for "lively," the Brioso family is an unashamedly calligraphic design crafted as a well-balanced and extensive family of body text–friendly faces. This can instill the impression of a traditional hand-lettered manuscript without straying too far from proper typesetting control.

Si formam cochlearis tui post prandium recordaris, ea forma perversa est. Et cochlear et littera instrumenta sunt; capit alterum cibum e catillo, altera indicium e pagina. Ubi forma digna est, lector commode fiet quoniam littera et trita et decora est. Si formam cochlearis

8/10 Brioso Regular justified

Si formam cochlearis tui post prandium recordaris, ea forma perversa est. Et cochlear et littera instrumenta sunt; capit alterum cibum e catillo, altera indicium e pagina. Ubi forma digna est, lector commode fiet quoniam littera et trita et decora est. Si formam cochlearis tui post

8/10 Brioso Light justified

Si formam cochlearis tui post prandium recordaris, ea forma perversa est. Et cochlear et littera instrumenta sunt; capit alterum cibum e catillo, altera indicium e pagina. Ubi forma digna est, lector commode fiet quoniam littera et trita et decora est. Si formam cochlearis tui post prandium recordaris ea

8/10 Brioso Italic justified

Si formam cochlearis tui post prandium recordaris, ea forma perversa est. Et cochlear et littera instrumenta sunt; capit alterum cibum e catillo, altera indicium e pagina. Ubi forma digna est, lector commode fiet quoniam littera et trita et decora est. Si

8/10 Brioso Bold justified, +10 units of tracking

Bulmer

ABCDEFGHIJKLM
NOPQRSTUVWXYZ
abcdefghijklm
nopqrstuvwxyz
1234567890@&!?;:"'*

Si formam cochlearis tui post prandium recordaris, ea forma perversa est. Et cochlear et littera instrumenta sunt; capit alterum cibum e catillo, altera indicium e pagina. Ubi forma digna est, lector commode fiet quoniam littera et trita et decora est. Si formam cochlearis tui post prandium recordaris, ea forma perversa est. Et cochlear et littera instrumenta sunt; capit alterum cibum e catillo, altera indici

8/10 Bulmer Regular justified

Cut privately in the 1920s, Bulmer harks back to designs from the late eighteenth century and invokes feelings of prestige.

It has similarities to later Bodoni typeface designs but is slightly narrower and has obvious Old Style characteristics.

Caecilia

ABCDEFGHIJKLM
NOPQRSTUVWXYZ
abcdefghijklm
nopqrstuvwxyz
1234567890@&!?;:"'*

Caecilia is a subtly sophisticated design suitable for a very wide range of uses. Although it appears at a glance to be a monoline, slab-serifed face, it has subtle stroke variations, a delicate open design, and an almost exuberant set of italics.

Si formam cochlearis tui post prandium recordaris, ea forma perversa est. Et cochlear et littera instrumenta sunt; capit alterum cibum e catillo, altera indicium e pagina. Ubi forma digna est, lector commode fiet quoni

8/10 Caecilia 55 Roman justified

Si formam cochlearis tui post prandium recordaris, ea forma perversa est. Et cochlear et littera instrumenta sunt; capit alterum cibum e catillo, altera indicium e pagina. Ubi forma digna est, lector commode fiet quoniam litte

8/10 Caecilia 45 Light justified

Si formam cochlearis tui post prandium recordaris, ea forma perversa est. Et cochlear et littera instrumenta sunt; capit alterum cibum e catillo, altera indicium e pagina. Ubi forma digna est, lector commode fiet quoniam littera et trita et

8/10 Caecilia 56 Italic justified

Si formam cochlearis tui post prandium recordaris, ea forma perversa est. Et cochlear et littera instrumenta sunt; capit alterum cibum e catillo, altera indicium e pagina Ubi forma digna est, lector commode fiet quon

8/10 Caecilia 85 Heavy justified

SERIF FONTS 31

Californian

ABCDEFGHIJKLM
NOPQRSTUVWXYZ
abcdefghijklm
nopqrstuvwxyz
1234567890@&!?;:"*

Si formam cochlearis tui post prandium recordaris, ea forma perversa est. Et cochlear et littera instrumenta sunt; capit alterum cibum e catillo, altera indicium e pagina. Ubi forma digna est, lector commode fiet quoniam littera et trita et decora est. Si formam cochlearis tui post prandium recordaris, ea forma perversa est. Et cochlear et littera instrumenta sunt; capit alterum

8/10 Californian Roman justified

Created by Frederic Goudy in 1939, this design provides clarity on the page while retaining the gentle

idiosyncrasy that marks much of Goudy's work. Later work extended the font to include display cuts and more.

Calisto

ABCDEFGHIJKLM
NOPQRSTUVWXYZ
abcdefghijklm
nopqrstuvwxyz
1234567890@&!?;:"*

Si formam cochlearis tui post prandium recordaris, ea forma perversa est. Et cochlear et littera instrumenta sunt; capit alterum cibum e catillo, altera indicium e pagina. Ubi forma digna est, lector commode fiet quoniam littera et trita et decora est. Si formam cochlearis tui post prandium recordaris, ea forma perversa est. Et cochlear et littera instrumenta

8/10 Calisto Regular justified

Ron Carpenter's Calisto is a font that can work equally well at text and display sizes. Its character proportions have a

pleasing classical elegance and it sets very evenly on the page. Calisto is particularly useful in magazine and book typesetting.

Candida

ABCDEFGHIJKLM
NOPQRSTUVWXYZ
abcdefghijklm
nopqrstuvwxyz
1234567890@&!?;:" *

Si formam cochlearis tui post prandium recordaris, ea forma perversa est. Et cochlear et littera instrumenta sunt; capit alterum cibum e catillo, altera indicium e pagina. Ubi forma digna est, lector commode fiet quoniam littera et trita et decora est. Si formam cochlearis tui post prandium recordaris, ea forma perversa

8/10 Candida Roman justified

Designed by Jakob Erbar, Candida only appeared in 1936 after his death. It was followed by Italic and Bold and reworked

to increase stroke weight. It is legible at small point sizes, and has a serious, early-twentieth-century feel.

Cantoria

ABCDEFGHIJKLM
NOPQRSTUVWXYZ
abcdefghijklm
nopqrstuvwxyz
1234567890@&!?;:"*

Si formam cochlearis tui post prandium recordaris, ea forma perversa est. Et cochlear et littera instrumenta sunt; capit alterum cibum e catillo, altera indicium e pagina. Ubi forma digna est, lector commode fiet quoniam littera et trita et decora est. Si formam cochlearis tui post prandium recordaris, ea forma perversa est. Et cochlear et littera instrumenta sunt; capit alterum

8/10 Cantoria Light justified

The open character shapes and large, classically formed capital letters of Cantoria combine to give it a stately, stone-cut lettering quality. It is available in a broad range of weights, so this mid-1980s design can be put to a broad range of uses.

Carre Noir

ABCDEFGHIJKLM
NOPQRSTUVWXYZ
abcdefghijklm
nopqrstuvwxyz
1234567890@&!?;:"*

Si formam cochlearis tui post prandium recordaris, ea forma perversa est. Et cochlear et littera instrumenta sunt; capit alterum cibum e catillo, altera indicium e pagina. Ubi forma digna est, lector commode fiet quoniam littera et trita et decora est. Si formam cochlearis tui post prandium recordaris, ea forma perversa est. Et cochlear et littera instrumenta sunt; capit alterum

8/10 Carre Noir Light justified

Carre Noir's strength and clarity are a result of its simple, understated, and yet exquisitely balanced serifs, and, despite appearing in the 1990s, its early-twentieth-century appeal. The numerals in particular are worthy of close attention.

Cartier

ABCDEFGHIJKLM
NOPQRSTUVWXYZ
abcdefghijklm
nopqrstuvwxyz
1234567890@&!?;:"*

Si formam cochlearis tui post prandium recordaris, ea forma perversa est. Et cochlear et littera instrumenta sunt; capit alterum cibum e catillo, altera indicium e pagina. Ubi forma digna est, lector commode fiet quoniam littera et trita et decora est. Si formam cochlearis tui post prandium recordaris, ea forma perversa est. Et cochlear et littera instrumenta sunt; capit alterum cibum e catill

8/10 Cartier Regular justified

It's often claimed that Cartier was introduced in 1967, to mark Canada's centenary, but it wasn't until the late 1990s that it was fully completed. Cartier has a fine calligraphic and linocut-based energy but also a highly usable regularity.

Caslon

ABCDEFGHIJKLM
NOPQRSTUVWXYZ
abcdefghijklm
nopqrstuvwxyz
1234567890
@&!?;:"*

Si formam cochlearis tui post prandium recordaris, ea forma perversa est. Et cochlear et littera instrumenta sunt; capit alterum cibum e catillo, altera indicium e pagina. Ubi forma digna est, lector commode fiet quoniam littera et trita et decora est. Si formam cochlearis tui post prandium recordaris, ea forma

9/11 Caslon 540 LT Roman justified

Si formam cochlearis tui post prandium recordaris, ea forma perversa est. Et cochlear et littera instrumenta sunt; capit alterum cibum e catillo, altera indicium e pagina. Ubi forma digna est, lector commode fiet quoniam littera et trita et decora est. Si formam cochlearis tui post prandium recorda

9/11 Caslon 224 Roman justified

Si formam cochlearis tui post prandium recordaris, ea forma perversa est. Et cochlear et littera instrumenta sunt; capit alterum cibum e catillo, altera indicium e pagina. Ubi forma digna est, lector commode fiet quoniam littera et trita et decora est. Si formam cochlearis tui post prandiu

9/11 Caslon 3 LT Roman justified

Si formam cochlearis tui post prandium recordaris, ea forma perversa est. Et cochlear et littera instrumenta sunt; capit alterum cibum e catillo, altera indicium e pagina. Ubi forma digna est, lector commode fiet quoniam littera et trita et decora est. Si formam cochlearis tui post prandium recordaris, ea forma perversa est. Et cochl

9/11 Adobe Caslon Pro Regular justified

6 8 ★

William Caslon's eponymous typeface was known as the "script of kings"—and of republicans as well, as it was also used in the American Declaration of Independence. This influential design is as reliable today as it was in the eighteenth century.

Credit
Design: Alan Osbahr
Client: Ivy Group Limited
(exhibition panels)

Caxton

ABCDEFGHIJKLM
NOPQRSTUVWXYZ
abcdefghijklm
nopqrstuvwxyz
1234567890
@&!?;:"*

Si formam cochlearis tui post prandium recordaris, ea forma perversa est. Et cochlear et littera instrumenta sunt; capit alterum cibum e catillo, altera indicium e pagina. Ubi forma digna est, lector commode fiet quoniam littera et trita et decora est. Si formam cochlearis tui post prandium recordaris, ea forma perversa est. Et coch

8/10 Caxton Book justified

Designed by Leslie Usherwood in 1981, Caxton is an Old Style design with small serifs and a large x-height to aid legibility at small sizes. It is slightly narrower than average, making it set economically. Try the bold weight at headline sizes.

Celeste

ABCDEFGHIJKLM
NOPQRSTUVWXYZ
abcdefghijklm
nopqrstuvwxyz
1234567890@&!?;:"*

The Celeste family dwarfs most others; with all its variations—small caps, black, expert sets, small text, and so on—this clear, self-assured face includes well over forty cuts. It even has a companion sans serif, Celeste Sans, for total synchronicity from small text to large display.

Si formam cochlearis tui post prandium recordaris, ea forma perversa est. Et cochlear et littera instrumenta sunt; capit alterum cibum e catillo, altera indicium e pagina. Ubi forma digna est, lector commode fiet quoniam littera et trita et decora est. Si formam coch

8/10 Celeste Regular justified

Si formam cochlearis tui post prandium recordaris, ea forma perversa est. Et cochlear et littera instrumenta sunt; capit alterum cibum e catillo, altera indicium e pagina. Ubi forma digna est, lector commode fiet quoniam littera et trita et decora est. Si formam cochlear

8/10 Celeste Italic justified

Si formam cochlearis tui post prandium recordaris, ea forma perversa est. Et cochlear et littera instrumenta sunt; capit alterum cibum e catillo, altera indicium e pagina. Ubi forma digna est, lector commode fiet quoniam littera et trita et decora est. Si

8/10 Celeste Bold justified

Si formam cochlearis tui post prandium recordaris, ea forma perversa est. Et cochlear et littera instrumenta sunt; czzapit alterum cibum e catillo, altera indicium e pagina. Ubi forma digna est, lector commode fiet quoni

8/10 Celeste Black Italic justified

 SERIF FONTS

Cellini

ABCDEFGHIJKLM NOPQRSTUVWXYZ abcdefghijklm nopqrstuvwxyz 1234567890@&!?;:"'*

Cellini is a fine example of a Didone type design, although it was created by Albert Boton in 2003 rather than in the eighteenth century. It is available in Titling cuts with very fine thin strokes as well as the regular forms that are more suitable for body text.

Si formam cochlearis tui post prandium recordaris, ea forma perversa est. Et cochlear et littera instrumenta sunt; capit alterum cibum e catillo, altera indicium e pagina. Ubi forma digna est, lector comm

8/10 Cellini Regular justified

Si formam cochlearis tui post prandium recordaris, ea forma perversa est. Et cochlear et littera instrumenta sunt; capit alterum cibum e catillo, altera indicium e pagina. Ubi forma digna est, lector commo

8/10 Cellini Regular SC justified

Si formam cochlearis tui post prandium recordaris, ea forma perversa est. Et cochlear et littera instrumenta sunt; capit alterum cibum e catillo, altera indicium e pagina. Ubi forma digna est, lector commo

8/10 Cellini Regular Italic justified

Si formam cochlearis tui post prandium recordaris, ea forma perversa est. Et cochlear et littera instrumenta sunt; capit alterum cibum e catillo, altera indicium e pagina. Ubi forma digna est, lector comm

8/10 Cellini Titling justified

Centaur

ABCDEFGHIJKLM NOPQRSTUVWXYZ abcdefghijklm nopqrstuvwxyz 1234567890@&!?;:"'*

Si formam cochlearis tui post prandium recordaris, ea forma perversa est. Et cochlear et littera instrumenta sunt; capit alterum cibum e catillo, altera indicium e pagina. Ubi forma digna est, lector commode fiet quoniam littera et trita et decora est. Si formam cochlearis tui post prandium recordaris, ea forma perversa est. Et cochlear et littera instrumenta sunt; capit alter

9/10 Centaur Regular justified

Centaur was made for the Metropolitan Museum in 1914, based on Nicolas Jenson's Renaissance printing. Curiously, the italic came later and from a different source, but they work together as a harmonious, elegant Venetian font.

SERIF FONTS

Centennial

ABCDEFGHIJKLM
NOPQRSTUVWXYZ
abcdefghijklm
nopqrstuvwxyz
1234567890
@&!?;:"*

Si formam cochlearis tui post prandium recordaris, ea forma perversa est. Et cochlear et littera instrumenta sunt; capit alterum cibum e catillo, altera indicium e pagina. Ubi forma digna est, lector commode fiet quoniam littera

8/10 Centennial 55 Roman justified

Si formam cochlearis tui post prandium recordaris, ea forma perversa est. Et cochlear et littera instrumenta sunt; capit alterum cibum e catillo, altera indicium e pagina. Ubi forma digna est, lector commode fiet quoniam

8/10 Centennial 56 Italic justified

Si formam cochlearis tui post prandium recordaris, ea forma perversa est. Et cochlear et littera instrumenta sunt; capit alterum cibum e catillo, altera indicium e pagina. Ubi forma digna est, lector commode fiet quoniam littera

8/10 Centennial 45 Light justified

④ ★

Centennial was created by Adrian Frutiger to celebrate Linotype's 100th anniversary in 1986. Influenced by the much older Century typeface (see page 39), it has a studied, unfussy balance and cool upright purity that makes it highly suitable for setting large blocks of text in newsprint or magazines.

Central Station

ABCDEFGHIJKLM
NOPQRSTUVWXYZ
abcdefghijklm
nopqrstuvwxyz
1234567890@&!?;:"*

Si formam cochlearis tui post prandium recordaris, ea forma perversa est. Et cochlear et littera instrumenta sunt; capit alterum cibum e catillo, altera indicium e pagina. Ubi forma digna est, lector commode fiet quoniam littera et trita et decora est. Si formam

8/10 Central Station Regular justified

Si formam cochlearis tui post prandium recordaris, ea forma perversa est. Et cochlear et littera instrumenta sunt; capit alterum cibum e catillo, altera indicium e pagina. Ubi forma digna est, lector commode fiet quoniam littera et trita et

8/10 Central Station Bold justified

③

This font, created at the tail end of the twentieth century, has more than the average number of irregularities; many counters in the Regular weight are open, some curves have unusual elements, and so on. But despite these, the overall effect is remarkably usable and consistent.

ITC Century

ABCDEFGHIJKLM
NOPQRSTUVWXYZ
abcdefghijklm
nopqrstuvwxyz
1234567890
@&!?;:"*

③⑤⑧

Century first appeared in 1894 and is a good example of the typographic neo-renaissance of the period. It was created for use in *Century Magazine* as a more solid and readable design than previous fonts, but it has since been remade many times in subtly different forms.

Si formam cochlearis tui post prandium recordaris, ea forma perversa est. Et cochlear et littera instrumenta sunt; capit alterum cibum e catillo, altera indicium e pagina. Ubi forma digna est, lector commode fiet quoniam littera et trita et decora est. Si formam cochlearis tui post prandium recordaris, ea

9/11 ITC Century Book justified

Si formam cochlearis tui post prandium recordaris, ea forma perversa est. Et cochlear et littera instrumenta sunt; capit alterum cibum e catillo, altera indicium e pagina. Ubi forma digna est, lector commode fiet quoniam littera et trita et decora est. Si formam cochlearis tui post prandium recordaris, ea

9/11 ITC Century Expanded LT justified

Si formam cochlearis tui post prandium recordaris, ea forma perversa est. Et cochlear et littera instrumenta sunt; capit alterum cibum e catillo, altera indicium e pagina. Ubi forma digna est, lector commode fiet quoniam littera et trita et decora est. Si formam cochlearis tui post prandium recordaris, ea

9/11 Century Old Style justified

Si formam cochlearis tui post prandium recordaris, ea forma perversa est. Et cochlear et littera instrumenta sunt; capit alterum cibum e catillo, altera indicium e pagina. Ubi forma digna est, lector commode fiet quoniam littera et trita et decora est. Si formam cochlearis tui post prandi

9/11 ITC Century Schoolbook justified

Cerigo

ABCDEFGHIJKLM
NOPQRSTUVWXYZ
abcdefghijklm
nopqrstuvwxyz
1234567890
@&!?;:"*

Si formam cochlearis tui post prandium recordaris, ea forma perversa est. Et cochlear et littera instrumenta sunt; capit alterum cibum e catillo, altera indicium e pagina. Ubi forma digna est, lector commode fiet quoniam littera et trita et decora est. Si formam cochlearis tui post prandium recordaris, ea forma perversa est. Et cochlear et litte

8/10 Cerigo Book justified

Created to have the elegance of Renaissance calligraphy but also to avoid becoming yet another Chancery script, Cerigo is best described as an upright italic. It has a well-balanced set of weights and lends itself well to body text and display use.

Chaparral Pro

ABCDEFGHIJKLM
NOPQRSTUVWXYZ
abcdefghijklm
nopqrstuvwxyz
1234567890@&!?;:"*

5

Chaparral combines a strong, highly legible slab-serif design with the graceful style of book lettering from centuries earlier to deliver an extensive, coherent typeface family with the flexibility to be used almost anywhere, from small text to demanding display use.

Si formam cochlearis tui post prandium recordaris, ea forma perversa est. Et cochlear et littera instrumenta sunt; capit alterum cibum e catillo, altera indicium e pagina. Ubi forma digna est, lector commode fiet quoniam littera et trita et decora est. Si formam cochlea

8/10 Chaparral Pro Regular justified

Si formam cochlearis tui post prandium recordaris, ea forma perversa est. Et cochlear et littera instrumenta sunt; capit alterum cibum e catillo, altera indicium e pagina. Ubi forma digna est, lector commode fiet quoniam littera et trita et decora est. Si formam cochlearis tui post

8/10 Chaparral Pro Italic justified

Si formam cochlearis tui post prandium recordaris, ea forma perversa est. Et cochlear et littera instrumenta sunt; capit alterum cibum e catillo, altera indicium e pagina. Ubi forma digna est, lector commode fiet quoniam littera et trita et decora est. Si formam cochlearis tui post prandium

8/10 Chaparral Pro Subhead justified

Si formam cochlearis tui post prandium recordaris, ea forma perversa est. Et cochlear et littera instrumenta sunt; capit alterum cibum e catillo, altera indicium e pagina. Ubi forma digna est, lector commode fiet quoniam littera et trita et decora est. Si formam cochlearis tui post prandium recordaris, ea

8/10 Chaparral Pro Display justified

Charlotte

ABCDEFGHIJKLM
NOPQRSTUVWXYZ
abcdefghijklm
nopqrstuvwxyz
1234567890
@ &!?;:"*

Si formam cochlearis tui post prandium recordaris, ea forma perversa est. Et cochlear et littera instrumenta sunt; capit alterum cibum e catillo, altera indicium e pagina. Ubi forma digna est, lector commode fiet quoniam littera et trita et decora est. Si formam cochlearis tui post prandium recordaris, ea forma perversa est. Et cochlear et littera instrume

8/10 Charlotte Book justified

For clean, formal simplicity that works well in all forms of print, Charlotte is a worthy choice. This modern design is also available in a sans serif form, useful for presenting a coherent typographic style without restrictive compromises.

The World's Highest Mountains				Feet	Meters
Everest	Himalayas	Nepal	Asia	29,035	8,850
K2	Himalayas	Pakistan	Asia	28,253	8,612
Kanchenjunga	Himalayas	Nepal	Asia	28,169	8,586
Lhotse I	Himalayas	Nepal	Asia	27,920	8,501
Makalu I	Himalayas	Nepal	Asia	27,765	8,462
Cho Oyu	Himalayas	Nepal	Asia	26,906	8,201
Dhaulagiri	Himalayas	Nepal	Asia	26,794	8,167
Manaslu	Himalayas	Nepal	Asia	26,758	8,156
Nanga Parbat	Himalayas	Pakistan	Asia	26,658	8,125
Annapurna	Himalayas	Nepal	Asia	26,545	8,091
Gasherbrum I	Himalayas	Pakistan	Asia	26,470	8,068

Si formam cochlearis tui post prandium recordaris, ea forma perversa est. Et cochlear et littera instrumenta sunt; capit alterum cibum e catillo, altera indicium e pagina. Ubi forma digna est, lector commode fiet quoniam littera et trita et decora est. Si formam cochlearis

8/10 Chaparral Pro Light justified

Si formam cochlearis tui post prandium recordaris, ea forma perversa est. Et cochlear et littera instrumenta sunt; capit alterum cibum e catillo, altera indicium e pagina. Ubi forma digna est, lector commode fiet quoniam littera et trita et decora est. Si formam cochle

8/10 Chaparral Pro Light Caption justified

Si formam cochlearis tui post prandium recordaris, ea forma perversa est. Et cochlear et littera instrumenta sunt; capit alterum cibum e catillo, altera indicium e pagina. Ubi forma digna est, lector commode fiet quoniam littera et trita et decora est. Si

8/10 Chaparral Pro Semibold justified

Si formam cochlearis tui post prandium recordaris, ea forma perversa est. Et cochlear et littera instrumenta sunt; capit alterum cibum e catillo, altera indicium e pagina. Ubi forma digna est, lector commode fiet quoniam littera et trita et

8/10 Chaparral Pro Bold justified

Cheltenham

ABCDEFGHIJKLM NOPQRSTUVWXYZ

abcdefghijklm nopqrstuvwxyz

1234567890

@&!?;:"'*

⑤ Created at the beginning of the twentieth century, the gently idiosyncratic Cheltenham was intended more for "ephemeral" print use than for extended passages of text. The modern cuts finished in the 1970s have a slightly larger x-height than the original and suit a wider range of purposes.

Si formam cochlearis tui post prandium recordaris, ea forma perversa est. Et cochlear et littera instrumenta sunt; capit alterum cibum e catillo, altera indicium e pagina. Ubi forma digna est, lector commode fiet quoniam littera et trita et decora est. Si formam cochlearis tui post prandium recorda

9/11 Cheltenham Book justified

Credit
Photo: Stephen Coles
Client: Black Draught
(advertisement)

Si formam cochlearis tui post prandium recordaris, ea forma perversa est. Et cochlear et littera instrumenta sunt; capit alterum cibum e catillo, altera indicium e pagina. Ubi forma digna est, lector commode fiet quoniam littera et trita et decora est. Si formam cochlearis tui post prandium recordaris, ea

9/11 Cheltenham Book Italic justified

Si formam cochlearis tui post prandium recordaris, ea forma perversa est. Et cochlear et littera instrumenta sunt; capit alterum cibum e catillo, altera indicium e pagina. Ubi forma digna est, lector commode fiet quoniam littera et trita et decora est. Si formam cochlearis tui post prandium recordaris, ea forma perversa

9/11 Cheltenham Bold Condensed justified

Cicero

ABCDEFGHIJKLM
NOPQRSTUVWXYZ
abcdefghijklm
nopqrstuvwxyz
1234567890
@&!?;:"*

Si formam cochlearis tui post prandium record-aris, ea forma perversa est. Et cochlear et littera instrumenta sunt; capit alterum cibum e catillo, altera indicium e pagina. Ubi forma digna est, lec-tor commode fiet quoniam littera et trita et decora est. Si formam cochlearis tui post prandium recordaris, ea forma perversa est. Et cochlear et

8/10 Cicero Regular justified

Cicero is best described as a semi-serif design, dispensing with most serifs other than those that would occur if drawing with a flat-nib pen. This gives it a modern clarity and allows for tight setting while retaining basic serif qualities.

City

ABCDEFGHIJKLM
NOPQRSTUVWXYZ
abcdefghijklm
nopqrstuvwxyz
1234567890
@&!?;:"*

Si formam cochlearis tui post prandium recordaris, ea forma perversa est. Et cochlear et littera instrumenta sunt; capit alterum cibum e catillo, altera indicium e pagina. Ubi forma digna est, lector commode fiet quo-niam littera et trita et decora est. Si formam cochlearis tui post prandium recordaris, ea forma perversa est. Et cochlear et littera instrumenta sunt; capit alterum

8/10 Berthold City Medium justified

Designed by Georg Trump in 1930, it has unusually square characteristics, with counters in the letterforms having pure right angles and outer lines neatly rounded at the corners. It works well for short passages of text as well as display.

Claire News

ABCDEFGHI
JKLMNOPQRS
TUVWXYZ
abcdefghijklm
nopqrstuvwxyz
1234567890&!?;:"*

Si formam cochlearis tui post prandium recordaris, ea forma perversa est. Et co-chlear et littera instrumenta sunt; capit alterum cibum e catillo, altera indicium e pagina. Ubi forma digna est, lector com-mode fiet quoniam littera et trita et decora est. Si formam cochlearis tui post prandi

7/10 Claire News Regular justified

For Victorian-era poster designs, the broad width of characters makes Claire News an excellent choice. The general design has similarities with New Clarendon, but it has more clearly defined serifs and extreme differences between stroke widths.

Clarendon

ABCDEFGHIJKLM
NOPQRSTUVWXYZ
abcdefghijklm
nopqrstuvwxyz
1234567890&!?;:"*

Si formam cochlearis tui post prandium recordaris, ea forma perversa est. Et cochlear et littera instrumenta sunt; capit alterum cibum e catillo, altera indicium e pagina. Ubi forma digna est, lector commode fiet quoniam littera et trita et decora est. Si formam

8/11 Clarendon Roman justified

Si formam cochlearis tui post prandium recordaris, ea forma perversa est. Et cochlear et littera instrumenta sunt; capit alterum cibum e catillo, altera indicium e pagina. Ubi forma digna est, lector commode fiet quoniam littera et trita et decora est. Si formam

8/11 Clarendon Light justified

Si formam cochlearis tui post prandium recordaris, ea forma perversa est. Et cochlear et littera instrumenta sunt; capit alterum cibum e catillo, altera indicium e pagina. Ubi forma digna est, lector commode fiet quoniam littera et trita et decora

8/11 Clarendon Bold justified

Credit
Design: Unfolding Terrain
Client: Shepherd University
(brochure spread)

This face originated in the mid-nineteenth century, and was named for the Clarendon Press in Oxford. It was created to work with standard, lighter serif faces. The typeface was revived a little over 100 years later, and is often used in headlines.

Claridge

ABCDEFGHIJKLM
NOPQRSTUVWXYZ
abcdefghijklm
nopqrstuvwxyz
1234567890
@&!?;:"*

Si formam cochlearis tui post prandium recordaris, ea forma perversa est. Et cochlear et littera instrumenta sunt; capit alterum cibum e catillo, altera indicium e pagina. Ubi forma digna est, lector commode fiet quoniam littera et trita et decora est. Si formam cochlearis tui post prandium recordaris, ea

8/10 Claridge Regular justified

The slab-serifed Claridge is a relatively modern design, and it takes stylistic cues from a number of eras. One of the most distinctive elements is the joining stroke in the lowercase g, which is aligned to the middle of the upper counter.

Classic Roman

ABCDEFGHIJKLM
NOPQRSTUVWXYZ
ABCDEFGHIJKLM
NOPQRSTUVWXYZ
1234567890
@&!?;:"*

SI FORMAM COCHLEARIS TUI POST PRANDIUM RECORD-ARIS, EA FORMA PERVERSA EST. ET COCHLEAR ET LITTERA INSTRUMENTA SUNT; CAPIT ALTERUM CIBUM E CATILLO, ALTERA INDICIUM E PAGINA. UBI FORMA DIGNA EST, LEC-TOR COMMODE FIET QUONIAM LITTERA ET TRITA ET DEC-ORA EST. SI FORMAM COCHLEARIS TUI POST PRANDIUM RECORDARIS, EA FORMA PERVERSA EST. ET COCHLEAR ET

8/10 Classic Roman justified

Classic Roman is an elegant, capitals-only typeface, based on original Roman carved lettering such as that found on Trajan's Column. The characters in the lowercase positions are drawn slightly smaller, providing a small-caps equivalent.

Classica

ABCDEFGHIJKLM
NOPQRSTUVWXYZ
abcdefghijklm
nopqrstuvwxyz
1234567890
@&!?;:"*

Si formam cochlearis tui post prandium recordaris, ea forma perversa est. Et cochlear et littera instrumenta sunt; capit alterum cibum e catillo, altera indicium e pagina. Ubi forma digna est, lector commode fiet quoniam littera et trita et decora est. Si formam cochlearis tui post prandium recordaris, ea forma perversa est. Et cochl

8/10 Classica Medium justified

With capitals taken from first-century Latin inscriptions and lowercase letters from Renaissance writings, the delicate but unfussy Classica lives up to its name. It falls into the same Garalde category as the various Garamond designs.

Clearface

ABCDEFGHIJKLM
NOPQRSTUVWXYZ
abcdefghijklm
nopqrstuvwxyz
1234567890@&!?;:"*

Si formam cochlearis tui post prandium recordaris, ea forma perversa est. Et cochlear et littera instrumenta sunt; capit alterum cibum e catillo, altera indicium e pagina. Ubi forma digna est, lector commode fiet quoniam littera et trita et decora est. Si formam cochlearis tui post prandium recordaris, ea forma perversa est. Et cochlear et littera instrumenta

8/10 Clearface Regular justified

This was made in the early twentieth century to provide a compact typeface that would be legible at small sizes with that era's hot metal typesetting. It has unusually short descenders as well as distinctive teardrop terminals on certain strokes.

Clifford

ABCDEFGHIJKLM
NOPQRSTUVWXYZ
abcdefghijklm
nopqrstuvwxyz
1234567890@&!?;:"*

Si formam cochlearis tui post prandium recordaris, ea forma perversa est. Et cochlear et littera instrumenta sunt; capit alterum cibum e catillo, altera indicium e pagina. Ubi forma digna est, lector commode fiet quoniam littera et trita et decora est. Si formam cochlearis tui post prandium recordaris, ea forma perversa est. Et cochlear et littera instrumenta sunt; capit alte

8/10 Clifford Regular justified

Created by Akira Kobayashi, the full Clifford family contains style sets designed for use at different sizes, the smallest displaying cleanly at tiny sizes and the larger retaining character finesse. This design lends itself to book typography.

Cloister

ABCDEFGHIJKLM
NOPQRSTUVWXYZ
abcdefghijklm
nopqrstuvwxyz
1234567890&!?;:"*

Si formam cochlearis tui post prandium recordaris, ea forma perversa est. Et cochlear et littera instrumenta sunt; capit alterum cibum e catillo, altera indicium e pagina. Ubi forma digna est, lector commode fiet quoniam littera et trita et decora est. Si formam cochlearis tui post prandium recordaris, ea forma perversa est. Et cochlear et littera instrumenta sunt; capit alterum

8/10 Cloister justified

Created around 1914 by Morris Benton, Cloister was a revival of Venetian designs. It has very well-balanced proportions and a notable lack of quirks, which makes the regular weights particularly suitable for extensive book setting.

Cochin

ABCDEFGHIJKLM NOPQRSTUVWXYZ abcdefghijklm nopqrstuvwxyz 1234567890@&!?;:"'*

Si formam cochlearis tui post prandium recordaris, ea forma perversa est. Et cochlear et littera instrumenta sunt; capit alterum cibum e catillo, altera indicium e pagina. Ubi forma di

9/11 Cochin Roman justified

Si formam cochlearis tui post prandium recordaris, ea forma perversa est. Et cochlear et littera instrumenta sunt; capit alterum cibum e catillo, altera indicium e pagina. Ubi forma digna est, lector comm

9/11 Cochin Italic justified

Columbus

ABCDEFGHIJKLM NOPQRSTUVWXYZ abcdefghijklm nopqrstuvwxyz 1234567890 @&!?;:"'★

Si formam cochlearis tui post prandium recordaris, ea forma perversa est. Et cochlear et littera instrumenta sunt; capit alterum cibum e catillo, altera indicium e pagina. Ubi forma digna est, lector commode fiet quoniam littera et trita et decora est. SSi formam cochlearis tui post prandium recordaris, ea forma perversa est. Et cochlear et littera instrumenta sunt; capit alterum cibum e catillo, altz

8/10 Columbus Regular justified

3 4

Created for the 500th anniversary of Columbus's famous voyage, this is based on faces used in Spain during the 1500s, and shows a sophisticated elegance that sets compactly on the page. Good for body text and headlines.

Column

ABCDEFGHIJKLM
NOPQRSTUVWXYZ
abcdefghijklm
nopqrstuvwxyz
1234567890@&!?;:"*

Si formam cochlearis tui post prandium recordaris, ea forma perversa est. Et cochlear et littera instrumenta sunt; capit alterum cibum e catillo, altera indicium e pagina. Ubi forma digna est, lector commode fiet quoniam littera et trita et decora est. Si formam cochlearis tui post prandium recordaris, ea forma perversa est. Et cochlear et littera instrumenta sunt; capit alterum cibum e catillo, altera indicium e pagina. Ubi

8/10 Column Book justified

Column is, like Cloister, based on Nicolas Jenson's type designs from the fifteenth century, although it also owes a lot to William Morris's Golden Type. Column has fairly short serifs, and its small x-height makes lines feel relatively open.

Cooper

ABCDEFGHIJKLM
NOPQRSTUVWXYZ
abcdefghijklm
nopqrstuvwxyz
1234567890&!?;:"*

Si formam cochlearis tui post prandium recordaris, ea forma perversa est. Et cochlear et littera instrumenta sunt; capit alterum cibum e catillo, altera indicium e pagina. Ubi forma digna est, lector commode fiet quoniam littera et trita et decora est. Si

7/10 Cooper BT Medium justified, +5 units of tracking

Si formam cochlearis tui post prandium recordaris, ea forma perversa est. Et cochlear et littera instrumenta sunt; capit alterum cibum e catillo, altera indicium e pagina. Ubi

7/10 Cooper BT Light justified, +5 units of tracking

Si formam cochlearis tui post prandium recordaris, ea forma perversa est. Et cochlear et littera instrumenta sunt; capit alterum cibum e catillo, altera indicium e pagina. Ubi forma digna est, lector commode fiet quoniam littera et trita et decora est. Si formam

7/10 Cooper BT Medium Italic justified, +5 units of tracking

Si formam cochlearis tui post prandium recordaris, ea forma perversa est. Et cochlear et littera instrumenta sunt; capit alterum cibum e catillo, altera indicium e pagina. Ubi forma digna est, lector commode fiet quoniam littera et trita et dec-

7/10 Cooper BT Bold justified, +5 units of tracking

Corporate A

ABCDEFGHIJKLM NOPQRSTUVWXYZ abcdefghijklm nopqrstuvwxyz 1234567890@&!?;:"*

Si formam cochlearis tui post prandium recordaris, ea forma perversa est. Et cochlear et littera instrumenta sunt; capit alterum cibum e catillo, altera indicium e pagina. Ubi forma digna est, lector commode fiet quoniam littera et trita et decora est. Si formam cochlearis tui post prandium recordaris, ea forma perversa est. Et cochlear et littera instrumenta

8/10 Corporate A Regular justified

Corporate A is part of a type trilogy consisting of this Didone serif (Antiqua), plus Corporate S (sans serif) and Corporate E (an Egyptian slab serif). Originally exclusively for DaimlerChrysler's use, this highly usable family is now on general release.

The strong, rounded forms of Cooper Black (see page 286) are a familiar sight in signage and advertising. Made in 1922 by Oswald Cooper, an American advertising and type designer, the family was extended to include italics and different weights. Surprisingly useful, especially in lighter weights.

Credit
Design: Loz Ives
Client: Because Studio
(self-promotional material)

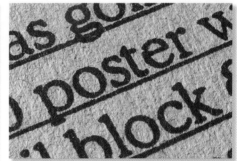

Corvalis

ABCDEFGHIJKLM
NOPQRSTUVWXYZ
abcdefghijklm
nopqrstuvwxyz
1234567890@&!?;:"*

Si formam cochlearis tui post prandium recordaris, ea forma perversa est. Et cochlear et littera instrumenta sunt; capit alterum cibum e catillo, altera indicium e pagina. Ubi forma digna est, lector commode fiet quoniam littera et trita et decora est. Si formam cochlearis tui post prandium recordaris, ea forma perversa est. Et cochlear et littera instrumenta sunt; capit alterum cibum e catillo, altera indicium e pagina. Ubi forma digna est

8/10 Corvalis Regular justified

This font is a calligraphically influenced design, with Renaissance cursive shapes dominating the regular as well as oblique faces. The slight swells and stresses in the strokes lend it an informal but clear appearance.

Crane

ABCDEFGHIJKLM
NOPQRSTUVWXYZ
abcdefghijklm
nopqrstuvwxyz
1234567890@&!?;:"*

Si formam cochlearis tui post prandium recordaris, ea forma perversa est. Et cochlear et littera instrumenta sunt; capit alterum cibum e catillo, altera indicium e pagina. Ubi forma digna est, lector commode fiet quoniam littera et trita et decora est. Si formam cochlearis tui post prandium recordaris, ea forma perversa est. Et cochlear et littera instrumenta

8/10 Crane Regular justified

A distinctive face with graphically geometric serifs that are sparsely distributed throughout the sans serif letterforms. Crane is too idiosyncratic to be used for long portions of text, but it has a compelling presence.

Craw Modern

ABCDEFGHIJKLM
NOPQRSTUVWXYZ
abcdefghijklm
nopqrstuvwxyz
1234567890
@&!?;:"*

Si formam cochlearis tui post prandium recordaris, ea forma perversa est. Et cochlear et littera instrumenta sunt; capit alterum cibum e catillo, altera indicium e pagina. Ubi forma digna est, lector commode fiet quoniam littera et trita et decora est. Si formam cochlearis tui post prand

7/10 Craw Modern Regular justified, +5 units of tracking

A Didone design with Victorian-era poster font qualities, Craw Modern, by Freeman Craw, is a strong, wide-set typeface. The italics have bold flourishes, and the bold has impressive extremes in stroke weights. Use in headline and display type.

Cresci

ABCDEFGHIJKLM
NOPQRSTUVWXYZ
ABCDEFGHIJKLM
NOPQRSTUVWXYZ
1234567890@&!?;:"*

SI FORMAM COCHLEARIS TUI POST PRANDIUM RECORDARIS, EA FORMA PERVERSA EST. ET COCHLEAR ET LITTERA INSTRUMENTA SUNT; CAPIT ALTERUM CIBUM E CATILLO, ALTERA INDICIUM E PAGINA. UBI FORMA DIGNA EST, LECTOR COMMODE FIET QUONIAM LITTERA ET TRITA ET DECORA EST. SI FORMAM COCHLEARIS TUI POST PRANDIUM RECORDARIS, EA

7/10 Cresci Regular justified

Cresci is a modern revival of the lettering by Renaissance-era Giovan Francesco Cresci, as found in *Il Perfetto Scrittore* from 1570. This stately design is intended primarily for headline use, published as a single font family with no lowercase.

Criterion

ABCDEFGHIJKLM
NOPQRSTUVWXYZ
abcdefghijklm
nopqrstuvwxyz
1234567890@&!?;:"*

Si formam cochlearis tui post prandium recordaris, ea forma perversa est. Et cochlear et littera instrumenta sunt; capit alterum cibum e catillo, altera indicium e pagina. Ubi forma digna est, lector commode fiet quoniam littera et trita et decora est. Si formam cochlearis tui post prandium recordaris, ea forma perversa est. Et cochlear et littera instrumenta sunt; capit alterum

8/10 Criterion Regular justified

A strong Transitional typeface with a clear, fairly open design and a reasonably generous x-height. While this is without doubt a serious face, it has characteristics that give it a quiet individuality. Useful both for body text and display work.

Cushing

ABCDEFGHIJKLM
NOPQRSTUVWXYZ
abcdefghijklm
nopqrstuvwxyz
1234567890@&!?;:"*

Si formam cochlearis tui post prandium recordaris, ea forma perversa est. Et cochlear et littera instrumenta sunt; capit alterum cibum e catillo, altera indicium e pagina. Ubi forma digna est, lector commode fiet quoniam littera et trita et decora est. Si formam cochlearis tui post prandium recordaris, ea forma perversa est. Et cochlear et littera instrumenta sunt

8/10 Cushing Book justified

Originally designed in 1897 as Cushing No. 2, Frederic Goudy added an italic face in 1904. In the following years further designs were grouped under the Cushing name, but the family was finally redrawn for full consistency in the 1980s.

Custodia

ABCDEFGHIJKLM
NOPQRSTUVWXYZ
abcdefghijklm
nopqrstuvwxyz
1234567890@&!?;:."★

Si formam cochlearis tui post prandium recordaris, ea forma perversa est. Et cochlear et littera instrumenta sunt; capit alterum cibum e catillo, altera indicium e pagina. Ubi forma digna est, lector commode fiet quoniam littera et trita et decora est.Si formam cochlearis tui post prandium recordaris, ea forma perversa est. Et cochlear et littera instrumenta sunt; capit alterum cibum e catillo, altera indicium e pagina. Ubi

8/10 Custodia Normal justified

❶❷❸❼

Custodia is a Transitional design particularly suited to fine text typesetting. The upright forms are complemented by an elegant and compact cursive italic form, and it has an extensive range of ligatures. Note the distinctive q.

Danmark

ABCDEFGHIJKLM
NOPQRSTUVWXYZ
abcdefghijklm
nopqrstuvwxyz
1234567890
@&!?;:" *

Si formam cochlearis tui post prandium recordaris, ea forma perversa est. E cochlear et littera instrumenta sunt; capit alterum cibum e catillo, altera indicium e pagina. Ubi forma digna est, lector commode fiet quoniam littera et trita et decora est. Si formam cochlearis tui post prandium recordaris, ea forma perversa est. Et cochlear et litt

8/10 Danmark Light justified

❸❼

Danmark is a stately display and titling face with restrained but well-cut serifs and broad, classical proportions. It works well as book text, but it is almost a shame to use it at sizes that don't reveal the finer points of its construction.

Dante

ABCDEFGHIJKLM
NOPQRSTUVWXYZ
abcdefghijklm
nopqrstuvwxyz
1234567890
&!?;:."★

Si formam cochlearis tui post prandium recordaris, ea forma perversa est. Et cochlear et littera instrumenta sunt; capit alterum cibum e catillo, altera indicium e pagina. Ubi forma digna est, lector commode fiet quoniam littera et trita et decora est. Si formam cochlearis tui post prandium recordaris, ea forma perversa est. Et cochlear et littera instrumenta sunt; capit alterum cibum e catill

8/10 Dante Regular justified

❹

This typeface was designed shortly after World War II as a book typeface with harmonious upright and italic faces. In the 1990s it was redrawn to remove the limits imposed by hot-metal typesetting. This face is well-suited to any body-text use.

Danubia

ABCDEFGHIJKLM
NOPQRSTUVWXYZ
abcdefghijklm
nopqrstuvwxyz
1234567890@&!?;:"*

Danubia is a Didone-style typeface family with a sharply vertical stress to heavy strokes and simple but strong serifs. Although it was designed in 2002, it has a strong early-twentieth-century feeling, particularly if mixed (carefully) with its sibling font, Danuvia Script.

Si formam cochlearis tui post prandium recordaris, ea forma perversa est. Et cochlear et littera instrumenta sunt; capit alterum cibum e catillo, altera indicium e pagina. Ubi

8/11 Danubia Regular justified

Si formam cochlearis tui post prandium recordaris, ea forma perversa est. Et cochlear et littera instrumenta sunt; capit alterum cibum e catillo, altera indicium e pagina. Ubi forma digna est

8/11 Danubia Italic justified

Si formam cochlearis tui post prandium recordaris, ea forma perversa est. Et cochlear et littera instrumenta sunt; capit alterum cibum e catillo, altera indicium e pagina. Ubi

8/11 Danubia Bold justified

Si formam cochlearis tui post prandium recordaris, ea forma perversa est. Et cochlear et littera instrumenta sunt; capit alterum cibum e catillo, altera indicium e pagina. Ubi

8/11 Danubia Extra Bold justified

Deepdene

ABCDEFGHIJKLM
NOPQRSTUVWXYZ
abcdefghijklm
nopqrstuvwxyz
1234567890@&!?;:"*

Si formam cochlearis tui post prandium recordaris, ea forma perversa est. Et cochlear et littera instrumenta sunt; capit alterum cibum e catillo, altera indicium e pagina. Ubi forma digna est, lector commode fiet quoniam littera et trita et decora est. Si formam cochlearis tui post prandium recordaris, ea forma perversa est. Et cochlear et littera instrumenta sunt; capit alterum cibum e catillo, altera

8/10 Deepdene Regular justified

Created by Frederic Goudy between 1927 and 1934, Deepdene is influenced by hand lettering, particularly in the italic.

It has a relatively small x-height and it shows Goudy's familiar design quirks, but its individuality does not affect its usability.

Delicato

ABCDEFGHIJKLM
NOPQRSTUVWXYZ
abcdefghijklm
nopqrstuvwxyz
1234567890
@&!?;:"*

Si formam cochlearis tui post prandium recordaris, ea forma perversa est. Et cochlear et littera instrumenta sunt; capit alterum cibum e catillo, altera indicium e pagina. Ubi forma digna est, lector commode fiet quoniam littera et trita et decora est. Si formam cochlearis tui post prandium recordaris, ea forma perversa est. Et cochlear et littera instrume

8/10 Delicato Regular justified

A refined shape, but without the detail that suffers when printed at small sizes, Delicato is excellent for book typography.

It has serifs that are almost, but not quite, flat and unbracketed, and it boasts an extensive character set and family.

Delima

ABCDEFGHIJKLM
NOPQRSTUVWXYZ
abcdefghijklm
nopqrstuvwxyz
1234567890
@&!?;:"*

Si formam cochlearis tui post prandium recordaris, ea forma perversa est. Et cochlear et littera instrumenta sunt; capit alterum cibum e catillo, altera indicium e pagina. Ubi forma digna est, lector commode fiet quoniam littera et trita et decora est. Si formam cochlearis tui post prandium recordaris, ea forma perversa

8/10 Delima Regular justified

Delima's compact serifs allow exceptionally close setting where required, and the large x-height and relative lack of

stroke-width variation gives a good evenness of tone for text setting. A good choice in periodicals and books.

Delphin

ABCDEFGHIJKLM
NOPQRSTUVWXYZ
abcdefghijklm
nopqrstuvwxyz
1234567890
@&!?;:"*

Si formam cochlearis tui post prandium recordaris, ea forma perversa est. Et cochlear et littera instrumenta sunt; capit alterum cibum e catillo, altera indicium e pagina. Ubi forma digna est, lector commode fiet quoniam littera et trita et decora est. Si formam cochlearis tui post prandium recordaris, ea forma perversa est. Et cochlear et littera instrumenta sunt; capit alterum cibum e catillo, altera indic

9/10 Delphin LT Std justified

Designed in the 1950s by Georg Trump, the lowercase characters of this font have a handwritten flourish that

contrasts with the more traditional capitals. Formal yet casual, Delphin works well in shorter literary settings.

Democratica

ABCDEFGHIJKLM
NOPQRSTUVWXYZ
abcdefghijklm
nopqrstuvwxyz
1234567890
@&!?;:"'"*

si formam cochlearis tui post prandium recordaris, ea forma perversa est. Et cochlear et littera instrumenta sunt; capit alterum cibum e catillo, altera indicium e pagina. ubi forma digna est, lector commode fiet quoniam littera et trita et decora est. si formam cochlearis tui post prandium recordaris, ea forma perversa est. Et cochlear et littera instru

8/10 Democratica Regular justified

Created by Miles Newlyn, this is a deconstructionist typeface design that appears to be ingeniously built up out of type

fragments into a coherent, albeit highly distinctive, font. Note how the capitals are the same height as the lowercase body.

Demos

ABCDEFGHIJKLM
NOPQRSTUVWXYZ
abcdefghijklm
nopqrstuvwxyz
1234567890
@&!?;:"*

Si formam cochlearis tui post prandium recordaris, ea forma perversa est. Et cochlear et littera instrumenta sunt; capit alterum cibum e catillo, altera indicium e pagina. Ubi forma digna est, lector commode fiet quoniam littera et trita et decora est. Si formam cochlearis tui post prandium recordaris, ea forma perversa est. Et cochl

8/10 Demos Regular justified

One of the official fonts of the German government, Demos was an early digitized font, made with minimal variation

in stroke width to counter problems of type scaling. Intended for newsprint, it is legible and space-efficient.

Devin

ABCDEFGHIJKLM
NOPQRSTUVWXYZ
abcdefghijklm
nopqrstuvwxyz
1234567890
@&!?;:"*

Si formam cochlearis tui post prandium recordaris, ea forma perversa est. Et cochlear et littera instrumenta sunt; capit alterum cibum e catillo, altera indicium e pagina. Ubi forma digna est, lector commode fiet quoniam littera et trita et decora est. Si formam cochlearis tui post prandium recordaris, ea forma perversa est. Et cochle

8/10 Devin Regular justified

A font from the 1990s, Devin was created for the advertising industry. Its unusually large x-height helps it to be very

legible at small sizes, and the slightly compact design and conservative serifs make it reasonably space-efficient.

Didot

ABCDEFGHIJKLM NOPQRSTUVWXYZ
abcdefghijklm
nopqrstuvwxyz
1234567890@&!?;:"*

Originating in the type designs of Firmin Didot from the late eighteenth and early nineteenth centuries, Didot is an often-copied design from the Enlightenment period, and it has a highly classical, elegant feel. The vertical stresses, unbracketed serifs, and extremes of stroke weight are all distinctive characteristics.

Si formam cochlearis tui post prandium recordaris, ea forma perversa est. Et cochlear et littera instrumenta sunt; capit alterum cibum e catillo, altera indicium e pagina. Ubi forma digna est,

8/11 Didot Roman LT justified

Credit
Design: Bridgewater Book Co.
Client: Chris Beetles Gallery
(exhibition catalog)

Si formam cochlearis tui post prandium recordaris, ea forma perversa est. Et cochlear et littera instrumenta sunt; capit alterum cibum e catillo, altera indicium e pagina. Ubi forma digna est, lector comm

8/11 Didot LT Italic justified

Si formam cochlearis tui post prandium recordaris, ea forma perversa est. Et cochlear et littera instrumenta sunt; capit alterum cibum e catillo, altera indicium e pagina. Ubi forma dig

8/11 Didot LT Bold justified

Diotima

ABCDEFGHIJKLM NOPQRSTUVWXYZ abcdefghijklm nopqrstuvwxyz 1234567890 @&!?;:"*

Si formam cochlearis tui post prandium recordaris, ea forma perversa est. Et cochlear et littera instrumenta sunt; capit alterum cibum e catillo, altera indicium e pagina. Ubi forma digna est, lector commode fiet quoniam littera et trita et decora est. Si formam cochlearis tui post prandium recordaris, ea, fo

8/10 Diotima Regular justified

Named after a Greek priestess in Plato's discourse on love, Diotima is a slim, elegant design with delicate serifs. Unusually, the italic was created first, in 1939, and the upright face in 1948. Use with initials from Ariadne or Smaragd.

 SERIF FONTS

Dolly

ABCDEFGHIJKLM
NOPQRSTUVWXYZ
abcdefghijklm
nopqrstuvwxyz
1234567890@&!?;:"*

Si formam cochlearis tui post prandium recordaris, ea forma perversa est. Et cochlear et littera instrumenta sunt; capit alterum cibum e catillo, altera indicium e pagina. Ubi forma digna est, lector commode fiet quoniam littera et trita et decora est. Si formam cochlearis tui post prandium recordaris, ea forma perversa est. Et cochlear et littera instrumenta

8/10 Dolly Regular justified

Dolly is a useful book typeface with a pleasing and highly legible Italic and a Small Caps variant. At small sizes the overall appearance is very even, and the sturdy but restrained serifs complement the Old Style nature of the font.

Dorothea

ABCDEFGHIJKLM
NOPQRSTUVWXYZ
abcdefghijklm
nopqrstuvwxyz
1234567890@&!?;:"*

Si formam cochlearis tui post prandium recordaris, ea forma perversa est. Et cochlear et littera instrumenta sunt; capit alterum cibum e catillo, altera indicium e pagina. Ubi forma digna est, lector commode fiet quoniam littera et trita et decora est. Si formam cochlearis tui post prandium recordaris, ea forma perversa est. Et cochlear et littera instrumenta sunt; capit alterum cibum e catillo, altera indici

8/10 Dorothea Regular justified

Dorothea is a serif typeface that comes very close to being a sans design; the serifs are little more than swellings from the main strokes. The result is quite delicate, and there are hints of medieval uncial qualities in the large lowercase forms.

Dragon

ABCDEFGHIJKLM
NOPQRSTUVWXYZ
abcdefghijklm
nopqrstuvwxyz
1234567890&!?;:"*

Si formam cochlearis tui post prandium recordaris, ea forma perversa est. Et cochlear et littera instrumenta sunt; capit alterum cibum e catillo, altera indicium e pagina. Ubi forma digna est, lector commode fiet quoniam littera et trita et decora est. Si formam cochlearis tui post prandium recordaris, ea

8/10 Dragon Regular justified

A family from the mid-1970s, Dragon's x-height is almost as large as the capitals, with ascenders projecting above the cap height. The serifs are minimal. The result is unusual and suited to shorter setting, but it is very clear.

Dyadis

ABCDEFGHIJKLM
NOPQRSTUVWXYZ
abcdefghijklm
nopqrstuvwxyz
1234567890@&!?;:"*

③ Named for the Latin for "duality," this font is an intriguing mix of serif and sans serif forms derived from fonts dating from the 1920s and 1930s. The design manages to combine a sparse elegance with clarity and a distinctive individuality.

Si formam cochlearis tui post prandium recordaris, ea forma perversa est. Et cochlear et littera instrumenta sunt; capit alterum cibum e catillo, altera indicium e pagina. Ubi forma digna est, lector com

9/11 Dyadis Medium justified

Si formam cochlearis tui post prandium recordaris, ea forma perversa est. Et cochlear et littera instrumenta sunt; capit alterum cibum e catillo, altera indicium e pagina. Ubi forma digna est, lector comm

9/11 Dyadis Book justified

Si formam cochlearis tui post prandium recordaris, ea forma perversa est. Et cochlear et littera instrumenta sunt; capit alterum cibum e catillo, altera indicium e pagina. Ubi forma digna est, lector com

9/11 Dyadis Italic justified

Si formam cochlearis tui post prandium recordaris, ea forma perversa est. Et cochlear et littera instrumenta sunt; capit alterum cibum e catillo, altera indicium e pagina. Ubi forma digna est, lector comm

9/11 Dyadis Bold justified

The Economist

ABCDEFGHIJKLM
NOPQRSTUVWXYZ
abcdefghijklm
nopqrstuvwxyz
1234567890@&!?;:"*

Si formam cochlearis tui post prandium recordaris, ea forma perversa est. Et cochlear et littera instrumenta sunt; capit alterum cibum e catillo, altera indicium e pagina. Ubi forma digna est, lector commode fiet quoniam littera et trita et decora est. Si formam cochlearis tui post prandium recordaris, ea forma perversa est. Et cochlear et litte

8/10 The Economist Regular justified

Created specifically for *The Economist* in 1991, this typeface was designed to work well in varying printing conditions as well as in low-resolution faxing. It sets well at small sizes and retains a good clarity on different paper stocks.

Edito

ABCDEFGHIJKLM
NOPQRSTUVWXYZ
abcdefghijklm
nopqrstuvwxyz
1234567890
@&!?;:"*

Si formam cochlearis tui post prandium recordaris, ea forma perversa est. Et cochlear et littera instrumenta sunt; capit alterum cibum e catillo, altera indicium e pagina. Ubi forma digna est, lector commode fiet quoniam littera et trita et decora est. Si formam cochlearis tui post prandium recordaris, ea forma perversa est. Et cochlear et littera instrumenta sunt; capit alterum cibum e catillo, alt

8/10 Edito A Regular justified

Edito is a compact font created for body-text use. It has a wide range of weights, all balanced to work well together. The design owes a lot to Egyptian slab-serif faces, although the underlying structure was originally taken from Stanley Morison's Times.

Edwardian

ABCDEFGHIJKLM
NOPQRSTUVWXYZ
abcdefghijklm
nopqrstuvwxyz
1234567890&!?;:"*

Si formam cochlearis tui post prandium recordaris, ea forma perversa est. Et cochlear et littera instrumenta sunt; capit alterum cibum e catillo, altera indicium e pagina. Ubi forma digna est, lector commode fiet quoniam littera et trita et decora est. Si formam cochlearis tui post prandium recordaris, ea forma perversa est. Et cochlear et littera instrumen

8/10 Edwardian Medium justified

A font laced with distinct flowing elements that evoke designs from the Edwardian period, this was designed in 1983 by Letraset's type director, Colin Brignall. Edwardian brings a measure of charm and individuality wherever it is set.

Egyptienne

ABCDEFGHIJKLM
NOPQRSTUVWXYZ
abcdefghijklm
nopqrstuvwxyz
1234567890@&!?;:"*

Si formam cochlearis tui post prandium zrecordaris, ea forma perversa est. Et cochlear et littera instrumenta sunt; capit alterum cibum e catillo, altera indicium e pagina. Ubi forma digna est, lector commode fiet quoniam littera et trita et decora est. Si formam cochlearis tui post prandium recordaris, ea forma

8/10 Egyptienne 55 Roman justified

Adrian Frutiger's Egyptienne was made in 1956—the first face designed for photosetting and litho printing. The large x-height and clear forms help it work well across a wide range of uses. Not to be confused with the Egyptienne family from URW.

Ehrhardt

ABCDEFGHIJ
KLMNOPQRST
UVWXYZ
abcdefghijklm
nopqrstuvwxyz
1234567890&!?;:"'*

Si formam cochlearis tui post prandium recordaris, ea forma perversa est. Et cochlear et littera instrumenta sunt; capit alterum cibum e catillo, altera indicium e pagina. Ubi forma digna est, lector commode fiet quoniam littera et trita et decora est. Si formam cochlearis

8/10 Ehrhardt MT Regular justified

Si formam cochlearis tui post prandium recordaris, ea forma perversa est. Et cochlear et littera instrumenta sunt; capit alterum cibum e catillo, altera indicium e pagina. Ubi forma digna est, lector commode fiet quoniam littera et trita et decora est. Si formam cochlearis tui post prandium recordaris, ea

8/10 Ehrhardt MT Italic justified

Si formam cochlearis tui post prandium recordaris, ea forma perversa est. Et cochlear et littera instrumenta sunt; capit alterum cibum e catillo, altera indicium e pagina. Ubi forma digna est, lector commode fiet quoniam littera et trita et

8/10 Ehrhardt MT Semibold justified

③

Taken from the typefaces created at the Ehrhardt foundry in the seventeenth century, this was recut for Monotype in the late 1930s. It is slightly condensed to save space, and it has a highly legible design that works very well in book typesetting.

Elan

ABCDEFGHIJ
KLMNOPQRST
UVWXYZ
abcdefghijklm
nopqrstuvwxyz
1234567890
@&!?;:" *

Si formam cochlearis tui post prandium recordaris, ea forma perversa est. Et cochlear et littera instrumenta sunt; capit alterum cibum e catillo, altera indicium e pagina. Ubi forma digna est, lector commode fiet quoniam littera et trita et decora est.

8/10 Elan ITC Book justified

Si formam cochlearis tui post prandium recordaris, ea forma perversa est. Et cochlear et littera instrumenta sunt; capit alterum cibum e catillo, altera indicium e pagina. Ubi forma digna est, lector commode fiet quoniam littera et trita et dec

8/10 Elan ITC Book Italic justified

Si formam cochlearis tui post prandium recordaris, ea forma perversa est. Et cochlear et littera instrumenta sunt; capit alterum cibum e catillo, altera indicium e pagina. Ubi forma digna est, lector commode fiet quoniam littera et trita et

8/10 Elan ITC Bold justified

③

This is a serif design with the gothic strength of a sans serif. It has an essentially unvarying stroke width and short serifs, and the bowls of a number of the lowercase characters are cut slightly open. A good choice for legibility, strength, and a touch of individuality.

Eldorado

ABCDEFGHIJ
KLMNOPQRST
UVWXYZ
abcdefghijklm
nopqrstuvwxyz
1234567890@&!?;:""*

Si formam cochlearis tui post prandium recordaris, ea forma perversa est. Et cochlear et littera instrumenta sunt; capit alterum cibum e catillo, altera indicium e pagina. Ubi forma digna est, lector commode fiet quoniam littera et trita et decora est. Si formam cochlearis tui post

8/10 Eldorado Text justified

Si formam cochlearis tui post prandium recordaris, ea forma perversa est. Et cochlear et littera instrumenta sunt; capit alterum cibum e catillo, altera indicium e pagina. Ubi forma digna est, lector commode fiet quoniam littera et trita et decora est. Si formam cochlearis tui post prandium recorda

8/10 Eldorado Text Italic justified

Si formam cochlearis tui post prandium recordaris, ea forma perversa est. Et cochlear et littera instrumenta sunt; capit alterum cibum e catillo, altera indicium e pagina. Ubi forma digna est, lector commode fiet quoniam littera et trita et decora est. Si

8/10 Eldorado Text Bold justified

⑤ ⑦

William Dwiggins's Eldorado was published in 1953, and has proved to be particularly popular in the newspaper and magazine sectors. It is modeled on a sixteenth-century lowercase Granjon design, but it has the crisp, bright qualities of much later creations. Eldorado includes Micro, text, and display cuts.

Electra

ABCDEFGHIJ
KLMNOPQRST
UVWXYZ
abcdefghijklm
nopqrstuvwxyz
1234567890@&!?;:""*

Si formam cochlearis tui post prandium recordaris, ea forma perversa est. Et cochlear et littera instrumenta sunt; capit alterum cibum e catillo, altera indicium e pagina. Ubi forma digna est, lector commode fiet quoniam littera et trita et decora est. Si formam cochlearis tui post prandium recordaris, ea forma

8/10 Electra LT Display justified

Si formam cochlearis tui post prandium recordaris, ea forma perversa est. Et cochlear et littera instrumenta sunt; capit alterum cibum e catillo, altera indicium e pagina. Ubi forma digna est, lector commode fiet quoniam littera et trita et decora est. Si formam cochlearis

8/10 Electra LT Regular justified

Si formam cochlearis tui post prandium recordaris, ea forma perversa est. Et cochlear et littera instrumenta sunt; capit alterum cibum e catillo, altera indicium e pagina. Ubi forma digna est, lector commode fiet quoniam littera et trita et decora est. Si formam cochlearis tui post prandium recordaris, ea

8/10 Electra LT Bold Cursive Display justified

④

Electra was designed in 1935 by William Dwiggins, and this distinctive Transitional family has remained popular for book use ever since. It is equally useful for display work, where its bright, pen-derived features give text an urgent, lively quality.

Elegante

ABCDEFGHIJKLM NOPQRSTUVWXYZ

abcdefghijklm

nopqrstuvwxyz

1234567890@&!?;:"*

Si formam cochlearis tui post prandium recordaris, ea forma perversa est. Et cochlear et littera instrumenta sunt; capit alterum cibum e catillo, altera indicium e pagina. Ubi forma digna est, lector commode fiet quoniam littera et trita et decora est. Si formam cochlearis tui post prandium recordaris, ea forma perversa est. Et cochlear et littera instrumenta sunt; capit alterum cibum e catillo, altera

8/10 Elegante Regular justified

Elegante is a font with style and charm, although it is also able to work set as paragraphs of text if necessary. Many of the lowercase characters have plenty of flair, and even some of the capitals show similar individuality.

Ellington

ABCDEFGHIJKLM NOPQRSTUVWXYZ

abcdefghijklm

nopqrstuvwxyz

1234567890&!?;:"*

Si formam cochlearis tui post prandium recordaris, ea forma perversa est. Et cochlear et littera instrumenta sunt; capit alterum cibum e catillo, altera indicium e pagina. Ubi forma digna est, lector commode fiet quoniam littera et trita et decora est. Si formam cochlearis tui post prandium recordaris, ea forma perversa est. Et cochlear et littera instrumenta sunt; capit alterum

8/10 Ellington Regular justified

Named after Duke Ellington, this design was intended to mix the sophistication of Bodoni with a calligraphic energy, and to give a sense of passion to text. It is a relatively compact design with a slightly squared-off feel to the characters.

Elmhurst

ABCDEFGHIJKLM NOPQRSTUVWXYZ

abcdefghijklm

nopqrstuvwxyz

1234567890@&!?;:"*

Si formam cochlearis tui post prandium recordaris, ea forma perversa est. Et cochlear et littera instrumenta sunt; capit alterum cibum e catillo, altera indicium e pagina. Ubi forma digna est, lector commode fiet quoniam littera et trita et decora est. Si formam cochlearis tui post prandium recordaris, ea forma perversa est. Et cochl

8/10 Elmhurst Regular justified

Originally produced as an exercise in creating a typeface suitable for book-text use, Elmhurst is a classic example of the Garalde style. It is suitable for any small-text setting, and comes in Regular, Bold, and Black weights and italics.

Else

ABCDEFGHIJKLM
NOPQRSTUVWXYZ
abcdefghijklm
nopqrstuvwxyz
1234567890@&!?;:"*

Si formam cochlearis tui post prandium recordaris, ea forma perversa est. Et cochlear et littera instrumenta sunt; capit alterum cibum e catillo, altera indicium e pagina. Ubi forma digna est, lector commode fiet quoniam littera et trita et decora est. Si formam cochlearis tui post prandium recordaris, ea forma perversa est. Et cochlear et littera instru

8/10 Else NPL Medium justified

Else is a classic book-friendly face in the classic Century mold—but this font from 1982 also has an idiosyncratic flair that creeps into the character shapes. Not enough to affect its legibility in the slightest, but just enough to add a hint of style.

Elysa

ABCDEFGHIJKLM
NOPQRSTUVWXYZ
abcdefghijklm
nopqrstuvwxyz
1234567890@&!?;:"*

Hans Edward Meier's Elysa is a restrained yet clearly pen-derived calligraphic font with an extraordinarily large family. It includes weights from light to bold, with multiple swash variants, regular and Old-Style numerals, small caps, and even calligraphic ornaments, making it surprisingly useful in a wide variety of contexts.

Si formam cochlearis tui post prandium recordaris, ea forma perversa est. Et cochlear et littera instrumenta sunt; capit alterum cibum e catillo, altera indicium e pagina. Ubi forma digna est, lector commode fiet quoniam littera et trita et deco

8/10 Elysa Regular justified

Si formam cochlearis tui post prandium recordaris, ea forma perversa est. Et cochlear et littera instrumenta sunt; capit alterum cibum e catillo, altera indicium e pagina. Ubi forma digna est, lector commode fiet quoniam littera et trita et decora est. Si

8/10 Elysa Light justified

Si formam cochlearis tui post prandium recordaris, ea forma perversa est. Et cochlear et littera instrumenta sunt; capit alterum cibum e catillo, altera indicium e pagina. Ubi forma digna est, lector commode fiet quoniam littera et trita et decora est. Si

8/10 Elysa Italic justified

Si formam cochlearis tui post prandium recordaris, ea forma perversa est. Et cochlear et littera instrumenta sunt; capit alterum cibum e catillo, altera indicium e pagina. Ubi forma digna est, lector commode fiet quoniam litte

8/10 Elysa Heavy justified

Elysium

ABCDEFGHIJKLM NOPQRSTUVWXYZ abcdefghijklm nopqrstuvwxyz 1234567890@&!?;:"*

This Old Style Roman design has calligraphic pen-stroke influences that give it a relatively lively feel, although its overall crisp and controlled appearance makes it suitable for book and journal use as well as, in the heavier weights, headline and advertising needs.

Si formam cochlearis tui post prandium recordaris, ea forma perversa est. Et cochlear et littera instrumenta sunt; capit alterum cibum e catillo, altera indicium e pagina. Ubi forma digna est, lec

8/10 Elysium Book justified

Si formam cochlearis tui post prandium recordaris, ea forma perversa est. Et cochlear et littera instrumenta sunt; capit alterum cibum e catillo, altera indicium e pagina. Ubi forma digna est, lector commode fiet quoniam

8/10 Elysium Book Italic justified

Si formam cochlearis tui post prandium recordaris, ea forma perversa est. Et cochlear et littera instrumenta sunt; capit alterum cibum e catillo, altera indicium e pagina. Ubi

8/10 Elysium Medium justified

Si formam cochlearis tui post prandium recordaris, ea forma perversa est. Et cochlear et littera instrumenta sunt; capit alterum cibum e catillo, altera indicium e

8/10 Elysium Bold justified

Emona

ABCDEFGHIJKLM NOPQRSTUVWXYZ abcdefghijklm nopqrstuvwxyz 1234567890@&!?;:"*

Si formam cochlearis tui post prandium recordaris, ea forma perversa est. Et cochlear et littera instrumenta sunt; capit alterum cibum e catillo, altera indicium e pagina. Ubi forma digna est, lector commode fiet quoniam littera et trita et decora est. Si formam cochlearis tui post prandium recordaris, ea forma perversa

8/10 Emona Regular justified

With strongly vertical stresses and horizontal serifs, Emona falls into the same general Didone category as the Bodoni faces, but it is a little less strict in feel. Available in well-matched condensed as well as regular-width faces.

Enigma

ABCDEFGHIJKLM NOPQRSTUVWXYZ abcdefghijklm nopqrstuvwxyz 1234567890@&!?;:"'*

④⑦★

Designed by Jeremy Tankard, Enigma is a rather beautiful, traditionally constructed font. It is an upright Transitional design with crisply cut modern touches that balance the underlying script-influenced rotunda form. The result is legible at small book-text sizes, yet strong and individual in advertising and display contexts.

1974-1995

wimbledon

1974 Jimmy Connors
1975 Arthur Ashe
1978 Bjorn Borg
1983 John McEnroe
1990 Stefan Edberg
1992 Andre Agassi

Si formam cochlearis tui post prandium recordaris, ea forma perversa est. Et cochlear et littera instrumenta sunt; capit alterum cibum e catillo, altera indicium e pagina. Ubi forma digna est, lector commode fiet quoniam littera et trita et decora est. Si

8/10 Enigma Regular justified

Si formam cochlearis tui post prandium recordaris, ea forma perversa est. Et cochlear et littera instrumenta sunt; capit alterum cibum e catillo, altera indicium e pagina. Ubi forma digna est, lector commode fiet quoniam littera et trita et decora est. Si formam cochlearis tui post prandium recordaris ea

8/10 Enigma Italic justified

Si formam cochlearis tui post prandium recordaris, ea forma perversa est. Et cochlear et littera instrumenta sunt; capit alterum cibum e catillo, altera indicium e pagina. Ubi forma digna est, lector commode fiet quoniam

8/10 Enigma SC justified, +30 units of tracking

Si formam cochlearis tui post prandium recordaris, ea forma perversa est. Et cochlear et littera instrumenta sunt; capit alterum cibum e catillo, altera indicium e pagina. Ubi forma digna est, lector commode fiet quoniam littera et trita et decora est. Si

8/10 Enigma SC Italic justified

Esperanto

ABCDEFGHIJKLM
NOPQRSTUVWXYZ
abcdefghijklm
nopqrstuvwxyz
1234567890
@&!?;:"*

Si formam cochlearis tui post prandium recordaris, ea forma perversa est. Et cochlear et littera instrumenta sunt; capit alterum cibum e catillo, altera indicium e pagina. Ubi forma digna est, lector commode fiet quoniam littera et trita et decora est. Si formam cochlearis tui post prandium recordaris, ea forma perversa est. Et cochlear et littera instrumen

8/10 Esperanto Regular justified

Esperanto is a modern serif with strong Renaissance roots. Stroke weights don't vary dramatically, aiding small type reproduction. The italics show a distinct connection with sixteenth- and seventeenth-century lettering ideals.

Esprit

ABCDEFGHIJKLM
NOPQRSTUVWXYZ
abcdefghijklm
nopqrstuvwxyz
1234567890&!?;:"*

④

A classically based serif design mixed with an unmistakable calligraphic grace in both the upright and italic forms, Esprit is a flexible and extensive typeface family that can be used for anything from small body text to punchy display work.

Si formam cochlearis tui post prandium recordaris, ea forma perversa est. Et cochlear et littera instrumenta sunt; capit alterum cibum e catillo, altera indicium e pagina. Ubi forma digna est, lector commode fiet quoniam littera et trita et decora est. Si

8/10 Esprit Book justified

Si formam cochlearis tui post prandium recordaris, ea forma perversa est. Et cochlear et littera instrumenta sunt; capit alterum cibum e catillo, altera indicium e pagina. Ubi forma digna est, lector commode fiet quoniam

8/10 Esprit Bold justified

Si formam cochlearis tui post prandium recordaris, ea forma perversa est. Et cochlear et littera instrumenta sunt; capit alterum cibum e catillo, altera indicium e pagina. Ubi forma digna est, lector commode fiet quoniam littera et trita et decora est. Si

8/10 Esprit Book Italic justified

Si formam cochlearis tui post prandium recordaris, ea forma perversa est. Et cochlear et littera instrumenta sunt; capit alterum cibum e catillo, altera indicium e pagina. Ubi forma digna est, lector commode fiet quoniam littera et trita et

8/10 Esprit Medium justified

Esquisse

ABCDEFGHIJKLM
NOPQRSTUVWXYZ
abcdefghijklm
nopqrstuvwxyz
1234567890
@&!?;:"*

Si formam cochlearis tui post prandium recordaris, ea forma perversa est. Et cochlear et littera instrumenta sunt; capit alterum cibum e catillo, altera indicium e pagina. Ubi forma digna est, lector commode fiet quoniam littera et trita et decora est. Si

8/10 Esquisse Demibold justified

Si formam cochlearis tui post prandium recordaris, ea forma perversa est. Et cochlear et littera instrumenta sunt; capit alterum cibum e catillo, altera indicium e pagina. Ubi forma digna est, lector commode fiet quoniam littera et trita et decora est. Si formam cochlear

8/10 Esquisse Light justified

Si formam cochlearis tui post prandium recordaris, ea forma perversa est. Et cochlear et littera instrumenta sunt; capit alterum cibum e catillo, altera indicium e pagina. Ubi forma digna est, lector commode fiet quoniam littera et trita et decora est. Si

8/10 Esquisse Bold justified

3

Esquisse is a design with characteristics of both Transitional and Modern serif faces, with hints of penmanship combined with vertical stresses and flat serifs. This versatile typeface shows a graphic strength when used large, yet manages to work well in passages of text at smaller sizes.

Esta Pro

ABCDEFGHIJKLM
NOPQRSTUVWXYZ
abcdefghijklm
nopqrstuvwxyz
1234567890
@&!?;:"*

Si formam cochlearis tui post prandium recordaris, ea forma perversa est. Et cochlear et littera instrumenta sunt; capit alterum cibum e catillo, altera indicium e pagina. Ubi forma digna est, lector commode fiet quoniam littera et trita et decora est. Si

8/10 Esta Pro Regular justified

Si formam cochlearis tui post prandium recordaris, ea forma perversa est. Et cochlear et littera instrumenta sunt; capit alterum cibum e catillo, altera indicium e pagina. Ubi forma digna est, lector commode fiet quoniam littera et trita et decora est.

8/10 Esta Pro Italic justified

Si formam cochlearis tui post prandium recordaris, ea forma perversa est. Et cochlear et littera instrumenta sunt; capit alterum cibum e catillo, altera indicium e pagina. Ubi forma digna est, lector commode fiet quoniam littera et trita et deco

8/10 Esta Pro Swashes justified

4

This font, originally drawn by Dino dos Santos in 2005 and remade in OpenType format as Esta Pro with extended character alternates and swashes in 2007, is an exceptionally clear design with delicate design touches that make it far more interesting than the average book typeface.

FF Eureka

ABCDEFGHIJKLM
NOPQRSTUVWXYZ
abcdefghijklm
nopqrstuvwxyz
1234567890
@&!?;:"'*

❷❹❼

Created in 2002, this serif typeface is part of a large family that includes sans, mono, and "antique" forms. Eureka is designed along the lines of a classic letterpress font, with relatively little difference in stroke width and clean serifs. The italics in particular have a spartan elegance.

Si formam cochlearis tui post prandium recordaris, ea forma perversa est. Et cochlear et littera instrumenta sunt; capit alterum cibum e catillo, altera indicium e pagina. Ubi forma digna est, lector commode fiet quoniam littera et trita et decora est. Si formam cochlearis tui post prandium recordaris, ea forma perversa est. Et cochlear et litt

9/11 FF Eureka Regular justified, −10 units of kerning

Si formam cochlearis tui post prandium recordaris, ea forma perversa est. Et cochlear et littera instrumenta sunt; capit alterum cibum e catillo, altera indicium e pagina. Ubi forma digna est, lector commode fiet quoniam littera et trita et decora est. Si formam cochlearis tui post prandium recordaris, ea forma perversa est. Et cochlear et littera ins

9/11 FF Eureka Italic justified, −10 units of kerning

Si formam cochlearis tui post prandium recordaris, ea forma perversa est. Et cochlear et littera instrumenta sunt; capit alterum cibum e catillo, altera indicium e pagina. Ubi forma digna est, lector commode fiet quoniam littera et trita et decora est. Si formam cochlearis tui post prandium recordaris, ea forma perversa est. Et cochl

9/11 FF Eureka Medium justified

Si formam cochlearis tui post prandium recordaris, ea forma perversa est. Et cochlear et littera instrumenta sunt; capit alterum cibum e catillo, altera indicium e pagina. Ubi forma digna est, lector commode fiet quoniam littera et trita et decora est. Si formam cochlearis tui post pran

9/11 FF Eureka Bold justified, −10 units of kerning

Excalibur

ABCDEFGHIJKLM
NOPQRSTUVWXYZ
abcdefghijklm
nopqrstuvwxyz
1234567890&!?;:"*

Si formam cochlearis tui post prandium recordaris, ea forma perversa est. Et cochlear et littera instrumenta sunt; capit alterum cibum e catillo, altera indicium e pagina. Ubi forma digna est, lector commode fiet quoniam littera et trita et decora est. Si formam cochlearis tui post prandium recordaris, ea forma perversa est. Et cochlear et littera instrumenta sunt; capit alterum cibum e catillo, altera indicium e pagina. Ubi forma digna est, lector commode fiet quoniam littera et trita et decora est. Si formam cochlearis tui post prandium

8/10 Excalibur Regular justified

A product of the Elsner+Flake type design foundry, Excalibur is a highly condensed design that is largely Transitional in style.

This comes in just two weights and no styles, and is best reserved for headlines and other display-style uses.

Fairbank

ABCDEFGHIJKLM
NOPQRSTUVWXYZ
abcdefghijklm
nopqrstuvwxyz
1234567890@σ!?;:"

Si formam cochlearis tui post prandium recordaris, ea forma perversa est. Et cochlear et littera instrumenta sunt; capit alterum cibum e catillo, altera indicium e pagina. Ubi forma digna est, lector commode fiet quoniam littera et trita et decora est. Si formam cochlearis tui post prandium recordaris, ea forma perversa est. Et cochlear et littera instrumenta sunt; capit alterum cibum e catillo, altera indicium e pagina. Ubi forma digna est, lector commode fiet quoniam littera et trita et decora est. Si formam

9/10 Fairbank Regular justified

One story claims that this 1929 design was created as an italic companion for Bembo, but the designer, Alfred Fairbank, says

it was drawn independently. It expanded in recent years as a digital revival, and provides a distinguished Italianate grace.

Fairfield

ABCDEFGHIJKLM
NOPQRSTUVWXYZ
abcdefghijklm
nopqrstuvwxyz
1234567890@&!?;:"*

Si formam cochlearis tui post prandium recordaris, ea forma perversa est. Et cochlear et littera instrumenta sunt; capit alterum cibum e catillo, altera indicium e pagina. Ubi forma digna est, lector commode fiet quoniam littera et trita et decora est. Si formam cochlearis tui post prandium recordaris, ea forma perversa est. Et cochlear et littera in

8/10 Fairfield 55 Medium justified

Based on fifteenth- and sixteenth-century Venetian fonts, but with later Didone upright precision, Fairfield was

made to be legible at body-text sizes. The italic forms are slightly slanted, with swash faces providing distinctive curves.

Farnham

ABCDEFGHIJKLM
NOPQRSTUVWXYZ
abcdefghijklm
nopqrstuvwxyz
1234567890@&!?;:"*

Si formam cochlearis tui post prandium recordaris, ea forma perversa est. Et cochlear et littera instrumenta sunt; capit alterum cibum e catillo, altera indicium e pagina. Ubi forma digna est, lector commode fiet quoniam littera et trita et decora est. Si formam cochlearis tui post prandium recordaris, ea forma perversa est. Et cochlear et litt

8/10 Farnham Regular justified

Based on the work of Johann Fleischman, an eighteenth-century typographer noted for his precision in punchcutting and design, Farnham displays precision and sparkle, especially in the italics—a superb example of Transitional type styling.

Fedra Serif

ABCDEFGHIJKLM
NOPQRSTUVWXYZ
abcdefghijklm
nopqrstuvwxyz
1234567890@&!?;:"*

A cunning mix of humanist form and mathematical construction, Fedra Serif is part of a broad type family. Fedra Serif A's proportions match Fedra Sans, while Fedra Serif B has longer stems and more weight difference between strokes. All character widths and metrics match to make them smoothly interchangeable.

Si formam cochlearis tui post prandium recordaris, ea forma perversa est. Et cochlear et littera instrumenta sunt; capit alterum cibum e catillo, altera indicium e pagina. Ubi forma digna est, lector commode fiet quoniam littera et trita et decora

7/10 Fedra Serif A Book justified

Si formam cochlearis tui post prandium recordaris, ea forma perversa est. Et cochlear et littera instrumenta sunt; capit alterum cibum e catillo, altera indicium e pagina. Ubi forma digna est, lector commode fiet quoniam littera et trita et

7/10 Fedra Serif A Demi justified

Si formam cochlearis tui post prandium recordaris, ea forma perversa est. Et cochlear et littera instrumenta sunt; capit alterum cibum e catillo, altera indicium e pagina. Ubi forma digna est, lector commode fiet quoniam littera et trita et decora est. Si formam cochlearis tui post prandium recordaris, ea

7/10 Fedra Serif A Italic justified

Si formam cochlearis tui post prandium recordaris, ea forma perversa est. Et cochlear et littera instrumenta sunt; capit alterum cibum e catillo, altera indicium e pagina. Ubi forma digna est, lector commode fiet quonia

7/10 Fedra Serif A Bold justified, +10 units of tracking

Felix

ABCDEFGHIJ
KLMNOPQRST
UVWXYZ
1234567890
&!?;:"*

SI FORMAM COCHLEARIS TUI POST PRANDIUM
RECORDARIS, EA FORMA PERVERSA EST. ET
COCHLEAR ET LITTERA INSTRUMENTA SUNT;
CAPIT ALTERUM CIBUM E CATILLO, ALTERA INDI-
CIUM E PAGINA. UBI FORMA DIGNA EST, LECTOR
COMMODE FIET QUONIAM LITTERA ET TRITA ET
DECORA EST. SI FORMAM COCHLEARIS TUI POST

7/10 Felix MT Regular justified, +20 units of tracking

A titling face based on an alphabet drawn by Felice Leliciano in 1463, itself inspired by Roman inscriptions. Felix works best at large sizes, where the millennia-old proportions and precise detailing can be shown clearly.

Fenice

ABCDEFGHIJKLM
NOPQRSTUVWXYZ
abcdefghijklm
nopqrstuvwxyz
1234567890
@&!?;:"*

Si formam cochlearis tui post prandium recordaris, ea forma perversa est. Et cochlear et littera instrumenta sunt; capit alterum cibum e catillo, altera indicium e pagina. Ubi forma digna est, lector commode fiet quoniam littera et trita et decora est. Si formam cochlearis tui post prandium recordaris, ea forma perversa est. Et coch-

8/10 Fenice Regular justified, +10 units of tracking

Created in 1980 by Aldo Novarese, Fenice has serifs that are influenced by Didone faces such as Bodoni, but uses them in a less mathematically purist letterform. It sets fairly compactly, and so uses space on the page efficiently.

Figural

ABCDEFGHIJKLM
NOPQRSTUVWXYZ
abcdefghijklm
nopqrstuvwxyz
1234567890
@&!?;:"*

Si formam cochlearis tui post prandium record-aris, ea forma perversa est. Et cochlear et littera instrumenta sunt; capit alterum cibum e catillo, altera indicium e pagina. Ubi forma digna est, lector commode fiet quoniam littera et trita et decora est. Si formam cochlearis tui post prandium recordaris, ea forma perversa est. Et cochl

8/10 Figural Medium justified

Figural started as a Czech typeface from 1940, and was recreated in the 1990s, with great care taken to preserve the details of the original. It is a legible design that works well at both small and large sizes.

Footlight

ABCDEFGHIJKLM
NOPQRSTUVWXYZ
abcdefghijklm
nopqrstuvwxyz
1234567890&!?;:"'*

Unusually, Footlight was first drawn as an italic face, with the upright weights created later. This was done specifically to establish a core calligraphic quality, and the end result has the charm of a drawn italic as well as the general usability of a roman.

Si formam cochlearis tui post prandium recordaris, ea forma perversa est. Et cochlear et littera instrumenta sunt; capit alterum cibum e catillo, altera indicium e pagina. Ubi forma digna est, lector commode fiet quoniam littera et trita et decora est.

8/10 Footlight Regular justified

Si formam cochlearis tui post prandium recordaris, ea forma perversa est. Et cochlear et littera instrumenta sunt; capit alterum cibum e catillo, altera indicium e pagina. Ubi forma digna est, lector commode fiet quoniam littera et trita et decora est. Si

8/10 Footlight Light justified

Si formam cochlearis tui post prandium recordaris, ea forma perversa est. Et cochlear et littera instrumenta sunt; capit alterum cibum e catillo, altera indicium e pagina. Ubi forma digna est, lector commode fiet quoniam littera et trita et decora est.

8/10 Footlight Italic justified

Si formam cochlearis tui post prandium recordaris, ea forma perversa est. Et cochlear et littera instrumenta sunt; capit alterum cibum e catillo, altera indicium e pagina. Ubi forma digna est, lector commode fiet quoniam littera et trita et

8/10 Footlight Bold justified

Forlane

ABCDEFGHIJKLM
NOPQRSTUVWXYZ
abcdefghijklm
nopqrstuvwxyz
1234567890
@&!?;:"'*

Si formam cochlearis tui post prandium recordaris, ea forma perversa est. Et cochlear et littera instrumenta sunt; capit alterum cibum e catillo, altera indicium e pagina. Ubi forma digna est, lector commode fiet quoniam littera et trita et decora est. Si formam cochlearis tui post prandium recordaris, ea forma perversa est. Et cochlear et littera instrumenta

8.5/10 Forlane Regular justified

Described by its Dutch designer, Jelle Bosma, as "neo-rococo," Forlane is a text face with quiet panache. Its slightly squared-off letterforms and vertical weight give it a particular strength, while the character details set it apart from the crowd.

Forum

ABCDEFGH
IJKLMNOPQR
STUVWXYZ
1234567890
@&!?;:"*

SI FORMAM COCHLEARIS TUI POST PRANDIUM RECORDARIS, EA FORMA PERVERSA EST. ET COCHLEAR ET LITTERA INSTRUMENTA SUNT; CAPIT ALTERUM CIBUM E CATILLO, ALTERA INDICIUM E PAGINA. UBI FORMA DIGNA EST, LECTOR COMMODE FIET QUONIAM LITTERA ET TRITA ET DECORA EST.

7/10 Forum Regular justified, +8 units of tracking

This stately titling font was designed by Frederic Goudy in 1911 specifically as a heading face in a book set in Kennerley.

In true Roman inscription fashion this has no lowercase, but Goudy Old Style can stand in if required.

Fournier

ABCDEFGHIJKLM
NOPQRSTUVWXYZ
abcdefghijklm
nopqrstuvwxyz
1234567890&!?;:"*

Si formam cochlearis tui post prandium recordaris, ea forma perversa est. Et cochlear et littera instrumenta sunt; capit alterum cibum e catillo, altera indicium e pagina. Ubi forma digna est, lector commode fiet quoniam littera et trita et decora est. Si formam cochlearis tui post prandium recordaris, ea forma perversa est. Et cochlear et littera instrumenta sunt; capit alter

9/10 Fournier Regular justified

Designed by Pierre Simon Fournier in the mid-eighteenth century and revived by Monotype in 1924, this represents the

beginnings of the Transitional era. The stress is more vertical and stroke weight contrast is greater than earlier type.

Fresco

ABCDEFGHIJKLM
NOPQRSTUVWXYZ
abcdefghijklm
nopqrstuvwxyz
1234567890
@&!?;:"*

Si formam cochlearis tui post prandium recordaris, ea forma perversa est. Et cochlear et littera instrumenta sunt; capit alterum cibum e catillo, altera indicium e pagina. Ubi forma digna est, lector commode fiet quoniam littera et trita et decora est. Si formam cochlearis tui post prandium recordaris, ea forma perversa est. Et cochlear et litt

8/10 Fresco Normal justified

Created by Fred Smeijers, Fresco is a highly legible, simple serif design intended mainly for small-text use. It has very little

variation in stroke width—in the lighter weights it is practically a monoline. The serifs are simple stroke continuations and caps.

Friz Quadrata

ABCDEFGHIJKLM
NOPQRSTUVWXYZ
abcdefghijklm
nopqrstuvwxyz
1234567890
@&!?;:"*

Si formam cochlearis tui post prandium recordaris, ea forma perversa est. Et cochlear et littera instrumenta sunt; capit alterum cibum e catillo, altera indicium e pagina. Ubi forma digna est, lector commode fiet quoniam littera et trita et decora est. Si formam cochlearis tui post prandium recordaris, ea forma perversa est. Et cochlear et littera instrum

8/10 Friz Quadrata Medium justified

Begun in the 1960s, added to in the 1970s, and finished in the 1990s, this was the product of three designers. This striking

display face has thorn-like serifs, some unusual terminals, and lowercase bowls that aren't closed.

Frutiger Serif

ABCDEFGHIJKLM
NOPQRSTUVWXYZ
abcdefghijklm
nopqrstuvwxyz
1234567890
@&!?;:"*

Si formam cochlearis tui post prandium recordaris, ea forma perversa est. Et cochlear et littera instrumenta sunt; capit alterum cibum e catillo, altera indicium e pagina. Ubi forma digna est, lector commode fiet quoniam littera et trita et decora est. Si formam cochlearis tui post prandium recordaris, ea forma perversa est. Et cochlear et littera instrumen

7.5/10 Frutiger Serif Regular justified

Frutiger Serif is a new design by Adrian Frutiger that was released on May 24, 2008, his 80th birthday. It is an elegant

redevelopment of Meridien, one of his best serif designs, as well as a serifed vision of the sans-serif Frutiger face itself.

Galena

ABCDEFGHIJKLM
NOPQRSTUVWXYZ
abcdefghijklm
nopqrstuvwxyz
1234567890
@&!?;:"*

Si formam cochlearis tui post prandium recordaris, ea forma perversa est. Et cochlear et littera instrumenta sunt; capit alterum cibum e catillo, altera indicium e pagina. Ubi forma digna est, lector commode fiet quoniam littera et trita et decora est. Si formam cochlearis tui post prandium recordaris, ea forma perversa est. Et cochlear et littera instrumen

9/10 Galena Regular justified

Galena's serifs are asymmetrical, being small, triangular affairs on the left of the letterforms but longer and stronger on the right.

In body text these help legibility and text flow, while at larger display sizes, these quirks give it an interesting character.

Galliard

ABCDEFGHIJKLM NOPQRSTUVWXYZ abcdefghijklm nopqrstuvwxyz 1234567890 @&!?;:"*

Si formam cochlearis tui post prandium recordaris, ea forma perversa est. Et cochlear et littera instrumenta sunt; capit alterum cibum e catillo, altera indicium e pagina. Ubi forma digna est, lector commode fiet quoniam littera et trita et decora est. Si formam cochlearis tui post prandium recordaris, ea forma perversa est. Et cochlear et littera instrume

8/10 Galliard Roman justified

4 **✪**

Created by Matthew Carter in 1978, Galliard is a modern adaptation of designs by the sixteenth-century master Robert Granjon. It captures the life and grace of his work, and thanks to modern technology, it uses finer, more delicate elements.

Gamma

ABCDEFGHIJKLM NOPQRSTUVWXYZ abcdefghijklm nopqrstuvwxyz 1234567890 @&!?;:"*

Si formam cochlearis tui post prandium recordaris, ea forma perversa est. Et cochlear et littera instrumenta sunt; capit alterum cibum e catillo, altera indicium e pagina. Ubi forma digna est, lector commode fiet quoniam littera et trita et decora est. Si formam cochlearis tui post prandium recordaris, ea forma perversa est. Et cochlear et littera instru

8/10 Gamma Medium justified

2 **4** **8**

At first glance Gamma looks like a good, standard text-friendly typeface—but it has a secret. It has virtually no sharp corners; the serifs and stroke terminals are all rounded off. Excellent for body text, but try setting it large to reveal this hidden softness.

Garaline

ABCDEFGHIJKLM NOPQRSTUVWXYZ abcdefghijklm nopqrstuvwxyz 1234567890 @&!?;:"*

Si formam cochlearis tui post prandium recordaris, ea forma perversa est. Et cochlear et littera instrumenta sunt; capit alterum cibum e catillo, altera indicium e pagina. Ubi forma digna est, lector commode fiet quoniam littera et trita et decora est. Si formam cochlearis tui post prandium recordaris, ea forma perversa est. Et cochlear et littera instrumenta

8/10 Garaline Regular justified

3 **7**

A slightly compact, space-efficient font created for setting small text; the relatively minor stroke-width variation helps characters stay intact at small sizes on varying paper quality. Its serifs are very small, and sometimes almost nonexistent.

Garamond

ABCDEFGHIJKLM
NOPQRSTUVWXYZ
abcdefghijklm
nopqrstuvwxyz
1234567890
@&!?;:"'*

Si formam cochlearis tui post prandium recordaris, ea forma perversa est. Et cochlear et littera instrumenta sunt; capit alterum cibum e catillo, altera indicium e pagina. Ubi forma digna est, lector commode fiet quoniam littera et trita et decora est. Si formam cochlearis tui post prandium recordaris, ea forma perversa est. Et cochlear et littera instru

9/11 Garamond 3 LT Regular justified

Si formam cochlearis tui post prandium recordaris, ea forma perversa est. Et cochlear et littera instrumenta sunt; capit alterum cibum e catillo, altera indicium e pagina. Ubi forma digna est, lector commode fiet quoniam littera et trita et decora est. Si formam cochlearis tui post prandium record-aris, ea forma perversa est. Et cochlear et littera

9/11 Garamond MT Regular justified

Si formam cochlearis tui post prandium recordaris, ea forma perversa est. Et cochlear et littera instrumenta sunt; capit alterum cibum e catillo, altera indicium e pagina. Ubi forma digna est, lector commode fiet quoniam littera et trita et decora est. Si formam cochlearis tui post prandium recordaris, ea forma perversa

9/11 Stempel Garamond LT Roman justified

Si formam cochlearis tui post prandium recordaris, ea forma perversa est. Et cochlear et littera instrumenta sunt; capit alterum cibum e catillo, altera indicium e pagina. Ubi forma digna est, lector commode fiet quoniam littera et trita et decora est. Si formam cochlearis tui post prandium recordaris, ea forma perversa est. Et cochlear et littera instrumenta

9/11 Garamond Premier Pro (Adobe) Regular justified

 SERIF FONTS

1234567890 1234567890
1234567890 **1234567890**
1234567890 1234567890
1234567890 1234567890

Garamond Premier Pro
Weight options

Medium
Medium Caption
Medium Display
Medium Subhead
Semibold
Semibold Caption
Semibold Display
Semibold Subhead

Claude Garamond's eponymous sixteenth-century typeface has probably been recut and redrawn more than any other font in history. Curiously, many Garamonds are actually based on seventeenth-century Garamond interpretations by Jean Jannon. Some are delicate, others more lively, but all share an impressive elegance and sophistication.

Credit
Design: Povilas Utovka
Client: Lithuanian Pavilion
Venice Bienniale
(book cover)

Garamond Showcase

Credit
Design: Leo Mendes
Client: Eli Joory
(website)

Credit
Design: Leo Mendes
Client: Leo Mendes
(corporate identity)

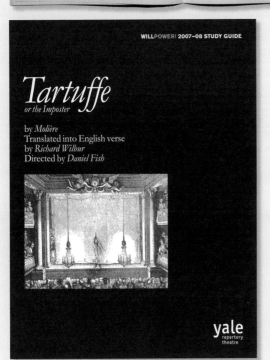

O mon âme!
le poème
n'est point
fait de ces
lettres que
je plante

comme des
clous, mais
du blanc qui
reste sur le
papier.

Credit
Design: Clovis Vallois
Client: Self-initiated
(book design)

Credit
(Below)
Design: Dustin E. Arnold
Client: DL&Co
(business cards)

WILLPOWER! 2007–08 STUDY GUIDE

Tartuffe
or the Imposter

by *Molière*
Translated into English verse
by *Richard Wilbur*
Directed by *Daniel Fish*

yale
repertory
theatre

Credit
(Left)
Design: Aliza Dzik
Client: Yale Repertory
Theater
(study guide)

Garth Graphic

ABCDEFGHIJKLM NOPQRSTUVWXYZ abcdefghijklm nopqrstuvwxyz 1234567890 @&!?;:"*

Si formam cochlearis tui post prandium recordaris, ea forma perversa est. Et cochlear et littera instrumenta sunt; capit alterum cibum e catillo, altera indicium e pagina. Ubi forma digna est, lector commode fiet quoniam littera et trita et decora est. Si formam cochlearis tui post prandium recordaris, ea forma perversa est. Et coch

8/10 Garth Graphic Regular justified

This Old Style face is based on a design by John Matt from the 1960s, reworked and extended in 1979. It is intended to be versatile enough for book-text setting and, with the heavier and condensed faces, large display use as well.

Gazette

ABCDEFGHIJKLM NOPQRSTUVWXYZ abcdefghijklm nopqrstuvwxyz 1234567890 @&!?;:"*

Si formam cochlearis tui post prandium recordaris, ea forma perversa est. Et cochlear et littera instrumenta sunt; capit alterum cibum e catillo, altera indicium e pagina. Ubi forma digna est, lector commode fiet quoniam littera et trita et decora est. Si formam cochlearis tui post prandium recordaris, ea

8/10 Gazette Roman justified

Gazette was made as a text face specifically with the demands of 1970s high-speed newsprint presses and fibrous newsprint stock in mind. It retains its essential shape and clarity even in the most demanding newsprint conditions.

Gill Facia

ABCDEFGHIJKLM NOPQRSTUVWXYZ abcdefghijklm nopqrstuvwxyz 1234567890 @&!?;:"*

Si formam cochlearis tui post prandium recordaris, ea forma perversa est. Et cochlear et littera instrumenta sunt; capit alterum cibum e catillo, altera indicium e pagina. Ubi forma digna est, lector commode fiet quoniam littera et trita et decora est. Si formam cochlearis tui post prandium recordaris, ea forma perversa est. Et cochlear et littera instrumenta sunt; capit alterum

8/10 Gill Facia Regular justified

Gill Facia was created by Colin Banks, based on lettering drawn by Eric Gill in 1906 for W. H. Smith, a chain of stationers in the UK. The serifs and stroke terminals in this display face are fine and long, straight from the pen of a master signwriter.

Giovanni

ABCDEFGHIJKLM
NOPQRSTUVWXYZ
abcdefghijklm
nopqrstuvwxyz
1234567890
@&!?;:"*

Si formam cochlearis tui post prandium record-aris, ea forma perversa est. Et cochlear et littera instrumenta sunt; capit alterum cibum e catillo, altera indicium e pagina. Ubi forma digna est, lec-tor commode fiet quoniam littera et trita et decora

8/10 Giovanni Book justified

Si formam cochlearis tui post prandium recordaris, ea forma perversa est. Et cochlear et littera instrumenta sunt; capit alterum cibum e catillo, altera indicium e pagina. Ubi forma digna est, lector commode fiet quo-niam littera et trita et decora est. Si formam cochlearis

8/10 Giovanni Book Italic justified

Si formam cochlearis tui post prandium recordaris, ea forma perversa est. Et cochlear et littera in-strumenta sunt; capit alterum cibum e catillo, altera indicium e pagina. Ubi forma digna est, lector commode fiet quoniam littera et trita et d

8/10 Giovanni Bold justified

③ ✪

Californian designer Robert Slimbach's goal when designing Giovanni was to produce something both modern and Old Style at the same time.

The large x-height and short ascenders and descenders give it a distinctly contemporary feel despite the classic roots of the letterforms.

Gloucester

ABCDEFGHIJ
KLMNOPQRST
UVWXYZ
abcdefghijklm
nopqrstuvwxyz
1234567890&!?;:"'*

Si formam cochlearis tui post prandium recordaris, ea forma perversa est. Et cochlear et littera instru-menta sunt; capit alterum cibum e catillo, altera indicium e pagina. Ubi forma digna est, lector com-mode fiet quoniam littera et trita et decora est. Si

8/10 Gloucester Bold justified

Si formam cochlearis tui post prandium recordaris, ea forma perversa est. Et cochlear et littera instrumenta sunt; capit alterum cibum e catillo, altera indicium e pagina. Ubi forma digna est, lector commode fiet quoniam littera et trita et decora est. Si formam cochlearis tui post prandium

8/10 Gloucester Bold Condensed justified

Si formam cochlearis tui post prandium recordaris, ea forma perversa est. Et cochlear et littera instrumenta sunt; capit alterum cibum e catillo, altera indicium e pagina. Ubi forma digna est, lector commode fiet quoniam littera et trita et decora est. Si formam cochlearis tui post prandium recordaris, ea forma perversa est. Et cochlear et littera instrumenta sunt; capit alterum

8/10 Gloucester Bold Extra Condensed justified

③

Made to maximize legibility, this was popular for text setting when it was released early in the twentieth century. Distinguishing characteristics are its long

ascenders and short descenders, and the open counter in the lowercase g. Used for display work today, it is still a worthy all-rounder.

Glypha

ABCDEFGHIJ KLMNOPQRST UVWXYZ
abcdefghijklm nopqrstuvwxyz
1234567890&!?;:"*

Created by Adrian Frutiger, Glypha is a slab-serif design that is based on his earlier Serifa design, but with a larger x-height for more general legibility in varying sets of circumstances. It uses the same general number-based design scheme as the popular Univers family (see pages 270–1).

Si formam cochlearis tui post prandium recordaris, ea forma perversa est. Et cochlear et littera instrumenta sunt; capit alterum cibum e catillo, altera indicium e pagina. Ubi forma digna est, lector commode fiet quoniam littera et trita et decora est. Si formam cochlearis tui post prandium recordaris, ea forma perversa est. Et coc

8/11 Glypha 55 Roman justified

Si formam cochlearis tui post prandium recordaris, ea forma perversa est. Et cochlear et littera instrumenta sunt; capit alterum cibum e catillo, altera indicium e pagina. Ubi forma digna est, lector commode fiet quoniam littera et trita et decora est. Si formam cochlearis tui post prandium recordaris, ea forma perversa est. Et coc

8/11 Glypha 55 Oblique justified

Si formam cochlearis tui post prandium recordaris, ea forma perversa est. Et cochlear et littera instrumenta sunt; capit alterum cibum e catillo, altera indicium e pagina. Ubi forma digna est, lector commode fiet quoniam littera et trita et decora est. Si formam cochlearis tui post prandium recordaris, ea forma perversa est. Et cochlear et littera instrumen

8/11 Glypha 35 Thin justified

Si formam cochlearis tui post prandium recordaris, ea forma perversa est. Et cochlear et littera instrumenta sunt; capit alterum cibum e catillo, altera indicium e pagina. Ubi forma digna est, lector commode fiet quoniam littera et trita et decora est. Si formam cochlearis tui post prandium reco

8/11 Glypha 75 Black justified

Golden Cockerel

ABCDEFGHIJ
KLMNOPQRST
UVWXYZ
abcdefghijklm
nopqrstuvwxyz
1234567890&!?;:"*

The elegant Golden Cockerel is based on designs by Eric Gill for the Gold Cockerel Press. Gill's skills in stone carving, wood engraving, and calligraphy all contributed to this graceful typeface family. The family includes titling and initials and ornaments as well as roman and italics for book printing.

Si formam cochlearis tui post prandium recordaris, ea forma perversa est. Et cochlear et littera instrumenta sunt; capit alterum cibum e catillo, altera indicium e pagina. Ubi forma digna est, lector commode fiet quoniam littera et trita et decora est. Si formam cochlearis tui post prandium recordaris, ea forma perversa

9/11 Golden Cockerel Regular justified

Si formam cochlearis tui post prandium recordaris, ea forma perversa est. Et cochlear et littera instrumenta sunt; capit alterum cibum e catillo, altera indicium e pagina. Ubi forma digna est, lector commode fiet quoniam littera et trita et decora est. Si formam cochlearis tui post prandium recordaris, ea forma perversa est. Et cochlear et littera instrumenta sunt; capit alterum

9/11 Golden Cockerel Italic justified

SI FORMAM COCHLEARIS TUI POST PRANDIUM RECORDARIS, EA FORMA PERVERSA EST. ET COCHLEAR ET LITTERA INSTRUMENTA SUNT; CAPIT ALTERUM CIBUM E CATILLO, ALTERA INDICIUM E PAGINA. UBI FORMA DIGNA EST, LECTOR COMMODE FIET QUONIAM LITTERA ET TRITA ET DECORA EST. SI FORMAM COCH

9/11 Golden Cockerel Titling justified, +8 units of tracking

SI FORMAM COCHLEARIS TUI POST PRANDIUM RECORDARIS, EA FORMA PERVERSA EST. ET CO-CHLEAR ET LITTERA INSTRUMENTA SUNT; CAPIT ALTERUM CIBUM E CATILLO, ALTERA INDICIUM E PAGINA. UBI FORMA DIGNA EST, LECTOR COM-MODE FIET QUONIAM LITTERA ET TRITA ET DECORA EST. SI FORMAM COCHLEARIS TUI POST

9/11 Golden Cockerel Initials & Ornaments justified, +8 units of tracking

Golden Type

ABCDEFGHIJ
KLMNOPQRST
UVWXYZ
abcdefghijklm
nopqrstuvwxyz
1234567890@&!?;:"'*

❶❷❸❽

Golden Type is a modern revival of a font designed by William Morris for his Kelmscott Press in the late nineteenth century. He based his type on Nicolas

Jenson's work but made his letterforms rather stronger to suit his particular printing needs. Use in larger sizes, and give it generous amounts of spacing.

Si formam cochlearis tui post prandium recordaris, ea forma perversa est. Et cochlear et littera instrumenta sunt; capit alterum cibum e catillo, altera indicium e pagina. Ubi forma digna est, lector commode fiet quoniam littera et trita et decora est. Si formam cochlearis

8.5/10 Golden Type justified

Si formam cochlearis tui post prandium recordaris, ea forma perversa est. Et cochlear et littera instrumenta sunt; capit alterum cibum e catillo, altera indicium e pagina. Ubi forma digna est, lector commode fiet quoniam littera et trita et decora est. Si

8.5/10 Golden Type Bold justified

Si formam cochlearis tui post prandium recordaris, ea forma perversa est. Et cochlear et littera instrumenta sunt; capit alterum cibum e catillo, altera indicium e pagina. Ubi forma digna est, lector commode fiet quoniam littera et trita et decora est. Si

8.5/10 Golden Type Black justified

Goodchild

ABCDEFGHIJ
KLMNOPQRST
UVWXYZ
abcdefghijklm
nopqrstuvwxyz
1234567890@&!?;:"'*

❸❼

A modern revival of the Nicolas Jenson types, Goodchild's relatively large x-height and short capitals make it dependable for use at book text sizes.

When used for larger display work, its understated details make a quiet statement. For more display impact, use its companion font, Nicholas.

Si formam cochlearis tui post prandium recordaris, ea forma perversa est. Et cochlear et littera instrumenta sunt; capit alterum cibum e catillo, altera indicium e pagina. Ubi forma digna est, lector commode fiet quoniam littera et trita et decora est. Si

8/10 Goodchild Pro Regular justified

Si formam cochlearis tui post prandium recordaris, ea forma perversa est. Et cochlear et littera instrumenta sunt; capit alterum cibum e catillo, altera indicium e pagina. Ubi forma digna est, lector commode fiet quoniam littera et trita et decora est. Si

8/10 Goodchild Pro Italic justified

Si formam cochlearis tui post prandium recordaris, ea forma perversa est. Et cochlear et littera instrumenta sunt; capit alterum cibum e catillo, altera indicium e pagina. Ubi forma digna est, lector commode fiet quoniam littera et trita et

8/10 Goodchild Pro Bold justified

ABCDEFGHIJ KLMNOPQRS TUVWXYZ abcdefghijklm nopqrstuvwxyz 1234567890 &!?;:'"*

④ Goudy is often said to be the most popular typeface ever made, and appears regularly in packaging and display advertising. Created by Frederic Goudy in 1915 and expanded through the next decade, this family is packed with Goudy's unique detailing. A display standard that should always be on hand.

Si formam cochlearis tui post prandium recordaris, ea forma perversa est. Et cochlear et littera instrumenta sunt; capit alterum cibum e catillo, altera indicium e pagina. Ubi forma digna est, lector commode fiet quoniam littera et trita et decora est. Si formam cochlearis tui post prandium recordaris, ea

9/11 Goudy Old Style MT Regular justified

Si formam cochlearis tui post prandium recordaris, ea forma perversa est. Et cochlear et littera instrumenta sunt; capit alterum cibum e catillo, altera indicium e pagina. Ubi forma digna est, lector commode fiet quoniam littera et trita et decora est. Si formam cochlearis tui post prandium recordaris, ea forma perversa est. Et cochlear et littera instrumenta sunt; ca

9/11 Goudy Modern MT Regular justified

Si formam cochlearis tui post prandium recordaris, ea forma perversa est. Et cochlear et littera instrumenta sunt; capit alterum cibum e catillo, altera indicium e pagina. Ubi forma digna est, lector commode fiet quoniam littera et trita et decora est. Si formam cochlearis tui post prandium recordaris, ea forma

9/11 Goudy Catalogue MT Regular justified

Si formam cochlearis tui post prandium recordaris, ea forma perversa est. Et cochlear et littera instrumenta sunt; capit alterum cibum e catillo, altera indicium e pagina. Ubi forma digna est, lector commode fiet quoniam littera et trita et decora est. Si formam cochlearis tui post prandium recordar

9/11 Goudy MT Bold justified

Granjon

ABCDEFGHIJKLM
NOPQRSTUVWXYZ
abcdefghijklm
nopqrstuvwxyz
1234567890
@&!?;:"*

Si formam cochlearis tui post prandium recordaris, ea forma perversa est. Et cochlear et littera instrumenta sunt; capit alterum cibum e catillo, altera indicium e pagina. Ubi forma digna est, lector commode fiet quoniam littera et trita et decora est. Si formam cochlearis tui post prandium recordaris, ea forma perversa est. Et cochlear et littera instrumenta sunt; capit alterum cibum e catillo

8/10 Granjon Roman justified

Created for Linotype in 1928, Granjon was based on a sample of Garamond printed in 1592 but named Granjon to distinguish it from the numerous other Garamond-derived fonts. The design is one of the best Garamond revivals.

Grantofte

ABCDEFGHIJKLM
NOPQRSTUVWXYZ
abcdefghijklm
nopqrstuvwxyz
1234567890
@&!?;:"*

Si formam cochlearis tui post prandium recordaris, ea forma perversa est. Et cochlear et littera instrumenta sunt; capit alterum cibum e catillo, altera indicium e pagina. Ubi forma digna est, lector commode fiet quoniam littera et trita et decora est. Si formam cochlearis tui post prandium recordaris, ea forma perversa est. Et cochlear et littera instrumen

8/10 Grantofte Regular justified

A display face derived from the wooden carved lettering on old sailing ships, it has a simple, slightly old-fashioned feel that sets well in short passages and headlines. It comes in Regular and Bold weights, plus an italic with swash-style capitals.

Guardi

ABCDEFGHIJKLM
NOPQRSTUVWXYZ
abcdefghijklm
nopqrstuvwxyz
1234567890
@&!?;:"*

Si formam cochlearis tui post prandium recordaris, ea forma perversa est. Et cochlear et littera instrumenta sunt; capit alterum cibum e catillo, altera indicium e pagina. Ubi forma digna est, lector commode fiet quoniam littera et trita et decora est. Si formam cochlearis tui post prandium recordaris, ea forma perversa est. Et cochle

8/10 Guardi 55 Roman justified

Derived from fifteenth-century Venetian Old Style faces and named after two Renaissance painters, this shows the pen-derived origins of original Venetian type in the design. Guardi is good for text use, with attractive, delicate detailing.

Hadriano

ABCDEFGHIJKLM NOPQRSTUVWXYZ abcdefghijklm nopqrstuvwxyz 1234567890 @&!?;:"*

Si formam cochlearis tui post prandium recordaris, ea forma perversa est. Et cochlear et littera instrumenta sunt; capit alterum cibum e catillo, altera indicium e pagina. Ubi forma digna est, lector commode fiet quoniam littera et trita et decora est. Si formam cochlearis tui post prandium recordaris, ea forma perversa est. Et cochlear et littera instrume

8/10 Hadriano Light justified

Another face by Frederic Goudy, this is based on second-century marble inscriptions. First intended as a capital-only

inscription face, Goudy added the lowercase at Monotype's request. Its distinctive shapes work well in display settings.

Haverj

ABCDEFGHIJKLM NOPQRSTUVWXYZ abcdefghijklm nopqrstuvwxyz 1234567890 @&!?;:"*

Si formam cochlearis tui post prandium recordaris, ea forma perversa est. Et cochlear et littera instrumenta sunt; capit alterum cibum e catillo, altera indicium e pagina. Ubi forma digna est, lector commode fiet quoniam littera et trita et decora est. Si formam cochlearis tui post prandium recordaris, ea forma perversa est. Et cochlear et littera instrumenta sunt; capit alterum

8/10 Haverj Regular justified

Based on 1970s lettering, this design is a serif face that works well in text and display, but note the subtle quirks in the stroke

terminals and serifs that give it a slight eccentricity. Haverj is an Armenian girl's name meaning "forever" or "eternally."

Hightower

ABCDEFGHIJKLM NOPQRSTUVWXYZ abcdefghijklm nopqrstuvwxyz 1234567890 @&!?;:"*

Si formam cochlearis tui post prandium recordaris, ea forma perversa est. Et cochlear et littera instrumenta sunt; capit alterum cibum e catillo, altera indicium e pagina. Ubi forma digna est, lector commode fiet quoniam littera et trita et decora est. Si formam cochlearis tui post prandium recordaris, ea forma perversa est. Et cochlear et littera instrumenta

8/10 Hightower Text Roman justified

Designed by Tobias Frere-Jones in 1994, this is a new revival of the 1470 roman design by Nicolas Jenson. The characters

are drawn slightly broader, giving it a slightly open feel at all sizes. The italics are crafted from Frere-Jones's own drawings.

Hiroshige

ABCDEFGHIJKLM NOPQRSTUVWXYZ abcdefghijklm nopqrstuvwxyz 1234567890@&!?;:"*

Taken from type made for woodblock prints by the influential nineteenth-century artist Ando Hiroshige, this family has a gentle but unmistakable calligraphic flavor. The well-balanced design is versatile enough for setting book as well as display text, and it comes in a sans serif form, too.

Si formam cochlearis tui post prandium recordaris, ea forma perversa est. Et cochlear et littera instrumenta sunt; capit alterum cibum e catillo, altera indicium e pagina. Ubi forma digna est, lector commode fiet quoniam littera et trita et decor

8/10 Hiroshige Book justified

Si formam cochlearis tui post prandium recordaris, ea forma perversa est. Et cochlear et littera instrumenta sunt; capit alterum cibum e catillo, altera indicium e pagina. Ubi forma digna est, lector comm

8/10 Hiroshige Black Italic justified

Si formam cochlearis tui post prandium recordaris, ea forma perversa est. Et cochlear et littera instrumenta sunt; capit alterum cibum e catillo, altera indicium e pagina. Ubi forma digna est, lector commode fiet quoniam littera et trita et decora est.

8/10 Hiroshige Book Italic justified

Si formam cochlearis tui post prandium recordaris, ea forma perversa est. Et cochlear et littera instrumenta sunt; capit alterum cibum e catillo, altera indicium e pagina. Ubi forma digna est, lector commode fiet quoniam littera et trita et

8/10 Hiroshige Medium justified

Hollander

ABCDEFGHIJKLM NOPQRSTUVWXYZ abcdefghijklm nopqrstuvwxyz 1234567890 @&!?;:"*

Si formam cochlearis tui post prandium recordaris, ea forma perversa est. Et cochlear et littera instrumenta sunt; capit alterum cibum e catillo, altera indicium e pagina. Ubi forma digna est, lector commode fiet quoniam littera et trita et decora est. Si formam cochlearis tui post prandium recordaris, ea forma perversa

8/10 Hollander Regular justified

A sturdy Transitional-style typeface created in 1983 and designed to work smoothly with the relatively coarse abilities of 1970s-era photo-typesetters. Serifs are strong and well defined, so this face stands up well on low-quality stock.

Horley Old Style

ABCDEFGHIJKLM
NOPQRSTUVWXYZ
abcdefghijklm
nopqrstuvwxyz
1234567890
@&!?;:"*

Si formam cochlearis tui post prandium recordaris, ea forma perversa est. Et cochlear et littera instrumenta sunt; capit alterum cibum e catillo, altera indicium e pagina. Ubi forma digna est, lector commode fiet quoniam littera et trita et decora est. Si formam cochlearis tui post prandium recordaris, ea forma perversa est. Et cochlear et littera instrumenta sunt; capit alterum

8/10 Horley Old Style Regular justified

Horley Old Style was created in 1925 as Monotype's competitor to Goudy's popular Kennerley. The result was an extensive classic Venetian typeface family with eight different weights, suitable for anything from text to display and titling work.

ITC Humana Serif

ABCDEFGHIJKLM
NOPQRSTUVWXYZ
abcdefghijklm
nopqrstuvwxyz
1234567890@&!?;:"*

Humana Serif balances humanistic and slightly flamboyant character shapes with a crisp precision of form. This is a little too lively for paragraph-level type, but it is an exceptionally good casual display face. Not to be confused with the rather Italianate version of Humana from Linotype.

Si formam cochlearis tui post prandium recordaris, ea forma perversa est. Et cochlear et littera instrumenta sunt; capit alterum cibum e catillo, altera indicium e pagina. Ubi forma digna est, lector commode fiet quoniam littera et trita et decora est

8/10 ITC Humana Serif Medium justified

Si formam cochlearis tui post prandium recordaris, ea forma perversa est. Et cochlear et littera instrumenta sunt; capit alterum cibum e catillo, altera indicium e pagina. Ubi forma digna est, lector commode fiet quoniam littera et trita et decora est. Si formam cochlearis

8/10 ITC Humana Serif Light justified

Icone

ABCDEFGHIJKLM NOPQRSTUVWXYZ abcdefghijklm nopqrstuvwxyz 1234567890&!?;:"*

Si formam cochlearis tui post prandium recordaris, ea forma perversa est. Et cochlear et littera in-strumenta sunt; capit alterum cibum e catillo, altera indicium e pagina. Ubi forma digna est, lector commode fiet quoniam littera et trita et decora est. Si formam cochlearis tui post pran-dium recordaris, ea forma perversa est. Et cochl

8/10 Icone 55 Roman justified

④⑧✪

A design by Adrian Frutiger, Icone was based on ancient type carvings. The design is distinctly humanist, with very clear, open letterforms. The large x-height adds to its legibility and the understated serifs show its stone-carved background.

Imprint

ABCDEFGHIJ KLMNOPQRST UVWXYZ abcdefghijklm nopqrstuvwxyz 1234567890&!?;:"*

Si formam cochlearis tui post prandium recordaris, ea forma perversa est. Et cochlear et littera instru-menta sunt; capit alterum cibum e catillo, altera indicium e pagina. Ubi forma digna est, lector commode fiet quoniam littera et trita et decora est. Si formam cochlearis tui post prandium record-aris, ea forma perversa est. Et cochlear et littera in

8/10 Imprint Regular justified

③⑧

The first typeface to be designed for mechanical composition at Monotype, Imprint, a Caslon-based Old Style design, was made for a new magazine of the same name. The typeface helped shape other book font designs.

Industrial 736

ABCDEFGHIJKLM NOPQRSTUVWXYZ abcdefghijklm nopqrstuvwxyz 1234567890@&!?;:"*

Si formam cochlearis tui post prandium recordaris, ea forma perversa est. Et cochlear et littera instrumenta sunt; capit alterum cibum e catillo, altera indicium e pa-gina. Ubi forma digna est, lector commode fiet quoniam littera et trita et decora est. Si formam cochlearis tui post prandium recordaris, ea forma perversa est. Et co-chlear et littera instrumenta sunt; capit alterum cibum

8/10 Industrial 736 Roman justified

A rather elegant Didone-style face from 1908, produced in Turin. More condensed than many, it has surprisingly bold geometric serifs on some of the capitals. This sets very bright, and the italic face almost sparkles on the page.

Inflex

ABCDEFGHIJ KLMNOPQRST UVWXYZ
abcdefghijklm nopqrstuvwxyz
1234567890&!?;:"'*

Si formam cochlearis tui post prandium recordaris, ea forma perversa est. Et cochlear et littera instrumenta sunt; capit alterum cibum e catillo, altera indicium e pagina. Ubi forma digna est, lector commode fiet quoniam littera et trita et decora est. Si formam cochlearis tui post prandium recordaris, ea

7/10 Inflex Bold justified

Described as a Scotch Roman Fat Face, which could cause offense in some quarters, it has such an extreme difference between thick and thin strokes that it almost leaps off the page. Used with care in display work, it can make a big impact.

Ionic

ABCDEFGHIJ KLMNOPQRST UVWXYZ
abcdefghijklm nopqrstuvwxyz
1234567890&!?;:"'*

Si formam cochlearis tui post prandium recordaris, ea forma perversa est. Et cochlear et littera instrumenta sunt; capit alterum cibum e catillo, altera indicium e pagina. Ubi forma digna est, lector commode fiet quoniam littera et trita et decora est. Si formam cochlearis tui post prandium recordaris, ea forma perversa est. Et coch

7/10 Ionic Regular justified

This first appeared as an essentially Egyptian display face cut in 1821, but it was refined forty years later to have a stronger stroke contrast and bracketed serifs. Ionic became a popular choice in the newspaper industry.

Iowan Old Style

ABCDEFGHIJKLM NOPQRSTUVWXYZ
abcdefghijklm nopqrstuvwxyz
1234567890 @&!?;:"'*

Si formam cochlearis tui post prandium recordaris, ea forma perversa est. Et cochlear et littera instrumenta sunt; capit alterum cibum e catillo, altera indicium e pagina. Ubi forma digna est, lector commode fiet quoniam littera et trita et decora est. Si formam cochlearis tui post prandium recordaris, ea forma perversa est. Et cochlea

8/10 Iowan Old Style Roman justified

Designed by John Downer, a sign painter, in 1990, Iowan is based on previous Old Style revivals, but it has a number of modern attributes, including a larger x-height and tight-setting characters. The range works well for text and display use.

Iridium

ABCDEFGHIJKLM
NOPQRSTUVWXYZ
abcdefghijklm
nopqrstuvwxyz
1234567890
@&!?;:"*

Iridium, by Adrian Frutiger, was designed to withstand reproduction problems inherent in photosetting and offset printing. Although this has the ingredients of a Didone, it isn't as extreme as Bodoni, and serifs are subtly reinforced. Dignified and gently complex, it is excellent for text and headlines.

Si formam cochlearis tui post prandium recordaris, ea forma perversa est. Et cochlear et littera instrumenta sunt; capit alterum cibum e catillo, altera indicium e pagina. Ubi forma digna est, lector commode fiet quoniam littera et trita et

8/10 Iridium Roman justified

Si formam cochlearis tui post prandium recordaris, ea forma perversa est. Et cochlear et littera instrumenta sunt; capit alterum cibum e catillo, altera indicium e pagina. Ubi forma digna est, lector commode fiet quoniam littera Si formam

8/10 Iridium Italic justified

Si formam cochlearis tui post prandium recordaris, ea forma perversa est. Et cochlear et littera instrumenta sunt; capit alterum cibum e catillo, altera indicium e pagina. Ubi forma digna est, lector commode fiet quoniam littera et trita et

8/10 Iridium Bold justified

Isbell

ABCDEFGHIJKLM
NOPQRSTUVWXYZ
abcdefghijklm
nopqrstuvwxyz
1234567890
@&!?;:" *

Designed by Dick Isbell and Jerry Campbell, this stylized face has numerous unusual characteristics, including unorthodox curves in some lowercase forms, diamonds for dots on the i and j, and many open counters. This individual but legible font is especially suited to display advertising.

Si formam cochlearis tui post prandium recordaris, ea forma perversa est. Et cochlear et littera instrumenta sunt; capit alterum cibum e catillo, altera indicium e pagina. Ubi forma digna est, lector commode fiet quoniam littera et trita et decora est. Si formam cochlearis

7/10 Isbell Book justified

Si formam cochlearis tui post prandium recordaris, ea forma perversa est. Et cochlear et littera instrumenta sunt; capit alterum cibum e catillo, altera indicium e pagina. Ubi forma digna est, lector commode fiet quoniam littera et trita et decora est. Si formam cochlearis tui post

7/10 Isbell Book Italic justified

Si formam cochlearis tui post prandium recordaris, ea forma perversa est. Et cochlear et littera instrumenta sunt; capit alterum cibum e catillo, altera indicium e pagina. Ubi forma digna est, lector commode fiet quoniam littera et trita et decora est

7/10 Isbell Bold justified, −20 units of kerning

Italia

ABCDEFGHIJKLM
NOPQRSTUVWXYZ
abcdefghijklm
nopqrstuvwxyz
1234567890
@&!?;:"'*

Si formam cochlearis tui post prandium recordaris, ea forma perversa est. Et cochlear et littera instrumenta sunt; capit alterum cibum e catillo, altera indicium e pagina. Ubi forma digna est, lector commode fiet quoniam littera et trita et decora est.

8/10 Italia Medium justified

Si formam cochlearis tui post prandium recordaris, ea forma perversa est. Et cochlear et littera instrumenta sunt; capit alterum cibum e catillo, altera indicium e pagina. Ubi forma digna est, lector commode fiet quoniam littera et trita et decora est.

8/10 Italia Book justified

Si formam cochlearis tui post prandium recordaris, ea forma perversa est. Et cochlear et littera instrumenta sunt; capit alterum cibum e catillo, altera indicium e pagina. Ubi forma digna est, lector commode fiet quoniam littera et trita et decora est. Si

8/10 Italia Bold justified

❸

Italia is a display font drawn by Colin Brignall and based on Golden Type, with slightly rounded slab serifs. The most obvious feature, however, is the slanted upper serifs on most of the lowercase characters. Use for display setting and in short texts where these features are a benefit.

Italian Old Style

ABCDEFGHIJ
KLMNOPQRST
UVWXYZ
abcdefghijklm
nopqrstuvwxyz
1234567890&!?;:"'*

Si formam cochlearis tui post prandium recordaris, ea forma perversa est. Et cochlear et littera instrumenta sunt; capit alterum cibum e catillo, altera indicium e pagina. Ubi forma digna est, lector commode fiet quoniam littera et trita et decora est. Si

8/10 Italian Old Style MT Regular justified

Si formam cochlearis tui post prandium recordaris, ea forma perversa est. Et cochlear et littera instrumenta sunt; capit alterum cibum e catillo, altera indicium e pagina. Ubi forma digna est, lector commode fiet quoniam littera et trita et decora est. Si formam cochlearis

8/10 Italian Old Style MT Italic justified

Si formam cochlearis tui post prandium recordaris, ea forma perversa est. Et cochlear et littera instrumenta sunt; capit alterum cibum e catillo, altera indicium e pagina. Ubi forma digna est, lector commode fiet quoniam littera et trita et

8/10 Italian Old Style MT Bold justified

❸

This face was based in part on a page from an Italian poetry book from 1908 and also on type cut by Nicolas Jenson around 1470, although it includes features that are nineteenth century in origin. Italian Old Style is a good traditional design for book typography, but is also good for display.

Jamille

ABCDEFGHIJKLM NOPQRSTUVWXYZ abcdefghijklm nopqrstuvwxyz 1234567890@&!?;:”*

③ ⑧

A new font family based on the Didone designs of the eighteenth century, Jamille has also been designed to work with the abilities and limits of modern printing technologies. This font is highly legible and has a crisp, classic demeanor.

Si formam cochlearis tui post prandium recordaris, ea forma perversa est. Et cochlear et littera instrumenta sunt; capit alterum cibum e catillo, altera indicium e pagina. Ubi forma digna est, lector commo

9/11 Jamille ITC Book justified

Si formam cochlearis tui post prandium recordaris, ea forma perversa est. Et cochlear et littera instrumenta sunt; capit alterum cibum e catillo, altera indicium e pagina. Ubi forma digna est, lector com

9/11 Jamille ITC Bold justified

Si formam cochlearis tui post prandium recordaris, ea forma perversa est. Et cochlear et littera instrumenta sunt; capit alterum cibum e catillo, altera indicium e pagina. Ubi forma digna est, lector commode fiet

9/11 Jamille ITC Book Italic justified

Si formam cochlearis tui post prandium recordaris, ea forma perversa est. Et cochlear et littera instrumenta sunt; capit alterum cibum e catillo, altera indicium e pagina. Ubi forma digna est, lector com

9/11 Jamille ITC Bold Italic justified

Janson

ABCDEFGHIJ KLMNOPQRST UVWXYZ abcdefghijklm nopqrstuvwxyz 1234567890@&!?;:”*

Si formam cochlearis tui post prandium recordaris, ea forma perversa est. Et cochlear et littera instrumenta sunt; capit alterum cibum e catillo, altera indicium e pagina. Ubi forma digna est, lector commode fiet quoniam littera et trita et decora est. Si formam cochlearis tui post prandium recordaris, ea forma perversa est. Et cochlear et littera instrumen

8/10 Janson Text LT Std 55 Roman justified

 ③ ⑧

Originally cut by Hungarian monk Miklós Kis in 1690 and named after Dutch printer Anton Janson, this typeface has strong but not heavy forms, with a good contrast between stroke weights. It has remained popular for book and magazine use.

Jante Antiqua

ABCDEFGH
IJKLMNOPQR
STUVWXYZ
abcdefghijklm
nopqrstuvwxyz
1234567890@@&!?;:"*

Si formam cochlearis tui post prandium recordaris, ea forma perversa est. Et cochlear et littera instrumenta sunt; capit alterum cibum e catillo, altera indicium e pagina. Ubi forma digna est, lector commode fiet quoniam littera et trita et decora est. Si formam cochlearis tui post prandium recordaris, ea forma perversa est. Et cochlear et littera instrumenta sunt; capit alterum

8/10 Jante Antiqua Regular justified

Drawn by Danish typographer Poul Søgren, Jante Antiqua was made for newspaper text setting. It has a strong, crisp, unfussy line with minimal difference between stroke weights, a generous x-height, and an overall clarity of form.

Jenson Pro

ABCDEFGHIJ
KLMNOPQRST
UVWXYZ
abcdefghijklm
nopqrstuvwxyz
1234567890@&!?;:"*

Si formam cochlearis tui post prandium recordaris, ea forma perversa est. Et cochlear et littera instrumenta sunt; capit alterum cibum e catillo, altera indicium e pagina. Ubi forma digna est, lector commode fiet quoniam littera et trita et decora est. Si formam cochlearis tui post prandium recordaris, ea forma perversa est. Et cochlear et littera instrumen

8/10 Jenson Pro Regular justified

Adobe's Jenson Pro is a careful revival of Nicolas Jenson's influential Renaissance fonts, but with a modern regularity and precision that makes this typeface broadly usable. This lends an air of traditional refinement to body text.

Jeunesse

ABCDEFGHIJKLM
NOPQRSTUVWXYZ
abcdefghijklm
nopqrstuvwxyz
1234567890&!?;:"*

Si formam cochlearis tui post prandium recordaris, ea forma perversa est. Et cochlear et littera instrumenta sunt; capit alterum cibum e catillo, altera indicium e pagina. Ubi forma digna est, lector commode fiet quoniam littera et trita et decora est. Si formam cochlearis tui post prandium recordaris, ea forma perversa est. Et cochlear et littera instru-

9/10 Jeunesse Regular justified

This font was born from a study of early-reader primers, which meant that clearly recognizable characters and distinct word grouping were important. A variation on Jeunesse Sans, with serif elements added to aid word recognition.

Jeunesse Slab

ABCDEFGHIJKLM
NOPQRSTUVWXYZ
abcdefghijklm
nopqrstuvwxyz
1234567890&!?;:"*

Si formam cochlearis tui post prandium recordaris, ea forma perversa est. Et cochlear et littera instrumenta sunt; capit alterum cibum e catillo, altera indicium e pagina. Ubi forma digna est, lector commode fiet quoniam littera et trita et decora est. Si formam cochlearis tui post prandium recordaris, ea forma perversa est. Et cochlear et littera instrumenta sunt; capit alterum cibum e catillo, altera ind

8/10 Jeunesse Slab Regular justified

The Egyptian slab-serif version of Jeunesse is the most serifed design of the Jeunesse set, with a largely more traditional

application of serifs in both capitals and lowercase letters. A clear typeface—as readable as the designer intended.

Joanna

ABCDEFGHIJKLM
NOPQRSTUVWXYZ
abcdefghijklm
nopqrstuvwxyz
1234567890@&!?;:"*

Si formam cochlearis tui post prandium recordaris, ea forma perversa est. Et cochlear et littera instrumenta sunt; capit alterum cibum e catillo, altera indicium e pagina. Ubi forma digna est, lector commode fiet quoniam littera et trita et decora est. Si formam cochlearis tui post prandium recordaris, ea forma perversa est. Et cochlear et littera instrumenta sunt; capit alterum

8/10 Joanna Regular justified

Drawn by Eric Gill, and meant as a continuation of William Morris's Arts and Crafts aesthetics and ideals. It has

unusually condensed and practically upright italics, and its austere beauty combines particularly well with Gill Sans.

Kaatskill

ABCDEFGHI
JKLMNOPQRST
UVWXYZ
abcdefghijklm
nopqrstuvwxyz
1234567890@&!?;:"*

Si formam cochlearis tui post prandium recordaris, ea forma perversa est. Et cochlear et littera instrumenta sunt; capit alterum cibum e catillo, altera indicium e pagina. Ubi forma digna est, lector commode fiet quoniam littera et trita et decora est. Si formam cochlearis tui post prandium recordaris, ea forma perversa est. Et cochlear et littera instrumenta sunt; capit alterum cibum e catillo, altera indicium e pagina. Ubi

9/10 Kaatskill Italic justified

Designed by Frederic Goudy, this was made for setting an edition of *Rip Van Winkle*. Goudy claimed that it "owes nothing in

its design to any existing face," but it shows distinct similarities to sixteenth-century work by Robert Granjon.

Kallos

ABCDEFGHIJKLM NOPQRSTUVWXYZ abcdefghijklm nopqrstuvwxyz 1234567890@&!?;:"*

❶❸

A clearly pen-based calligraphic design, this has a distinct flair but manages to remain usable for body text use as well as display work. Note the long ascenders and descenders that help give it a feel of hand-lettered elegance.

Si formam cochlearis tui post prandium recordaris, ea forma perversa est. Et cochlear et littera instrumenta sunt; capit alterum cibum e catillo, altera indicium e pagina. Ubi forma digna est, lector commode fiet quoniam littera et trita et decora est. Si formam cochlearixxz

8/10 Kallos Book justified

Si formam cochlearis tui post prandium recordaris, ea forma perversa est. Et cochlear et littera instrumenta sunt; capit alterum cibum e catillo, altera indicium e pagina. Ubi forma digna est, lector commode fiet quoniam littera et trita et decora est. Si

8/10 Kallos Medium Italic justified

Kandal

ABCDEFGHIJKLM NOPQRSTUVWXYZ abcdefghijklm nopqrstuvwxyz 1234567890@&!?;:"*

Si formam cochlearis tui post prandium recordaris, ea forma perversa est. Et cochlear et littera instrumenta sunt; capit alterum cibum e catillo, altera indicium e pagina. Ubi forma digna est, lector commode fiet quoniam littera et trita et decora est. Si formam cochlearis tui post prandium recordaris, ea forma perversa est. Et cochlear et littera instrum

8/10 Kandal Medium justified

This face combines strong, wedge-shaped serifs with the underlying letterforms of Century-like Old Style designs.

It retains a generally low difference in thick and thin strokes, and has a very slightly condensed structure.

Kepler

ABCDEFGHIJKLM
NOPQRSTUVWXYZ
abcdefghijklm
nopqrstuvwxyz
1234567890
@&!?;:"*

A design from 2003 by Robert Slimbach, Kepler is drawn in the general tradition of eighteenth-century Didone font designs, with a strong vertical stress and unbracketed serifs, but with a little more of a humanist style that prevents its cool elegance from becoming too cold.

Si formam cochlearis tui post prandium recordaris, ea forma perversa est. Et cochlear et littera instrumenta sunt; capit alterum cibum e catillo, altera indicium e pagina. Ubi forma digna est, lector commode fiet quoniam littera et trita et decora est. Si formam cochlearis tui post prandium recordaris, ea forma perversa

9/11 Kepler Regular justified

Si formam cochlearis tui post prandium recordaris, ea forma perversa est. Et cochlear et littera instrumenta sunt; capit alterum cibum e catillo, altera indicium e pagina. Ubi forma digna est, lector commode fiet quoniam littera et trita et decora est. Si formam cochlearis tui post prandium recordaris, ea forma perversa est. Et cochlear et li

9/11 Kepler Italic justified

Si formam cochlearis tui post prandium recordaris, ea forma perversa est. Et cochlear et littera instrumenta sunt; capit alterum cibum e catillo, altera indicium e pagina. Ubi forma digna est, lector commode fiet quoniam littera et trita et decora est. Si formam cochlearis tui post prandium recordaris, ea forma perversa est. Et cochlear et littera instrumenta sunt; capit alterum cibum e catillo, altera indicium e pagina. Ubi forma digna est, lector commode fiet quoniam littera et trita et decora est. Si forma

9/11 Kepler Light Condensed Display justified

Si formam cochlearis tui post prandium recordaris, ea forma perversa est. Et cochlear et littera instrumenta sunt; capit alterum cibum e catillo, altera indicium e pagina. Ubi forma digna est, lector commode fiet quoniam littera et trita et decora est. Si

9/11 Kepler Black Extended justified

Kiev

ABCDEFGHIJKLM NOPQRSTUVWXYZ abcdefghijklm nopqrstuvwxyz 1234567890@&!?;:"*

4 **8**

Kiev is a calligraphic-influenced font design created by Viktor Kharyk and named after the capital of Ukraine. Key characteristics of this lively design are the jaunty shapes and the use of open counters and disconnected strokes. Despite the relatively heavy lines, this gives it a crisp and light feel.

Si formam cochlearis tui post prandium recordaris, ea forma perversa est. Et cochlear et littera instrumenta sunt; capit alterum cibum e catillo, altera indicium e pagina. Ubi forma digna est, lector commode fiet quoniam littera et trita et decora est. Si

8/10 Kiev Regular justified

Si formam cochlearis tui post prandium recordaris, ea forma perversa est. Et cochlear et littera instrumenta sunt; capit alterum cibum e catillo, altera indicium e pagina. Ubi forma digna est, lector commode fiet quoniam littera et trita et decora est. Si

8/10 Kiev Italic justified

Si formam cochlearis tui post prandium recordaris, ea forma perversa est. Et cochlear et littera instrumenta sunt; capit alterum cibum e catillo, altera indicium e pagina. Ubi forma digna est, lector commode fiet quoniam littera et trita et decora est. Si

8/10 Kiev Bold justified

SI FORMAM COCHLEARIS TUI POST PRANDIUM RECORDARIS, EA FORMA PERVERSA EST. ET COCHLEAR ET LITTERA INSTRUMENTA SUNT; CAPIT ALTERUM CIBUM E CATILLO, ALTERA INDICIUM E PAGINA. UBI FORMA DIGNA EST, LECTOR COMMODE FIET QUONIAM LITTERA ET TRITA ET DECORA ES

8/10 Kiev SC Italic justified

Korinna

ABCDEFGHIJKLM NOPQRSTUVWXYZ abcdefghijklm nopqrstuvwxyz 1234567890 @&!?;:"*

Si formam cochlearis tui post prandium recordaris, ea forma perversa est. Et cochlear et littera instrumenta sunt; capit alterum cibum e catillo, altera indicium e pagina. Ubi forma digna est, lector commode fiet quoniam littera et trita et decora est. Si formam cochlearis tui post prandium recordaris, ea forma perversa est. Et coc

8/10 Korinna Regular justified

4

Korinna was a collaborative creation by Ed Benguiat and several other typographers during the 1970s. It was based on a German face from the early twentieth century. A good display and headline face where a period feel is required.

Kuzanyan

ABCDEFGHIJKLM
NOPQRSTUVWXYZ
abcdefghijklm
nopqrstuvwxyz
1234567890@&!?;:"*

Si formam cochlearis tui post prandium recordaris, ea forma perversa est. Et cochlear et littera instrumenta sunt; capit alterum cibum e catillo, altera indicium e pagina. Ubi forma digna est, lector commode fiet quoniam littera et trita et decora est. Si formam cochlearis tui post prandium recordaris, ea forma perversa est. Et cochlear et littera instrumenta sunt; capit alterum

8/10 Kuzanyan Regular justified

Drawn by Pavel Kuzanyan in 1959 for hand setting, then recut for machine composition, this serif is moderately condensed and has a decent crisp contrast between thick and thin strokes, but includes interesting calligraphic asides.

Läckö

ABCDEFGHIJKLM
NOPQRSTUVWXYZ
abcdefghijklm
nopqrstuvwxyz
1234567890@&!?;:"*

Si formam cochlearis tui post prandium recordaris, ea forma perversa est. Et cochlear et littera instrumenta sunt; capit alterum cibum e catillo, altera indicium e pagina. Ubi forma digna est, lector commode fiet quoniam littera et trita et decora est. Si formam cochlearis tui post prandium recordaris, ea forma perversa est. Et cochlear et littera instrumenta

8/10 Läckö Regular justified

Made by Bo Berndal in 1993 for the Läckö Institute, this is a slightly condensed Transitional design with a contrast in stroke weight. The serifs are largely flat like later Didone designs, but it retains traditional details such as the spur on the capital G.

Largo SB

ABCDEFGHIJKLM
NOPQRSTUVWXYZ
ABCDEFGHIJKLM
NOPQRSTUVWXYZ
1234567890
@&!?;:"*

SI FORMAM COCHLEARIS TUI POST PRANDIUM RECORDARIS, EA FORMA PERVERSA EST. ET COCHLEAR ET LITTERA INSTRUMENTA SUNT; CAPIT ALTERUM CIBUM E CATILLO, ALTERA INDICIUM E PAGINA. UBI FORMA

7/10 Largo SB Medium justified

With similarities to Goudy's Copperplate, Largo is a thorn-serif, capitals-only display font with the presence of large stone inscriptions. The forms are large and distinctly stately; use for short display work that requires a strong traditional feel.

Laricio

ABCDEFGHIJKLM
NOPQRSTUVWXYZ
abcdefghijklm
nopqrstuvwxyz
1234567890
@&!?;:"*

Si formam cochlearis tui post prandium recordaris, ea forma perversa est. Et cochlear et littera instrumenta sunt; capit alterum cibum e catillo, altera indicium e pagina. Ubi forma digna est, lector commode fiet quoniam littera et trita et decora est. Si formam cochlearis tui post prandium recordaris, ea fo

8/10 Laricio Regular justified

Named after the Italian term for the Larch tree, Laricio introduces a slightly organic touch to traditional letterforms.

There is a slight tendency for serifs to fly to the left, but the serifs in the capital letterforms are relatively minimal.

Latienne

ABCDEFGHIJKLM
NOPQRSTUVWXYZ
abcdefghijklm
nopqrstuvwxyz
1234567890@&!?;:"*

Si formam cochlearis tui post prandium recordaris, ea forma perversa est. Et cochlear et littera instrumenta sunt; capit alterum cibum e catillo, altera indicium e pagina. Ubi forma digna est, lector commode fiet quoniam littera et trita et decora est. Si formam cochlearis tui post prandium recordaris, ea forma perversa est. Et cochlear et litter

8/10 Latienne Roman justified

A self-assured text and display design, based on Transitional design structures, that includes humanist, slightly playful

touches. Pay attention to the tail of the Q and the flick of the tail on the J and y, and don't miss the exuberant italic swash caps.

Latino Elongated

ABCDEFGHIJKLM
NOPQRSTUVWXYZ
abcdefghijklm
nopqrstuvwxyz
1234567890&!?;:"*

Si formam cochlearis tui post prandium recordaris, ea forma perversa est. Et cochlear et littera instrumenta sunt; capit alterum cibum e catillo, altera indicium e pagina. Ubi forma digna est, lector commode fiet quoniam littera et trita et decora est. Si formam cochlearis tui post prandium recordaris, ea forma perversa est. Et cochlear et littera instrumenta sunt; capit alterum cibum e catillo, altera indicium e pagina. Ubi forma digna est, lector commode fiet quoniam littera et trita et decora est. Si formam cochlearis tui post prandium recordaris, ea forma perversa est. Et cochlear et littera instrumenta sunt; capit alterum cibum e catillo, altera indicium e pagina. Ubi forma

9/10 Latino Elongated Regular justified, +10 units of tracking

With a fairly unusual design, this highly condensed roman display face with wedge-shaped serifs also has a certain compact

grace. This is a Victorian-looking display face, although it was created in 1988. Use large, and experiment with letterspacing.

Laurentian

ABCDEFGHIJKLM
NOPQRSTUVWXYZ
abcdefghijklm
nopqrstuvwxyz
1234567890@&!?;:"*

Si formam cochlearis tui post prandium recordaris, ea forma perversa est. Et cochlear et littera instrumenta sunt; capit alterum cibum e catillo, altera indicium e pagina. Ubi forma digna est, lector commode fiet quoniam littera et trita et decora est. Si formam cochlearis tui post prandium recordaris, ea forma perversa est. Et cochlear et littera instrumenta sunt; capit alterum cibum e catill

8/10 Laurentian Regular justified

Laurentian is the first typeface commissioned for a Canadian magazine. It is based on work by Garamond and Caslon, with a humanist structure and terminals but a definite stroke-weight contrast and crisp, architectural serifs.

Lazurski

ABCDEFGHIJKLM
NOPQRSTUVWXYZ
abcdefghijklm
nopqrstuvwxyz
1234567890@&!?;:"*

Si formam cochlearis tui post prandium recordaris, ea forma perversa est. Et cochlear et littera instrumenta sunt; capit alterum cibum e catillo, altera indicium e pagina. Ubi forma digna est, lector commode fiet quoniam littera et trita et decora est. Si formam cochlearis tui post prandium recordaris, ea forma perversa est. Et cochlear et littera instrumenta

8/10 Lazurski Regular justified

Designed in 1984, this Garalde-style typeface was based on a hot-metal font from 1962 that was itself based on sixteenth-century faces from Italy. A useful face for book typesetting where a traditional feel is wanted, but also for period display work.

Leamington

ABCDEFGHIJKLM
NOPQRSTUVWXYZ
abcdefghijklm
nopqrstuvwxyz
1234567890@&!?;:"*

Si formam cochlearis tui post prandium recordaris, ea forma perversa est. Et cochlear et littera instrumenta sunt; capit alterum cibum e catillo, altera indicium e pagina. Ubi forma digna est, lector commode fiet quoniam littera et trita et decora est. Si formam cochlearis tui post prandium recordaris, ea forma perversa est. Et cochlear et littera instr

8/10 Leamington Medium justified

Leamington is a design that is partly modernistic Didone, but with influences of earlier styles as well. The strokes of characters such as A and W are subtly curved, and there are signs of individuality in the lowercase shapes in particular.

Leawood

ABCDEFGHIJKLM
NOPQRSTUVWXYZ
abcdefghijklm
nopqrstuvwxyz
1234567890
@&!?;:"*

Si formam cochlearis tui post prandium recordaris, ea forma perversa est. Et cochlear et littera instrumenta sunt; capit alterum cibum e catillo, altera indicium e pagina. Ubi forma digna est, lector commode fiet quoniam littera et trita et decora est. Si formam cochlearis tui post prandium recordaris, ea forma perversa est. Et cochlear et littera instru

7/10 Leawood Book justified

Leawood's main strokes have a gentle swell that, like Optima, gives it sensitivity and also demands high printing qualities.

Serifs are a mix of slight triangular wedges and square stroke caps, giving it an early-twentieth-century quality.

ITC Legacy Serif

ABCDEFGHIJKLM
NOPQRSTUVWXYZ
abcdefghijklm
nopqrstuvwxyz
1234567890@&!?;:"*

Si formam cochlearis tui post prandium recordaris, ea forma perversa est. Et cochlear et littera instrumenta sunt; capit alterum cibum e catillo, altera indicium e pagina. Ubi forma digna est, lector commode fiet quoniam littera et trita et decora est. Si formam cochlearis tui post prandium recordaris, ea forma perversa est. Et cochlear et littera instrumenta

8/10 ITC Legacy Serif Book justified

Based on Nicolas Jenson's roman and Claude Garamond's later italic designs, Legacy is a reliable, attractive serif face

with a wide range of weights, ideal for traditional book use or more complex design work. It also comes in a sans serif face.

Linex Sweet

ABCDEFGHIJKLM
NOPQRSTUVWXYZ
abcdefghijklm
nopqrstuvwxyz
1234567890
@&!?;:"*

Si formam cochlearis tui post prandium recordaris, ea forma perversa est. Et cochlear et littera instrumenta sunt; capit alterum cibum e catillo, altera indicium e pagina. Ubi forma digna est, lector commode fiet quoniam littera et trita et decora est. Si formam cochlearis tui post prandium recordaris, ea forma perversa est. Et cochl

8/10 Linex Sweet Regular justified

A gentle late-1990s font with the outer corners rounded off, Linex Sweet is essentially a sans serif face with a few

simple serifs at the top of strokes. Best used reasonably large, where the softness of the forms can be appreciated.

Lingwood

ABCDEFGHIJ
KLMNOPQRST
UVWXYZ
abcdefghijklm
nopqrstuvwxyz
1234567890ß!?;:"*

④

Lingwood, designed in 1974, was one of the first font families to be created using a mathematical process developed by its designer, Walter Brendel, for generating multiple weights. It is a crisp, bright face with delicate thin strokes and confident thicker ones, good for display and advertising work.

Si formam cochlearis tui post prandium recordaris, ea forma perversa est. Et cochlear et littera instrumenta sunt; capit alterum cibum e catillo, altera indicium e pagina. Ubi forma digna est, lector commode fiet quoniam littera et trita et decora est. Si

8/10 Lingwood Regular justified

Si formam cochlearis tui post prandium recordaris, ea forma perversa est. Et cochlear et littera instrumenta sunt; capit alterum cibum e catillo, altera indicium e pagina. Ubi forma digna est, lector commode fiet quoniam littera et trita et decora est. Si formam coc

8/10 Lingwood Light justified

Si formam cochlearis tui post prandium recordaris, ea forma perversa est. Et cochlear et littera instrumenta sunt; capit alterum cibum e catillo, altera indicium e pagina. Ubi forma digna est, lector commode fiet quoniam littera et trita et dec

8/10 Lingwood Medium justified

Linoletter

ABCDEFGHIJ
KLMNOPQRST
UVWXYZ
abcdefghijklm
nopqrstuvwxyz
1234567890@&!?;:"*

④

The result of a 1980s project between Linotype and the Basel School of Design in Switzerland, Linoletter works very well in challenging printing conditions. Details are drawn with care and precision, but are never weak. The serifs are almost slabs, but with hints of curves and occasional bracketing.

Si formam cochlearis tui post prandium recordaris, ea forma perversa est. Et cochlear et littera instrumenta sunt; capit alterum cibum e catillo, altera indicium e pagina. Ubi forma digna est, lector commode fiet quoniam littera et trita et decora est. Si

7/10 Linoletter Roman justified

Si formam cochlearis tui post prandium recordaris, ea forma perversa est. Et cochlear et littera instrumenta sunt; capit alterum cibum e catillo, altera indicium e pagina. Ubi forma digna est, lector commode fiet quoniam littera et trita et decora est. Si formam

7/10 Linoletter Italic justified

Si formam cochlearis tui post prandium recordaris, ea forma perversa est. Et cochlear et littera instrumenta sunt; capit alterum cibum e catillo, altera indicium e pagina. Ubi forma digna est, lector commode fiet quoniam littera et trita et de

7/10 Linoletter Bold justified

Literaturnaya

ABCDEFGHIJKLM
NOPQRSTUVWXYZ
abcdefghijklm
nopqrstuvwxyz
1234567890
@&!?;:"*

③

One of the most popular serif fonts in Soviet printing, this largely Venetian face was designed around 1940 and was based on Berthold's Latinskaya, the Cyrillic version of Lateinische, from forty years earlier. A fair choice for traditional text setting, and of course it provides a complete Cyrillic character set.

Si formam cochlearis tui post prandium recordaris, ea forma perversa est. Et cochlear et littera instrumenta sunt; capit alterum cibum e catillo, altera indicium e pagina. Ubi forma digna est, lector commode fiet quoniam littera et trita et decora est. Si formam

8/10 Literaturnaya Regular justified

Si formam cochlearis tui post prandium recordaris, ea forma perversa est. Et cochlear et littera instrumenta sunt; capit alterum cibum e catillo, altera indicium e pagina. Ubi forma digna est, lector commode fiet quoniam littera et trita et decora est.

8/10 Literaturnaya Italic justified

Si formam cochlearis tui post prandium recordaris, ea forma perversa est. Et cochlear et littera instrumenta sunt; capit alterum cibum e catillo, altera indicium e pagina. Ubi forma digna est, lector commode fiet quoniam littera et trita et decora est. Si

8/10 Literaturnaya Bold justified

Loire

ABCDEFGHIJKLM
NOPQRSTUVWXYZ
abcdefghijklm
nopqrstuvwxyz
1234567890
@&!?;:"*

① ④ ⑧

A rather beautiful book font created by Jean Lochu in 1996. The combination of small x-height, tall ascenders, and broad, open capitals give it an early-twentieth-century quality that could come from a stylish 1920s publication. Loire Ornaments provides exquisite ligature and swash cap alternates.

Si formam cochlearis tui post prandium recordaris, ea forma perversa est. Et cochlear et littera instrumenta sunt; capit alterum cibum e catillo, altera indicium e pagina. Ubi forma digna est, lector commode fiet quoniam littera et trita et decora es

9/10 Loire Regular justified

Si formam cochlearis tui post prandium recordaris, ea forma perversa est. Et cochlear et littera instrumenta sunt; capit alterum cibum e catillo, altera indicium e pagina. Ubi forma digna est, lector commode fiet quoniam littera et trita et decora est. Si formam cochlearis tui post

9/10 Loire Italique justified

Si formam cochlearis tui post prandium recordaris, ea forma perversa est. Et cochlear et littera instrumenta sunt; capit alterum cibum e catillo, altera indicium e pagina. Ubi forma digna est, lector commode fiet quoniam littera et trita et decora est. Si formam coch

9/10 Loire Sombre Italique justified

Lubalin Graph

ABCDEFGHIJKLM
NOPQRSTUVWXYZ
abcdefghijklm
nopqrstuvwxyz
1234567890@&!?;:"*

A strongly geometric face based on Herb Lubalin's Avant Garde, this is a monoline Egyptian design with a sturdy, open look and a large x-height.

An excellent choice for conveying a no-nonsense quality in display and advertising work, but not normally suitable for small text use.

Si formam cochlearis tui post prandium recordaris, ea forma perversa est. Et cochlear et littera instrumenta sunt; capit alterum cibum e catillo, altera indicium e pagina. Ubi forma digna est, lector commode fiet quoniam littera et trita et decora est. Si formam cochlearis tui post prandium recorda

Credit
Design: Martin Fewell, Yolo
Client: Revolution (poster)

9/11 Lubalin Graph Book justified, +10 units of tracking

Si formam cochlearis tui post prandium recordaris, ea forma perversa est. Et cochlear et littera instrumenta sunt; capit alterum cibum e catillo, altera indicium e pagina. Ubi forma digna est, lector commode fiet quoniam littera et trita et decora est. Si formam cochlearis tui post prandium recordaris, ea

9/11 Lubalin Graph Book Oblique justified, +10 units of tracking

Si formam cochlearis tui post prandium recordaris, ea forma perversa est. Et cochlear et littera instrumenta sunt; capit alterum cibum e catillo, altera indicium e pagina. Ubi forma digna est, lector commode fiet quoniam littera et trita et decora est. Si formam cochlearis tui post prandium recordaris, ea forma perversa est. Et cochlear et litt

9/11 Lubalin Graph Bold Condensed justified, +10 units of tracking

Lucida

ABCDEFGHIJKLM
NOPQRSTUVWXYZ
abcdefghijklm
nopqrstuvwxyz
1234567890
@&!?;:"*

Si formam cochlearis tui post prandium recordaris, ea forma perversa est. Et cochlear et littera instrumenta sunt; capit alterum cibum e catillo, altera indicium e pagina. Ubi forma digna est, lector commode fiet quoniam littera et trita et decora est. Si formam cochlearis tui post prandium recordaris, ea forma perversa est. Et cochlear et lit

7/10 Lucida Roman justified

Part of an extraordinarily large design range including Lucida Calligraphy, Sans, and more, and with qualities that help it remain legible even in low-resolution print and display, this is a good choice where a quietly modern feel is desired.

Lucida Bright

ABCDEFGHIJKLM
NOPQRSTUVWXYZ
abcdefghijklm
nopqrstuvwxyz
1234567890
@&!?;:"*

Si formam cochlearis tui post prandium recordaris, ea forma perversa est. Et cochlear et littera instrumenta sunt; capit alterum cibum e catillo, altera indicium e pagina. Ubi forma digna est, lector commode fiet quoniam littera et trita et decora est. Si formam cochlearis tui post prandium recordaris, ea forma perversa est. Et cochlear et littera instrume

7/10 Lucida Bright Regular justified

If the standard Lucida serif face is a little too monotone, Lucida Bright offers a useful alternative that works well within the overall Lucida family. It has a sharper feel thanks to its greater stroke-width contrast and longer, thinner serifs.

LuMarc

ABCDEFGHIJKLM
NOPQRSTUVWXYZ
abcdefghijklm
nopqrstuvwxyz
1234567890@&!?;:"*

Si formam cochlearis tui post prandium recordaris, ea forma perversa est. Et cochlear et littera instrumenta sunt; capit alterum cibum e catillo, altera indicium e pagina. Ubi forma digna est, lector commode fiet quoniam littera et trita et decora est. Si formam cochlearis tui post prandium recordaris, ea forma perversa est. Et cochl

8/10 LuMarc Roman justified, +10 units of tracking

This is an engraved-style typeface designed as a 1920s-era font, although it was actually produced in 1994. It is a simple design, yet it has a certain elegance in the forms and the small, thorn-like serifs. Use sparingly for best effect.

Magellan

ABCDEFGHIJKLM
NOPQRSTUVWXYZ
abcdefghijklm
nopqrstuvwxyz
1234567890
@&!?;:"*

Si formam cochlearis tui post prandium recordaris, ea forma perversa est. Et cochlear et littera instrumenta sunt; capit alterum cibum e catillo, altera indicium e pagina. Ubi forma digna est, lector commode fiet quoniam littera et trita et decora est. Si formam cochlearis tui post prandium recordaris, ea forma perversa est. Et cochlear et littera instru

8/10 Magellan Regular justified

Prize-winning Magellan is slightly narrow in form, a characteristic that helps it fit more into a measure. This is important in certain languages, such as its designer's native Swedish, where longer words are common.

Magna

ABCDEFGHIJKLM
NOPQRSTUVWXYZ
abcdefghijklm
nopqrstuvwxyz
1234567890&!?;:"*

Si formam cochlearis tui post prandium recordaris, ea forma perversa est. Et cochlear et littera instrumenta sunt; capit alterum cibum e catillo, altera indicium e pagina. Ubi forma digna est, lector commode fiet quoniam littera et trita et decora est. Si formam cochlearis tui post prandium recordaris, ea forma perversa est. Et cochlear et littera instrumenta

8/10 Magna Light justified

Created in 1962 by Herbert Thannhaeuser, Magna is a Transitional-style face with an innate strength and a slightly compact design that helps conserve space on the page. It is very legible, and the italics provide a softness.

Maiola

ABCDEFGHIJKLM
NOPQRSTUVWXYZ
abcdefghijklm
nopqrstuvwxyz
1234567890@&!?;:"*

Si formam cochlearis tui post prandium recordaris, ea forma perversa est. Et cochlear et littera instrumenta sunt; capit alterum cibum e catillo, altera indicium e pagina. Ubi forma digna est, lector commode fiet quoniam littera et trita et decora est. Si formam cochlearis tui post prandium recordaris, ea forma perversa est. Et cochlear et littera instrumenta sunt; capit alterum cibum e catillo

8/10 Maiola Regular justified

A book-friendly face with strong roots in calligraphic lettering, especially in the italics. It was inspired by early Czech type design, but although the letterforms are Venetian-based it is a contemporary design, with a crisp liveliness.

Marathon

ABCDEFGHIJKLM
NOPQRSTUVWXYZ
abcdefghijklm
nopqrstuvwxyz
1234567890@&!?;:"*

Si formam cochlearis tui post prandium recordaris, ea forma perversa est. Et cochlear et littera instrumenta sunt; capit alterum cibum e catillo, altera indicium e pagina. Ubi forma digna est, lector commode fiet quoniam littera et trita et decora est. Si formam cochlearis tui post prandium recordaris, ea forma perversa est. Et cochlear et littera instrumenta

8/10 Marathon justified

A design from 1931 by Rudolf Koch, a leading German type designer. It strikes an unusual balance between period-piece design and a usable font, with a quirky traditionalist feel and his near-trademark open counters on the lowercase g.

Marco Polo

ABCDEFGHIJKLM
NOPQRSTUVWXYZ
abcdefghijklm
nopqrstuvwxyz
1234567890&!?;:"*

Si formam cochlearis tui post prandium recordaris, ea forma perversa est. Et cochlear et littera instrumenta sunt; capit alterum cibum e catillo, altera indicium e pagina. Ubi forma digna est, lector commode fiet quoniam littera et trita et decora est. Si formam cochlearis tui post prandium recordaris, ea forma perversa est. Et cochlear et littera instrumenta sunt; capit alterum cibum e catillo ate

8/10 Marco Polo Regular justified

A Venetian typeface design created in the early 1990s, Marco Polo is made to look like the rough-edged letterforms from early printed manuscripts, like Caslon Antique but with a broader shape. Despite looking well worn it is quite legible.

Mariposa

ABCDEFGHIJKLM
NOPQRSTUVWXYZ
abcdefghijklm
nopqrstuvwxyz
1234567890@&!?;:"*

Si formam cochlearis tui post prandium recordaris, ea forma perversa est. Et cochlear et littera instrumenta sunt; capit alterum cibum e catillo, altera indicium e pagina. Ubi forma digna est, lector commode fiet quoniam littera et trita et decora est. Si formam cochlearis tui post prandium recordaris, ea forma perversa est. Et cochlear et littera instrumenta sunt; capit alterum cibum e catillo

7.5/10 Mariposa Book justified

This is a versatile, good-looking face that has the sober letterforms of traditional typesetting fonts but with an unmistakeable touch of calligraphic life. It is equally suitable for use as book or advertising display type.

Melior

ABCDEFGHIJKLM
NOPQRSTUVWXYZ
abcdefghijklm
nopqrstuvwxyz
1234567890
@&!?;:"*

Si formam cochlearis tui post prandium recordaris, ea forma perversa est. Et cochlear et littera instrumenta sunt; capit alterum cibum e catillo, altera indicium e pagina. Ubi forma digna est, lector commode fiet quoniam littera et trita et decora est. Si formam cochlearis tui post prandium recordaris, ea forma perversa est. Et cochlear et littera instrume

7.5/10 Melior Regular justified

A creation of the prolific Hermann Zapf, Melior is a robust, open design with a slightly square form that gives it a stately feel. Use this family with confidence in anything from fine book typography to big display work.

Memo

ABCDEFGHIJKLM
NOPQRSTUVWXYZ
abcdefghijklm
nopqrstuvwxyz
1234567890@&!?;:"*

Memo is essentially monoline in construction, although with a few subtle line weight changes here and there. The serifs are tiny triangles capping the strokes, and the letterforms are broad and open. This is an excellent face for display, titling, and captions, but not for long body-text needs.

Si formam cochlearis tui post prandium recordaris, ea forma perversa est. Et cochlear et littera instrumenta sunt; capit alterum cibum e catillo, altera indicium e pagina. Ubi forma digna est, lector commode fiet quoniam littera et trita et decora est. Si for

8/10 Memo Regular justified

Si formam cochlearis tui post prandium recordaris, ea forma perversa est. Et cochlear et littera instrumenta sunt; capit alterum cibum e catillo, altera indicium e pagina. Ubi forma digna est, lector commode fiet quoniam littera et trita et decora est. Si for

8/10 Memo Italic justified

Si formam cochlearis tui post prandium recordaris, ea forma perversa est. Et cochlear et littera instrumenta sunt; capit alterum cibum e catillo, altera indicium e pagina. Ubi forma digna est, lector commode fiet quoniam littera et trita et decora est. Si formam cochlearis tui post

8/10 Memo Light justified

Si formam cochlearis tui post prandium recordaris, ea forma perversa est. Et cochlear et littera instrumenta sunt; capit alterum cibum e catillo, altera indicium e pagina. Ubi forma digna est, lector commode fiet quoniam littera et trita et de

8/10 Memo Medium justified

ABCDEFGHIJKLM
NOPQRSTUVWXYZ
abcdefghijklm
nopqrstuvwxyz
1234567890
@&!?;:"*

4

The slab-serif Egyptian design of Memphis combines with a highly geometric form, giving it a neutral, rational clarity. This was the first revival of the Egyptian form, and was made by Rudolf Wolf in 1929. Use primarily in advertising, packaging, and display work.

KING
KONG

Si formam cochlearis tui post prandium recordaris, ea forma perversa est. Et cochlear et littera instrumenta sunt; capit alterum cibum e catillo, altera indicium e pagina. Ubi forma digna est, lector commode fiet quoniam littera et trita et decora est. Si formam cochlearis tui post prandium recordaris, ea

8.5/11 Memphis Medium justified

Si formam cochlearis tui post prandium recordaris, ea forma perversa est. Et cochlear et littera instrumenta sunt; capit alterum cibum e catillo, altera indicium e pagina. Ubi forma digna est, lector commode fiet quoniam littera et trita et decora est. Si formam cochlearis tui post prandium recordaris, ea

8.5/11 Memphis Bold justified

Si formam cochlearis tui post prandium recordaris, ea forma perversa est. Et cochlear et littera instrumenta sunt; capit alterum cibum e catillo, altera indicium e pagina. Ubi forma digna est, lector commode fiet quoniam littera et trita et decora est. Si formam cochlearis tui post prandium recordaris, ea

8.5/11 Memphis Light justified

Si formam cochlearis tui post prandium recordaris, ea forma perversa est. Et cochlear et littera instrumenta sunt; capit alterum cibum e catillo, altera indicium e pagina. Ubi forma digna est, lector commode fiet quoniam littera et trita et decora est. Si

8.5/11 Memphis Extra Bold justified

Mendoza

ABCDEFGHIJKLM NOPQRSTUVWXYZ
abcdefghijklm
nopqrstuvwxyz
1234567890
@&!?;:"*

Si formam cochlearis tui post prandium recordaris, ea forma perversa est. Et cochlear et littera instrumenta sunt; capit alterum cibum e catillo, altera indicium e pagina. Ubi forma digna est, lector commode fiet quoniam littera et trita et decora est. Si formam cochlearis tui post prandium recordaris, ea forma perversa est. Et cochlear et lit

8/10 Mendoza Roman justified

A font based on Old Style forms, Mendoza's minor stroke weight differences and large x-height make it work well at small sizes and in difficult printing conditions. It has a very even tone, and the italics combine legibility with a simple grace.

Meno

ABCDEFGHIJKLM NOPQRSTUVWXYZ
abcdefghijklm
nopqrstuvwxyz
1234567890
@&!?;:"*

Si formam cochlearis tui post prandium recordaris, ea forma perversa est. Et cochlear et littera instrumenta sunt; capit alterum cibum e catillo, altera indicium e pagina. Ubi forma digna est, lector commode fiet quoniam littera et trita et decora est. Si formam cochlearis tui post prandium recordaris, ea forma perversa est. Et cochlear et littera instrumenta sunt; capit alterum

7.5/10 Meno Roman justified

This family is an Old Style design with an unusual amount of sparkle. This is produced by the strong differences in stroke weight as well as in specific character details. The italics show a particularly delicate flair and intricate touches.

Mentor

ABCDEFGHIJKLM NOPQRSTUVWXYZ
abcdefghijklm
nopqrstuvwxyz
1234567890
@&!?;:"*

Si formam cochlearis tui post prandium recordaris, ea forma perversa est. Et cochlear et littera instrumenta sunt; capit alterum cibum e catillo, altera indicium e pagina. Ubi forma digna est, lector commode fiet quoniam littera et trita et decora est. Si formam cochlearis tui post prandium recordaris, ea forma perversa est. Et cochlear et littera instrumenta sunt; capit alterum

8/10 Mentor Light justified

This family began life as book jacket lettering in the 1970s and was developed slowly over the next two decades into today's large family. It has a calligraphic feel and a certain delicacy, particularly in the lighter weights and the italics.

Meridien

ABCDEFGHIJKLM NOPQRSTUVWXYZ abcdefghijklm nopqrstuvwxyz 1234567890@&!?;:"*

Arguably Adrian Frutiger's best serif typeface design, Meridien was released in 1957, early in his career. It was based on Jenson's work in the sixteenth century, and combines a natural flow and open feel with crisp lines and spiked serifs to deliver distinctly legible text and headlines.

Si formam cochlearis tui post prandium recordaris, ea forma perversa est. Et cochlear et littera instrumenta sunt; capit alterum cibum e catillo, altera indicium e pagina. Ubi forma digna est, lector commode fiet quoniam littera et trita et decora es

8/10 Meridien Roman justified, +10 units of tracking

Si formam cochlearis tui post prandium recordaris, ea forma perversa est. Et cochlear et littera instrumenta sunt; capit alterum cibum e catillo, altera indicium e pagina. Ubi forma digna est, lector commode fiet quoniam littera et trita et de

8/10 Meridien Medium justified

Si formam cochlearis tui post prandium recordaris, ea forma perversa est. Et cochlear et littera instrumenta sunt; capit alterum cibum e catillo, altera indicium e pagina. Ubi forma digna est, lector commode fiet quoniam littera et trita et decora est. Si formam cochlearis

8/10 Meridien Italic justified

Si formam cochlearis tui post prandium recordaris, ea forma perversa est. Et cochlear et littera instrumenta sunt; capit alterum cibum e catillo, altera indicium

8/10 Meridien Bold justified

Miller

ABCDEFGHIJKLM NOPQRSTUVWXYZ abcdefghijklm nopqrstuvwxyz 1234567890 @&!?;:"*

Si formam cochlearis tui post prandium recordaris, ea forma perversa est. Et cochlear et littera instrumenta sunt; capit alterum cibum e catillo, altera indicium e pagina. Ubi forma digna est, lector commode fiet quoniam littera et trita et decora est. Si formam cochlearis tui post prandium recordaris, ea forma perversa est. Et cochlear et litt

8/10 Miller Roman justified

Classed as a Scotch Roman design, Miller was drawn in 1997 but is based on the sturdy typefaces that came from

Scotland and were popular in the United States during the nineteenth century. The characters are solid and large.

Minion

ABCDEFGHIJKLM NOPQRSTUVWXYZ

abcdefghijklm
nopqrstuvwxyz
1234567890
@&!?;:"*

5 8 ✪

A 1990 design by Robert Slimbach, Minion was modeled on typefaces from the late Renaissance. It has the elegance of type from this period, but it has a family range of extraordinary breadth. Created initially as a book font, Minion has been used across a great many kinds of work.

Si formam cochlearis tui post prandium recordaris, ea forma perversa est. Et cochlear et littera instrumenta sunt; capit alterum cibum e catillo, altera indicium e pagina. Ubi forma digna est, lector commode fiet quoniam littera et trita et decora est. Si formam cochlearis tui post prandium recordaris, ea forma perversa est. Et cochl

9/11 Minion Regular justified

SI FORMAM COCHLEARIS TUI POST PRANDIUM RECORDARIS, EA FORMA PERVERSA EST. ET CO-CHLEAR ET LITTERA INSTRUMENTA SUNT; CAPIT ALTERUM CIBUM E CATILLO, ALTERA INDICIUM E PAGINA. UBI FORMA DIGNA EST, LECTOR COM-MODE FIET QUONIAM LITTERA ET TRITA ET DEC-ORA EST. SI FORMAM COCHLEARIS TUI POST PRA

9/11 Minion Semibold Small Caps and Old Style Numerals justified

Si formam cochlearis tui post prandium recordaris, ea forma perversa est. Et cochlear et littera instrumenta sunt; capit alterum cibum e catillo, altera indicium e pagina. Ubi forma digna est, lector commode fiet quoniam littera et trita et decora est. Si formam cochlearis tui post prandium recordaris, ea forma perversa est. Et cochlear et lit-

9/11 Minion Italic justified

Si formam cochlearis tui post prandium recordaris, ea forma perversa est. Et cochlear et littera instrumenta sunt; capit alterum cibum e catillo, altera indicium e pagina. Ubi forma digna est, lector commode fiet quoniam littera et trita et decora est. Si formam cochlearis tui post prandium recordaris, ea forma

9/11 Minion Black justified

Si formam cochlearis tui post prandium recordaris, ea forma perversa est. Et cochlear et littera instrumenta sunt; capit alterum cibum e catillo, altera indicium e pagina. Ubi forma digna est, lector commode fiet quoniam littera et trita et decora est. Si formam cochlearis tui post prandium recordaris, ea forma perversa est. Et cochlear et littera instrumenta

9/11 Minion Pro Medium Display justified

Si formam cochlearis tui post prandium recordaris, ea forma perversa est. Et cochlear et littera instrumenta sunt; capit alterum cibum e catillo, altera indicium e pagina. Ubi forma digna est, lector commode fiet quoniam littera et trita et decora est. Si formam cochlearis tui post prandium recordaris, ea forma perversa est. Et cochle

9/11 Minion Pro Semibold Subhead justified

Minion Pro Regular
Minion Pro Regular Subhead

Minion Pro Medium Italic
Minion Pro Medium Italic Display
Minion Pro Medium Italic Subhead

Minion Pro was published as an OpenType font in 2000 and contains 1665 glyphs which makes this elegant and extremely face even more versatile for a range of setting situations and languages.

Credit
(Right)
Design: Cuartopiso
Client: Museo Culture Council of the Spanish Embassy in Colombia
(brochure)

Credit
(Left)
Design: Leo Mendes
Client: Eli Joory
(website)

Minister

ABCDEFGHIJKLM
NOPQRSTUVWXYZ
abcdefghijklm
nopqrstuvwxyz
1234567890
@&!?;:"*

Si formam cochlearis tui post prandium recordaris, ea forma perversa est. Et cochlear et littera instrumenta sunt; capit alterum cibum e catillo, altera indicium e pagina. Ubi forma digna est, lector commode fiet quoniam littera et trita et decora est. Si formam cochlearis tui post prandium recordaris, ea forma perversa

8/10 Minister Book justified

A 1929 design based on Garalde typefaces, Minister also has calligraphic influences. The combination is a useful book and display face with a slightly informal tone and subtly heavy swells in parts of the thicker strokes.

Miramar

ABCDEFGHIJKLM
NOPQRSTUVWXYZ
abcdefghijklm
nopqrstuvwxyz
1234567890
@&!?;:"*

Si formam cochlearis tui post prandium recordaris, ea forma perversa est. Et cochlear et littera instrumenta sunt; capit alterum cibum e catillo, altera indicium e pagina. Ubi forma digna est, lector commode fiet quoniam littera et trita et decora est. Si formam cochlearis tui post prandium recordaris, ea forma perversa est. Et cochlear et littera

8/10 Miramar Regular justified

Miramar has a precise beauty, making it a good choice for occasional work, but, some argue, not the best option for jobbing book typesetting. Ideal when quiet sophistication is wanted; consider going large to enhance the subtle lines.

Mirarae

ABCDEFGHIJKLM
NOPQRSTUVWXYZ
abcdefghijklm
nopqrstuvwxyz
1234567890
@&!?;:"*

Si formam cochlearis tui post prandium recordaris, ea forma perversa est. Et cochlear et littera instrumenta sunt; capit alterum cibum e catillo, altera indicium e pagina. Ubi forma digna est, lector commode fiet quoniam littera et trita et decora est. Si formam cochlearis tui post prandium recordaris, ea forma

8/10 Mirarae Roman justified, +10 units of tracking

Carol Twombly's Mirarae is a broad, open design with italic calligraphic influences; the two weights are a kind of cross between upright and cursive forms. This won an international type design competition when it debuted in 1984.

Monkton

ABCDEFGHIJKLM NOPQRSTUVWXYZ abcdefghijklm nopqrstuvwxyz 1234567890 @&!?;:"*

Si formam cochlearis tui post prandium recordaris, ea forma perversa est. Et cochlear et littera instrumenta sunt; capit alterum cibum e catillo, altera indicium e pagina. Ubi forma digna est, lector commode fiet quoniam littera et trita et decora est. Si formam cochlearis tui post prandiu

8/10 Monkton Regular justified

Si formam cochlearis tui post prandium recordaris, ea forma perversa est. Et cochlear et littera instrumenta sunt; capit alterum cibum e catillo, altera indicium e pagina. Ubi forma digna est, lector commode fiet quoniam littera et trita et decora est. Si formam cochlearis tui post prandium recordaris,

8/10 Monkton Italic justified, +5 units of tracking

② ⑤ ⑧

Si formam cochlearis tui post prandium recordaris, ea forma perversa est. Et cochlear et littera instrumenta sunt; capit alterum cibum e catillo, altera indicium e pagina. Ubi forma digna est, lector commode fiet quoniam littera et trita et

8/10 Monkton Bold justified, +5 units of tracking

Named after a village in Somerset, England, Monkton is a lovingly lettered typeface with a delicate line. The lowercase forms of both italics and upright faces are rather beautiful, and when used in all-caps, this makes a fine titling face that has obvious roots in Roman inscriptions.

Monteverdi

ABCDEFGHI JKLMNOPQRS TUVWXYZ abcdefghijklm nopqrstuvwxyz 1234567890@&!?;:"*

Si formam cochlearis tui post prandium recordaris, ea forma perversa est. Et cochlear et littera instrumenta sunt; capit alterum cibum e catillo, altera indicium e pagina. Ubi forma digna est, lector commode fiet quoniam littera et trita et decora est. Si formam cochlearis tui post prandium recordaris, ea

8.5/10 Monteverdi Regular justified

Si formam cochlearis tui post prandium recordaris, ea forma perversa est. Et cochlear et littera instrumenta sunt; capit alterum cibum e catillo, altera indicium e pagina. Ubi forma digna est, lector commode fiet quoniam littera et trita et decora est. Si formam cochlearis tui post prandium recordaris, ea forma perversa est. Et cochlear et

8.5/10 Monteverdi Italic justified

③ ⑦

Si formam cochlearis tui post prandium recordaris, ea forma perversa est. Et cochlear et littera instrumenta sunt; capit alterum cibum e catillo, altera indicium e pagina. Ubi forma digna est, lector commode fiet quoniam littera et trita et decora est. Si formam

8.5/10 Monteverdi Alt justified

Monteverdi's steadfast capitals are teamed with a diminutive but carefully balanced lowercase. The designer Lars Bergquist gave this family some beautiful touches, and the flourishes in the italic are exquisite. Better suited to larger type because of the small x-height, although it remains clear at small sizes.

Mrs Eaves

ABCDEFGHIJKLM

NOPQRSTUVWXYZ

abcdefghijklm

nopqrstuvwxyz

1234567890

@&!?;:."*

Named after John Baskerville's housekeeper, who later became his wife, Mrs Eaves is a Transitional design with a huge range of alternates, small caps, ligatures, and other typographic gems. The upright faces set more widely than most fonts, but it is an effective choice for fine book typography.

Si formam cochlearis tui post prandium recordaris, ea forma perversa est. Et cochlear et littera instrumenta sunt; capit alterum cibum e catillo, altera indicium e pagina. Ubi forma digna est, lector commode fiet quoniam littera et trita et decora est. Si formam cochlearis tui post prandium recordaris, ea forma perversa est. Et cochlear et littera in

9/11 Mrs Eaves Roman justified, −10 units of kerning

Si formam cochlearis tui post prandium recordaris, ea forma perversa est. Et cochlear et littera instrumenta sunt; capit alterum cibum e catillo, altera indicium e pagina. Ubi forma digna est, lector commode fiet quoniam littera et trita et decora est. Si formam cochlearis tui post prandium recordaris, ea forma perversa est. Et cochlear et littera instrumenta sunt; capit alterum cibum e catillo, altera indicium e pagina. Ubi forma digna est

9/11 Mrs Eaves Italic justified

Credit
(Above)
Design: Sopp Collective
Client: The Norwegian
National Theater
(film poster)

Credit
(Below)
Design: Sopp Collective
Client: Martin Mischkulnig
(book mark)

Musketeer

ABCDEFGHIJKLM
NOPQRSTUVWXYZ
abcdefghijklm
nopqrstuvwxyz
1234567890&!?;:"*

Si formam cochlearis tui post prandium recordaris, ea forma perversa est. Et cochlear et littera instrumenta sunt: capit alterum cibum e catillo, altera indicium e pagina. Ubi forma digna est, lector commode fiet quoniam littera et trita et decora est. Si formam cochlearis tui post prandium recordaris, ea forma perversa est. Et cochlear et littera instrumenta

8/10 Musketeer Regular justified

Taken from Art Nouveau lettering, this shows all the distinctive grace and odd balance of designs from that era—although it was actually created in 1968. Great for display work where a certain period feel is wanted.

Napoleone Slab

ABCDEFGHIJKLM
NOPQRSTUVWXYZ
abcdefghijklm
nopqrstuvwxyz
1234567890@&!?;:"*

3 7

This is a slab-serif design with a difference; it has true italics, Old-Style numerals, and even ligatures. However, it is also a geometric-influenced face with angles and curves that work well in faxes and on screens and for setting panels of information.

Si formam cochlearis tui post prandium recordaris, ea forma perversa est. Et cochlear et littera instrumenta sunt; capit alterum cibum e catillo, altera indicium e pagina. Ubi forma digna est, lector commode fiet quoniam littera et trita et decora est. Si formam cochlearis tui post

8/10 Napoleone Slab Regular justified

Si formam cochlearis tui post prandium recordaris, ea forma perversa est. Et cochlear et littera instrumenta sunt; capit alterum cibum e catillo, altera indicium e pagina. Ubi forma digna est, lector commode fiet quoniam littera et trita et decora est. Si formam cochlearis tui post prandium

8/10 Napoleone Slab Italic justified

Si formam cochlearis tui post prandium recordaris, ea forma perversa est. Et cochlear et littera instrumenta sunt; capit alterum cibum e catillo, altera indicium e pagina. Ubi forma digna est, lector commode fiet quoniam littera et trita et decora est. Si formam cochlearis

8/10 Napoleone Slab Bold justified

Si formam cochlearis tui post prandium recordaris, ea forma perversa est. Et cochlear et littera instrumenta sunt; capit alterum cibum e catillo, altera indicium e pagina. Ubi forma digna est, lector commode fiet quoniam littera et trita et decora est. Si

8/10 Napoleone Slab Black justified

Neva

ABCDEFGHIJ
KLMNOPQRST
UVWXYZ
abcdefghijklm
nopqrstuvwxyz
1234567890@&!?;:"*

Si formam cochlearis tui post prandium recordaris, ea forma perversa est. Et cochlear et littera instrumenta sunt; capit alterum cibum e catillo, altera indicium e pagina. Ubi forma digna est, lector commode fiet quoniam littera et trita et decora est.

8/10 Neva Regular justified

Si formam cochlearis tui post prandium recordaris, ea forma perversa est. Et cochlear et littera instrumenta sunt; capit alterum cibum e catillo, altera indicium e pagina. Ubi forma digna est, lector commode fiet quoniam littera et trita et decora est. Si formam cochlearis tui post

8/10 Neva Italic justified

Si formam cochlearis tui post prandium recordaris, ea forma perversa est. Et cochlear et littera instrumenta sunt; capit alterum cibum e catillo, altera indicium e pagina. Ubi forma digna est, lector commode fiet quon

8/10 Neva Bold justified

Pavel Kuzanyan, a Russian book designer, designed Neva Regular and Italic in 1970. Based partly on traditional Russian character shapes, it has some slightly unusual elements and proportions, but it is also very flexible. The regular-weight italic is unusually narrow compared with the rest of the family.

Nevada

ABCDEFGHIJKLM
NOPQRSTUVWXYZ
abcdefghijklm
nopqrstuvwxyz
1234567890&!?;:"*

Si formam cochlearis tui post prandium recordaris, ea forma perversa est. Et cochlear et littera instrumenta sunt; capit alterum cibum e catillo, altera indicium e pagina. Ubi forma digna est, lector commode fiet quoniam littera et trita et decora est. Si formam cochlearis

8/10 Nevada Regular justified

Si formam cochlearis tui post prandium recordaris, ea forma perversa est. Et cochlear et littera instrumenta sunt; capit alterum cibum e catillo, altera indicium e pagina. Ubi forma digna est, lector commode fiet quoniam littera et trita et decora est. Si formam cochlearis tui post prandium recordar

8/10 Nevada Extra Light justified

Si formam cochlearis tui post prandium recordaris, ea forma perversa est. Et cochlear et littera instrumenta sunt; capit alterum cibum e catillo, altera indicium e pagina. Ubi forma digna est, lector commode fiet quoniam littera et trita

8/10 Nevada Bold justified

This small-serifed font was drawn in 1974, but it has the feel of something made 50 years before, especially the heavier weights. Many letterforms have unusual curves and shapes, but the overall effect is striking. Reserved for the right display project, this can be a superb choice.

New Aster

ABCDEFGHIJKLM
NOPQRSTUVWXYZ
abcdefghijklm
nopqrstuvwxyz
1234567890@&!?;:"*

Si formam cochlearis tui post prandium recordaris, ea forma perversa est. Et cochlear et littera instrumenta sunt; capit alterum cibum e catillo, altera indicium e pagina. Ubi forma digna est, lector commode fiet quoniam littera et trita et decora est. Si formam cochlearis tui post prandium recordaris, ea forma perversa est. Et coc

8/10 New Aster Regular justified

This demonstrates the shift in typeface design after World War II, being a traditional Transitional design rather than one with

Modern, Didone influences. It produces a light, even body text, while the heavier weights show idiosyncrasies at headline sizes.

New Caledonia

ABCDEFGHIJKLM
NOPQRSTUVWXYZ
abcdefghijklm
nopqrstuvwxyz
1234567890@&!?;:"*

Si formam cochlearis tui post prandium recordaris, ea forma perversa est. Et cochlear et littera instrumenta sunt; capit alterum cibum e catillo, altera indicium e pagina. Ubi forma digna est, lector commode fiet quoniam littera et trita et decora est. Si formam cochlearis tui post prandium recordaris, ea forma perversa est. Et cochlear et littera instrumenta

8/10 New Caledonia Regular justified

This 1939 design by William Dwiggins began as a redesign of Scotch Roman. Classed as a late-period Transitional form,

it has strongly vertical stresses but retains slightly flexed serifs and strokes. A popular face for book typography.

New Winchester

ABCDEFGHIJKLM
NOPQRSTUVWXYZ
abcdefghijklm
nopqrstuvwxyz
1234567890
@&!?;:"*

Si formam cochlearis tui post prandium recordaris, ea forma perversa est. Et cochlear et littera instrumenta sunt; capit alterum cibum e catillo, altera indicium e pagina. Ubi forma digna est, lector commode fiet quoniam littera et trita et decora est. Si formam cochlearis tui post prandium recordaris, ea forma perversa est. Et cochlear et littera instrumenta sunt; capit alterum cibum e catillo, altera indicium e pagina.

8/10 New Winchester Book justified

William Dwiggins' design was named for a place in the British Isles. A Garalde-style face based on seventeenth-century type,

this has soft edges and rounded corners that give the face a worn appearance without any obvious rough edges.

ABCDEFGHIJKLM
NOPQRSTUVWXYZ
abcdefghijklm
nopqrstuvwxyz
1234567890
@&!?;:"*

Created in 1978, New Baskerville is based on the original Baskerville typeface from 220 years earlier. The result is a legible and dignified face that excels at both body text sizes and advertising display work, although, like the original, it isn't particularly forgiving of poor print or paper quality.

Credit
Design: David Harrison
Client: In-house project (logo)

FUTURECRAFT

Si formam cochlearis tui post prandium recordaris, ea forma perversa est. Et cochlear et littera instrumenta sunt; capit alterum cibum e catillo, altera indicium e pagina. Ubi forma digna est, lector commode fiet quoniam littera et trita et decora est. Si formam cochlearis tui post prandium recordaris, ea

9/11 ITC New Baskerville Regular justified

Si formam cochlearis tui post prandium recordaris, ea forma perversa est. Et cochlear et littera instrumenta sunt; capit alterum cibum e catillo, altera indicium e pagina. Ubi forma digna est, lector commode fiet quoniam littera et trita et decora est. Si formam cochlearis tui post prandium recordaris, ea

9/11 ITC New Baskerville Semibold justified

Si formam cochlearis tui post prandium recordaris, ea forma perversa est. Et cochlear et littera instrumenta sunt; capit alterum cibum e catillo, altera indicium e pagina. Ubi forma digna est, lector commode fiet quoniam littera et trita et decora est. Si formam cochlearis tui post prandium recordaris, ea forma perversa est. Et cochlear et littera instru

9/11 ITC New Baskerville Italic justified

Si formam cochlearis tui post prandium recordaris, ea forma perversa est. Et cochlear et littera instrumenta sunt; capit alterum cibum e catillo, altera indicium e pagina. Ubi forma digna est, lector commode fiet quoniam littera et trita et decora est. Si formam cochlearis tui post prandium recorda

9/11 ITC New Baskerville Black Italic justified

Newtext

ABCDEFGHIJKLM
NOPQRSTUVWXYZ
abcdefghijklm
nopqrstuvwxyz
1234567890
@&!?;:"*

Si formam cochlearis tui post prandium recordaris, ea forma perversa est. Et cochlear et littera instrumenta sunt; capit alterum cibum e catillo, altera indicium e pagina. Ubi forma digna est, lector commode fiet quoniam littera et trita et decora est. Si formam cochlearis tui post prandium recordaris, ea

7/10 Newtext Light justified, +10 units of trackinig

A display face from 1974, with expanded letterforms, virtually unvarying stroke widths, and the tiny serifs of Dutch designs from the seventeenth century. With four well-balanced weights, it is a refined option for headlines and packaging work.

Nexus

ABCDEFGHIJKLM
NOPQRSTUVWXYZ
abcdefghijklm
nopqrstuvwxyz
1234567890@&!?;:"*

Si formam cochlearis tui post prandium recordaris, ea forma perversa est. Et cochlear et littera instrumenta sunt; capit alterum cibum e catillo, altera indicium e pagina. Ubi forma digna est, lector commode fiet quoniam littera et trita et decora est. Si formam cochlearis tui post prandium recordaris, ea forma perversa est. Et cochlear et littera in

8/10 Nexus Regular justified

Packed with Old Style charm, yet it includes influences from other eras; the serifs are more late-Transitional, and there's an Eric Gill-like craftsmanship here, too. Useful at all sizes, with a broad range of swash alternates and small caps.

Nicholas

ABCDEFGHIJKLM
NOPQRSTUVWXYZ
abcdefghijklm
nopqrstuvwxyz
1234567890@&!?;:"*

Si formam cochlearis tui post prandium recordaris, ea forma perversa est. Et cochlear et littera instrumenta sunt; capit alterum cibum e catillo, altera indicium e pagina. Ubi forma digna est, lector commode fiet quoniam littera et trita et decora est. Si formam cochlearis tui post prandium recordaris, ea forma perversa est. Et cochlear et littera instrumenta sunt; capit alterum cibum e catillo, altera indicium e pagina.

8/10 Nicholas Regular justified

Created as a headline-specific companion for Goodchild, Nicholas shares many of that font's Jenson-inspired characteristics but has the tight fit required of well-set display type. The character details work particularly well at larger sizes.

Nikis

ABCDEFGHIJKLM
NOPQRSTUVWXYZ
abcdefghijklm
nopqrstuvwxyz
1234567890
@&!?;:"*

Si formam cochlearis tui post prandium recordaris, ea forma perversa est. Et cochlear et littera instrumenta sunt; capit alterum cibum e catillo, altera indicium e pagina. Ubi forma digna est, lector commode fiet quoniam littera et trita et decora est. Si formam cochlearis tui post prandium recordaris, ea forma perversa est. Et cochlear et littera instrumenta sunt; capit alte

8/10 Nikis Semibold justified

Crafted by the Hungarian typographer-monk Miklós Kis in 1690, at around the same time that he cut Janson. A quietly

sophisticated Transitional-class book font with unfussy capitals, book-friendly lowercase forms, and a gentle italic.

Nimrod

ABCDEFGHIJKLM
NOPQRSTUVWXYZ
abcdefghijklm
nopqrstuvwxyz
1234567890@@&!?;:"*

Si formam cochlearis tui post prandium recordaris, ea forma perversa est. Et cochlear et littera instrumenta sunt; capit alterum cibum e catillo, altera indicium e pagina. Ubi forma digna est, lector commode fiet quoniam littera et trita et decora est. Si formam cochlearis tui post prandium recordaris, ea forma perversa est. Et cochlear et littera instrumen

7/10 Nimrod Regular justified

Produced in 1980 to fit the needs of modern newspaper printing. It follows many of the core characteristics of other

newsprint fonts, but dispenses with some of the more quirky details in favor of more serious Old Style forms.

Nordik

ABCDEFGHIJKLM
NOPQRSTUVWXYZ
abcdefghijklm
nopqrstuvwxyz
1234567890
@&!?;:"*

Si formam cochlearis tui post prandium recordaris, ea forma perversa est. Et cochlear et littera instrumenta sunt; capit alterum cibum e catillo, altera indicium e pagina. Ubi forma digna est, lector commode fiet quoniam littera et trita et decora est. Si formam cochlearis tui post prandium recordaris, ea forma perversa est. Et cochlear et littera instrumenta sunt; capit alte

8/10 Nordik Regular justified

A design by Bo Berndal, Nordik has the coherency of a book font but the flair and contrast of an eye-catching, advertising-

oriented font. It is based on fine Transitional styles, but with pen-turned touches here and there.

Obelisk

ABCDEFGHI
JKLMNOPQRS
TUVWXYZ
abcdefghijklm
nopqrstuvwxyz
1234567890@&!?;:"*

Si formam cochlearis tui post prandium recordaris, ea forma perversa est. Et cochlear et littera instrumenta sunt; capit alterum cibum e catillo, altera indicium e pagina. Ubi forma digna est, lector commode fiet quoniam littera et trita et decora est. Si formam cochlearis tui post prandium recordaris, ea forma perversa est. Et cochlear et litte

8/10 Obelisk Light justified

Phill Grimshaw's striking Obelisk uses chiseled, cut strokes. The letterforms show an occasional lively disregard for sticking to the baseline. Lighter weights can work for short passages at medium sizes, while the bold makes for punchy headlines.

Octava

ABCDEFGHIJKLM
NOPQRSTUVWXYZ
abcdefghijklm
nopqrstuvwxyz
1234567890@&!?;:"*

Si formam cochlearis tui post prandium recordaris, ea forma perversa est. Et cochlear et littera instrumenta sunt; capit alterum cibum e catillo, altera indicium e pagina. Ubi forma digna est, lector commode fiet quoniam littera et trita et decora est. Si formam cochlearis tui post prandium recordaris, ea forma perversa est. Et cochlear et littera instrumenta

8/10 Octava Regular justified

First appearing as the Cyrillic-only Scriptura, Vladimir Yefimov's Octava was released in 2001. This late-Transitional design was influenced by Lectura and Stone Print. Despite the large x-height, which gives it clarity, it sets fairly tightly.

Octavian

ABCDEFGHIJKLM
NOPQRSTUVWXYZ
abcdefghijklm
nopqrstuvwxyz
1234567890@&!?;:"*

Si formam cochlearis tui post prandium recordaris, ea forma perversa est. Et cochlear et littera instrumenta sunt; capit alterum cibum e catillo, altera indicium e pagina. Ubi forma digna est, lector commode fiet quoniam littera et trita et decora est. Si formam cochlearis tui post prandium recordaris, ea forma perversa est. Et cochlear et littera instrumenta sunt; capit alterum cibum e catillo, altera indicium e pagina.

8/10 Octavian Regular justified, +10 units of tracking

A creation by Will Carter and David Kindersley from 1961, Octavian is a single-weight book font with a conservative width and useful strength that has traditional Roman inscriptions at its heart. Not to be confused with the decorative display font.

ITC Officina Serif

ABCDEFGHIJKLM NOPQRSTUVWXYZ
abcdefghijklm
nopqrstuvwxyz
1234567890@&!?;:"*

Officina was created in 1990 by Erik Spiekermann and Just van Rossum as a traditional typographic take on office-based typewriter output. The regular widths and simple shapes keep it legible at small sizes and in crude output such as faxes. Try using it with the related Officina Sans.

Si formam cochlearis tui post prandium recordaris, ea forma perversa est. Et cochlear et littera instrumenta sunt; capit alterum cibum e catillo, altera indicium e pagina. Ubi forma digna est, lector commode fiet quoniam littera et trita et decora est. Si formam cochleari

8/10 ITC Officina Serif Book justified

Si formam cochlearis tui post prandium recordaris, ea forma perversa est. Et cochlear et littera instrumenta sunt; capit alterum cibum e catillo, altera indicium e pagina. Ubi forma digna est, lector commode fiet quoniam littera et trita et decora est. Si formam cochlearis

8/10 ITC Officina Serif Book Italic justified

Si formam cochlearis tui post prandium recordaris, ea forma perversa est. Et cochlear et littera instrumenta sunt; capit alterum cibum e catillo, altera indicium e pagina. Ubi forma digna est, lector commode fiet quoniam littera et trita et decora est. Si for

8/10 ITC Officina Serif Medium justified

Si formam cochlearis tui post prandium recordaris, ea forma perversa est. Et cochlear et littera instrumenta sunt; capit alterum cibum e catillo, altera indicium e pagina. Ubi forma digna est, lector commode fiet quoniam littera et trita et decora est. Si

8/10 ITC Officina Serif Bold justified

Old Claude

ABCDEFGHIJKLM NOPQRSTUVWXYZ
abcdefghijklm
nopqrstuvwxyz
1234567890@&!?;:"*

Si formam cochlearis tui post prandium recordaris, ea forma perversa est. Et cochlear et littera instrumenta sunt; capit alterum cibum e catillo, altera indicium e pagina. Ubi forma digna est, lector commode fiet quoniam littera et trita et decora est. Si formam cochlearis tui post prandium recordaris, ea forma perversa est. Et cochlear et littera instrument

8/10 Old Claude Regular justified

An Antiqued simulation of the printed output of traditional Garamond designs, including the rough outlines and crude shapes produced by early letterpress output on fibrous paper. This design, works in body text and display setting.

Old Style MT

ABCDEFGHIJKLM
NOPQRSTUVWXYZ
abcdefghijklm
nopqrstuvwxyz
1234567890&
@!?;:"'*

3

Monotype's Old Style is actually more of a late-Transitional design, with a clear vertical stress and a distinct contrast in stroke weight. This suits fine book typography very well, and the Old Style Bold Outline Regular face adds a classic decorative element. It also includes Bold and Italic variants.

Si formam cochlearis tui post prandium recordaris, ea forma perversa est. Et cochlear et littera instrumenta sunt; capit alterum cibum e catillo, altera indicium e pagina. Ubi forma digna est, lector commode fiet quoniam littera et trita et decora est. Si

8/10 Old Style MT Regular justified

Si formam cochlearis tui post prandium recordaris, ea forma perversa est. Et cochlear et littera instrumenta sunt; capit alterum cibum e catillo, altera indicium e pagina. Ubi forma digna est, lector commode fiet quoniam littera et trita et decora est. Si formam cochl

8/10 Old Style MT Italic justified

Si formam cochlearis tui post prandium recordaris, ea forma perversa est. Et cochlear et littera instrumenta sunt; capit alterum cibum e catillo, altera indicium e pagina. Ubi forma digna est, lector commode fiet quoniam littera et trita et decora est.

7/10 Old Style MT Bold Outline justified

Oldbook

ABCDEFGHIJKLM
NOPQRSTUVWXYZ
abcdefghijklm
nopqrstuvwxyz
1234567890
@&!?;:"'*

5 8

A variation on the Antiqued style of design, Oldbook is based on traditional printed examples of Garamond faces, but with a slight optical softening of the irregular edges rather than the ragged form of Old Claude. An occasionally useful specialized font, worth keeping for the occasional one-off project.

Si formam cochlearis tui post prandium recordaris, ea forma perversa est. Et cochlear et littera instrumenta sunt; capit alterum cibum e catillo, altera indicium e pagina. Ubi forma digna est, lector commode fiet quoniam littera et trita et decora est. Si

8/10 Oldbook Regular justified

Si formam cochlearis tui post prandium recordaris, ea forma perversa est. Et cochlear et littera instrumenta sunt; capit alterum cibum e catillo, altera indicium e pagina. Ubi forma digna est, lector commode fiet quoniam littera et trita et decora est. Si formam cochlearis

8/10 Oldbook Italic justified

Si formam cochlearis tui post prandium recordaris, ea forma perversa est. Et cochlear et littera instrumenta sunt; capit alterum cibum e catillo, altera indicium e pagina. Ubi forma digna est, lector commode fiet quoniam littera et trita et

8/10 Oldbook Bold justified

Serif Showcase

Scala
(Below)
Design: James Hollywell
Client: Ivy Press
(book cover)

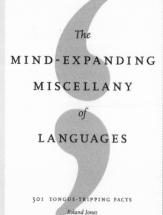

Rockwell
(Above)
Art Direction: Camille Neilson
Client: *MacUser*
(magazine spread)

Tiffany
(Left)
Design: C100 Studio
Client: Lovem
(T-shirt design)

Sabon
(Left)
Design: Chrissie Charlton & Company
Client: Lund Humphries/ Oak Knoll Books
(book cover)

Garamond
(Above)
Design: Cuartopiso
Client: Astor Bakery
(packaging)

ITC Oldrichium

ABCDEFGHIJKLM
NOPQRSTUVWXYZ
abcdefghijklm
nopqrstuvwxyz
1234567890
@&¶!?;,."*

This design has the core forms of classic book type but also the almost casual line qualities obtained through using a calligrapher's pen at high speed. Used small, the kinks can look like poor printing. But when set large enough for individual shapes to stand out, the effect is dramatic.

Si formam cochlearis tui post prandium recordaris, ea forma perversa est. Et cochlear et littera instrumenta sunt; capit alterum cibum e catillo, altera indicium e pagina. Ubi forma digna est, lector commode fiet quoniam littera et trita et decora est. Si formam cochlearis tui post prandium recordaris, ea

9/11 ITC Oldrichium Regular justified

Si formam cochlearis tui post prandium recordaris, ea forma perversa est. Et cochlear et littera instrumenta sunt; capit alterum cibum e catillo, altera indicium e pagina. Ubi forma digna est, lector commode fiet quoniam littera et trita et decora est. Si formam cochlearis tui post prandium recorda

9/11 ITC Oldrichium Italic justified

Si formam cochlearis tui post prandium recordaris, ea forma perversa est. Et cochlear et littera instrumenta sunt; capit alterum cibum e catillo, altera indicium e pagina. Ubi forma digna est, lector commode fiet quoniam littera et trita et decora est. Si formam cochlearis tui post prandium record

9/11 ITC Oldrichium Demi justified

Si formam cochlearis tui post prandium recordaris, ea forma perversa est. Et cochlear et littera instrumenta sunt; capit alterum cibum e catillo, altera indicium e pagina. Ubi forma digna est, lector commode fiet quoniam litte

9/11 ITC Oldrichium Bold justified

Olympian

ABCDEFGHIJKLM
NOPQRSTUVWXYZ
abcdefghijklm
nopqrstuvwxyz
1234567890@&!?;:"*

Si formam cochlearis tui post prandium recordaris, ea forma perversa est. Et cochlear et littera instrumenta sunt; capit alterum cibum e catillo, altera indicium e pagina. Ubi forma digna est, lector commode fiet quoniam littera et trita et decora est. Si formam cochlearis tui post prandium recordaris, ea forma perversa est. Et cochlear et littera

7/10 Olympian Roman justified

③

Like a number of fonts from the latter part of the twentieth century, Olympian is a mixture of styles from different ages.

The result is a useful, professional face that is well suited to the original intended newsprint use and more.

Omnibus

ABCDEFGHIJKLM
NOPQRSTUVWXYZ
abcdefghijklm
nopqrstuvwxyz
1234567890
@&!?;:"*

Si formam cochlearis tui post prandium recordaris, ea forma perversa est. Et cochlear et littera instrumenta sunt; capit alterum cibum e catillo, altera indicium e pagina. Ubi forma digna est, lector commode fiet quoniam littera et trita et decora est. Si formam cochlearis tui post prandium recordaris, ea forma perversa est. Et cochlear et littera instrumenta sunt; capit alterum

8/10 Omnibus Regular justified

④

Created specifically to be as clear as Baskerville but without being a direct remake. Both objectives were achieved; it is

a little blacker in tone, it has a slightly different kind of thick-thin sparkle, and it takes up less room on the page.

FF Oneleigh

ABCDEFGHIJ
KLMNOPQRST
UVWXYZ
abcdefghijklm
nopqrstuvwxyz
1234567890@&!?;:"*

Si formam cochlearis tui post prandium recordaris, ea forma perversa est. Et cochlear et littera instrumenta sunt; capit alterum cibum e catillo, altera indicium e pagina. Ubi forma digna est, lector commode fiet quoniam littera et trita et decora est. Si formam cochlearis tui post prandium recordaris, ea forma perversa est. Et cochlear et littera instrumenta sunt; capit alterum cibum

8/10 FF Oneleigh Regular justified

The prolific Nick Shinn released Oneleigh in 1999. This unashamedly old-fashioned design has a curiously unsettled

appearance, with each character almost having a mind of its own, and yet the result is highly effective and coherent.

Oranda BT

ABCDEFGHIJKLM
NOPQRSTUVWXYZ
abcdefghijklm
nopqrstuvwxyz
1234567890&!?;:"*

Si formam cochlearis tui post prandium recordaris, ea forma perversa est. Et cochlear et littera instrumenta sunt; capit alterum cibum e catillo, altera indicium e pagina. Ubi forma digna est, lector commode fiet quoniam littera et trita et decora est. Si formam cochlearis tui post prandium recordaris, ea forma perversa est. Et cochlear et littera instrumenta sunt; capit alterum

8/10 Oranda BT Roman justified

Produced as a custom design project for European printer manufacturer Océ in 1986, Oranda is Transitional in some respects but has an almost unstressed line and notably heavy serifs. It has a companion font, Oranda Condensed.

Origami

ABCDEFGHIJKLM
NOPQRSTUVWXYZ
abcdefghijklm
nopqrstuvwxyz
1234567890@&!?;:"*

At first glance, Origami would appear to be made from a succession of angles, but if you look more closely you'll see it is nothing but curves. It resulted from designs for a low-resolution typeface, and includes a Chancery-rooted italic. Use in small doses for maximum effect.

Si formam cochlearis tui post prandium recordaris, ea forma perversa est. Et cochlear et littera instrumenta sunt; capit alterum cibum e catillo, altera indicium e pagina. Ubi forma digna est, lector commode fiet quoniam littera et trita et decora est. Si formam cochlearis

9/10 Origami Regular justified

Si formam cochlearis tui post prandium recordaris, ea forma perversa est. Et cochlear et littera instrumenta sunt; capit alterum cibum e catillo, altera indicium e pagina. Ubi forma digna est, lector commode fiet quoniam littera et trita et decora est. Si formam cochlearis tui post prandium

9/10 Origami Italic justified

Si formam cochlearis tui post prandium recordaris, ea forma perversa est. Et cochlear et littera instrumenta sunt; capit alterum cibum e catillo, altera indicium e pagina. Ubi forma digna est, lector commode fiet quoniam littera et trita et decora est. Si

9/10 Origami Medium justified

Si formam cochlearis tui post prandium recordaris, ea forma perversa est. Et cochlear et littera instrumenta sunt; capit alterum cibum e catillo, altera indicium e pagina. Ubi forma digna est, lector commode fiet quoniam littera et trita et decora est.

9/10 Origami Bold Italic justified

Page Serif

ABCDEFGHIJKLM
NOPQRSTUVWXYZ
abcdefghijklm
nopqrstuvwxyz
1234567890@&!?;:"*

The serifs in Page Serif give it a firm stability, and the strong, barely varying strokes help it remain legible at small sizes. This is an unfussy, almost utilitarian face, but one with enough style to perform well in many different situations.

aaaaaaaaaaa

Si formam cochlearis tui post prandium recordaris, ea forma perversa est. Et cochlear et littera instrumenta sunt; capit alterum cibum e catillo, altera indicium e pagina. Ubi forma digna est, lector commode fiet quoniam littera et trita et decora est. Si formam cochlearis tui post prandium recordaris, ea forma perversa est. Et coc

8/11 Page Serif Regular justified

Si formam cochlearis tui post prandium recordaris, ea forma perversa est. Et cochlear et littera instrumenta sunt; capit alterum cibum e catillo, altera indicium e pagina. Ubi forma digna est, lector commode fiet quoniam littera et trita et decora est. Si formam cochlearis tui post prandium recordaris, ea forma perversa est. Et cochl

8/11 Page Serif Regular Italic justified

Si formam cochlearis tui post prandium recordaris, ea forma perversa est. Et cochlear et littera instrumenta sunt; capit alterum cibum e catillo, altera indicium e pagina. Ubi forma digna est, lector commode fiet quoniam littera et trita et decora est. Si formam cochlearis tui post prandium recordaris, ea forma perversa est. Et cochl

8/11 Page Serif Light justified

Si formam cochlearis tui post prandium recordaris, ea forma perversa est. Et cochlear et littera instrumenta sunt; capit alterum cibum e catillo, altera indicium e pagina. Ubi forma digna est, lector commode fiet quoniam littera et trita et decora est. Si formam cochlearis tui post prandium recordaris, ea

8/11 Page Serif Demibold justified

Palatino

ABCDEFGHIJKLM NOPQRSTUVWXYZ
abcdefghijklm nopqrstuvwxyz
1234567890@&!?;:"'*

A well-known Old Face design with calligraphic undertones, this was created by Hermann Zapf during the late 1950s. A key goal was for it to remain legible even on crude paper. The typeface is named after sixteenth-century calligrapher Giambattista Palatino.

Si formam cochlearis tui post prandium recordaris, ea forma perversa est. Et cochlear et littera instrumenta sunt; capit alterum cibum e catillo, altera indicium e pagina. Ubi forma digna est, lector commode fiet quoniam littera et trita et decora est. Si formam cochlearis tui post prandium recordaris, ea

9/11 Palatino Regular justified

Si formam cochlearis tui post prandium recordaris, ea forma perversa est. Et cochlear et littera instrumenta sunt; capit alterum cibum e catillo, altera indicium e pagina. Ubi forma digna est, lector commode fiet quoniam littera et trita et decora est. Si formam cochlearis tui post prandium recordaris, ea

9/11 Palatino Light justified

Si formam cochlearis tui post prandium recordaris, ea forma perversa est. Et cochlear et littera instrumenta sunt; capit alterum cibum e catillo, altera indicium e pagina. Ubi forma digna est, lector commode fiet quoniam littera et trita et decora est. Si formam cochlearis tui post prandium recordaris, ea forma perversa est. Et cochl

9/11 Palatino Italic justified

Si formam cochlearis tui post prandium recordaris, ea forma perversa est. Et cochlear et littera instrumenta sunt; capit alterum cibum e catillo, altera indicium e pagina. Ubi forma digna est, lector commode fiet quoniam littera et trita et decora est. Si formam cochlearis tui post prandium record

9/11 Palatino Bold justified

Palazzo Caps

ABCDEFGHI
JKLMNOPQR
STUVWXYZ
1234567890
@&!?;:"*

SI FORMAM COCHLEARIS TUI POST PRANDIUM RE-
CORDARIS, EA FORMA PERVERSA EST. ET COCHLEAR
ET LITTERA INSTRUMENTA SUNT; CAPIT ALTERUM
CIBUM E CATILLO, ALTERA INDICIUM E PAGINA. UBI
FORMA DIGNA EST, LECTOR COMMODE FIET QUONI-
AM LITTERA ET TRITA ET DECORA EST. SI FORMAM
COCHLEARIS TUI POST PRANDIUM RECORDARIS, EA

7/10 Palazzo Caps Regular justified, +20 units of tracking

A capitals-only design, Palazzo
Caps was intended for use
purely as a titling font. This
late-Transitional form falls

somewhere between the stately
elegance of Trajan and the solid
weight of Times, and sets a little
more closely than either.

Panther

ABCDEFGHIJKLM
NOPQRSTUVWXYZ
abcdefghijklm
nopqrstuvwxyz
1234567890@&!?;:"*

Si formam cochlearis tui post prandium recordaris, ea
forma perversa est. Et cochlear et littera instrumenta
sunt; capit alterum cibum e catillo, altera indicium
e pagina. Ubi forma digna est, lector commode fiet
quoniam littera et trita et decora est. Si formam cochlearis tui post prandium recordaris, ea forma perversa est.
Et cochlear et littera instrumenta sunt; capit alterum

8/10 Panther Regular justified

Panther is a curious typeface.
The Venetian or Garalde-based
design is very slightly slanted
and comes in just Regular and

Bold versions, but it includes a
few subtle quirks. The tail of the
capital Q, for example, has an
attractive, swash-like form.

Paradigm

ABCDEFGHIJKLM
NOPQRSTUVWXYZ
abcdefghijklm
nopqrstuvwxyz
1234567890@&!?;:"*

Si formam cochlearis tui post prandium recordaris, ea forma
perversa est. Et cochlear et littera instrumenta sunt; capit
alterum cibum e catillo, altera indicium e pagina. Ubi
forma digna est, lector commode fiet quoniam littera et
trita et decora est. Si formam cochlearis tui post prandium
recordaris, ea forma perversa est. Et cochlear et littera instrumenta sunt; capit alterum cibum e catillo altera indic

8/10 Paradigm Regular justified

Designed in 1995 and extended
in 2008, the basis for Paradigm
was 1497 Venetian type, but it
also includes small serifs that

are unusually soft and rounded.
The intention was to create a
functional typeface based on
digital typesetting demands.

Parkinson

ABCDEFGHIJKLM
NOPQRSTUVWXYZ
abcdefghijklm
nopqrstuvwxyz
1234567890@&!?;:"*

Si formam cochlearis tui post prandium recordaris, ea forma perversa est. Et cochlear et littera instrumenta sunt; capit alterum cibum e catillo, altera indicium e pagina. Ubi forma digna est, lector commode fiet quoniam littera et trita et decora est. Si formam cochlearis tui post prandium recordaris, ea forma perversa est. Et cochlear et littera instrumenta sunt; capit alterum

7.5/10 Parkinson Roman justified

Created in the 1970s, and based on lettering by 1960s poster artist Rick Griffin and the more traditional Jenson typeface, Parkinson has condensed versions as well as a range of different weights. This is a good face for display work.

Parry OT

ABCDEFGHIJKLM
NOPQRSTUVWXYZ
abcdefghijklm
nopqrstuvwxyz
1234567890
@&!?;:"*

Si formam cochlearis tui post prandium recordaris, ea forma perversa est. Et cochlear et littera instrumenta sunt; capit alterum cibum e catillo, altera indicium e pagina. Ubi forma digna est, lector commode fiet quoniam littera et trita et decora est. Si formam cochlearis tui post prandium recordaris, ea forma perversa

8/10 Parry Normal justified

With its schoolbook feel, Parry, created by Dutch designer Artur Schmal, features a double-story lowercase g. This font comes with a useful Semi-bold plus Black and Black Italic. There is also a sans-serif version, Parry Grotesque).

Pasquale

ABCDEFGHIJKLM
NOPQRSTUVWXYZ
abcdefghijklm
nopqrstuvwxyz
1234567890@&!?;:"*

Si formam cochlearis tui post prandium recordaris, ea forma perversa est. Et cochlear et littera instrumenta sunt; capit alterum cibum e catillo, altera indicium e pagina. Ubi forma digna est, lector commode fiet quoniam littera et trita et decora est. Si formam cochlearis tui post prandium recordaris, ea forma perversa est. Et cochlear et littera instrumen

8/10 Pasquale Regular justified

This is a display face with some unusual features. Along with a number of serifs with unusual turns and angles, many of the counters in both the lowercase and capitals are open. The effect is bright and lively, yet still makes clear headlines.

Pastonchi

ABCDEFGHIJKLM
NOPQRSTUVWXYZ
abcdefghijklm
nopqrstuvwxyz
1234567890@&!?;:"*

Si formam cochlearis tui post prandium recordaris, ea forma perversa est. Et cochlear et littera instrumenta sunt; capit alterum cibum e catillo, altera indicium e pagina. Ubi forma digna est, lector commode fiet quoniam littera et trita et decora est. Si formam cochlearis tui post prandium recordaris, ea forma perversa est. Et cochlear et littera instrumenta sunt; capit alterum cibum e catillo, altera indicium e

8/10 Pastonchi Regular justified

Created by Italian poet Francesco Pastonchi, assisted by Professor Eduardo Cotti, for a new book of classics.

It is an exotic design with many swashes and special characters, well suited to classical literary and poetic works.

Pax

ABCDEFGHIJKLM
NOPQRSTUVWXYZ
abcdefghijklm
nopqrstuvwxyz
1234567890
@&!?;:"*

Si formam cochlearis tui post prandium recordaris, ea forma perversa est. Et cochlear et littera instrumenta sunt; capit alterum cibum e catillo, altera indicium e pagina. Ubi forma digna est, lector commode fiet quoniam littera et trita et decora est. Si formam cochlearis tui post prandium recordaris, ea forma perversa est. Et cochlear et littera instrumenta sunt;

8/10 Pax Regular justified

Pax is based on Didone-era forms, with strong stroke-weight contrasts, distinct vertical stresses, and flat serifs. It

also shows a subtle influence from type design of the early twentieth century. This useful design has an extensive family.

Percival

ABCDEFGHIJKLM
NOPQRSTUVWXYZ
abcdefghijklm
nopqrstuvwxyz
1234567890@&!?;:"*

Si formam cochlearis tui post prandium recordaris, ea forma perversa est. Et cochlear et littera instrumenta sunt; capit alterum cibum e catillo, altera indicium e pagina. Ubi forma digna est, lector commode fiet quoniam littera et trita et decora est. Si formam cochlearis tui post prandium recordaris, ea forma perversa est. Et cochlear et littera instrumenta sunt; capit alterum cibum e catillo, altera indici

8/10 Percival Regular justified, +3 units of tracking

A design that feels part Glyphic and part calligraphic, Percival has a casual strength and a humanist feel. The extreme

differences between stroke weights make it set a little too brightly for long passages, but it works well for shorter items.

Perpetua

ABCDEFGHIJKLM
NOPQRSTUVWXYZ
abcdefghijklm
nopqrstuvwxyz
1234567890&!?;:"*

Based on lettering found in old engravings, this is Eric Gill's most popular serif design. The clean-cut lines give Perpetua-set text a quietly formal air, but the design is also full of touches that help it sparkle on the page. Curiously, the italic design was originally called Felicity.

abcdefghijklmnopqrstuvwxyz

Si formam cochlearis tui post prandium recordaris, ea forma perversa est. Et cochlear et littera instrumenta sunt; capit alterum cibum e catillo, altera indicium e pagina. Ubi forma digna est, lector commode fiet quoniam littera et trita et decora est. Si formam cochlearis tui post prandium recordaris, ea forma perversa est. Et cochlear et littera instrumenta sunt; capit alte

9/11 Perpetua Regular justified

Si formam cochlearis tui post prandium recordaris, ea forma perversa est. Et cochlear et littera instrumenta sunt; capit alterum cibum e catillo, altera indicium e pagina. Ubi forma digna est, lector commode fiet quoniam littera et trita et decora est. Si formam cochlearis tui post prandium recordaris, ea forma perversa est.

9/11 Perpetua Bold justified

Si formam cochlearis tui post prandium recordaris, ea forma perversa est. Et cochlear et littera instrumenta sunt; capit alterum cibum e catillo, altera indicium e pagina. Ubi forma digna est, lector commode fiet quoniam littera et trita et decora est. Si formam cochlearis tui post prandium recordaris, ea forma perversa est. Et cochlear et littera instrumenta sunt; capit alterum cibum e catillo, altera indicium e pagina.

9/11 Perpetua Italic justified

Si formam cochlearis tui post prandium recordaris, ea forma perversa est. Et cochlear et littera instrumenta sunt; capit alterum cibum e catillo, altera indicium e pagina. Ubi forma digna est, lector commode fiet quoniam littera et trita et decora est. Si formam cochlearis tui post prandium recordaris, ea forma perversa est. Et cochlear et

9/11 Perpetua Bold Italic justified

Perrywood

ABCDEFGHIJKLM
NOPQRSTUVWXYZ
abcdefghijklm
nopqrstuvwxyz
1234567890
@&!?;.'"★

⑤
Perrywood has its design origins in Old-face or Garalde fonts such as Bembo and Plantin, but it was created with the needs of modern low-resolution imaging and printing devices in mind. Character shapes are remarkably consistent, helping it set tightly and evenly on the page. Useful for body text and display work.

Si formam cochlearis tui post prandium recordaris, ea forma perversa est. Et cochlear et littera instrumenta sunt; capit alterum cibum e catillo, altera indicium e pagina. Ubi forma digna est, lector commode fiet quoniam littera et trita et decora est. Si formam cochlearis tui post prandium recordaris, ea forma perversa est. Et coch-

9/11 Perrywood Regular justified

Si formam cochlearis tui post prandium recordaris, ea forma perversa est. Et cochlear et littera instrumenta sunt; capit alterum cibum e catillo, altera indicium e pagina. Ubi forma digna est, lector commode fiet quoniam littera et trita et decora est. Si formam cochlearis tui post prandium recordaris, ea forma perversa est. Et cochlear et littera instrumenta

9/11 Perrywood Italic justified

Si formam cochlearis tui post prandium recordaris, ea forma perversa est. Et cochlear et littera instrumenta sunt; capit alterum cibum e catillo, altera indicium e pagina. Ubi forma digna est, lector commode fiet quoniam littera et trita et decora est. Si formam cochlearis tui post prandium recordaris, ea forma perversa est. Et cochlear et littera instru

9/11 Perrywood Light Condensed justified

Si formam cochlearis tui post prandium recordaris, ea forma perversa est. Et cochlear et littera instrumenta sunt; capit alterum cibum e catillo, altera indicium e pagina. Ubi forma digna est, lector commode fiet quoniam littera et trita et decora est. Si formam cochlearis tui post prandium recordaris, ea

9/11 Perrywood XPD justified

Phaistos

ABCDEFGHIJKLM
NOPQRSTUVWXYZ
abcdefghijklm
nopqrstuvwxyz
1234567890@&!?;:"*

Si formam cochlearis tui post prandium recordaris, ea forma perversa est. Et cochlear et littera instrumenta sunt; capit alterum cibum e catillo, altera indicium e pagina. Ubi forma digna est, lector commode fiet quoniam littera et trita et decora est. Si formam cochlearis tui post prandium recordaris, ea forma perversa est. Et cochlear et littera instrumenta sunt; capit alterum cibum e catillo, altera in-

8/10 Phaistos Roman justified

This design from 1989–1991 by David Berlow is something of a revival of Rudolf Koch's 1922 Locarnon. The calligraphic forms have curiously tapered verticals and an almost cut quality to many of the curves. Use when a semi-formal feel is desired.

Photina

ABCDEFGHIJKLM
NOPQRSTUVWXYZ
abcdefghijklm
nopqrstuvwxyz
1234567890@&!?;:"*

Si formam cochlearis tui post prandium recordaris, ea forma perversa est. Et cochlear et littera instrumenta sunt; capit alterum cibum e catillo, altera indicium e pagina. Ubi forma digna est, lector commode fiet quoniam littera et trita et decora est. Si formam cochlearis tui post prandium recordaris, ea forma perversa est. Et cochlear et littera instrumenta sunt;

8/10 Photina Regular justified

Designed specifically for phototypesetting in the 1970s, Photina combines an overall strength with a refined level of detail. The extensive range of weights adds to its usefulness. Popular in magazine and book typesetting since its release.

Pilgrim

ABCDEFGHIJKLM
NOPQRSTUVWXYZ
abcdefghijklm
nopqrstuvwxyz
1234567890@&!?;:"*

Si formam cochlearis tui post prandium recordaris, ea forma perversa est. Et cochlear et littera instrumenta sunt; capit alterum cibum e catillo, altera indicium e pagina. Ubi forma digna est, lector commode fiet quoniam littera et trita et decora est. Si formam cochlearis tui post prandium recordaris, ea forma perversa est. Et cochlear et

8/10 Pilgrim Regular justified

Marc Tassell's Pilgrim is a carefully condensed type design with serifs that are little more than gentle swellings at the ends of strokes. Good for advertising and display work, with a slight eccentricity evident in certain characters.

Plantin

ABCDEFGHIJKLM NOPQRSTUVWXYZ abcdefghijklm nopqrstuvwxyz 1234567890 @&!?;:"★

Plantin

Si formam cochlearis tui post prandium recordaris, ea forma perversa est. Et cochlear et littera instrumenta sunt; capit alterum cibum e catillo, altera indicium e pagina. Ubi forma digna est, lector commode fiet quoniam littera et trita et decora est. Si formam cochlearis tui post prandium recordaris, ea

9/11 Plantin Regular justified

Si formam cochlearis tui post prandium recordaris, ea forma perversa est. Et cochlear et littera instrumenta sunt; capit alterum cibum e catillo, altera indicium e pagina. Ubi forma digna est, lector commode fiet quoniam littera et trita et decora est. Si formam cochlearis tui post prandium recordaris, ea

9/11 Plantin Light justified

Si formam cochlearis tui post prandium recordaris, ea forma perversa est. Et cochlear et littera instrumenta sunt; capit alterum cibum e catillo, altera indicium e pagina. Ubi forma digna est, lector commode fiet quoniam littera et trita et decora est. Si formam cochlearis tui post prandium recordaris, ea forma perversa est. Et cochl

9/11 Plantin Italic justified

Si formam cochlearis tui post prandium recordaris, ea forma perversa est. Et cochlear et littera instrumenta sunt; capit alterum cibum e catillo, altera indicium e pagina. Ubi forma digna est, lector commode fiet quoniam littera et trita et decora est. Si formam cochlearis tui post prandium recordaris, ea forma perversa est. Et cochlear et

9/11 Plantin Light Italic justified

abc*abc***abc***abc**abc**abc**abc*abc**abc***abc**abc

5 **8**

Plantin was made for Monotype in 1913 and named after sixteenth-century Dutch printer Christopher Plantin, although it isn't based on his work. The strong forms, large x-height, and subtly condensed shapes make it popular for books and journals, and the bolder designs work well in display setting.

Plantin Head Medium Condensed

Plantin Infant Bold

AgAg

Si formam cochlearis tui post prandium recordaris, ea forma perversa est. Et cochlear et littera instrumenta sunt; capit alterum cibum e catillo, altera indicium e pagina. Ubi forma digna est, lector commode fiet quoniam littera et trita et decora est. Si formam cochlearis tui post prandium recordaris, ea forma perversa est. Et cochlear et littera instrument

9/11 Plantin Head Light Condensed justified

Si formam cochlearis tui post prandium recordaris, ea forma perversa est. Et cochlear et littera instrumenta sunt; capit alterum cibum e catillo, altera indicium e pagina. Ubi forma digna est, lector commode fiet quoniam littera et trita et decora est. Si formam cochlearis tui post prandium recordaris, ea forma perversa est. Et cochlear et littera instru

9/11 Plantin Head Medium Condensed justified

Si formam cochlearis tui post prandium recordaris, ea forma perversa est. Et cochlear et littera instrumenta sunt; capit alterum cibum e catillo, altera indicium e pagina. Ubi forma digna est, lector commode fiet quoniam littera et trita et decora est. Si formam cochlearis tui post prandium recordaris, ea

9/11 Plantin Infant Regular justified

Si formam cochlearis tui post prandium recordaris, ea forma perversa est. Et cochlear et littera instrumenta sunt; capit alterum cibum e catillo, altera indicium e pagina. Ubi forma digna est, lector commode fiet quoniam littera et trita et decora est. Si formam cochlearis tui post prandium recordaris, ea forma perversa est. Et cochl

9/11 Plantin Infant Regular Italic justified

Pocketype

ABCDEFGHIJKLM
NOPQRSTUVWXYZ
abcdefghijklm
nopqrstuvwxyz
1234567890
@&!?;:"*

Si formam cochlearis tui post prandium recordaris, ea forma perversa est. Et cochlear et littera instrumenta sunt; capit alterum cibum e catillo, altera indicium e pagina. Ubi forma digna est, lector commode fiet quoniam littera et trita et decora est. Si formam cochlearis tui post prandium recordaris, ea forma perversa est. Et cochlear et littera instrumenta sunt;

8/10 Pocketype Regular justified

Designed by the prolific Bo Berndal, the calm and understated Pocketype is essentially Transitional with touches of timeless elegance, for example in the open counter of the a and g, the branching Y, and the clarity of the italics.

Pompei

ABCDEFGHIJKLM
NOPQRSTUVWXYZ
abcdefghijklm
nopqrstuvwxyz
1234567890@&!?;:"*

Si formam cochlearis tui post prandium recordaris, ea forma perversa est. Et cochlear et littera instrumenta sunt; capit alterum cibum e catillo, altera indicium e pagina. Ubi forma digna est, lector commode fiet quoniam littera et trita et decora est. Si formam cochlearis tui post prandium recordaris, ea forma perversa est. Et

8/10 Pompei Regular justified

A thorn-serifed design good for short passages of text and excellent for display and advertising uses. There is more variation in stroke weight than in other thorn-serif faces, and the italic design has many attractive flicked terminals.

Pontif

ABCDEFGHIJKLM
NOPQRSTUVWXYZ
ABCDEFGHIJKLM
NOPQRSTUVWXYZ
1234567890
@&!?;:"*

SI FORMAM COCHLEARIS TUI POST PRANDIUM RECORDARIS, EA FORMA PERVERSA EST. ET COCHLEAR ET LITTERA INSTRUMENTA SUNT; CAPIT ALTERUM CIBUM E CATILLO, ALTERA INDICIUM E PAGINA. UBI FORMA DIGNA EST, LECTOR COMMODE FIET QUONIAM LITTERA ET TRITA ET DECORA EST. SI FORMAM COCHLEARIS TUI POST PRANDIUM)

8/10 Pontif Regular justified, +10 units of tracking

Created in 1996, and modeled on inscription lettering made by Luca Horfei, a sixteenth-century Vatican scribe. There are no lowercase characters, just small caps, but the letterforms are stately and expressive. Excellent for short display use.

Prensa

ABCDEFGHIJKLM
NOPQRSTUVWXYZ
abcdefghijklm
nopqrstuvwxyz
1234567890@&!?;:"*

5 7
This font, named after the Spanish word for "press," has a curious tension throughout the forms that give it a pronounced liveliness on the page; curves swell and shrink, and joins are delicate and sharp. Use primarily in display and advertising text rather than book setting.

Si formam cochlearis tui post prandium recordaris, ea forma perversa est. Et cochlear et littera instrumenta sunt; capit alterum cibum e catillo, altera indicium e pagina. Ubi forma digna est, lector commode fiet quoniam littera et trita et

8/10 Prensa Book justified

Si formam cochlearis tui post prandium recordaris, ea forma perversa est. Et cochlear et littera instrumenta sunt; capit alterum cibum e catillo, altera indicium e pagina. Ubi forma digna est, lector commode fiet quonia

8/10 Prensa Bold justified

Si formam cochlearis tui post prandium recordaris, ea forma perversa est. Et cochlear et littera instrumenta sunt; capit alterum cibum e catillo, altera indicium e pagina. Ubi forma digna est, lector commode fiet quoniam littera et trita et

8/10 Prensa Regular justified

Si formam cochlearis tui post prandium recordaris, ea forma perversa est. Et cochlear et littera instrumenta sunt; capit alterum cibum e catillo, altera indicium e pagina. Ubi forma digna est, lector commode fiet quoniam littera et trita et decora est.

8/10 Prensa Regular Italic justified

Proforma

ABCDEFGHIJKLM
NOPQRSTUVWXYZ
abcdefghijklm
nopqrstuvwxyz
1234567890@&!?;:"*

Si formam cochlearis tui post prandium recordaris, ea forma perversa est. Et cochlear et littera instrumenta sunt; capit alterum cibum e catillo, altera indicium e pagina. Ubi forma digna est, lector commode fiet quoniam littera et trita et decora est. Si formam cochlearis tui post prandium recordaris, ea forma perversa est. Et cochlear et littera instrumenta

8/10 Proforma Book justified

6 7
Proforma was designed for a major supplier of forms systems. It provides high levels of clarity at all sizes and sets relatively tightly on the page. The design is essentially Venetian but with a modern clarity and consistency.

Quadraat

ABCDEFGHIJKLM
NOPQRSTUVWXYZ
abcdefghijklm
nopqrstuvwxyz
1234567890@&!?;:"★

Quadraat is a trifle quirky, particularly in the heavier weights, but it remains a highly usable typeface, especially for display and advertising work. It is Venetian or Early Transitional at its core, but with subtle touches that betray its modern origins. The italics show almost brush-based characteristics.

Si formam cochlearis tui post prandium recordaris, ea forma perversa est. Et cochlear et littera instrumenta sunt; capit alterum cibum e catillo, altera indicium e pagina. Ubi forma digna est, lector commode fiet quoniam littera et trita et decora est. Si formam cochlearis

8/10 Quadraat Regular justified

SI FORMAM COCHLEARIS TUI POST PRANDIUM RE-CORDARIS, EA FORMA PERVERSA EST. ET COCHLEAR ET LITTERA INSTRUMENTA SUNT; CAPIT ALTERUM CIBUM E CATILLO, ALTERA INDICIUM E PAGINA. UBI FORMA DIGNA EST, LECTOR COMMODE FIET QUO

8/10 Quadraat Regular Small Caps justified, –10 units of kerning

Si formam cochlearis tui post prandium recordaris, ea forma perversa est. Et cochlear et littera instrumenta sunt; capit alterum cibum e catillo, altera indicium e pagina. Ubi forma digna est,

8/10 Quadraat Regular Italic justified

Si formam cochlearis tui post prandium recordaris, ea forma perversa est. Et cochlear et littera instrumenta sunt; capit alterum cibum e catillo, altera indicium e pagina. Ubi forma digna est, lector commode fiet quoniam littera et trita et decora est. Si formam cochl

8/10 Quadraat Bold justified

Raleigh

ABCDEFGHIJKLM
NOPQRSTUVWXYZ
abcdefghijklm
nopqrstuvwxyz
1234567890@&!?;:"★

Si formam cochlearis tui post prandium recordaris, ea forma perversa est. Et cochlear et littera instrumenta sunt; capit alterum cibum e catillo, altera indicium e pagina. Ubi forma digna est, lector commode fiet quoniam littera et trita et decora est. Si formam cochlearis tui post prandium recordaris, ea forma perversa est. Et cochlear et littera instrumenta sunt; capit alteru

8/10 Raleigh Roman justified

A redrawn version of Carl Dair's Cartier, the 1977 Raleigh is useful for body text uses and, with the additional display weights created later, for advertising and display work too. It is sparing with its serifs and lacks italics.

Reminga

ABCDEFGHIJKLM NOPQRSTUVWXYZ abcdefghijklm nopqrstuvwxyz 1234567890@&!?;:"*

④ ⑦

A clear, reliable book face with delicate calligraphic touches that set it apart from the crowd. Note, for example, the slight angle of the horizontal bar in the capital A, the organic joint in the y, and so on. The titling faces are intended for larger use.

Si formam cochlearis tui post prandium recordaris, ea forma perversa est. Et cochlear et littera instrumenta sunt; capit alterum cibum e catillo, altera indicium e pagina. Ubi forma digna est, lector commode fiet quoniam littera et trita et

8/10 Reminga Regular justified

Si formam cochlearis tui post prandium recordaris, ea forma perversa est. Et cochlear et littera instrumenta sunt; capit alterum cibum e catillo, altera indicium e pagina. Ubi forma digna est, lector comm

8/10 Reminga Bold justified

Si formam cochlearis tui post prandium recordaris, ea forma perversa est. Et cochlear et littera instrumenta sunt; capit alterum cibum e catillo, altera indicium e pagina. Ubi forma digna est,

8/10 Reminga Italic justified

Si formam cochlearis tui post prandium recordaris, ea forma perversa est. Et cochlear et littera instrumenta sunt; capit alterum cibum e catillo, altera indicium e pagina. Ubi forma digna est, lector commode fiet quonia

8/10 Reminga Bold Italic justified

Resavska

ABCDEFGHIJKLM NOPQRSTUVWXYZ abcdefghijklm nopqrstuvwxyz 1234567890@&!?;:"*

Si formam cochlearis tui post prandium recordaris, ea forma perversa est. Et cochlear et littera instrumenta sunt; capit alterum cibum e catillo, altera indicium e pagina. Ubi forma digna est, lector commode fiet quoniam littera et trita et decora est. Si formam cochlearis tui post prandium recordaris, ea forma perversa est. Et cochl

9/11 Resavska Medium justified

Created specifically to be legible at small sizes. The line weights don't vary much, and every part of the lettering is designed to remain intact under difficult conditions. There is also a sans serif version, giving designers maximum flexibility.

Rockwell

ABCDEFGHIJKLM
NOPQRSTUVWXYZ
abcdefghijklm
nopqrstuvwxyz
1234567890
@&!?;:'"*

⑤

A popular slab-serif face with an unvarying stroke width and a heavier than average appearance. Rockwell is superb for display work where a robust, mechanical feel is needed. The wide range of weights give it flexibility, from the sentence-friendly Rockwell Light to the attention-grabbing Extra Bold.

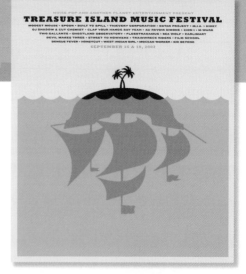

Si formam cochlearis tui post prandium recordaris, ea forma perversa est. Et cochlear et littera instrumenta sunt; capit alterum cibum e catillo, altera indicium e pagina. Ubi forma digna est, lector commode fiet quoniam littera et trita et decora est. Si formam cochlearis tui post prandium recordaris, ea

8.5/11 Rockwell Regular justified

Si formam cochlearis tui post prandium recordaris, ea forma perversa est. Et cochlear et littera instrumenta sunt; capit alterum cibum e catillo, altera indicium e pagina. Ubi forma digna est, lector commode fiet quoniam littera et trita et decora est. Si formam cochlearis tui post prandium recordaris, ea forma perversa est. Et coc

8.5/11 Rockwell Light justified

Credit
Design: Jason Munn,
The Small Stakes
Client: Another Planet
Entertainment and Noise Pop
(poster)

Romana

ABCDEFGHIJKLM
NOPQRSTUVWXYZ
abcdefghijklm
nopqrstuvwxyz
1234567890@&!?;:"*

Si formam cochlearis tui post prandium recordaris, ea forma perversa est. Et cochlear et littera instrumenta sunt; capit alterum cibum e catillo, altera indicium e pagina. Ubi forma digna est, lector commode fiet quoniam littera et trita et decora est. Si formam cochlearis tui post prandium recordaris, ea forma perversa est. Et cochlear et littera instrumenta sunt; capit alterum cibum e catillo, altera indi

8/10 Romana Regular justified

Romana originated as a French revival of Old Style type designs during the mid-nineteenth century, first as a set of titling capitals and later as a complete typeface. It was immensely popular and was quickly copied around the world.

Rotis

ABCDEFGHIJKLM
NOPQRSTUVWXYZ
abcdefghijklm
nopqrstuvwxyz
1234567890@&!?;:"*

Designed by Otl Aicher and named after the Bavarian village where he lives, Rotis was intended as a "font for all occasions." It comes in Serif, Semi Serif, Semi Sans, and Sans Serif forms, and it does, in fact, suit everything from books and magazines to posters and display text.

Si formam cochlearis tui post prandium recordaris, ea forma perversa est. Et cochlear et littera instrumenta sunt; capit alterum cibum e catillo, altera indicium e pagina. Ubi forma digna est, lector commode fiet quoniam littera et trita et decora est.

8/10 Rotis Serif 55 Regular justified, +10 units of tracking

Credit
Design: Sarah France
Client: Self-initiated
(book cover)

Si formam cochlearis tui post prandium recordaris, ea forma perversa est. Et cochlear et littera instrumenta sunt; capit alterum cibum e catillo, altera indicium e pagina. Ubi forma digna est, lector commode fiet quoniam littera et trita et decora est. Si for

8/10 Rotis Serif 56 Italic justified

Si formam cochlearis tui post prandium recordaris, ea forma perversa est. Et cochlear et littera instrumenta sunt; capit alterum cibum e catillo, altera indicium e pagina. Ubi forma digna est, lector commode fiet quoniam littera et trita et decora est

8/10 Rotis Serif 65 Bold justified

Rowena

ABCDEFGHIJKLM
NOPQRSTUVWXYZ
abcdefghijklm
nopqrstuvwxyz
1234567890@&!?;:"'*

Si formam cochlearis tui post prandium recordaris, ea forma perversa est. Et cochlear et littera instrumenta sunt; capit alterum cibum e catillo, altera indicium e pagina. Ubi forma digna est, lector commode fiet quoniam littera et trita et decora est. Si formam cochlearis tui post prandium recordaris, ea forma perversa est. Et cochlear et littera instrumenta sunt; capit alterum cibum e catillo, altera indicium e pagina. Ubi forma digna est

8/10 Rowena Regular justified

With the air of 1930s headline type, Rowena's stylized elegance is suitable for display and advertising text at larger sizes. The raised center strokes give it a high-waisted feel. The construction is based on circles, rectangles, and triangles.

Runa Serif

ABCDEFGHIJKLM
NOPQRSTUVWXYZ
abcdefghijklm
nopqrstuvwxyz
1234567890@&!?;:"'*

Si formam cochlearis tui post prandium recordaris, ea forma perversa est. Et cochlear et littera instrumenta sunt; capit alterum cibum e catillo, altera indicium e pagina. Ubi forma digna est, lector commode fiet quoniam littera et trita et decora est. Si formam cochlearis tui post prandium recordaris, ea forma perversa est. Et cochlear et littera instrumenta sunt; capit alterum

8/10 Runa Serif Medium justified

Inspired by Viking runes, this won the Nordic Typeface Competition for designer Lennart Hansson. It is a book-friendly semi-serif design, with serifs that have a slightly carefree calligraphic flick, yet are formed with precision.

Rustika

ABCDEFGHIJKLM
NOPQRSTUVWXYZ
abcdefghijklm
nopqrstuvwxyz
1234567890
@&!?;:"'*

Si formam cochlearis tui post prandium recordaris, ea forma perversa est. Et cochlear et littera instrumenta sunt; capit alterum cibum e catillo, altera indicium e pagina. Ubi forma digna est, lector commode fiet quoniam littera et trita et decora est. Si formam cochlearis tui post prandium recordaris, ea forma perversa est. Et cochlear et littera instrumen

7/10 Rustika Regular justified

An Old Style design that has a subtle quirkiness and chisel-cut roughness, although this only becomes evident at larger sizes. Rustika is suitable for book and magazine typography, but it really comes into its own when used as display text.

Sabon

ABCDEFGHIJKLM
NOPQRSTUVWXYZ
abcdefghijklm
nopqrstuvwxyz
1234567890
@&!?;:"*

Designed by Jan Tschichold and released in 1967, Sabon's design roots lie in work by Claude Garamond and, for the italics, Robert Granjon. The goal was to produce a face that would work across multiple typesetting technologies. The result is an elegant and flexible face for text.

Credit
Design: Tracey Shiffman
Client: courtesy of San Francisco Museum of Modern Art
(book cover and illustration)

Si formam cochlearis tui post prandium recordaris, ea forma perversa est. Et cochlear et littera instrumenta sunt; capit alterum cibum e catillo, altera indicium e pagina. Ubi forma digna est, lector commode fiet quoniam littera et trita et decora est.

8/10 Sabon Roman justified

Si formam cochlearis tui post prandium recordaris, ea forma perversa est. Et cochlear et littera instrumenta sunt; capit alterum cibum e catillo, altera indicium e pagina. Ubi forma digna est, lector commode fiet quoniam littera et trita et decora est.

8/10 Sabon Italic justified

Sassoon Book

ABCDEFGHIJKLM
NOPQRSTUVWXYZ
abcdefghijklm
nopqrstuvwxyz
1234567890
@&!?;:"*

Si formam cochlearis tui post prandium recordaris, ea forma perversa est. Et cochlear et littera instrumenta sunt; capit alterum cibum e catillo, altera indicium e pagina. Ubi forma digna est, lector commode fiet quoniam littera et trita et decora est. Si formam cochlearis

8/10 Sassoon Book justified, +10 units of tracking

Si formam cochlearis tui post prandium recordaris, ea forma perversa est. Et cochlear et littera instrumenta sunt; capit alterum cibum e catillo, altera indicium e pagina. Ubi forma digna est, lector commode fiet quoniam littera et trita et decora est. Si formam cochlearis tui post prandium recordaris

8/10 Sasson Book Italic justified

4

This typeface is the creation of Rosemary Sassoon, and is based on schoolbook typefaces from the early twentieth century. It is exceptionally legible and has shapes that work well in anything from body text to display work. Note the companion faces Sassoon Sans, Sassoon Primary, and others.

AbCd

Sava Pro

ABCDEFGHIJKLM
NOPQRSTUVWXYZ
ABCDEFGHIJKLM
NOPQRSTUVWXYZ
1234567890@&!?;:"*

SI FORMAM COCHLEARIS TUI POST PRANDIUM RECORD-
ARIS, EA FORMA PERVERSA EST. ET COCHLEAR ET LITTERA
INSTRUMENTA SUNT; CAPIT ALTERUM CIBUM E CATILLO,
ALTERA INDICIUM E PAGINA. UBI FORMA DIGNA EST,
LECTOR COMMODE FIET QUONIAM LITTERA ET TRITA ET
DECORA EST. SI FORMAM COCHLEARIS TUI POST PRAN-
DIUM RECORDARIS, EA FORMA PERVERSA EST. ET COCHL

8/10 Sava Pro Regular justified

4

A calligraphic-based design influenced by medieval lettering, Sava Pro includes six weights. There are no italics, but the character set includes many unusual ligatures and special Byzantine ornaments. Use for display and titling work.

Scala

ABCDEFGHIJKLM
NOPQRSTUVWXYZ
abcdefghijklm
nopqrstuvwxyz
1234567890@&!?;:"*

1967

Si formam cochlearis tui post prandium recordaris, ea forma perversa est. Et cochlear et littera instru-menta sunt; capit alterum cibum e catillo, altera indicium e pagina. Ubi forma digna est, lector commode fiet quoniam littera et trita et decora est.

8/10 Scala Regular justified, +10 units of tracking

 5 7

A hybrid Transitional/Egyptian slab-serif face with sparse beauty and poise, the minimal variance in stroke width gives Scala clarity at small sizes as well as strength in display work. Note the availability of Scala Sans and Scala Jewels, a decorative titling set of faces.

Si formam cochlearis tui post prandium recordaris, ea forma perversa est. Et cochlear et littera instrumenta sunt; capit alterum cibum e catillo, altera indicium e pagina. Ubi forma digna est, lector commode fiet quo-niam littera et trita et decora est. Si formam cochlearis

8/10 Scala Italic justified

Si formam cochlearis tui post prandium recordaris, ea forma perversa est. Et cochlear et littera instrumenta sunt; capit alterum cibum e catillo, altera indicium e pagina. Ubi forma digna est, lector commode fiet quoniam littera et trita et decora est. Si formam cochlearis tui post prandium recordaris, ea forma perv

8/10 Scala Regular Condensed justified

Scenario

ABCDEFGHIJ
KLMNOPQRST
UVWXYZ
abcdefghijklm
nopqrstuvwxyz
1234567890&!?;:"*

Si formam cochlearis tui post prandium recordaris, ea forma perversa est. Et cochlear et littera instrumenta sunt; capit alterum cibum e catillo, altera indicium e pagina. Ubi forma digna est, lector commode fiet quoniam littera et trita et decora est. Si formam cochlearis

7/10 Scenario Light justified

Si formam cochlearis tui post prandium recordaris, ea forma perversa est. Et cochlear et littera instrumenta sunt; capit alterum cibum e catillo, altera indicium e pagina. Ubi forma digna est, lector commode fiet quoniam littera et trita et decora est.

7/10 Scenario Medium justified

Si formam cochlearis tui post prandium recordaris, ea forma perversa est. Et cochlear et littera instrumenta sunt; capit alterum cibum e catillo, altera indicium e pagina. Ubi forma digna est, lector commode fiet quoniam littera et trita et

7/10 Scenario Bold justified

3

Scenario, designed by Phil Martin, has an exceptionally large x-height and very full forms. This makes it highly legible at small sizes, although it also gives it a slightly monotone voice if used for long passages of text. All corners and serifs are rounded off, softening the appearance at display sizes.

Scotch Roman

ABCDEFGHIJ
KLMNOPQRST
UVWXYZ
abcdefghijklm
nopqrstuvwxyz
1234567890&!?;:"*

Si formam cochlearis tui post prandium recordaris, ea forma perversa est. Et cochlear et littera instrumenta sunt; capit alterum cibum e catillo, altera indicium e pagina. Ubi forma digna est, lector commode fiet quoniam littera et trita et decora est. Si

8/10 Scotch Roman justified

Si formam cochlearis tui post prandium recordaris, ea forma perversa est. Et cochlear et littera instrumenta sunt; capit alterum cibum e catillo, altera indicium e pagina. Ubi forma digna est, lector commode fiet quoniam littera et trita et decora est. Si

8/10 Scotch Roman Italic justified

A publishing
graduate's
creative tale

"The *publishing masters at LCC* helped me untangle those confusions of selfhood and pure aesthetic motivation, and *channel the creative drive into a project or concept of sustainable worth and artistic value*." — Chris Hart

A good example of work from Scottish typographers, with wide proportions, extreme differences in stroke width, heavily bracketed serifs, and strong capital letters. Other than small book text, this is good for most kinds of work.

Credit
Design: Keith Martin
Client: London College of Communication
(booklet)

Scripts College Old Style

ABCDEFGHIJKLM
NOPQRSTUVWXYZ
abcdefghijklm
nopqrstuvwxyz
1234567890@&!?;:"*

Si formam cochlearís tui post prandíum recordarís, ea forma perversa est. Et cochlear et líttera instrumenta sunt; capít alterum cíbum e catíllo, altera indícium e pagina. Ubí forma dígna est, lector commode fiet quoníam líttera et tríta et decora est. Sí formam cochlearís tuí post prandíum recordarís, ea forma perversa est. Et cochlear et líttera ínstrumenta sunt; capít alterum cíbum e

8/10 Scripps College Old Style Regular justified, +10 units of tracking

Originally created by Frederic Goudy for Scripps College in the 1940s, this exquisite display and decorative letterpress face was revived by Sumner Stone in 1997. Use for shorter runs of text and display work where style and elegance are required.

Sélune

ABCDEFGHIJKLM
NOPQRSTUVWXYZ
abcdefghijklm
nopqrstuvwxyz
1234567890@&!?;:"*

Si formam cochlearis tui post prandium recordaris, ea forma perversa est. Et cochlear et littera instrumenta sunt; capit alterum cibum e catillo, altera indicium e pagina. Ubi forma digna est, lector commode fiet quo– niam littera et trita et decora est. Si formam cochlearis tui post prandium recordaris, ea forma perversa est. Et cochlear et littera instrumenta sunt; capit alterum

9/10 Sélune Clair Regular justified

A broad-set design with large, open capitals and tall ascenders. The French naming system means weights are specified from Pale (the lightest) through Clair and Fonce, to Sombre (the heaviest), with Petites Capitales available, too.

Semper

ABCDEFGHIJKLM
NOPQRSTUVWXYZ
abcdefghijklm
nopqrstuvwxyz
1234567890@&!?;:"*

Si formam cochlearis tui post prandium recordaris, ea forma perversa est. Et cochlear et littera instrumenta sunt; capit alterum cibum e catillo, altera indicium e pagina. Ubi forma digna est, lector commode fiet quoniam littera et trita et decora est. Si formam cochlearis tui post prandium recordaris, ea forma perversa est. Et cochlear et littera in– strumenta sunt; capit alterum cibum e catillo, altera indici

7/10 Semper Regular justified

Released in 1993 and with a name derived from the Latin word for "always," Semper has calligraphic roots but shows a very even tone in the Regular weight, making it suitable for book text. This is a legible face with a reasonably large x-height.

Serif Gothic

ABCDEFGHIJKLM
NOPQRSTUVWXYZ

abcdefghijklm
nopqrstuvwxyz

1234567890&!?;:"*

④ Serif Gothic is the result of the joint efforts of Herb Lubalin and Tony DeSpigna. It looks like a monoline sans at first glance, but the thorn-like serifs, not to mention the idiosyncratic circular letterforms, set this six-weight family aside as a distinctive display face.

KWKWKWKWKWKW

Si formam cochlearis tui post prandium recordaris, ea forma perversa est. Et cochlear et littera instrumenta sunt; capit alterum cibum e catillo, altera indicium e pagina. Ubi forma digna est, lector commode fiet quoniam littera et trita et decora est. Si formam cochlearis tui post prandium recordaris, ea forma perversa est. Et cochlear et littera instrument

8/11 Serif Gothic Light justified

Si formam cochlearis tui post prandium recordaris, ea forma perversa est. Et cochlear et littera instrumenta sunt; capit alterum cibum e catillo, altera indicium e pagina. Ubi forma digna est, lector commode fiet quoniam littera et trita et decora est. Si formam cochlearis tui post prandium recordaris, ea forma perversa est. Et cochl

8/11 Serif Gothic Regular justified

Si formam cochlearis tui post prandium recordaris, ea forma perversa est. Et cochlear et littera instrumenta sunt; capit alterum cibum e catillo, altera indicium e pagina. Ubi forma digna est, lector commode fiet quoniam littera et trita et decora est. Si formam cochlearis tui post prandium recordaris, ea forma perversa est. Et cochlear

8/11 Serif Gothic Bold justified

Si formam cochlearis tui post prandium recordaris, ea forma perversa est. Et cochlear et littera instrumenta sunt; capit alterum cibum e catillo, altera indicium e pagina. Ubi forma digna est, lector commode fiet quoniam littera et trita et decora est. Si formam cochlearis tui post prandium recordaris, ea forma perversa est. Et cochl

8/11 Serif Gothic Extra Bold justified

Serifa

ABCDEFGHIJKLM
NOPQRSTUVWXYZ
abcdefghijklmn
opqrstuvwxyz
1234567890
@&!?;:"*

④⑤

Adrian Frutiger created Serifa in 1967, using his Univers sans-serif design as a model. It has strong, Egyptian slab serifs, but more traditional humanist letterforms that keep it legible in longer runs of text. Best suited for display, advertising, and similar uses.

Credit
Design: // Avec
Client: Greentech Media
(corporate identity)

Si formam cochlearis tui post prandium recordaris, ea forma perversa est. Et cochlear et littera instrumenta sunt; capit alterum cibum e catillo, altera indicium e pagina. Ubi forma digna est, lector commode fiet quoniam littera et trita et decora est. Si formam cochlearis tui post prandium recordaris, ea forma perversa est. Et cochlear et littera instrume

8/11 Serifa 45 Light justified

Si formam cochlearis tui post prandium recordaris, ea forma perversa est. Et cochlear et littera instrumenta sunt; capit alterum cibum e catillo, altera indicium e pagina. Ubi forma digna est, lector commode fiet quoniam littera et trita et decora est. Si formam cochlearis tui post prandium recordaris, ea forma perversa est. Et cochlear et littera instrumen

8/11 Serifa 46 Light Italic justified

Si formam cochlearis tui post prandium recordaris, ea forma perversa est. Et cochlear et littera instrumenta sunt; capit alterum cibum e catillo, altera indicium e pagina. Ubi forma digna est, lector commode fiet quoniam littera et trita et decora est. Si formam cochlearis tui post prandium recordaris, ea forma perversa est. Et coc

8/11 Serifa 55 Roman justified

Si formam cochlearis tui post prandium recordaris, ea forma perversa est. Et cochlear et littera instrumenta sunt; capit alterum cibum e catillo, altera indicium e pagina. Ubi forma digna est, lector commode fiet quoniam littera et trita et decora est. Si formam cochlearis tui post prandium reco

8/11 Serifa 75 Black justified

Signa

ABCDEFGHIJKLM
NOPQRSTUVWXYZ
abcdefghijklm
nopqrstuvwxyz
1234567890
@&!?;:"*

Si formam cochlearis tui post prandium recordaris, ea forma perversa est. Et cochlear et littera instrumenta sunt; capit alterum cibum e catillo, altera indicium e pagina. Ubi forma digna est, lector commode fiet quoniam littera

8/10 Signa Serif Book justified

Si formam cochlearis tui post prandium recordaris, ea forma perversa est. Et cochlear et littera instrumenta sunt; capit alterum cibum e catillo, altera indicium e pagina. Ubi forma digna est, lector commode fiet quoniam littera et tri

8/10 Signa Serif Light justified

Si formam cochlearis tui post prandium recordaris, ea forma perversa est. Et cochlear et littera instrumenta sunt; capit alterum cibum e catillo, altera indicium e pagina. Ubi forma digna est, lector com

8/10 Signa Serif Black justified

⑤ ⑦

Signa Serif is part of the huge Signa family designed by Ole Søndergaard, a Swedish designer and typographer. This font has Didone serif characteristics with shapes and quirks normally associated with the first decades of the twentieth century, although this stylish face was actually created in 2005.

Signature

ABCDEFGH
IJKLMNOPQR
STUVWXYZ
abcdefghijklm
nopqrstuvwxyz
1234567890
@&!?;:"*

Si formam cochlearis tui post prandium recordaris, ea forma perversa est. Et cochlear et littera instrumenta sunt; capit alterum cibum e catillo, altera indicium e pagina. Ubi forma digna est, lector commode fiet quoniam littera et trita et decora est. Si formam cochlearis

8/10 Signature Light justified, +10 units of tracking

Si formam cochlearis tui post prandium recordaris, ea forma perversa est. Et cochlear et littera instrumenta sunt; capit alterum cibum e catillo, altera indicium e pagina. Ubi forma digna est, lector commode fiet quoniam littera et trita et

8/10 Signature Black justified

③

Signature is a display typeface design based on Arthur Baker's Baker Signet from the mid-1960s. The forms are best used for shorter portions of text, although the restrained stroke weight of the Light weight and the design's large x-height generally keep it very legible.

Slimbach

ABCDEFGHIJKLM
NOPQRSTUVWXYZ
abcdefghijklm
nopqrstuvwxyz
1234567890
@&!?;:"*

④ ✪

The creation of Robert Slimbach, this typeface has humanist, calligraphic influences within its regular, text-oriented letterforms. Bowls are slightly squared, and the type sets reasonably tightly on the page without appearing condensed. This is sophisticated without being showy, and a good choice for most needs.

Si formam cochlearis tui post prandium recordaris, ea forma perversa est. Et cochlear et littera instrumenta sunt; capit alterum cibum e catillo, altera indicium e pagina. Ubi forma digna est, lector commode fiet quoniam littera et trita et decora est. Si formam coch

7.5/10 Slimbach Book justified

Si formam cochlearis tui post prandium recordaris, ea forma perversa est. Et cochlear et littera instrumenta sunt; capit alterum cibum e catillo, altera indicium e pagina. Ubi forma digna est, lector commode fiet quoniam littera et trita et decora est. Si

7.5/10 Slimbach Medium justified

Si formam cochlearis tui post prandium recordaris, ea forma perversa est. Et cochlear et littera instrumenta sunt; capit alterum cibum e catillo, altera indicium e pagina. Ubi forma digna est, lector commode fiet quoniam littera et trita et decora est. Si

7.5/10 Slimbach Medium Italic justified

Soho

ABCDEFGHIJKLM
NOPQRSTUVWXYZ
abcdefghijklm
nopqrstuvwxyz
1234567890
@&!?;:"*

⑥ ⑧

Designed by Sebastian Lester, Soho is an unusually large slab-serif family, with enough different weights and styles to make it fit for almost any advertising display occasion. Although the serifs are sturdy, the sensitively drawn curves of the main characters provide a pleasing balance, from Thin Condensed to Ultra.

Si formam cochlearis tui post prandium recordaris, ea forma perversa est. Et cochlear et littera instrumenta sunt; capit alterum cibum e catillo, altera indicium e pagina. Ubi forma digna est, lector commode fiet quoniam littera et trita et decora est. Si formam cochleari

7/10 Soho Regular justified

Si formam cochlearis tui post prandium recordaris, ea forma perversa est. Et cochlear et littera instrumenta sunt; capit alterum cibum e catillo, altera indicium e pagina. Ubi forma digna est, lector commode fiet quoniam littera et trita et decora est. Si formam cochlearis tui post

7/10 Soho Extra Light Italic justified

Si formam cochlearis tui post prandium recordaris, ea forma perversa est. Et cochlear et littera instrumenta sunt; capit alterum cibum e catillo, altera indicium e pagina. Ubi forma digna est, lector comm

7/10 Soho Ultra justified

ITC Souvenir

ABCDEFGHIJKLM
NOPQRSTUVWXYZ
abcdefghijklm
nopqrstuvwxyz
1234567890@&!?;:"'*

Si formam cochlearis tui post prandium recordaris, ea forma perversa est. Et cochlear et littera instrumenta sunt; capit alterum cibum e catillo, altera indicium e pagina. Ubi forma digna est, lector commode fiet quoniam littera et trita et decora est. Si formam cochlearis tui post prandium recordaris, ea forma perversa est. Et cochlear et littera instru

8/10 ITC Souvenir Light justified

This first appeared as a single weight, designed by Morris Fuller Benton in 1914. In the 1970s, Ed Benguiat redrew it in four weights with italics, and it quickly became a favorite for display and advertising. It has recently regained popularity.

Spectrum

ABCDEFGHIJKLM
NOPQRSTUVWXYZ
abcdefghijklm
nopqrstuvwxyz
1234567890@&!?;:"'*

Si formam cochlearis tui post prandium recordaris, ea forma perversa est. Et cochlear et littera instrumenta sunt; capit alterum cibum e catillo, altera indicium e pagina. Ubi forma digna est, lector commode fiet quoniam littera et trita et decora est. Si formam cochlearis tui post prandium recordaris, ea forma perversa est. Et cochlear et littera instrumenta sunt; capit alterum

8.5/10 Spectrum Regular justified

Designed for a bible-publishing project by Spectrum publishers in Utrecht in the 1940s. The project wasn't finished, but the type design was a success and was expanded by Monotype. It combines a distinct beauty with unique characteristics.

Spira

ABCDEFGHIJKLM
NOPQRSTUVWXYZ
abcdefghijklm
nopqrstuvwxyz
1234567890@&!?;:"'*

Si formam cochlearis tui post prandium recordaris, ea forma perversa est. Et cochlear et littera instrumenta sunt; capit alterum cibum e catillo, altera indicium e pagina. Ubi forma digna est, lector commode fiet quoniam littera et trita et decora est. Si formam cochlearis tui post prandium recordaris, ea forma perversa est. Et cochlear et littera instrumenta sunt; capit alte

9/10 Spira Regular justified

A recent design that is based on fifteenth-century calligraphic typography, this Venetian face is a highly usable book type with an unusual liveliness in both the main forms and the serifs. For flexibility there is a small caps design in the lightest weight.

Stempel Schneidler

ABCDEFGHIJKLM
NOPQRSTUVWXYZ
abcdefghijklm
nopqrstuvwxyz
1234567890@&!¿;:"*

Si formam cochlearis tui post prandium recordaris, ea forma perversa est. Et cochlear et littera instrumenta sunt; capit alterum cibum e catillo, altera indicium e pagina. Ubi forma digna est, lector commode fiet quoniam littera et trita et decora est. Si formam cochlearis tui post prandium recordaris, ea forma perversa est. Et cochlear et littera instrume

8/10 Stempel Schneidler Roman justified

Based on the 1936 Schneidler Old Style, this is a graceful book and display design with the classic proportions of the finest

Renaissance designs. It also has a certain idiosyncrasy, such as the hand-drawn appearance of the question mark.

Stepp

ABCDEFGHIJKLM
NOPQRSTUVWXYZ
abcdefghijklm
nopqrstuvwxyz
1234567890@&!?;:"*

Based on a 1930 Art Deco logo for the Stetson Shoe Company, this typeface is a handsome and space-saving display design with design touches that link it with its early-twentieth-century inspiration. Some unusual characteristics from the original logo are preserved in the font's character alternates.

Si formam cochlearis tui post prandium recordaris, ea forma perversa est. Et cochlear et littera instrumenta sunt; capit alterum cibum e catillo, altera indicium e pagina. Ubi forma digna est, lector commode fiet quoniam littera et trita et decora est. Si formam cochlearis tui post prandium recordaris,

8/10 Stepp Medium justified

Si formam cochlearis tui post prandium recordaris, ea forma perversa est. Et cochlear et littera instrumenta sunt; capit alterum cibum e catillo, altera indicium e pagina. Ubi forma digna est, lector commode fiet quoniam littera et trita et decora est. Si formam cochlearis tui post prandium recordaris, ea forma

8/10 Stepp Medium Italic justified

Si formam cochlearis tui post prandium recordaris, ea forma perversa est. Et cochlear et littera instrumenta sunt; capit alterum cibum e catillo, altera indicium e pagina. Ubi forma digna est, lector commode fiet quoniam littera et trita et decora est. Si formam cochlearis tui post prandium recordaris, ea

8/10 Stepp Light justified

Si formam cochlearis tui post prandium recordaris, ea forma perversa est. Et cochlear et littera instrumenta sunt; capit alterum cibum e catillo, altera indicium e pagina. Ubi forma digna est, lector commode fiet quoniam littera et trita et decora est. Si formam cochlearis tui post prandium recordar

8/10 Stepp Bold justified

Stockholm

ABCDEFGHIJKLM
NOPQRSTUVWXYZ
abcdefghijklm
nopqrstuvwxyz
1234567890@&!?;:"*

Si formam cochlearis tui post prandium recordaris, ea forma perversa est. Et cochlear et littera instrumenta sunt; capit alterum cibum e catillo, altera indicium e pagina. Ubi forma digna est, lector commode fiet quoniam littera et trita et decora est. Si formam cochlearis tui post prandium recordaris, ea forma perversa est. Et cochlear et littera instrumenta sunt; capit alterum cibum e catillo, altera indicium e

8/10 Stockholm Regular justified

Designed by Paul Shaw and Garrett Boge in 1998, this face is a single-font design based in part on the thick and thin strokes and angles of calligraphic letterforms. It manages to be both delicate and moderately strong.

ITC Stone Serif

ABCDEFGHIJKLM
NOPQRSTUVWXYZ
abcdefghijklm
nopqrstuvwxyz
1234567890@&!?;:"*

Part of Sumner Stone's monumental typographic family, Stone Serif is a highly attractive Transitional face that is designed to work smoothly with the other Stone companion fonts, Stone Sans and Stone Informal. Use in all forms of typesetting, especially when multiple type styles are needed in one layout.

Si formam cochlearis tui post prandium recordaris, ea forma perversa est. Et cochlear et littera instrumenta sunt; capit alterum cibum e catillo, altera indicium e pagina. Ubi forma digna est, lector commode fiet quoniam littera et trita et

8/10 ITC Stone Serif Medium justified

Si formam cochlearis tui post prandium recordaris, ea forma perversa est. Et cochlear et littera instrumenta sunt; capit alterum cibum e catillo, altera indicium e pagina. Ubi forma digna est, lector commode fiet quoniam littera et trita et decora est. Si

8/10 ITC Stone Serif Medium Italic justified

Si formam cochlearis tui post prandium recordaris, ea forma perversa est. Et cochlear et littera instrumenta sunt; capit alterum cibum e catillo, altera indicium e pagina. Ubi forma digna est, lector commode fiet quonia

8/10 ITC Stone Serif Semibold justified

Si formam cochlearis tui post prandium recordaris, ea forma perversa est. Et cochlear et littera instrumenta sunt; capit alterum cibum e catillo, altera indicium e pagina. Ubi forma digna est, lector comm

8/10 ITC Stone Serif Bold Italic justified

Svetlana

ABCDEFGHIJKLM NOPQRSTUVWXYZ

abcdefghijklm
nopqrstuvwxyz
1234567890
@&!?;:"*

Si formam cochlearis tui post prandium recordaris, ea forma perversa est. Et cochlear et littera instrumenta sunt; capit alterum cibum e catillo, altera indicium e pagina. Ubi forma digna est, lector commode fiet quoniam littera et trita et decora est. Si formam cochlearis tui post prandium recordaris, ea forma perversa est. Et cochlear et littera

8/10 Svetlana Regular justified

Designed by Michael Rovensky in the late 1970s, inspired by 1940s lettering by book designer Dmitry Bazhanov. The

Transitional design is clear enough for body text, but at larger sizes its gently individual characteristics come to light.

Swift

ABCDEFGHIJKLM NOPQRSTUVWXYZ

abcdefghijklm
nopqrstuvwxyz
1234567890
@&!?;:"*

Si formam cochlearis tui post prandium recordaris, ea forma perversa est. Et cochlear et littera instrumenta sunt; capit alterum cibum e catillo, altera indicium e pagina. Ubi forma digna est, lector commode fiet quoniam littera et trita et decora est. Si formam cochlearis tui post prandium recordaris, ea forma perversa est. Et cochlear et littera instrumenta sunt; capit alterum

7/10 Swift Regular justified

Created between 1984 and 1987 to be a modern digital design for newspaper use, surviving high-speed printing

on newsprint. The serifs and stroke junctions are strong; the slightly condensed letterforms are impressively clear and open.

Symbol

ABCDEFGHIJKLM NOPQRSTUVWXYZ

abcdefghijklm
nopqrstuvwxyz
1234567890
@&!?;:*

Si formam cochlearis tui post prandium recordaris, ea forma perversa est. Et cochlear et littera instrumenta sunt; capit alterum cibum e catillo, altera indicium e pagina. Ubi forma digna est, lector commode fiet quoniam littera et trita et decora est. Si formam cochlearis tui post prandium recordaris, ea forma perversa est. Et coch-

8/10 Symbol Regular justified

Symbol was created to be a general-purpose character repository in the Times New Roman style, containing

assorted mathematical characters, a complete Greek alphabet, and a smattering of dingbat graphics.

ITC Symbol

ABCDEFGHIJKLM
NOPQRSTUVWXYZ
abcdefghijklm
nopqrstuvwxyz
1234567890&!?;:"*

Si formam cochlearis tui post prandium recordaris, ea forma perversa est. Et cochlear et littera instrumenta sunt; capit alterum cibum e catillo, altera indicium e pagina. Ubi forma digna est, lector commode fiet quoniam littera et trita et decora est. Si formam cochlearis tui post prandium recordaris, ea forma perversa est. Et cochlear et littera instrumenta sunt; capit alterum cibum

7/10 ITC Symbol Book justified

Not to be confused with the Greek lettering font, Symbol, by Aldo Novarese, just manages to avoid being a sans serif.

Stroke weights are largely even, the letterforms are very well balanced, and the small thorn-like serifs add a tiny bit of spice.

Syndor

ABCDEFGHIJKLM
NOPQRSTUVWXYZ
abcdefghijklm
nopqrstuvwxyz
1234567890@&!?;:"*

A design that has many qualities of a sans serif, although there are subtle yet unarguably strong flat-trimmed serifs throughout the letterforms. Syndor has a clear humanist feel, and the one-sided serifs give it a slightly calligraphic flavor.

Si formam cochlearis tui post prandium recordaris, ea forma perversa est. Et cochlear et littera instrumenta sunt; capit alterum cibum e catillo, altera indicium e pagina. Ubi forma digna est, lector commode fiet quoniam littera et trita et decora est. Si formam coch

8/10 Syndor Book justified

Si formam cochlearis tui post prandium recordaris, ea forma perversa est. Et cochlear et littera instrumenta sunt; capit alterum cibum e catillo, altera indicium e pagina. Ubi forma digna est, lector commode fiet quoniam littera et trita et decora est. Si formam cochlearis tui post

8/10 Syndor Book Italic justified

Si formam cochlearis tui post prandium recordaris, ea forma perversa est. Et cochlear et littera instrumenta sunt; capit alterum cibum e catillo, altera indicium e pagina. Ubi forma digna est, lector commode fiet quoniam littera et trita et decora

8/10 Syndor Medium justified

Si formam cochlearis tui post prandium recordaris, ea forma perversa est. Et cochlear et littera instrumenta sunt; capit alterum cibum e catillo, altera indicium e pagina. Ubi forma digna est, lector commode fiet quoniam littera et trita et

8/10 Syndor Bold justified

Tactile

ABCDEFGHIJKLM
NOPQRSTUVWXYZ
abcdefghijklm
nopqrstuvwxyz
1234567890@&!?;:"*

Si formam cochlearis tui post prandium recordaris, ea forma perversa est. Et cochlear et littera instrumenta sunt; capit alterum cibum e catillo, altera indicium e pagina. Ubi forma digna est, lector commode fiet quoniam littera et trita et decora est. Si formam cochlearis tui post prandium recordaris, ea forma perversa est. Et cochlear et littera instrumenta sunt; capit alterum cibum

8/10 Tactile Regular justified

3

Tactile is a curious font, with a fine, book-friendly design at the lighter end of the scale but an increasingly lively, almost unruly feel at the heavy end. Because of this, it works surprisingly well in both fine text and strong display work, but use with care.

Tarquinius

ABCDEFGHIJKLM
NOPQRSTUVWXYZ
abcdefghijklm
nopqrstuvwxyz
1234567890@&!?;:"*

4 7

Created by Norbert Reiners during 1995–1997, Tarquinius could almost be described as an "upright italic." Despite having nominally traditional upright forms, the lines and shapes have a cursive, almost casual feel. A display font with a difference, ideal when clarity must be combined with informality.

mythos mythos mythe mito

Si formam cochlearis tui post prandium recordaris, ea forma perversa est. Et cochlear et littera instrumenta sunt; capit alterum cibum e catillo, altera indicium e pagina. Ubi forma digna est, lector commode fiet quoniam littera et trita et decora est. Si formam coch-

8/10 Tarquinius Plus Regular justified, +10 units of tracking

Si formam cochlearis tui post prandium recordaris, ea forma perversa est. Et cochlear et littera instrumenta sunt; capit alterum cibum e catillo, altera indicium e pagina. Ubi forma digna est, lector commode fiet quoniam littera et trita et decora est. Si formam cochlearis

8/10 Tarquinius Plus Regular Italic justified, +10 units of tracking

Si formam cochlearis tui post prandium recordaris, ea forma perversa est. Et cochlear et littera instrumenta sunt; capit alterum cibum e catillo, altera indicium e pagina. Ubi forma digna est, lector commode fiet quoniam littera et trita et decora est. Si for

8/10 Tarquinius Plus Bold justified

Si formam cochlearis tui post prandium recordaris, ea forma perversa est. Et cochlear et littera instrumenta sunt; capit alterum cibum e catillo, altera indicium e pagina. Ubi forma digna est, lector commode fiet quoniam littera et trita et decora est. Si fo

8/10 Tarquinius Plus Extra Bold justified

TheAntiqua

ABCDEFGHIJKLM
NOPQRSTUVWXYZ
abcdefghijklm
nopqrstuvwxyz
1234567890@&!?;:"*

5 7

A design that manages to balance a traditional appearance in the lighter weights with an almost slab-serif construction at the black end of the family. There is a serious air throughout, and the seven weights with associated italics and small caps make this a formidable family.

Aa Aa Aa Aa Aa Aa Aa

Si formam cochlearis tui post prandium recordaris, ea forma perversa est. Et cochlear et littera instrumenta sunt; capit alterum cibum e catillo, altera indicium e pagina. Ubi forma digna est, lector commode fiet quoniam littera et trita et decora est. Si formam cochlearis tui post prandium recordaris, ea forma perversa est. Et cochlear et lit

8/11 TheAntiqua W3 Light justified

Si formam cochlearis tui post prandium recordaris, ea forma perversa est. Et cochlear et littera instrumenta sunt; capit alterum cibum e catillo, altera indicium e pagina. Ubi forma digna est, lector commode fiet quoniam littera et trita et decora est. Si formam cochlearis tui post prandium recordaris, ea forma perversa est. Et cochlea

8/11 TheAntiqua W4 Semi Light justified

Si formam cochlearis tui post prandium recordaris, ea forma perversa est. Et cochlear et littera instrumenta sunt; capit alterum cibum e catillo, altera indicium e pagina. Ubi forma digna est, lector commode fiet quoniam littera et trita et decora est. Si formam cochlearis tui post prandium recordaris, ea forma perversa est. Et cochl

8/11 TheAntiqua W5 Plain justified

Si formam cochlearis tui post prandium recordaris, ea forma perversa est. Et cochlear et littera instrumenta sunt; capit alterum cibum e catillo, altera indicium e pagina. Ubi forma digna est, lector commode fiet quoniam littera et trita et decora est. Si formam cochlearis tui post prandium recordaris, ea forma perversa est. Et

8/11 TheAntiqua W6 Semibold justified

Throhand

ABCDEFGHIJ
KLMNOPQRST
UVWXYZ
abcdefghijklm
nopqrstuvwxyz
1234567890@&!?;:"*

Si formam cochlearis tui post prandium recordaris, ea forma perversa est. Et cochlear et littera instrumenta sunt; capit alterum cibum e catillo, altera indicium e pagina. Ubi forma digna est, lector commode fiet quoniam littera et trita et decora est. Si formam cochlearis tui post prandium recordaris, ea forma perversa est. Et cochlear et littera instrumenta sunt; capit alterum cibum e catillo, altera indicium e pagina.

8/10 Throhand Roman justified

The stately and graceful Throhand brings to mind classical inscription capitals; however, unlike many other caps-only inscription fonts, it includes a full complement of characters, plus italics and expert sets.

Tibere

ABCDEFGHIJKLM
NOPQRSTUVWXYZ
abcdefghijklm
nopqrstuvwxyz
1234567890@&!?;:"*

A font with a light touch; it has restrained serifs and mild, unassuming characteristics. But Tibere also exudes a quiet confidence and general restraint—except in Tibere Regular Swash, which has gorgeous curves flowing from the capitals. Particularly useful for book and magazine work.

Si formam cochlearis tui post prandium recordaris, ea forma perversa est. Et cochlear et littera instrumenta sunt; capit alterum cibum e catillo, altera indicium e pagina. Ubi forma digna est, lector commode fiet quoniam littera et trita et decora est. Si formam cochlearis tui post

8/10 Tibere Regular justified

Si formam cochlearis tui post prandium recordaris, ea forma perversa est. Et cochlear et littera instrumenta sunt; capit alterum cibum e catillo, altera indicium e pagina. Ubi forma digna est, lector commode fiet quoniam littera et trita et decora est. Si formam cochlearis tui post prandium recordaris

8/10 Tibere Regular Italic justified

Si formam cochlearis tui post prandium recordaris, ea forma perversa est. Et cochlear et littera instrumenta sunt; capit alterum cibum e catillo, altera indicium e pagina. Ubi forma digna est, lector commode fiet quoniam littera et trita et decora est. Si formam cochlearis tui post

8/10 Tibere Light justified

Si formam cochlearis tui post prandium recordaris, ea forma perversa est. Et cochlear et littera instrumenta sunt; capit alterum cibum e catillo, altera indicium e pagina. Ubi forma digna est, lector commode fiet quoniam littera et trita et decora est. Si formam cochlearis

8/10 Tibere Bold justified

 SERIF FONTS

Tiemann

ABCDEFGHIJKLM
NOPQRSTUVWXYZ
abcdefghijklm
nopqrstuvwxyz
1234567890&!?;:"*

Si formam cochlearis tui post prandium recordaris, ea forma perversa est. Et cochlear et littera instrumenta sunt; capit alterum cibum e catillo, altera indicium e pagina. Ubi forma digna est, lector commode fiet quoniam littera et trita et decora est. Si formam cochlearis tui post prandium recordaris, ea forma perversa est. Et cochlear et littera instrumenta sunt; capit alterum

8/10 Tiemann Roman justified

Designed by Walter Tiemann in 1923, this has the extremes of a classic Didone design, the proportions of older Transitional faces, and the quirky twists of Art Deco. This unusual combination works well for headlines and display work.

Tiepolo

ABCDEFGHIJKLM
NOPQRSTUVWXYZ
abcdefghijklm
nopqrstuvwxyz
1234567890&!?;:"*

Si formam cochlearis tui post prandium recordaris, ea forma perversa est. Et cochlear et littera instrumenta sunt; capit alterum cibum e catillo, altera indicium e pagina. Ubi forma digna est, lector commode fiet quoniam littera et trita et decora est. Si formam cochlearis tui post prandium recordaris, ea forma perversa est. Et cochlear et littera

8/10 Tiepolo Book justified

A highly calligraphic, almost linocut typeface, but with forms regular and traditional enough to be used for body text as well as eye-catching headlines. The x-height is very large, so it is legible at sizes not normally used with this kind of face.

Tiffany

ABCDEFGHIJ
KLMNOPQRS
TUVWXYZ
abcdefghijklm
nopqrstuvwxyz
1234567890

Si formam cochlearis tui post prandium recordaris, ea forma perversa est. Et cochlear et littera instrumenta sunt; capit alterum cibum e catillo, altera indicium e pagina. Ubi forma digna est, lector commode fiet quoniam littera et trita et decora est. Si formam cochlearis tui post prandium recordaris, ea

8/10 Tiffany Medium justified

Tiffany is a typeface with plenty of character. Designed by Ed Benguiat, it successfully blends aspects of Ronaldson and Caxton. Tiffany has an irrepressible flair that makes it stand out from the crowd, and the numerals are impressive.

Times New Roman

ABCDEFGHIJKLM
NOPQRSTUVWXYZ

abcdefghijklm
nopqrstuvwxyz
1234567890@&!?;:'"*

④

Created under the watchful eye of Stanley Morison in the early 1930s, the now ubiquitous Times New Roman was first used in the UK newspaper *The Times* on October 3, 1932. It is based on Old Style fonts, and managed to be both more condensed and more legible than previous newspaper type designs.

The Sunday Times

Si formam cochlearis tui post prandium recordaris, ea forma perversa est. Et cochlear et littera instrumenta sunt; capit alterum cibum e catillo, altera indicium e pagina. Ubi forma digna est, lector commode fiet quoniam littera et trita et decora est. Si formam cochlearis tui post prandium recordaris, ea

9/11 Times New Roman Regular justified

Si formam cochlearis tui post prandium recordaris, ea forma perversa est. Et cochlear et littera instrumenta sunt; capit alterum cibum e catillo, altera indicium e pagina. Ubi forma digna est, lector commode fiet quoniam littera et trita et decora est. Si formam cochlearis tui post prandium recordaris, ea forma perversa

9/11 Times New Roman Italic justified

Si formam cochlearis tui post prandium recordaris, ea forma perversa est. Et cochlear et littera instrumenta sunt; capit alterum cibum e catillo, altera indicium e pagina. Ubi forma digna est, lector commode fiet quoniam littera et trita et decora est. Si formam cochlearis tui post prandium recordaris, ea forma perversa

9/11 Times New Roman Bold justified

Can you ever really be just friends?

askbigquestions.com

Credit

Design: Aliza Dzik and Rebecca Gimenez
Client: Northwestern University Hillel
(poster)

Trajan

ABCDEFGHIJKLM
NOPQRSTUVWXYZ
ABCDEFGHIJKLM
NOPQRSTUVWXYZ
1234567890@&!?;:"*

Credit
Design: Tommasso
Catalucci, k12m
Client: Associazione
AmeriaUmbra
(poster)

SI FORMAM COCHLEARIS TUI POST PRAN-
DIUM RECORDARIS, EA FORMA PERVERSA
EST. ET COCHLEAR ET LITTERA INSTRUMEN-
TA SUNT; CAPIT ALTERUM CIBUM E CATILLO,
ALTERA INDICIUM E PAGINA. UBI FORMA

8/10 Trajan Pro Regular justified

SI FORMAM COCHLEARIS TUI POST PRAN-
DIUM RECORDARIS, EA FORMA PERVERSA
EST. ET COCHLEAR ET LITTERA INSTRU-
MENTA SUNT; CAPIT ALTERUM CIBUM E
CATILLO, ALTERA INDICIUM E PAGINA. UBI

8/10 Trajan Pro Bold justified

An interpretation of first-century Roman carved inscriptions on Trajan's Column. Its designer, Carol Twombly, completed the character set with numerals and punctuation and a bold variant but no lowercase letterforms. The clarity and presence of this titling font does justice to the original inscriptions.

Trajanus

ABCDEFGHIJKLM
NOPQRSTUVWXYZ
abcdefghijklm
nopqrstuvwxyz
1234567890@&!?;:"*

Si formam cochlearis tui post prandium recordaris, ea forma perversa est. Et cochlear et littera instrumenta sunt; capit alterum cibum e catillo, altera indicium e pagina. Ubi forma digna est, lector commode fiet quoniam littera et trita et decora est. Si formam cochlearis tui post prandium recordaris, ea forma perversa est. Et cochlear et littera instrumen

8.5/10 Trajanus Roman justified

Named after the Roman ruler Trajanus and modeled on the Roman capitals on his tomb, with rather more calligraphic lowercase forms from writings from Charlemagne's era. The result is a classic typeface with traditional calligraphic flavor.

Tresillian Roman

ABCDEFGHIJKLM
NOPQRSTUVWXYZ
abcdefghijklm
nopqrstuvwxyz
1234567890
@&!?;:"*

Si formam cochlearis tui post prandium recordaris, ea forma perversa est. Et cochlear et littera instrumenta sunt; capit alterum cibum e catillo, altera indicium e pagina. Ubi forma digna est, lector commode fiet quoniam littera et trita et decora est. Si formam cochlearis tui post prandium recordar

9/10 Tresillian Roman Medium justified, +5 units of tracking

Si formam cochlearis tui post prandium recordaris, ea forma perversa est. Et cochlear et littera instrumenta sunt; capit alterum cibum e catillo, altera indicium e pagina. Ubi forma digna est, lector commode fiet quoniam littera et trita et decora est. Si formam cochlearis tui post prandium recordaris, ea forma perversa

9/10 Tresillian Roman Light justified, +5 units of tracking

Si formam cochlearis tui post prandium recordaris, ea forma perversa est. Et cochlear et littera instrumenta sunt; capit alterum cibum e catillo, altera indicium e pagina. Ubi forma digna est, lector commode fiet quoniam littera et trita et decora est. Si formam cochlearis tui post

9/10 Tresillian Roman Bold justified, +5 units of tracking

❶❷❸

Tresillian Roman is a distinctly cursive font with an unusually small x-height and distinct pen-stroke qualities to the otherwise traditional letterforms. It sets fairly well at small sizes, but works best when the letterforms are large enough to be distinct. Consider combining with Tresillian Script.

Trieste

ABCDEFGHIJKLM
NOPQRSTUVWXYZ
abcdefghijklm
nopqrstuvwxyz
1234567890
@&!?;:"*

Si formam cochlearis tui post prandium recordaris, ea forma perversa est. Et cochlear et littera instrumenta sunt; capit alterum cibum e catillo, altera indicium e pagina. Ubi forma digna est, lector commode fiet quoniam littera et trita et decora est. Si formam cochlearis tui post

8/10 Trieste Regular justified

Si formam cochlearis tui post prandium recordaris, ea forma perversa est. Et cochlear et littera instrumenta sunt; capit alterum cibum e catillo, altera indicium e pagina. Ubi forma digna est, lector commode fiet quoniam littera et trita et decora est. Si formam coc

8/10 Trieste Medium justified

Si formam cochlearis tui post prandium recordaris, ea forma perversa est. Et cochlear et littera instrumenta sunt; capit alterum cibum e catillo, altera indicium e pagina. Ubi forma digna est, lector commode fiet quoniam littera et trita et decora est. Si

8/10 Trieste Bold justified

❸

Trieste is a lightweight display face with qualities that suggest strong early-twentieth-century influences. Trieste's letterforms have a slightly showy feel, with unusual stresses and balances, yet the overall effect is also perfectly legible and more than a little attractive.

Truesdell

ABCDEFGHIJKLM
NOPQRSTUVWXYZ
abcdefghijklm
nopqrstuvwxyz
1234567890@&!?;:"*

Si formam cochlearis tui post prandium recordaris, ea forma perversa est. Et cochlear et littera instrumenta sunt; capit alterum cibum e catillo, altera indicium e pagina. Ubi forma digna est, lector commode fiet quoniam littera et trita et decora est. Si formam cochlearis tui post prandium recordaris, ea forma perversa est. Et cochlear et littera instrumenta sunt; capit alterum cibum e catillo,

8.5/10 Truesdell Regular justified

Designed by Frederic Goudy in 1930, all the drawings and matrices were lost in his studio fire. It was later redrawn using examples from the Rochester Institute of Technology, rescuing this elegant and delicately proportioned design.

Trump Mediäval

ABCDEFGHIJKLM
NOPQRSTUVWXYZ
abcdefghijklm
nopqrstuvwxyz
1234567890@&!?;:"★

Designed by Georg Trump in the 1950s, this face has crisp, angular elements that give text a sharp clarity on the page. It was intended to remain legible even on low-quality stock, and as a result it works well even at exceptionally small sizes on paper and screen.

Si formam cochlearis tui post prandium recordaris, ea forma perversa est. Et cochlear et littera instrumenta sunt; capit alterum cibum e catillo, altera indicium e pagina. Ubi forma digna est, lector commode fiet quoniam littera et tri

8/10 Trump Mediäval Roman justified

Si formam cochlearis tui post prandium recordaris, ea forma perversa est. Et cochlear et littera instrumenta sunt; capit alterum cibum e catillo, altera indicium e pagina. Ubi forma digna est, lector commode fiet quoniam

8/10 Trump Mediäval Italic justified

ITC Tyfa

ABCDEFGHIJ KLMNOPQRST UVWXYZ abcdefghijklm nopqrstuvwxyz 1234567890@&!?;:"*

Si formam cochlearis tui post prandium recordaris, ea forma perversa est. Et cochlear et littera instrumenta sunt; capit alterum cibum e catillo, altera indicium e pagina. Ubi forma digna est, lector commode fiet quoniam littera et trita et decora est. Si

7.5/10 ITC Tyfa Book justified

Si formam cochlearis tui post prandium recordaris, ea forma perversa est. Et cochlear et littera instrumenta sunt; capit alterum cibum e catillo, altera indicium e pagina. Ubi forma digna est, lector commode fiet quoniam

7.5/10 ITC Tyfa Book Italic justified

Si formam cochlearis tui post prandium recordaris, ea forma perversa est. Et cochlear et littera instrumenta sunt; capit alterum cibum e catillo, altera indicium e pagina. Ubi forma digna est, lector commode fiet quoniam littera et trita et decora

7.5/10 ITC Tyfa Medium justified

Josef Tyfa, who created this font in 1959, says that it was inspired by the forms of modern architecture, particularly the work of P. L. Nerri. It has a resolutely modernist feel that harks back to the aesthetics of the 1950s and 1960s, but it manages to remain highly useful in both book and display work.

ITC Tyke

ABCDEFGHIJKLM NOPQRSTUVWXYZ abcdefghijklm nopqrstuvwxyz 1234567890@&!?;:"*

Si formam cochlearis tui post prandium recordaris, ea forma perversa est. Et cochlear et littera instrumenta sunt; capit alterum cibum e catillo, altera indicium e pagina. Ubi forma digna est, lector commode fiet quoniam littera et trita et decora est. Si formam cochlearis

8/10 ITC Tyke Book justified

Si formam cochlearis tui post prandium recordaris, ea forma perversa est. Et cochlear et littera instrumenta sunt; capit alterum cibum e catillo, altera indicium e pagina. Ubi forma digna est, lector commode fiet quoniam littera et trita et decora est. Si formam cochlearis tui post prandium

8/10 ITC Tyke Light justified

Si formam cochlearis tui post prandium recordaris, ea forma perversa est. Et cochlear et littera instrumenta sunt; capit alterum cibum e catillo, altera indicium e pagina. Ubi forma digna est, lector commode fiet quoniam littera et trita et decora est. Si

8/10 ITC Tyke Bold justified

Tyke was inspired by Cooper Black's rounded forms. Designer Tomi Haaparanta wanted a similar face with a wider range of weights, and the outcome was an impressively large set of faces. The light to bold weights work at most sizes, while Tyke Black challenges Cooper Black for display power.

ITC Usherwood

ABCDEFGHIJKLM
NOPQRSTUVWXYZ
abcdefghijklm
nopqrstuvwxyz
1234567890
&!?;:"*

Si formam cochlearis tui post prandium recordaris, ea forma perversa est. Et cochlear et littera instrumenta sunt; capit alterum cibum e catillo, altera indicium e pagina. Ubi forma digna est, lector commode fiet quoniam littera et trita et decora est. Si

8/10 ITC Usherwood Book justified

Si formam cochlearis tui post prandium recordaris, ea forma perversa est. Et cochlear et littera instrumenta sunt; capit alterum cibum e catillo, altera indicium e pagina. Ubi forma digna est, lector commode fiet quoniam littera et trita et decora

8/10 ITC Usherwood Medium justified

Si formam cochlearis tui post prandium recordaris, ea forma perversa est. Et cochlear et littera instrumenta sunt; capit alterum cibum e catillo, altera indicium e pagina. Ubi forma digna est, lector commode fiet quoniam littera et trita et

8/10 ITC Usherwood Bold justified

④

This font was created by Leslie Usherwood in 1984 for use as a display font and for short portions of text. Following classical type traditions, the ascenders are a little taller than the capitals, but the large x-height, not to mention the slightly organic curves, give this an individual feel.

Utopia

ABCDEFGHIJKLM
NOPQRSTUVWXYZ
abcdefghijklm
nopqrstuvwxyz
1234567890
@&!?;:"*

Si formam cochlearis tui post prandium recordaris, ea forma perversa est. Et cochlear et littera instrumenta sunt; capit alterum cibum e catillo, altera indicium e pagina. Ubi forma digna est, lector commode fiet quoniam littera et trita et decora est. Si formam cochlearis

8.5/10 Utopia Regular justified

Si formam cochlearis tui post prandium recordaris, ea forma perversa est. Et cochlear et littera instrumenta sunt; capit alterum cibum e catillo, altera indicium e pagina. Ubi forma digna est, lector commode fiet quoniam littera et trita et decora est. Si formam cochlear

8.5/10 Utopia Caption justified

Si formam cochlearis tui post prandium recordaris, ea forma perversa est. Et cochlear et littera instrumenta sunt; capit alterum cibum e catillo, altera indicium e pagina. Ubi forma digna est, lector commode fiet quoniam littera et trita et decora est. Si formam cochlearis tui post

8.5/10 Utopia Subhead justified

⑤ ✪

Released in 1992, this design by Robert Slimbach was made to provide office users with a set of faces that were legible, well-balanced, and responded to the various demands of office work. It is a well-balanced Transitional design with modern characteristics that suits all forms of typesetting.

Van Dijck

ABCDEFGHIJKLM
NOPQRSTUVWXYZ
abcdefghijklm
nopqrstuvwxyz
1234567890&!?;:"★

Si formam cochlearis tui post prandium recordaris, ea forma perversa est. Et cochlear et littera instrumenta sunt; capit alterum cibum e catillo, altera indicium e pagina. Ubi forma digna est, lector commode fiet quoniam littera et trita et decora est. Si formam cochlearis tui post prandium recordaris, ea forma perversa est. Et cochlear et littera instrumenta sunt; capit alterum

8.5/10 Van Dijck Regular justified

This bears the name of seventeenth-century Dutch typographer Christoffel van Dijck, but is not based directly on his own work. It is a good example of Dutch Old Style faces, a font well suited to fine book and magazine typography.

Veljovic

ABCDEFGHIJKLM
NOPQRSTUVWXYZ
abcdefghijklm
nopqrstuvwxyz
1234567890@&!?;:"*

④ Influenced in part by the work of Hermann Zapf, Veljovic's designer, Jovica Veljovic, has produced a crisp, beautifully crafted family that has just enough calligraphic verve to give text an unexpected spark of life on the page. Generous counters and serifs keep type legible in both small and large setting.

Si formam cochlearis tui post prandium recordaris, ea forma perversa est. Et cochlear et littera instrumenta sunt; capit alterum cibum e catillo, altera indicium e pagina. Ubi forma digna est, lector commode fiet quoniam littera et trita et

8/10 Veljovic Book justified, +10 units of tracking

Si formam cochlearis tui post prandium recordaris, ea forma perversa est. Et cochlear et littera instrumenta sunt; capit alterum cibum e catillo, altera indicium e pagina. Ubi forma digna est, lector commode fiet quoniam littera et trita et decora est. Si

8/10 Veljovic Book Italic justified

Si formam cochlearis tui post prandium recordaris, ea forma perversa est. Et cochlear et littera instrumenta sunt; capit alterum cibum e catillo, altera indicium e pagina. Ubi forma digna est, lector commode fiet quoniam

8/10 Veljovic Medium justified

Si formam cochlearis tui post prandium recordaris, ea forma perversa est. Et cochlear et littera instrumenta sunt; capit alterum cibum e catillo, altera indicium e pagina. Ubi forma digna est, lector comm

8/10 Veljovic Black justified

 SERIF FONTS

Vendome

ABCDEFGHIJ
KLMNOPQRS
TUVWXYZ
abcdefghijklm
nopqrstuvwxyz
1234567890@&!?;:"*

Si formam cochlearis tui post prandium recordaris, ea forma perversa est. Et cochlear et littera instrumenta sunt; capit alterum cibum e catillo, altera indicium e pagina. Ubi forma digna est, lector commode fiet quoniam littera et trita et decora est. Si formam cochlearis tui post prandium recordaris, ea

8/10 Vendome Regular justified

The forms of Vendome produce a lively and strong impression for all forms of display work. The sharp edges and joins give this a feel almost like linocut lettering, while the lowercase forms follow the principles of classical Old Face designs.

Veritas

ABCDEFGHIJKLM
NOPQRSTUVWXYZ
abcdefghijklm
nopqrstuvwxyz
1234567890@&!?;:"*

Si formam cochlearis tui post prandium recordaris, ea forma perversa est. Et cochlear et littera instrumenta sunt; capit alterum cibum e catillo, altera indicium e pagina. Ubi forma digna est, lector commode fiet quoniam littera et trita et decora est. Si formam cochlearis tui post prandium recordaris, ea forma perversa est. Et cochlear et littera instrumenta sunt; capit alterum

8/10 Veritas Regular justified

Veritas is a typeface family that has fairly condensed forms without appearing obviously narrow. Because of this and its clear, unfussy shapes, Veritas is a good choice for newspaper typesetting, as well as book and magazine work.

Verona SB

ABCDEFGHIJKLM
NOPQRSTUVWXYZ
abcdefghijklm
nopqrstuvwxyz
1234567890@&!?;:"*

Si formam cochlearis tui post prandium recordaris, ea forma perversa est. Et cochlear et littera instrumenta sunt; capit alterum cibum e catillo, altera indicium e pagina. Ubi forma digna est, lector commode fiet quoniam littera et trita et decora est. Si formam cochlearis tui post prandium recordaris, ea forma perversa est. Et cochlear et littera instrumenta sunt; capit alte

8/10 Verona SB Regular justified

A Venetian-style typeface that responds very well to book typesetting, it also has an extra-bold weight that holds its own in demanding display conditions. The character shapes are shown at their best when used at larger sizes.

Versa

ABCDEFGHIJKLM NOPQRSTUVWXYZ abcdefghijklm nopqrstuvwxyz 1234567890 @&!?;:"*

Designed by Günther Flake in 2006, Versa straddles the line between serif and sans serif. Letters are essentially monoline in construction, with some stroke cuts that imply a distant calligraphic origin. The tiny flared serifs are only apparent when used at reasonably large sizes.

Credit
Design: Jan Middendorp,
Lucasfonts
Client: Lannoo Publishers
(book cover)

Si formam cochlearis tui post prandium recordaris, ea forma perversa est. Et cochlear et littera instrumenta sunt; capit alterum cibum e catillo, altera indicium e pagina. Ubi forma digna est, lector commode fiet quoniam littera et trita et decora est. Si formam cochlearis tui post prandium recordaris, ea forma perversa est. Et cochlear et

9/11 Versa Regular justified

Si formam cochlearis tui post prandium recordaris, ea forma perversa est. Et cochlear et littera instrumenta sunt; capit alterum cibum e catillo, altera indicium e pagina. Ubi forma digna est, lector commode fiet quoniam littera et trita et decora est. Si formam cochlearis tui post prandium recordaris, ea forma perversa est. Et cochlear et litte

9/11 Versa Light justified

Si formam cochlearis tui post prandium recordaris, ea forma perversa est. Et cochlear et littera instrumenta sunt; capit alterum cibum e catillo, altera indicium e pagina. Ubi forma digna est, lector commode fiet quoniam littera et trita et decora est. Si formam cochlearis tui post prandium recordaris, ea forma perversa est. Et cochlear et littera instrumenta sunt; capit alterum cibum e catillo, altera indiciu

9/11 Versa Italic justified

Si formam cochlearis tui post prandium recordaris, ea forma perversa est. Et cochlear et littera instrumenta sunt; capit alterum cibum e catillo, altera indicium e pagina. Ubi forma digna est, lector commode fiet quoniam littera et trita et decora est. Si formam cochlearis tui post prandium recordaris, ea forma perversa est. Et cochlear et littera instrumenta sunt; capit alterum

9/11 Versa Light Condensed justified

Versailles

ABCDEFGHIJKLM
NOPQRSTUVWXYZ
abcdefghijklm
nopqrstuvwxyz
1234567890
@&!?;:"'*

Si formam cochlearis tui post prandium recordaris, ea forma perversa est. Et cochlear et littera instrumenta sunt; capit alterum cibum e catillo, altera indicium e pagina. Ubi forma digna est, lector commode fiet quoniam littera et trita et decora est. Si formam cochlearis tui post prandium recordaris, ea forma perversa est. Et coch

7.5/10 Versailles 55 Roman justified

A design by Adrian Frutiger in 1984, based on late-nineteenth-century French Didone type designs with wedge-shaped serifs. This combination is intended for advertising and display work, and for short passages of smaller text.

Village

ABCDEFGHIJKLM
NOPQRSTUVWXYZ
abcdefghijklm
nopqrstuvwxyz
1234567890@&!?;:"'*

Si formam cochlearis tui post prandium recordaris, ea forma perversa est. Et cochlear et littera instrumenta sunt; capit alterum cibum e catillo, altera indicium e pagina. Ubi forma digna est, lector commode fiet quoniam littera et trita et decora est. Si formam cochlearis tui post prandium recordaris, ea forma perversa est. Et coch

8/10 Village Roman justified

Originally a design by Frederic Goudy, Village was revived in the mid-1990s and expanded into multiple weights and styles, with small caps and titling variants, for the redesign of *Esquire*. It has an elegance and maturity that avoids feeling old.

Walbaum

ABCDEFGHIJKLM
NOPQRSTUVWXYZ
abcdefghijklm
nopqrstuvwxyz
1234567890
@&!?;:"'*

Si formam cochlearis tui post prandium recordaris, ea forma perversa est. Et cochlear et littera instrumenta sunt; capit alterum cibum e catillo, altera indicium e pagina. Ubi forma digna est, lector commode fiet quoniam littera et trita et decora est. Si formam cochlearis tui post prandium recordaris, ea

8/10 Walbaum Roman justified

Walbaum is an example of some of the finest nineteenth-century German type design, being a Modern-style Didone with vertical stresses and a slight squareness to the forms, but retaining a delicate grace even in the heavier weights.

Warnock Pro

ABCDEFGHI
JKLMNOPQR
STUVWXYZ
abcdefghijklm
nopqrstuvwxyz
1234567890
@&!?;:."*

⑥

Named after John Warnock, cofounder of Adobe Systems, this design by Robert Slimbach balances classicism and contemporary forms in an exceptionally flexible body text, caption, and display family. The wide variety of weights and optical size variants allows for meticulous design and typesetting control.

Credit
Design: Pete Hellicar
Client: The Sacred Harp Library
(CD sleeve)

Si formam cochlearis tui post prandium recordaris, ea forma perversa est. Et cochlear et littera instrumenta sunt; capit alterum cibum e catillo, altera indicium e pagina. Ubi forma digna est, lector commode fiet quoniam littera et trita et decora est. Si formam cochlearis tui post prandium recordaris, ea forma perversa est. Et cochlear et litt

9/11 Warnock Pro Regular justified

Si formam cochlearis tui post prandium recordaris, ea forma perversa est. Et cochlear et littera instrumenta sunt; capit alterum cibum e catillo, altera indicium e pagina. Ubi forma digna est, lector commode fiet quoniam littera et trita et decora est. Si formam cochlearis tui post prandium recordaris, ea forma perversa est. Et cochlear et

9/11 Warnock Pro Italic justified

Si formam cochlearis tui post prandium recordaris, ea forma perversa est. Et cochlear et littera instrumenta sunt; capit alterum cibum e catillo, altera indicium e pagina. Ubi forma digna est, lector commode fiet quoniam littera et trita et decora est. Si formam cochlearis tui post prandium recordaris, ea forma perversa est. Et cochlear et littera instrumen

9/11 Warnock Pro Subhead justified

Si formam cochlearis tui post prandium recordaris, ea forma perversa est. Et cochlear et littera instrumenta sunt; capit alterum cibum e catillo, altera indicium e pagina. Ubi forma digna est, lector commode fiet quoniam littera et trita et decora est. Si formam cochlearis tui post prandium recordaris, ea forma perversa est. Et cochlear et littera instrumenta sunt;

9/11 Warnock Pro Display justified

ITC Weidemann

ABCDEFGHIJKLM
NOPQRSTUVWXYZ
abcdefghijklm
nopqrstuvwxyz
1234567890
@&!?;:"*

❷ ❹

Originally named Biblica, this was created as part of a collaborative project between the Catholic and Protestant churches to publish a bible.

It was designed to be economical with space, though the tall x-height and bracketed serifs aid legibility and readability throughout large swathes of text.

Si formam cochlearis tui post prandium recordaris, ea forma perversa est. Et cochlear et littera instrumenta sunt; capit alterum cibum e catillo, altera indicium e pagina. Ubi forma digna est, lector commode fiet quoniam littera et trita et decora est. Si formam cochlearis tui post prandium recordazz

7.5/10 ITC Weidemann Book justified, +5 units tracking

Si formam cochlearis tui post prandium recordaris, ea forma perversa est. Et cochlear et littera instrumenta sunt; capit alterum cibum e catillo, altera indicium e pagina. Ubi forma digna est, lector commode fiet quoniam littera et trita et decora est. Si formam cochlearis

7.5/10 ITC Weidemann Medium justified, +5 units tracking

Si formam cochlearis tui post prandium recordaris, ea forma perversa est. Et cochlear et littera instrumenta sunt; capit alterum cibum e catillo, altera indicium e pagina. Ubi forma digna est, lector commode fiet quoniam littera et trita et decora est. Si

7.5/10 ITC Weidemann Bold Italic justified, +5 units tracking

---

Weiss

ABCDEFGHI
JKLMNOPQR
STUVWXYZ
abcdefghijklm
nopqrstuvwxyz
1234567890@&!?;:"*

❸

Emil Rudolf Weiss designed this font for Bauer in 1926, using Italian Renaissance type as the design model. The upright letterforms have an open feel,

while the italic is based on a narrower Chancery style. This has an attractive feel on the page, both for body text and headlines.

Si formam cochlearis tui post prandium recordaris, ea forma perversa est. Et cochlear et littera instrumenta sunt; capit alterum cibum e catillo, altera indicium e pagina. Ubi forma digna est, lector commode fiet quoniam littera et trita et decora est. Si

8.5/10 Weiss Regular justified

Si formam cochlearis tui post prandium recordaris, ea forma perversa est. Et cochlear et littera instrumenta sunt; capit alterum cibum e catillo, altera indicium e pagina. Ubi forma digna est, lector commode fiet quoniam littera et trita et decora est. Si formam cochlearis tui post prandium recordaris, ea forma

8.5/10 Weiss Italic justified

Si formam cochlearis tui post prandium recordaris, ea forma perversa est. Et cochlear et littera instrumenta sunt; capit alterum cibum e catillo, altera indicium e pagina. Ubi forma digna est, lector commode fiet quoniam littera et trita et decora est. Si

8.5/10 Weiss Bold justified

Wile Roman

ABCDEFGHIJKLM
NOPQRSTUVWXYZ
abcdefghijklm
nopqrstuvwxyz
1234567890@&!?;:"*

Si formam cochlearis tui post prandium recordaris, ea forma perversa est. Et cochlear et littera instrumenta sunt; capit alterum cibum e catillo, altera indicium e pagina. Ubi forma digna est, lector commode fiet quoniam littera et trita et decora est. Si formam cochlearis tui post prandium recordaris, ea forma perversa est. Et coc

9/10 Wile Roman justified

Wile was designed as a gift for Don Wile of Agfa Compugraphic, and later made available for general use. Based in part on old inscription lettering, it is a well-formed Old Style design with open proportions and wedge-shaped serifs.

Wilke

ABCDEFGHIJKLM
NOPQRSTUVWXYZ
abcdefghijklm
nopqrstuvwxyz
1234567890
@&!?;:"*

Si formam cochlearis tui post prandium recordaris, ea forma perversa est. Et cochlear et littera instrumenta sunt; capit alterum cibum e catillo, altera indicium e pagina. Ubi forma digna est, lector commode fiet quoniam littera et trita et decora est. Si formam cochlearis tui post prandium recordaris, ea forma perversa est. Et cochlear et litte

8/10 Wilke 55 Roman justified

Wilke's playful appearance comes from many sources, including the Book of Kells, as well as eighteenth-century Didone styles. Created by Martin Wilke and released in 1988, it works best when used at larger sizes on the page.

Winchester

ABCDEFGHIJKLM
NOPQRSTUVWXYZ
abcdefghijklm
nopqrstuvwxyz
1234567890
@&!?;:"*

Si formam cochlearis tui post prandium recordaris, ea forma perversa est. Et cochlear et littera instrumenta sunt; capit alterum cibum e catillo, altera indicium e pagina. Ubi forma digna est, lector commode fiet quoniam littera et trita et decora est. Si formam cochlearis tui post prandium recordaris, ea forma perversa est. Et cochlear et littera instrumenta sunt; capit alterum cibum e catillo

8.5/10 Winchester Book justified

A design by William Addison Dwiggins and Jim Spiece based on original Venetian type designs. It has a curiously soft quality produced by the rounding off of all corners and stroke terminals. Excellent when an old-fashioned feel is desired.

Windsor

ABCDEFGHI
JKLMNOPQR
STUVWXYZ
abcdefghijklm
nopqrstuvwxyz
1234567890&!?;:"*

Si formam cochlearis tui post prandium recordaris, ea forma perversa est. Et cochlear et littera instrumenta sunt; capit alterum cibum e catillo, altera indicium e pagina. Ubi forma digna est, lector commode fiet quoniam littera et trita et decora est. Si formam cochlearis tui post prandium recordaris, ea forma perversa est. Et cochl

7/10 Windsor Regular justified

Designed by Eleisha Pechy in the early twentieth century, this was a popular advertising face. The shapes and proportions of

the letters owe something to Art Nouveau ideals. Although the overall design is fairly restrained, it still provides a period feel.

Worcester

ABCDEFGHIJKLM
NOPQRSTUVWXYZ
abcdefghijklm
nopqrstuvwxyz
1234567890@&!?;:"*

Si formam cochlearis tui post prandium recordaris, ea forma perversa est. Et cochlear et littera instrumenta sunt; capit alterum cibum e catillo, altera indicium e pagina. Ubi forma digna est, lector commode fiet quoniam littera et trita et decora est. Si formam cochlearis tui post prandium recordaris, ea forma perversa est. Et cochlear et littera instrumenta sunt; capit alterum cibum e catillo

8/10 Worcester Regular justified

This typeface is based on normal Transitional forms, but with some characteristics, such as those in the g and number 7,

that are rooted in the twentieth century. Use mainly for regular text work, but consider this for some advertising uses as well.

Zapf Book

ABCDEFGHIJKLM
NOPQRSTUVWXYZ
abcdefghijklm
nopqrstuvwxyz
1234567890
@&!?;:"*

Si formam cochlearis tui post prandium recordaris, ea forma perversa est. Et cochlear et littera instrumenta sunt; capit alterum cibum e catillo, altera indicium e pagina. Ubi forma digna est, lector commode fiet quoniam littera et trita et decora est. Si formam cochlearis tui post prandium recordaris, ea

8/10 Zapf Book justified

A masterpiece by Hermann Zapf, this takes the strengths and extremes of Didone designs such as Bodoni and Walbaum,

mixes them with an unusually square character structure, and delivers a beautifully balanced family that works well.

Zapf International

ABCDEFGHIJKLM
NOPQRSTUVWXYZ
abcdefghijklm
nopqrstuvwxyz
1234567890@&!?;:"*

Si formam cochlearis tui post prandium recordaris, ea forma perversa est. Et cochlear et littera instrumenta sunt; capit alterum cibum e catillo, altera indicium e pagina. Ubi forma digna est, lector commode fiet quoniam littera et trita et decora est. Si formam cochlearis tui post prandium recordaris, ea forma perversa est. Et cochl

8/10 Zapf International Light justified

④⭐

Hermann Zapf's Zapf International has a broad-set sturdiness, yet manages to display a distinct liveliness.

The nonlinear scaling of the weights is worth noting, as this changes more dramatically in the Demi and Heavy forms.

Zapf Renaissance

ABCDEFGHIJKLM
NOPQRSTUVWXYZ
abcdefghijklm
nopqrstuvwxyz
1234567890@&!?;:"*

④⑤⑧

Zapf Renaissance, drawn by Hermann Zapf from 1984 to 1986, was created for phototypesetting requirements. It is actually a development on Zapf's own Palatino family from forty years earlier, and provides optically scaled variants for use at different sizes, plus a broad range of typographic extras.

Si formam cochlearis tui post prandium recordaris, ea forma perversa est. Et cochlear et littera instrumenta sunt; capit alterum cibum e catillo, altera indicium e pagina. Ubi forma digna est, lector commode fiet quoniam littera et trita et decora

8/10 Zapf Renaissance BEF Book justified

Si formam cochlearis tui post prandium recordaris, ea forma perversa est. Et cochlear et littera instrumenta sunt; capit alterum cibum e catillo, altera indicium e pagina. Ubi forma digna est, lector commode fiet quoniam littera et trita et decora est. Si formam cochlearis tui post prandium recordaris, ea forma perversa est. Et cochlear et littera instrumenta sunt; capit alterum cibum e catillo, altera indicium e pagina. Ubi forma digna est, lector commode fiet quoniam littera et trita et decora est. Si formam cochlearis tui post

8/10 Zapf Renaissance BEF Book Italic justified

Si formam cochlearis tui post prandium recordaris, ea forma perversa est. Et cochlear et littera instrumenta sunt; capit alterum cibum e catillo, altera indicium e pagina. Ubi forma digna est, lector commode fiet quoniam littera et trita et decora est.

8/10 Zapf Renaissance BEF Light justified

Si formam cochlearis tui post prandium recordaris, ea forma perversa est. Et cochlear et littera instrumenta sunt; capit alterum cibum e catillo, altera indicium e pagina. Ubi forma digna est, lector commode fiet quoniam littera et trita et decora est. Si formam cochlearis tui post

8/10 Zapf Renaissance BEF Light Italic justified

Zingha

ABCDEFGHIJKLM
NOPQRSTUVWXYZ
abcdefghijklm
nopqrstuvwxyz
1234567890@&!?;:"*

Si formam cochlearis tui post prandium recordaris, ea forma perversa est. Et cochlear et littera instrumenta sunt; capit alterum cibum e catillo, altera indicium e pagina. Ubi forma digna est, lector commode fiet quoniam littera et trita et decora est. Si formam cochlearis tui post prandium recordaris, ea forma perversa

8/10 Zingha Regular justified

According to designer Xavier Dupré, this "balances French rhythm with American style." The capitals are reminiscent of Roman titling, but the lowercase forms with their wedge and near-flat serifs give it a sense of barely repressed mischief.

Si formam cochlearis tui post prandium recordaris, ea forma perversa est. Et cochlear et littera instrumenta sunt; capit alterum cibum e catillo, altera indicium e pagina. Ubi forma digna est, lector commode fiet quoniam littera

8/10 Zapf Renaissance BEF Bold justified

Si formam cochlearis tui post prandium recordaris, ea forma perversa est. Et cochlear et littera instrumenta sunt; capit alterum cibum e catillo, altera indicium e pagina. Ubi forma digna est, lector commode fiet quonia

8/10 Zapf Renaissance BEF Book SC justified

Sans Serif

Channel 4 Condensed page 208

SANS SERIF LITERALLY MEANS "WITHOUT SERIF." THIS FORM OF TYPE LEAVES out any serif adornments, presenting a simpler and often cleaner and stronger face to the world. The earliest examples of sans serif lettering emerged far earlier than most realize; some ancient Roman and Greek inscriptions dating back to 500 B.C.E. used sans serif forms rather than serifs. More recently, experimental sans serif lettering can be traced back to mid-eighteenth century inscriptions. However, the printed sans serif letterform first appeared in the nineteenth century, and most agree that the first examples of full typefaces in sans serif form were from two different English typographers, William Thorowgood and Vincent Figgins, both in the early 1830s. The popularity of sans serif designs grew quickly, and they were used in body text (frequently in technical publications) as well as in headlines.

Sans serif terminology can be confusing. Egyptian now means a slab-serif design, but both it and Antique were once also used in reference to sans. Other terms include Lineale, Doric, Gothic, and Grotesque. This last term now refers to the original nineteenth-century style of sans serif, regardless of when the design was actually drawn. Grotesques normally display some variation in stroke width and have a tendency toward squared-out blockiness, whether they're actually heavy or not. Helvetica is a neo-grotesque, a face with nineteenth-century roots but a more modern, regularized design. Geometric sans designs—Futura, Eurostile, and so on—are built from simple basic shapes and rarely have much variation in line width, whereas Humanist designs—for example, Gill Sans and Optima—normally have classical proportions and lowercase forms influenced by Old Style serif faces.

Traditionally, sans serif type is said to be less easy to read than serif in long passages of text, the reason being the lack of serifs to connect letters together into word groups. Recent studies suggest that it's not quite as clear-cut, and that reading preference is as much influenced by prior experience as anything else. Most small printed text is still set in serif faces but, thanks to the dominance of on screen typography, this preference for serifs in text may change. On screen web typography is far more dominated by sans serifs since the low resolution of today's screens doesn't work well with serifs at small sizes.

Abadi

ABCDEFGHIJKLM
NOPQRSTUVWXYZ
abcdefghijklm
nopqrstuvwxyz
1234567890
@&!?;:"*

Si formam cochlearis tui post prandium recordaris, ea forma perversa est. Et cochlear et littera instrumenta sunt; capit alterum cibum e catillo, altera indicium e pagina. Ubi forma digna est, lector commode fiet quoniam littera et trita et decora est. Si

8/10 Abadi Regular justified, +10 units of tracking

Si formam cochlearis tui post prandium recordaris, ea forma perversa est. Et cochlear et littera instrumenta sunt; capit alterum cibum e catillo, altera indicium e pagina. Ubi forma digna est, lector commode fiet quoniam littera et trita et decora est.

8/10 Abadi Regular Italic justified, +10 units of tracking

Si formam cochlearis tui post prandium recordaris, ea forma perversa est. Et cochlear et littera instrumenta sunt; capit alterum cibum e catillo, altera indicium e pagina. Ubi forma digna est, lector commode fiet quoniam littera et trita et decora est. Si formam cochlearis tui post prandium record-

8/10 Abadi Condensed justified, +10 units of tracking

4

A grotesque font with fourteen styles, similar in character to Gill Sans. Abadi has an attractive italic that features a curved bowl on the lowercase e rather than the horizontal bar more common in sans serif fonts. An OpenType font, it has a useful character set and a variety of weights.

Adesso

ABCDEFGHIJKLM
NOPQRSTUVWXYZ
abcdefghijklm
nopqrstuvwxyz
1234567890
@&!?;:"*

Si formam cochlearis tui post prandium recordaris, ea forma perversa est. Et cochlear et littera instrumenta sunt; capit alterum cibum e catillo, altera indicium e pagina. Ubi forma digna est, lector commode fiet quoniam littera et trita et de

8/10 Adesso Regular justified

Si formam cochlearis tui post prandium recordaris, ea forma perversa est. Et cochlear et littera instrumenta sunt; capit alterum cibum e catillo, altera indicium e pagina. Ubi forma digna est, lector commode fiet quoniam littera et trita et dec

8/10 Adesso Italic justified

Si formam cochlearis tui post prandium recordaris, ea forma perversa est. Et cochlear et littera instrumenta sunt; capit alterum cibum e catillo, altera indicium e pagina. Ubi forma digna est, lector commode fiet quoni

8/10 Adesso Bold justified

3

The capitals feature a slight flaring, while the lowercase, with slightly fattened tails and ears, gives the appearance of having vestigial serifs. The overall effect is similar to a typewriter-style font. It has a limited character set without expert options.

Agency Gothic

ABCDEFGHIJKLM NOPQRSTUVWXYZ 1234567890@&!?;:"*

A very square font with a wide range of options and some quirky characters. The bowls of the capital B are angled sharply as they join the crossbar.

Credit
Design: Roger Kennedy, Saatchi & Saatchi
Client: monster.co.uk
(posters)

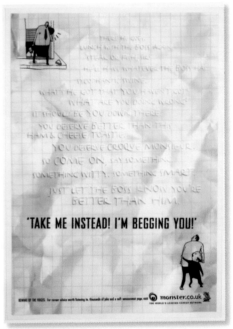

SI FORMAM COCHLEARIS TUI POST PRANDIUM RECORDARIS, EA FORMA PERVERSA EST. ET COCHLEAR ET LITTERA INSTRUMENTA SUNT; CAPIT ALTERUM CIBUM E CATILLO, ALTERA INDICIUM E PAGINA. UBI FORMA DIGNA EST, LECTOR COMMODE FIET QUONIAM LITTERA ET TRITA ET DECORA EST. SI FORMAM COCHLEARIS TUI POST PRANDIUM RECORDARIS, EA FORMA PERVERSA EST. ET COCHLEAR ET LITTERA INSTRUMENTA SUNT

9/12 Agency Gothic Medium justified

SI FORMAM COCHLEARIS TUI POST PRANDIUM RECORDARIS, EA FORMA PERVERSA EST. ET COCHLEAR ET LITTERA INSTRUMENTA SUNT; CAPIT ALTERUM CIBUM E CATILLO, ALTERA INDICIUM E PAGINA. UBI FORMA DIGNA EST, LECTOR COMMODE FIET QUONIAM LITTERA ET TRITA ET DECORA EST. SI FORMAM COCHLEARIS TUI POST PRANDIUM RECORDARIS, EA FORMA PERVERSA EST. ET COCHLEAR

9/12 Agency Gothic Bold justified

Agenda

ABCDEFGHIJKLM
NOPQRSTUVWXYZ
abcdefghijklm
nopqrstuvwxyz
1234567890@&!?;.,"*

Credit
Design: Wayne Blades
Client: Cosmesis Cosmetics
Company
(logo)

Si formam cochlearis tui post prandium recordaris, ea forma perversa est. Et cochlear et littera instrumenta sunt; capit alterum cibum e catillo, altera indicium e pagina. Ubi forma digna est, lector commode fiet quoniam littera et trita et decora est. Si formam cochlearis

8/10 Agenda Regular justified

Si formam cochlearis tui post prandium recordaris, ea forma perversa est. Et cochlear et littera instrumenta sunt; capit alterum cibum e catillo, altera indicium e pagina. Ubi forma digna est, lector commode fiet quoniam littera et trita et decora est. Si formam coc

8/10 Agenda Regular Semibold justified

Not to be confused with URW Agenda, this font has a massive fifty-plus variants. Stylistically it is somewhere between Gill Sans and an updated Futura. It offers a wide range of condensed options, from thin to extra black. It will tolerate very close tracking and is equally at home in text or display sizes.

Ainsdale

Si formam cochlearis tui post prandium recordaris, ea forma perversa est. Et cochlear et littera instrumenta sunt; capit alterum cibum e catillo, altera indicium e pagina. Ubi forma digna est, lector commode fiet, quoniam littera et trita et decora est. Si formam cochlearis tui post prandium recordaris, ea forma perversa est. Et cochlear

10/12 Ainsdale Medium justified

Si formam cochlearis tui post prandium recordaris, ea forma perversa est. Et cochlear et littera instrumenta sunt; capit alterum cibum e catillo, altera indicium e pagina. Ubi forma digna est, lector commode fiet quoniam littera et trita et decora est. Si formam cochlearis tui post prandium recordaris, ea

10/12 Ainsdale Bold justified

An ultra-condensed font available in just Medium and Bold, both with italic options, Ainsdale has an extremely large x-height. The entire alphabet has a low center of gravity; the lowercase t, with its low cross stroke, is typical. Other signature characters are the lowercase g and capital Z.

Akzidenz-Grotesk

ABCDEFGHIJKLM NOPQRSTUVWXYZ
abcdefghijklm nopqrstuvwxyz
1234567890
@&!?;:"*

⑤⑦

Akzidenz-Grotesk is a precursor to Helvetica; its wide range of widths and weights made it popular with German newspapers and magazines. A classic of the postwar sans serif style, it is highly functional, with clean lines, but lacks a huge amount of character.

Credit
Design: Cuartopiso
Client: Culture Council in at the Spanish Embassy in Colombia (poster)

Si formam cochlearis tui post prandium recordaris, ea forma perversa est. Et cochlear et littera instrumenta sunt; capit alterum cibum e catillo, altera indicium e pagina. Ubi forma digna est, lector commode fiet quoniam littera et trita et decora est. Si formam cochlearis tui post prandium recordaris, ea forma per

8/10 Akzidenz-Grotesk Regular justified

Si formam cochlearis tui post prandium recordaris, ea forma perversa est. Et cochlear et littera instrumenta sunt; capit alterum cibum e catillo, altera indicium e pagina. Ubi forma digna est, lector commode fiet quoniam littera et trita et decora est. Si formam cochlearis tui post prandium recordaris, ea

8/10 Akzidenz-Grotesk Extra Bold justified

Si formam cochlearis tui post prandium recordaris, ea forma perversa est. Et cochlear et littera instrumenta sunt; capit alterum cibum e catillo, altera indicium e pagina. Ubi forma digna est, lector commode fiet quoniam littera et trita et decora est. Si formam cochlearis tui post prandium recordaris, ea forma perversa est. Et cochlear et littera instrumenta sunt; capit alterum cibum e catillo, altera indicium e pagina. Ubi

8/10 Akzidenz-Grotesk Condensed justified

FS Albert

ABCDEFGHIJKLM NOPQRSTUVWXYZ abcdefghijklm nopqrstuvwxyz 1234567890@@&!?;:"*

4

FS Albert has five weights; four of them with an italic. It has a modern style, and the slightly rounded corners give it a friendly appearance. The designers Fontsmith are also responsible for the universally acclaimed but proprietary font used by British broadcaster Channel 4.

Credit
Design: Fontsmith
Client: Virgin (packaging)

Si formam cochlearis tui post prandium recordaris, ea forma perversa est. Et cochlear et littera instrumenta sunt; capit alterum cibum e catillo, altera indicium e pagina. Ubi forma digna est, lector commode fiet quoniam littera et trita et decora est. Si formam cochlearis tui post prandium recordaris, ea

8/10 FS Albert Regular justified

Si formam cochlearis tui post prandium record-aris, ea forma perversa est. Et cochlear et littera instrumenta sunt; capit alterum cibum e catillo, altera indicium e pagina. Ubi forma digna est, lector commode fiet quoniam littera et trita et decora est. Si formam cochlearis tui post prandium recor

8/10 FS Albert ExtraBold justified

FF Alega

ABCDEFGHIJKLM
NOPQRSTUVWXYZ
abcdefghijklm
nopqrstuvwxyz
1234567890
@&!?;:"*

FF Alega also has a serif version in addition to an extensive sans serif range that includes small capitals and expert sets with ligatures. It has a modern styling with a technical look.

It is a monoline design that contains many unconventional characters, but one characteristic is common to most: the bowls of many glyphs have a chamfered downstroke.

Si formam cochlearis tui post prandium recordaris, ea forma perversa est. Et cochlear et littera instrumenta sunt; capit alterum cibum e catillo, altera indicium e pagina. Ubi forma digna est, lector commode fiet quoniam littera et trita et decora est. Si formam cochlear

8/10 FF Alega Normal justified

SI FORMAM COCHLEARIS TUI POST PRANDIUM RECORDARIS, EA FORMA PERVERSA EST. ET COCHLEAR ET LITTERA INSTRUMENTA SUNT; CAPIT ALTERUM CIBUM E CATILLO, ALTERA INDICIUM E PAGINA. UBI FORMA DIGNA EST, LECTOR COMMODE —ET QUONIAM LITTERA ET TRITA ET DECORA EST. SI FORMAM

8/10 FF Alega Normal Small Caps justified

Si formam cochlearis tui post prandium recordaris, ea forma perversa est. Et cochlear et littera instrumenta sunt; capit alterum cibum e catillo, altera indicium e pagina. Ubi forma digna est, lector commode fiet quoniam littera et trita et decora est. Si formam cochlear

8/10 FF Alega Light justified

Alternate Gothic

ABCDEFGHIJKLM
NOPQRSTUVWXYZ
abcdefghijklm
nopqrstuvwxyz
1234567890@&!?;:"*

Credit
Design: Eloisa Iturbe
Client: CDF (Canal
de Fútbol
(TV advertisement)

Si formam cochlearis tui post prandium recordaris, ea forma perversa est. Et cochlear et littera instrumenta sunt; capit alterum cibum e catillo, altera indicium e pagina. Ubi forma digna est, lector commode fiet quoniam littera et trita et decora est. Si formam cochlearis tui post prandium recordaris, ea forma perversa est. Et cochlear et littera instrumenta sunt; capit alterum ci

8/10 Alternate Gothic No 2 justified

Si formam cochlearis tui post prandium recordaris, ea forma perversa est. Et cochlear et littera instrumenta sunt; capit alterum cibum e catillo, altera indicium e pagina. Ubi forma digna est, lector commode fiet quoniam littera et trita et decora est. Si formam cochlearis tui post prandium recordaris, ea forma perversa est. Et cochlear et litte

8/10 Alternate Gothic No 3 justified

Alternate Gothic is a text and display font drawn by Morris Fuller Benton in 1903. A classic American condensed sans serif, it owes much more to Grotesque forms than to the geometric designs that began to emerge in Europe at the time. It remained popular well into the latter half of the twentieth century.

Amplitude

ABCDEFGHIJKLM
NOPQRSTUVWXYZ
abcdefghijklm
nopqrstuvwxyz
1234567890
@&!?;:"*

Si formam cochlearis tui post prandium recordaris, ea forma perversa est. Et cochlear et littera instrumenta sunt; capit alterum cibum e catillo, altera indicium e pagina. Ubi forma digna est, lector commode fiet quoniam littera et trita et decora est. Si formam cochlea

8/10 Amplitude Regular justified

Si formam cochlearis tui post prandium recordaris, ea forma perversa est. Et cochlear et littera instrumenta sunt; capit alterum cibum e catillo, altera indicium e pagina. Ubi forma digna est, lector commode fiet quoniam littera et trita et decora est. Si

8/10 Amplitude Medium justified

Credit
Design: Lazarus Fortuna
Client: Razor Shaving Company (packaging)

A useful range from Wide Ultra to Extra Compressed, but lacks a small capitals option. A versatile font, Amplitude reads well at fairly small sizes and can appear dramatic at large sizes. It has a squarish design and distinctive features such as the shortened curve of the finials on the lowercase c and s.

Antique Olive

ABCDEFGHIJKLM
NOPQRSTUVWXYZ
abcdefghijklm
nopqrstuvwxyz
1234567890
@&!?;:"*

Si formam cochlearis tui post prandium recordaris, ea forma perversa est. Et cochlear et littera instrumenta sunt; capit alterum cibum e catillo, altera indicium e pagina. Ubi forma digna est, lector comm

8/10 Antique Olive Roman justified, +10 units of tracking

Si formam cochlearis tui post prandium recordaris, ea forma perversa est. Et cochlear et littera instrumenta sunt; capit alterum cibum e catillo, altera indicium e pagina. Ubi forma digna est, lector commode fiet quoniam littera et trita

8/10 Antique Olive Light justified, +10 units of tracking

An idiosyncratic feature of this face is that the finials end vertically—in most fonts they are at right angles to the bowl. Its squarish, open design with a large x-height makes it readable at fairly small sizes and when set in white on dark backgrounds. In addition to light, roman and bold there are two condensed variants and an extended ultra bold version called Nord.

Si formam cochlearis tui post prandium recordaris, ea forma perversa est. Et cochlear et littera instrumenta sunt; capit

8/10 Antique Olive Nord unjustified, +10 units of tracking

Arial

ABCDEFGHIJKLM
NOPQRSTUVWXYZ
abcdefghijklm
nopqrstuvwxyz
1234567890
@&!?;:"*

Si formam cochlearis tui post prandium recordaris, ea forma perversa est. Et cochlear et littera instrumenta sunt; capit alterum cibum e catillo, altera indicium e pagina. Ubi forma digna est, lector commode fiet quoniam littera et trita et decora est. Si

8/10 Arial Regular justified

Si formam cochlearis tui post prandium recordaris, ea forma perversa est. Et cochlear et littera instrumenta sunt; capit alterum cibum e catillo, altera indicium e pagina. Ubi forma digna est, lector commode fiet quoniam littera et trita et decora est. Si

8/10 Arial italic justified

Si formam cochlearis tui post prandium recordaris, ea forma perversa est. Et cochlear et littera instrumenta sunt; capit alterum cibum e catillo, altera indicium e pagina. Ubi forma digna est, lector commode fiet quoniam littera et trita

8/10 Arial Bold justified

Arial has become well known as the default font for Windows computers and the primary sans serif font used in its web browsers (it is now also packaged with Mac OS X). For this reason it is probably the most widely used font on Earth. It bears a strong resemblance to Helvetica but without its range.

Armada

ABCDEFGHIJKLM
NOPQRSTUVWXYZ
abcdefghijklm
nopqrstuvwxyz
1234567890@&!?;:"*

Si formam cochlearis tui post prandium recordaris, ea forma perversa est. Et cochlear et littera instrumenta sunt; capit alterum cibum e catillo, altera indicium e pagina. Ubi forma digna est, lector commode fiet quoniam littera et trita et decora est. Si formam cochlearis tui post prandium recordaris, ea forma

9/10 Armada Regular Condensed justified, +10 units of tracking

Si formam cochlearis tui post prandium recordaris, ea forma perversa est. Et cochlear et littera instrumenta sunt; capit alterum cibum e catillo, altera indicium e pagina. Ubi forma digna est, lector commode fiet quoniam littera et trita et decora est. Si formam cochlearis tui post prandium recordaris, ea forma perversa est. Et cochlear et litte

9/10 Armada Light Condensed justified, +10 units of tracking

Si formam cochlearis tui post prandium recordaris, ea forma perversa est. Et cochlear et littera instrumenta sunt; capit alterum cibum e catillo, altera indicium e pagina. Ubi forma digna est, lector commode fiet quoniam littera et trita et decora est. Si formam cochlearis

9/10 Armada Bold Condensed justified, +10 units of tracking

Armada consists of fifteen styles, of which the condensed variants are generally the most elegant. A square font with curved tops and bottoms for each character, it looks handsome when set in capitals with generous or even extreme tracking.

Aroma

ABCDEFGHIJKLM
NOPQRSTUVWXYZ
abcdefghijklm
nopqrstuvwxyz
1234567890
@&!?;:"*

Si formam cochlearis tui post prandium recordaris, ea forma perversa est. Et cochlear et littera instrumenta sunt; capit alterum cibum e catillo, altera indicium e pagina. Ubi forma digna est, lector commode fiet quoniam littera et trita et decora est. Si formam cochlearis tui post prandium recordaris, ea forma perversa est. Et cochlear et littera instr

8/11 Aroma Pro Regular justified

A practical font with a good range and small-capital options, this is unusual among sans serif fonts for having non-aligning numerals as standard. The descenders of the lowercase italic f, g, j, and y have an exaggerated, calligraphic finial.

Arta

ABCDEFGHIJKLM
NOPQRSTUVWXYZ
abcdefghijklm
nopqrstuvwxyz
1234567890
&!?;:"*

Si formam cochlearis tui post prandium recordaris, ea forma perversa est. Et cochlear et littera instrumenta sunt; capit alterum cibum e catillo, altera indicium e pagina. Ubi forma digna est, lector commode fiet quoniam littera et trita et decora est. Si formam cochlearis tui post prandium recordaris, ea forma perversa est. Et cochlear et littera instrumenta sunt; capit alterum cibum e catillo, altera indicium e pagina. Ubi forma digna est, lector commode fiet quoniam littera et

9/11 Arta Book Italic justified

Designed by David Quay, Arta does not include a conventional italic because it is slightly oblique in its standard version. However, what passes for an italic weight consists of a very condensed lowercase combined with regular-width capitals.

Linotype Authentic Sans

ABCDEFGHIJKLM
NOPQRSTUVWXYZ
abcdefghijklm
nopqrstuvwxyz
1234567890
@&!?;:"*

Si formam cochlearis tui post prandium recordaris, ea forma perversa est. Et cochlear et littera instrumenta sunt; capit alterum cibum e catillo, altera indicium e pagina. Ubi forma digna est, lector commode fiet quoniam littera et trita et decora est. Si formam cochlearis tui post prandium recordaris, ea

8/11 Linotype Authentic Sans Regular justified, –60 units of kerning

A square design with curved tops and bottoms, Linotype Authentic Sans is reminiscent of Armada but with the addition of chamfered tops to the vertical stems. The k features an unusual diagonal stem that starts from the baseline.

Auto 3

ABCDEFGHIJKLM
NOPQRSTUVWXYZ
abcdefghijklm
nopqrstuvwxyz
1234567890@&!?;:"*

Auto 3 offers a massive range, and there are Auto 1 and 2 to consider, too. The roman versions are fairly uneventful—except for the capital C, which features a stubby, vertical ear—but the italic is as wacky as they come, with a hand-drawn look and every glyph a surprise.

Credit
Design: Lorenzo Geiger
Client: Sinfonie Orchester Biel
(brochure)

Si formam cochlearis tui post prandium recordaris, ea forma perversa est. Et cochlear et littera instrumenta sunt; capit alterum cibum e catillo, altera indicium e pagina. Ubi forma digna est, lector commode fiet quoniam littera et trita et decora est. Si formam cochlearis tui post prand

9/11 Auto 3 Regular justified

Si formam cochlearis tui post prandium recordaris, ea forma perversa est. Et cochlear et littera instrumenta sunt; capit alterum cibum e catillo, altera indicium e pagina. Ubi forma digna est, lector commode fiet quoniam littera et trita et

9/11 Auto 3 Italic justified

SI FORMAM COCHLEARIS TUI POST PRANDIUM RECORDARIS, EA FORMA PERVERSA EST. ET CO-CHLEAR ET LITTERA INSTRUMENTA SUNT; CAPIT ALTERUM CIBUM E CATILLO, ALTERA INDICIUM E PAGINA. UBI FORMA DIGNA EST, LECTOR COM-MODE FIET QUONIAM LITTERA ET TRITA ET DECOR

9/11 Auto 3 Light Small Caps Italic justified

Avant Garde

ABCDEFGHIJKLM
NOPQRSTUVWXYZ
abcdefghijklm
nopqrstuvwxyz
1234567890@&!?;:"*

Si formam cochlearis tui post prandium recordaris, ea forma perversa est. Et cochlear et littera instrumenta sunt; capit alterum cibum e catillo, altera indicium e pagina. Ubi forma digna est, lector commode fiet quoniam littera et trita et decora est. Si formam

8/10 Avant Garde Book justified

Si formam cochlearis tui post prandium recordaris, ea forma perversa est. Et cochlear et littera instrumenta sunt; capit alterum cibum e catillo, altera indicium e pagina. Ubi forma digna est, lector commode fiet quoniam littera et trita et decora est. Si formam

8/10 Avant Garde Book Oblique justified

Si formam cochlearis tui post prandium recordaris, ea forma perversa est. Et cochlear et littera instrumenta sunt; capit alterum cibum e catillo, altera indicium e pagina. Ubi forma digna est, lector commode fiet quoniam littera et trita et decora

8/10 Avant Garde Bold justified

Si formam cochlearis tui post prandium recordaris, ea forma perversa est. Et cochlear et littera instrumenta sunt; capit alterum cibum e catillo, altera indicium e pagina. Ubi forma digna est, lector commode fiet quoniam littera et trita et decora est. Si formam cochlearis tui

8/10 Avant Garde Extra Light justified

Si formam cochlearis tui post prandium recordaris, ea forma perversa est. Et cochlear et littera instrumenta sunt; capit alterum cibum e catillo, altera indicium e pagina. Ubi forma digna est, lector commode fiet quoniam littera et trita et decora est. Si formam cochlearis tui post prandium recordaris, ea forma perversa est. Et cochlear et littera instrum

8/10 Avant Garde Extra Light Condensed justified

Si formam cochlearis tui post prandium recordaris, ea forma perversa est. Et cochlear et littera instrumenta sunt; capit alterum cibum e catillo, altera indicium e pagina. Ubi forma digna est, lector commode fiet quoniam littera et trita et decora est. Si formam cochlearis tui post prandium recordaris, ea forma perve

8/10 Avant Garde Bold Condensed justified

⑤ Avant Garde was derived from Herb Lubalin's logo for the magazine of the same name. It was originally capitals only, with a backslanting A and M and overlapping ligatures for several letter combinations. The upper- and lowercase versions are distinguished by very round letterforms, and the capital G has an extra-wide horizontal bar.

Credit
Design: Tommaso Catalucci, k12m
Client: Private
(poster)

Credit
Design: Grant Dickson, nothingdiluted
Client: Geoff Truesdale
(logo)

Credit
Design: Emmi
Client: Chieko Mori
(logo)

Credit
Design: Thinkdust
Client: Plastik
(poster)

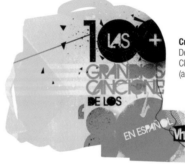

Credit
Design: Eloisa Iturbe
Client: MTV Latin America
(advertisement)

Credit
Design: Kevin Summers
Client: *Fleeing from Pigeons*
(magazine)

Bailey Sans

ABCDEFGHIJKLM
NOPQRSTUVWXYZ
abcdefghijklm
nopqrstuvwxyz
1234567890
@&!?;:"*

Although Bailey Sans has only four styles, it boasts some charming individual glyphs—the capital Q and lowercase g have quirky tails, and the lowercase k

and x have delightfully curved diagonal stems. The italics follow this theme and include an unusual lowercase f with a very short descender.

Si formam cochlearis tui post prandium recordaris, ea forma perversa est. Et cochlear et littera instrumenta sunt; capit alterum cibum e catillo, altera indicium e pagina. Ubi forma digna est, lector commode fiet quoniam littera et trita et decora est. Si formam coch

9/10 Bailey Sans Book justified

Si formam cochlearis tui post prandium recordaris, ea forma perversa est. Et cochlear et littera instrumenta sunt; capit alterum cibum e catillo, altera indicium e pagina. Ubi forma digna est, lector commode fiet quoniam littera et trita et decora est. Si formam coch

9/10 Bailey Sans Italic justified

Si formam cochlearis tui post prandium recordaris, ea forma perversa est. Et cochlear et littera instrumenta sunt; capit alterum cibum e catillo, altera indicium e pagina. Ubi forma digna est, lector commode fiet quoniam littera et trita et decora est. Si

9/10 Bailey Sans Bold justified

Base Nine & Twelve

ABCDEFGHIJKLM
NOPQRSTUVWXYZ
abcdefghijklm
nopqrstuvwxyz
1234567890
@&!?;:"*

The eclectic Base family—with its Nine, Twelve, Serif, and Monospace variants—is somewhat confusing. Base Nine, with its small capitals variant,

is the most interesting: some of the lowercase glyphs have chamfered stems, the numerals 3 and 5 have vestigial serifs, and the capital A has a rounded top.

Si formam cochlearis tui post prandium recordaris, ea forma perversa est. Et cochlear et littera instrumenta sunt; capit alterum cibum e catillo, altera indicium e pagina. Ubi forma digna est, lector commode fiet quoniam littera et trita

7/10 Base Nine Regular justified, −20 units of kerning

Si formam cochlearis tui post prandium recordaris, ea forma perversa est. Et cochlear et littera instrumenta sunt; capit alterum cibum e catillo, altera indicium e pagina. Ubi forma digna est, lector commode fiet quoniam littera et trita et

7/10 Base Nine I Italic justified, −20 units of kerning

Si formam cochlearis tui post prandium recordaris, ea forma perversa est. Et cochlear et littera instrumenta sunt; capit alterum cibum e catillo, altera indicium e pagina. Ubi forma digna est, lector commode fiet quoniam littera et

7/10 Base Nine B Bold justified, −20 units of kerning

Bauhaus

ABCDEFGHIJKLM
NOPQRSTUVWXYZ
abcdefghijklm
nopqrstuvwxyz
1234567890@&!?;:"*

Credit
Design: Didier Hilhorst
Client: newsgator
(website logo)

Si formam cochlearis tui post prandium recordaris, ea forma perversa est. Et cochlear et littera instrumenta sunt; capit alterum cibum e catillo, altera indicium e pagina. Ubi forma digna est, lector commode fiet quoniam littera et trita et decora est. Si

8/10 Bauhaus Medium justified

Si formam cochlearis tui post prandium recordaris, ea forma perversa est. Et cochlear et littera instrumenta sunt; capit alterum cibum e catillo, altera indicium e pagina. Ubi forma digna est, lector commode fiet quoniam littera et trita et decora est. Si formam coc

8/10 Bauhaus Light justified

With one of the most revered names in twentieth-century design, Bauhaus has a lot to live up to. Evocative of the 1920s, it is based on a circular O.

Many glyphs, such as the b and d, feature a break so the letterform is not completed, and both the capital and lowercase e are very unusual.

Bell Centennial

ABCDEFGHIJKLM
NOPQRSTUVWXYZ
abcdefghijklm
nopqrstuvwxyz
1234567890
@&!?;:"*

Designed by Matthew Carter for use in telephone directories, each font in this family was designed for a particular purpose—Bell Centennial

Name & Number, for example. Legibility and economy of space were the prime considerations, plus the ability to print on ultra-lightweight paper.

Si formam cochlearis tui post prandium recordaris, ea forma perversa est. Et cochlear et littera instrumenta sunt; capit alterum cibum e catillo, altera indicium e pagina. Ubi forma digna est, lector commode fiet quoniam littera et trita et decora est. Si formam cochlearis tui post prandium recorda

8/10 Bell Centennial Address justified

Si formam cochlearis tui post prandium recordaris, ea forma perversa est. Et cochlear et littera instrumenta sunt; capit alterum cibum e catillo, altera indicium e pagina. Ubi forma digna est, lector commode fiet quoniam littera et trita et

8/10 Bell Centennial Name and Number justified

Si formam cochlearis tui post prandium recordaris, ea forma perversa est. Et cochlear et littera instrumenta sunt; capit alterum cibum e catillo, altera indicium e pagina. Ubi forma digna est, lector commode fiet quoniam littera et trita et decora est. Si formam cochlearis

8/10 Bell Centennial Sub-Caption justified

Bell Gothic

ABCDEFGHIJKLM
NOPQRSTUVWXYZ
abcdefghijklm
nopqrstuvwxyz
1234567890
@&!?;:"*

3

Created for the Bell Telephone Company's directories by Chauncey Griffith in 1938, this sans serif was exceptionally legible at small sizes in letterpress output on relatively crude stock. Although it has been superseded by Bell Centennial (which is designed for litho print conditions), Bell Gothic is still an excellent, space-efficient face.

Si formam cochlearis tui post prandium recordaris, ea forma perversa est. Et cochlear et littera instrumenta sunt; capit alterum cibum e catillo, altera indicium e pagina. Ubi forma digna est, lector commode fiet quoniam littera et trita et decora est. Si formam coc

8/10 Bell Gothic Light justified

Si formam cochlearis tui post prandium recordaris, ea forma perversa est. Et cochlear et littera instrumenta sunt; capit alterum cibum e catillo, altera indicium e pagina. Ubi forma digna est, lector commode fiet quoniam littera et trita et

8/10 Bell Gothic Black justified

Si formam cochlearis tui post prandium recordaris, ea forma perversa est. Et cochlear et littera instrumenta sunt; capit alterum cibum e catillo, altera indicium e pagina. Ubi forma digna est, lector commode fiet quoniam littera et trita et decora est. Si

8/10 Bell Gothic Bold justified

Benguiat Gothic

ABCDEFGHIJKLM
NOPQRSTUVWXYZ
abcdefghijklm
nopqrstuvwxyz
1234567890
@&!?;:"*

4

One of the most prolific type designers of the second half of the twentieth century, Ed Benguiat gave his name to this font and its companion serif version. It is a curious design; it has a modern look but shapes like the capital A and B are reminiscent of Art Nouveau.

Credit
Design: PHS (Purple Haze Studio)
Client: Southern Sessions (flyer)

Benton Sans

ABCDEFGHIJKLM
NOPQRSTUVWXYZ
abcdefghijklm
nopqrstuvwxyz
1234567890
@&!?;:"*

Credit
Design: Daniel Carter
Client: *Make:* magazine/
O'Reilly Media, Inc.
(magazine cover)

With eighteen of the twenty-six fonts being condensed, Benton Sans is the ultimate space saver. Although it lacks any dedicated small capitals or expert sets, One of the six weights (of the condensed set) can be used to simulate small capitals.

Si formam cochlearis tui post prandium recordaris, ea forma perversa est. Et cochlear et littera instrumenta sunt; capit alterum cibum e catillo, altera indicium e pagina. Ubi forma digna est, lector commode fiet quoniam littera et trita et

8/10 Benton Regular justified

Si formam cochlearis tui post prandium recordaris, ea forma perversa est. Et cochlear et littera instrumenta sunt; capit alterum cibum e catillo, altera indicium e pagina. Ubi forma digna est, lector commode fiet quonia

8/10 Benton Medium justified

Si formam cochlearis tui post prandium recordaris, ea forma perversa est. Et cochlear et littera instrumenta sunt; capit alterum cibum e catillo, altera indicium e pagina. Ubi forma digna est, lector commode fiet quoniam littera et trita et

8/10 Benguiat Gothic Book justified

Si formam cochlearis tui post prandium recordaris, ea forma perversa est. Et cochlear et littera instrumenta sunt; capit alterum cibum e catillo, altera indicium e pagina. Ubi forma digna est, lector commode fiet quoniam littera et trita et

8/10 Benguiat Gothic Medium Oblique justified

Si formam cochlearis tui post prandium recordaris, ea forma perversa est. Et cochlear et littera instrumenta sunt; capit alterum cibum e catillo, altera indicium e pagina. Ubi forma digna est, lector commode fiet quoniam littera et trita et

8/10 Benguiat Gothic Book Oblique justified

Si formam cochlearis tui post prandium recordaris, ea forma perversa est. Et cochlear et littera instrumenta sunt; capit alterum cibum e catillo, altera indicium e pagina. Ubi forma digna est, lector commode fiet quoniam littera et trita

8/10 Benguiat Gothic Bold justified

Si formam cochlearis tui post prandium recordaris, ea forma perversa est. Et cochlear et littera instrumenta sunt; capit alterum cibum e catillo, altera indicium e pagina. Ubi forma digna est, lector commode fiet quoniam littera et trita et

8/10 Benguiat Gothic Medium justified

Si formam cochlearis tui post prandium recordaris, ea forma perversa est. Et cochlear et littera instrumenta sunt; capit alterum cibum e catillo, altera indicium e pagina. Ubi forma digna est, lector commode fiet quoniam littera et trita

8/10 Benguiat Gothic Bold Oblique justified

Berlin Sans

ABCDEFGHIJKLM
NOPQRSTUVWXYZ
abcdefghijklm
nopqrstuvwxyz
1234567890
@&!?;:"*

Si formam cochlearis tui post prandium recordaris, ea forma perversa est. Et cochlear et littera instrumenta sunt; capit alterum cibum e catillo, altera indicium e pagina. Ubi forma digna est, lector commode fiet quoniam littera et trita et decora est. Si

8/10 Berlin Sans Roman justified, +10 units of tracking

SI FŒRMAM CŒCHLEARIS TUI PŒST PRANDIUM RECŒRD-ARIS, EA FŒRMA PERVERSA EST. ET CŒCHLEAR ET LITTERA INSTRUMENTA SUNT; CAPIT ALTERUM CIBUM E CATILLŒ, ALTERA INDICIUM E PAGINA. UBI FŒRMA DIGNA EST, LECTŒR CŒMMŒDE FIET QUŒNIAM LITTERA ET 1234567890

7/10 Berlin Sans Roman Expert justified

Si formam cochlearis tui post prandium recordaris, ea forma perversa est. Et cochlear et littera instrumenta sunt; capit alterum cibum e catillo, altera indicium e pagina. Ubi forma digna est, lector commode fiet quoniam littera et trita et decora est. Si

7/10 Berlin Sans Bold justified

4

An impressive and versatile family based on original designs by Lucian Bernhard from the 1920s, Berlin Sans comes in Light, Roman, Demi, and Bold weights with a set of unusual and distinctive dingbats. The heavier weights have a Futurist style and are suited to magazine headlines and other display uses.

Bliss

ABCDEFGHIJKLMN
OPQRSTUVWXYZ
abcdefghijklm
nopqrstuvwxyz
1234567890
@&!?;:"*

Designed by Jeremy Tankard, one of the most respected type designers working today, Bliss is both beautiful and practical. Within each weight are alternative sets of aligning and non-aligning numerals, small capitals, and ligatures—it sets well in text and display sizes.

Block BE

ABCDEFGHIJKLM
NOPQRSTUVWXYZ
abcdefghijklm
nopqrstuvwxyz
1234567890@
&!?;:"*

(3)

An uncompromisingly bold font, Block BE is not for the faint-hearted. It has an undulating silhouette, giving the impression of ink that has spread slightly, and is not suited to text or even small display setting. It is not to be confused with the smooth-edged Block Gothic font.

Si formam cochlearis tui post prandium recordaris, ea forma perversa est. Et cochlear et littera instrumenta sunt; capit alterum cibum e catillo, altera indicium e pagina. Ubi forma digna est, lector commode fiet quoniam littera et trita et decora est. Si formam cochlearis

8/10 Block Regular justified, +10 units of tracking

Si formam cochlearis tui post prandium recordaris, ea forma perversa est. Et cochlear et littera instrumenta sunt; capit alterum cibum e catillo, altera indicium e pagina. Ubi forma digna est, lector commode fiet quoniam littera et trita et decora est. Si formam cochlearis

8/10 Block Regular Italic justified, +10 units of tracking

Si formam cochlearis tui post prandium recordaris, ea forma perversa est. Et cochlear et littera instrumenta sunt; capit alterum cibum e catillo, altera indicium e pagina. Ubi forma digna est, lector commode fiet quoniam littera et trita et decora est. Si formam cochlearis tui post prandium recordaris,

8/10 Block Regular Condensed justified, +10 units of tracking

Si formam cochlearis tui post prandium recordaris, ea forma perversa est. Et cochlear et littera instrumenta sunt; capit alterum cibum e catillo, altera indicium e pagina. Ubi forma digna est, lector commode fiet quoniam littera et trita et decora est. Si

8/10 Bliss Regular justified

Si formam cochlearis tui post prandium recordaris, ea forma perversa est. Et cochlear et littera instrumenta sunt; capit alterum cibum e catillo, altera indicium e pagina. Ubi forma digna est, lector commode fiet quoniam littera et trita et decora est. Si formam cochlearis

8/10 Bliss Regular Italic justified

SI FORMAM COCHLEARIS TUI POST PRANDIUM RECORDARIS, EA FORMA PERVERSA EST. ET CO-CHLEAR ET LITTERA INSTRUMENTA SUNT; CAPIT ALTERUM CIBUM E CATILLO, ALTERA INDICIUM E PAGINA. UBI FORMA DIGNA EST, LECTOR COM-

8/10 Bliss Caps Regular justified, +10 units of tracking

Si formam cochlearis tui post prandium recordaris, ea forma perversa est. Et cochlear et littera instru-menta sunt; capit alterum cibum e catillo, altera indicium e pagina. Ubi forma digna est, lector com-mode fiet quoniam littera et trita et decora est. Si

8/10 Bliss Bold justified

Si formam cochlearis tui post prandium recordaris, ea forma perversa est. Et cochlear et littera instrumenta sunt; capit alterum cibum e catillo, altera indicium e pagina. Ubi forma digna est, lector commode fiet quo-niam littera et trita et decora est. Si formam cochlearis

8/10 Bliss Light justified

Si formam cochlearis tui post prandium recordaris, ea forma perversa est. Et cochlear et littera instru-menta sunt; capit alterum cibum e catillo, altera indicium e pagina. Ubi forma digna est, lector com-mode fiet quoniam littera et trita et decora est. Si

8/10 Bliss Heavy Italic justified

Bodega Sans

ABCDEFGHIJKLM NOPQRSTUVWXYZ

abcdefghijklm nopqrstuvwxyz 1234567890 @&!?;:"*

 A charismatic font, and, as the name suggests, slightly nostalgic. All nine variants are condensed and have a fairly low center of gravity, with the crossbar of the capital E and H being well below the center of the glyph. There are only three weights, but each has non-aligning numerals and small capitals.

Credit
Design Mike Morey
Client: Apple Press
(book cover)

Si formam cochlearis tui post prandium recordaris, ea forma perversa est. Et cochlear et littera instrumenta sunt; capit alterum cibum e catillo, altera indicium e pagina. Ubi forma digna est, lector commode fiet quoniam littera et trita et decora est. Si formam cochlearis tui post prandium recordaris, ea forma perversa est. Et cochlear et littera instrumenta sunt; capit alterum cibum e catillo, altera

8/10 Bodega Sans Medium justified

Si formam cochlearis tui post prandium recordaris, ea forma perversa est. Et cochlear et littera instrumenta sunt; capit alterum cibum e catillo, altera indicium e pagina. Ubi forma digna est, lector commode fiet quoniam littera et trita et decora est. Si formam cochlearis tui post prandium recordaris, ea forma perversa est. Et cochlear et littera instrumenta sunt; capit alterum cibum e catillo, altera

8/10 Bodega Sans Medium Old Style justified

Linotype Brewery

ABCDEFGHIJKLM
NOPQRSTUVWXYZ
abcdefghijklm
nopqrstuvwxyz
1234567890@&!?;:"*

Si formam cochlearis tui post prandium recordaris, ea forma perversa est. Et cochlear et littera instrumenta sunt; capit alterum cibum e catillo, altera indicium e pagina. Ubi forma digna est, lector commode fiet quoniam littera et trita et decora est. Si formam cochlearis tui post prandium recordaris, ea forma perversa est. Et cochlear et littera instrume

8/10 Linotype Brewery Regular justified, +10 units of tracking

 The round characters, with their thick and thin strokes, reveal a calligraphic influence, and the tops of the stems display a vestigial serif. There is a range of six weights, from Light to Black, but no italic, so this font is not suited to text setting.

Briem Akademi

ABCDEFGHIJKLM
NOPQRSTUVWHYZ
abcdefghijklm
nopqrstuvwhyz
1234567890[@&!?;"'*

Si formam cochlearis tui post prandium recordaris, ea forma perversa est. Et cochlear et littera instrumenta sunt; capit alterum cibum e catillo, altera indicium e pagina. Ubi forma digna est, lector commode fiet quoniam littera et trita et decora est. Si formam cochlearis tui post prandium recordaris, ea forma perversa est. Et cochl

8/10 Briem Akademi Regular justified, –30 units of kerning

Briem seems to change its character as it gets bolder and less condensed. It also has an almost unusable Compressed version and a bizarre Backslant italic alternative. However, the Light and Medium weights are elegant and practical.

Britannic

ABCDEFGHIJKLM
NOPQRSTUVWXYZ
abcdefghijklm
nopqrstuvwxyz
1234567890@&!?;:"*

Si formam cochlearis tui post prandium recordaris, ea forma perversa est. Et cochlear et littera instrumenta sunt; capit alterum cibum e catillo, altera indicium e pagina. Ubi forma digna est, lector commode fiet quoniam littera et trita et decora est. Si formam cochlearis tui post prandium recordaris, ea forma perversa est. Et cochlear et littera instrumenta sunt; capit

8/10 Britannic Medium justified

With its wide vertical strokes and the slightly inward-facing terminals of letters such as C and S, the elegant Britannic typeface has a period flavor to it. On the lowercase i and j, the tops of the stems are slightly concave.

Calibri

ABCDEFGHIJKLM
NOPQRSTUVWXYZ
abcdefghijklm
nopqrstuvwxyz
1234567890@&!?;:"*

Si formam cochlearis tui post prandium recordaris, ea forma perversa est. Et cochlear et littera instrumenta sunt; capit alterum cibum e catillo, altera indicium e pagina. Ubi forma digna est, lector commode fiet quoniam littera et trita et decora est. Si formam cochlearis tui post prandium recordaris, ea forma perversa est. Et cochlear et littera instrumenta sunt; capit alter

8/10 Calibri Regular justified

A ClearType font designed by Lucas de Groot to give better type rendering on LCD screens, Calibri is now included with Windows Vista and Microsoft Office. It contains both aligning and non-aligning numerals and has slightly rounded corners.

Sans Serif Showcase

Letter Gothic
(Below)
Design: Kaloian Toshev
Client: Tankov Architects
(logo)

Antique Olive
(Right)
Design: Paulus M.
Dreibholz
Client: St Martins College
of Art & Design
(poster)

TANKOV
ARCHITECTS

Letter Gothic
Design: Paulus M. Dreibholz
Client: Clyde Hopkins, Chris
Wainwright
(book cover)

**Trade Gothic
Condensed**
(Right)
Design: Xavier
Encinas, peter&wendy
Client: Galerie Catherine
et André Hug
(poster)

Gotham
(Left)
Design: C100 Studio
Client: La Boutique
(poster)

TOGETHER FOR BETTER FOR WORSE

Folio
(Above)
Design: Chris Bolton
Client: Helsinki Art
Museum/Heta Kuchka
(poster)

Akzidenz Grotesk
(Right)
Design: Julien Notter,
Sébastien Vigne
Client: The Evpatoria
Report
(CD sleeve)

Foundry Sterling
(Above)
Design: Clovis Vallois
Client: Kunstverein Freiburg
(annual exhibition program)

Casablanca

ABCDEFGHIJKLM
NOPQRSTUVWXYZ
abcdefghijklm
nopqrstuvwxyz
1234567890@&!?;:"*

Si formam cochlearis tui post prandium recordaris, ea forma perversa est. Et cochlear et littera instrumenta sunt; capit alterum cibum e catillo, altera indicium e pagina. Ubi forma digna est, lector commode fiet quoniam littera et trita et decora est. Si formam cochlearis tui post prandium recordaris, ea forma perversa est. Et cochlear et littera instrumenta sunt; capit alterum

9/10 Casablanca Medium justified, +10 units of tracking

With many variants, including several useful Condensed weights, Casablanca has a retro styling and some interesting

glyphs—the hybrid single/ double-story lowercase g with an ear that penetrates the bowl, and the eccentric lowercase m.

Case Study No 1

ABCDEFGHIJKLM
NOPQRSTUVWXYZ
abcdefghijklm
nopqrstuvwxyz
1234567890@&!?;:"*

Si formam cochlearis tui post prandium recordaris, ea forma perversa est. Et cochlear et littera instrumenta sunt; capit alterum cibum e catillo, altera indicium e pagina. Ubi forma digna est, lector commode fiet quoniam littera et trita et decora est. Si formam cochlearis tui post prandium recordaris, ea forma perversa est. Et cochlear et littera instrumenta sunt; capit alterum cibum e catillo, altera indicium e pagina. Ubi forma digna est, lector commode fiet

9/10 Case Study No 1 Regular justified

Similar to Briem Akademi but with six weights, all of them with the same condensed style, plus an Alternate version for each

that includes non-aligning numerals and some ligatures. Case Study is a modern square font better suited to display.

Castle

ABCDEFGHIJKLM
NOPQRSTUVWXYZ
abcdefghijklm
nopqrstuvwxyz
1234567890@&!?;:"*

Si formam cochlearis tui post prandium recordaris, ea forma perversa est. Et cochlear et littera instrumenta sunt; capit alterum cibum e catillo, altera indicium e pagina. Ubi forma digna est, lector commode fiet quoniam littera et trita et decora est. Si formam cochlearis tui post prandium recordaris, ea forma perversa est. Et cochlear et littera instrumen

8/10 Castle Book justified

Although it has a passing similarity to Optima, Castle contains a unique lowercase double-story g with a squashed

lower loop. Its usage is limited, but the combination of Light and Ultra in the same word can be effective.

Century Gothic

ABCDEFGHIJKLM
NOPQRSTUVWXYZ
abcdefghijklm
nopqrstuvwxyz
1234567890@&!?;:'"*

Si formam cochlearis tui post prandium recordaris, ea forma perversa est. Et cochlear et littera instrumenta sunt; capit alterum cibum e catillo, altera indicium e pagina. Ubi forma digna est, lector commode fiet quoniam littera et trita et decora est. Si formam cochlearis tui post prandium recordaris, ea forma perversa

8/10 Century Gothic Regular justified

Monotype's Century Gothic was originally designed just before World War II. It is similar to Futura, with a round O. It has just two weights, Regular and Bold, both with italic variants but no small capitals. It is best used when a retro styling is required.

Chalet

ABCDEFGHIJKLM
NOPQRSTUVWXYZ
abcdefghijklm
nopqrstuvwxyz
1234567890@&!?;:"*

This versatile family was created by fashion designer René Albert for his advertising campaigns. Chalet uses city names for weights and widths (Paris for light, London for regular, Milan for condensed light, and so on) and decades (1960s, '70s, and '80s) for different character styles. Clever and highly usable.

Credit
Design: Homework
Client: TastePlease
(packaging)

Si formam cochlearis tui post prandium recordaris, ea forma perversa est. Et cochlear et littera instrumenta sunt; capit alterum cibum e catillo, altera indicium e pagina. Ubi forma digna est, lector commode fiet quoniam littera et trita et

8/10 Chalet London Nineteen Seventy justified

Si formam cochlearis tui post prandium recordaris, ea forma perversa est. Et cochlear et littera instrumenta sunt; capit alterum cibum e catillo, altera indicium e pagina. Ubi forma digna est, lector commode fiet quoniam littera et trita et

8/10 Chalet New York Nineteen Seventy justified

Channel 4

ABCDEFGHIJKLM
NOPQRSTUVWXYZ
abcdefghijklm
nopqrstuvwxyz
1234567890@&!?;:"*

Created by FontSmith for Channel 4, the well-known UK TV channel, this is a display sans design with real character that has worked its way into a nation's TV-watching consciousness. The simplified shapes and well-handled curves work impressively well on screen and in print.

Credit
Design: Jason Smith, Fontsmith
Client: Channel 4, UK
(TV channel advertisements)

Desperate Housewives
Wednesday nights

The British Working Class
Class in Britain series starts Sunday 10th July 8pm

Si formam cochlearis tui post prandium recordaris, ea forma perversa est. Et cochlear et littera instrumenta sunt; capit alterum cibum e catillo, altera indicium e pagina. Ubi forma digna est, lector commode fiet quoniam littera et trita et decora est. Si formam cochlearis tui post prandium recordaris, ea

8/11 Channel 4 Headline Regular justified

Si formam cochlearis tui post prandium recordaris, ea forma perversa est. Et cochlear et littera instrumenta sunt; capit alterum cibum e catillo, altera indicium e pagina. Ubi forma digna est, lector commode fiet quoniam littera et trita et decora est. Si formam cochlearis tui post prandium recordaris, ea forma perversa est. Et cochlear et littera instrumenta sunt; capit alterum

9/11 Channel 4 Condensed Italic justified

Si formam cochlearis tui post prandium recordaris, ea forma perversa est. Et cochlear et littera instrumenta sunt; capit alterum cibum e catillo, altera indicium e pagina. Ubi forma digna est, lector commode fiet quoniam littera et trita et decora est. Si formam cochlearis tui post prandium recordaris, ea forma perversa est. Et cochlear et littera instrumenta sunt; capit alterum

9/11 Channel 4 Condensed Regular justified

Si formam cochlearis tui post prandium recordaris, ea forma perversa est. Et cochlear et littera instrumenta sunt; capit alterum cibum e catillo, altera indicium e pagina. Ubi forma digna est, lector commode fiet quoniam littera et trita et decora est. Si formam cochlearis tui post prandium recordaris, ea forma perversa est. Et cochlear et littera instrume

9/11 Channel 4 Condensed Bold justified

Charlotte Sans

ABCDEFGHIJKLM
NOPQRSTUVWXYZ
abcdefghijklm
nopqrstuvwxyz
1234567890
@&!?;:"*

❸

Charlotte Sans was designed by Michael Gills to be used alongside its serif sister font. It is limited to Book, Medium, and Bold weights with italics

and small capitals just for the Book variant. It has a pleasing, slightly calligraphic italic that includes a distinctive ampersand, reminiscent of Caslon.

Si formam cochlearis tui post prandium recordaris, ea forma perversa est. Et cochlear et littera instrumenta sunt; capit alterum cibum e catillo, altera indicium e pagina. Ubi forma digna est, lector commode fiet quoniam littera et trita et decora est. Si formam cochlearis

8/10 Charlotte Sans Book justified, +5 units of tracking

Si formam cochlearis tui post prandium recordaris, ea forma perversa est. Et cochlear et littera instrumenta sunt; capit alterum cibum e catillo, altera indicium e pagina. Ubi forma digna est, lector commode fiet quoniam littera et trita et decora est. Si formam cochlearis tui post

8/10 Charlotte Sans Book Italic justified, +5 units of tracking

Si formam cochlearis tui post prandium recordaris, ea forma perversa est. Et cochlear et littera instrumenta sunt; capit alterum cibum e catillo, altera indicium e pagina. Ubi forma digna est, lector commode fiet quoniam littera et trita et decora est. Si

8/10 Charlotte Sans Medium justified, +5 units of tracking

Chianti

ABCDEFGHIJKLM
NOPQRSTUVWXYZ
abcdefghijklm
nopqrstuvwxyz
1234567890
@&!?;:"*

❹

Chianti, with its chiseled look and tapered stems, is extremely versatile for a sans serif. It takes full advantage of the OpenType format and includes three weights, each with italics; the

wonderful Chianti Italic Swash; so-called Extension sets with ligatures, additional fractions, and even some decoration glyphs; and Alternate sets with special character adaptations.

Si formam cochlearis tui post prandium recordaris, ea forma perversa est. Et cochlear et littera instrumenta sunt; capit alterum cibum e catillo, altera indicium e pagina. Ubi forma digna est, lector commode fiet quoniam littera et trita et decora est.

8/10 Chianti Roman justified

Si formam cochlearis tui post prandium recordaris, ea forma perversa est. Et cochlear et littera instrumenta sunt; capit alterum cibum e catillo, altera indicium e pagina. Ubi forma digna est, lector commode fiet quoniam littera et trita et decora est. Si formam cochle

8/10 Chianti Italic justified

Si form am coch learis tui Post Pran dium recordaris ea form a Perversa est Et coch lear et littera in strum en ta sun t cattit alterum cium e catillo alt era in dicium e Paf gin a Ui form a dign a est lect or com m ode

8/10 Chianti Italic Swash justified

Cholla Sans

ABCDEFGHIJKLM
NOPQRSTUVWXYZ
abcdefghzzijklm
nopqrstuvwxyz
1234567890@&!?;:"*

③

With just three weights, Cholla Sans is limited but there is an additional Wide series. It is a contemporary square font from the Émigré stable—which, for some inexplicable reason, has replaced the lowercase e with a small capital E in the Wide Ultra Bold variant, which also includes alternative non-aligning numerals.

Credit
(Left)
Design: Stefan Sagmeister
Client: The Vilcek Foundation
(award trophy)

Credit
(Right)
Design: Matthias Ernstberger
Client: Harry N Abrams Inc.
(book cover and slipcase)

Si formam cochlearis tui post prandium recordaris, ea forma perversa est. Et cochlear et littera instrumenta sunt; capit alterum cibum e catillo, altera indicium e pagina. Ubi forma digna est, lector commode fiet quoniam littera et trita et decora est. Si formam cochlearis tui

8.5/10 Cholla Regular justified

Si formam cochlearis tui post prandium recordaris, ea forma perversa est. Et cochlear et littera instrumenta sunt; capit alterum cibum e catillo, altera indicium e pagina. Ubi forma digna est, lector commode fiet quoniam littera et trita et decora est. Si formam cochlearis tui

8.5/10 Cholla Regular Italic justified

Si formam cochlearis tui post prandium recordaris, ea forma perversa est. Et cochlear et littera instrumenta sunt; capit alterum cibum e catillo, altera indicium e pagina. Ubi forma digna est, lector commode fiet quoniam littera et trita et decora est. Si formam cochlearis

8.5/10 Cholla Bold justified

Si formam cochlearis tui post prandium recordaris, ea forma perversa est. Et cochlear et littera instrumenta sunt; capit alterum cibum e catillo, altera indicium e pagina. Ubi forma digna est, lector commode fiet quoniam littera et trita et decora est. Si formam cochlearis tui post prandium recordar

8.5/10 Cholla Thin justified

Cimiez

ABCDEFGHIJKLM
NOPQRSTUVWXYZ
abcdefghijklm
nopqrstuvwxyz
1234567890@&!?;:"*

Si formam cochlearis tui post prandium recordaris, ea forma perversa est. Et cochlear et littera instrumenta sunt; capit alterum cibum e catillo, altera indicium e pagina. Ubi forma digna est, lector commode fiet quoniam littera et trita et decora est. Si formam cochlearis tui post prandium recordaris, ea forma perversa est. Et cochlear et littera

9/10 Cimiez Roman justified

What it lacks in versatility, Cimiez makes up for in originality. It comes in two variants—Roman and Bold—but there is also a Demi Serif version. It has

open bowls on some of the capitals, sharply cut bowl-to-stem junctions on many of the lowercase glyphs, and slightly non-aligning numerals.

FF City Street Type

ABCDEFGHIJKLM
NOPQRSTUVWXYZ
abcdefghijklm
nopqrstuvwxyz
1234567890@&!?;:"*

Si formam cochlearis tui post prandium recordaris, ea forma perversa est. Et cochlear et littera instrumenta sunt; capit alterum cibum e catillo, altera indicium e pagina. Ubi forma digna est, lector commode fiet quoniam littera et trita et decora est. Si formam cochlearis tui post prandium recordaris, ea forma perversa est. Et cochlear et littera instrumenta sunt; capit alterum cibum e catillo, altera indicium e pagina. Ubi forma digna est, lector commode fiet quoniam littera et trita et decora est. Si formam cochlearis tui post prandium

9/10 City Street Berlin East Original Regular justified, +10 units of tracking

This has four weights and a rounded version of Original—Berlin East—plus a further four extended (wide) variants—

Berlin West. Each font has an expert set that contains mostly arrows but no small capitals or non-aligning numerals.

Clearface Gothic

ABCDEFGHIJKLM
NOPQRSTUVWXYZ
abcdefghijklm
nopqrstuvwxyz
1234567890
@&!?;:"*

Si formam cochlearis tui post prandium recordaris, ea forma perversa est. Et cochlear et littera instrumenta sunt; capit alterum cibum e catillo, altera indicium e pagina. Ubi forma digna est, lector commode fiet quoniam littera et trita et decora est. Si formam cochlearis tui post prandium recordaris, ea forma perversa est. Et cochlear et littera instrumenta sunt; capit alterum cibum

9/10 Clearface Gothic 45 Light justified

Designed in the first decade of the twentieth century, Clearface Gothic has drifted in and out of popularity. It has five weights

but no italics. Although nowadays it is most likely to appear in a retro design, it can look quite modern.

Coupe

ABCDEFGHIJKLM
NOPQRSTUVWXYZ
abcdefghijklm
nopqrstuvwxyz
1234567890@&!?;:"*

❸

Bangkok-based designer Anuthin Wongsunkakon drew Coupe in 2006. The slightly squared-off forms of this four-weight family are very well crafted, and although it is a little too idiosyncratic for small text, it is ideal for modernist display and advertising work.

Credit
Design: Cuartopiso
Client: Q Design Store
(stationery)

Si formam cochlearis tui post prandium recordaris, ea forma perversa est. Et cochlear et littera instrumenta sunt; capit alterum cibum e catillo, altera indicium e pagina. Ubi forma digna est, lector commode fiet quoniam littera et trita et decora est. Si formam cochlearis tui post prandium recordaris, ea forma perversa est. Et cochlear et littera instrumenta sunt; capit alterum

9/10 Coupe Regular justified

Si formam cochlearis tui post prandium recordaris, ea forma perversa est. Et cochlear et littera instrumenta sunt; capit alterum cibum e catillo, altera indicium e pagina. Ubi forma digna est, lector commode fiet quoniam littera et trita et decora est. Si formam cochlearis tui post prandium recordaris, ea forma perversa est. Et cochlear et littera instrumenta sun

9/10 Coupe Medium justified

Si formam cochlearis tui post prandium recordaris, ea forma perversa est. Et cochlear et littera instrumenta sunt; capit alterum cibum e catillo, altera indicium e pagina. Ubi forma digna est, lector commode fiet quoniam littera et trita et decora est. Si formam cochlearis tui post prandium recordaris, ea forma perversa est. Et cochlear et littera instrumenta sunt; capit alterum cibum e

9/10 Coupe Thin justified

Cronos Pro

ABCDEFGHIJKLM
NOPQRSTUVWXYZ
abcdefghijklm
nopqrstuvwxyz
1234567890@&!?;:"'*

⑤ ⑧ ✪

With an almost handwritten look and designed by Robert Slimbach to take advantage of OpenType's versatility, each font has a vast number of glyphs, including small capitals and non-aligning numerals. There are thirty-plus fonts in the Cronos Pro family, including bewildering but potentially useful alternatives like Display, Caption, and Subhead.

Si formam cochlearis tui post prandium recordaris, ea forma perversa est. Et cochlear et littera instrumenta sunt; capit alterum cibum e catillo, altera indicium e pagina. Ubi forma digna est, lector commode fiet quoniam littera et trita et decora est. Si formam cochlearis tui post

8/10 Cronos Pro Regular justified

Si formam cochlearis tui post prandium recordaris, ea forma perversa est. Et cochlear et littera instrumenta sunt; capit alterum cibum e catillo, altera indicium e pagina. Ubi forma digna est, lector commode fiet quoniam littera et trita et decora est. Si formam cochlearis tui post prandium recordaris, ea

8/10 Cronos Pro Light Italic justified

Si formam cochlearis tui post prandium recordaris, ea forma perversa est. Et cochlear et littera instrumenta sunt; capit alterum cibum e catillo, altera indicium e pagina. Ubi forma digna est, lector commode fiet quoniam littera et trita et decora est. Si formam cochlearis

8/10 Cronos Pro Bold Display justified

Dax

ABCDEFGHIJKLM
NOPQRSTUVWXYZ
abcdefghijklm
nopqrstuvwxyz
1234567890
@&!?;:"'*

50+

Si formam cochlearis tui post prandium recordaris, ea forma perversa est. Et cochlear et littera instrumenta sunt; capit alterum cibum e catillo, altera indicium e pagina. Ubi forma digna est, lector commode fiet quoniam littera et trita et decora est. Si

8/10 Dax Regular justified

Si formam cochlearis tui post prandium recordaris, ea forma perversa est. Et cochlear et littera instrumenta sunt; capit alterum cibum e catillo, altera indicium e pagina. Ubi forma digna est, lector commode fiet quoniam littera et trita et decora est. Si formam cochlearis tui post prandium recordaris

8/10 Dax Light Condensed justified

⑥ ⑧

Dax comprises a staggering fifty-plus variants and includes expert sets, special characters, additional fractions, and ligatures. It offers not just quantity but quality, too. Every weight is perfectly balanced with the rest; it is modern in style, and slightly condensed in its Regular version.

Diamante

ABCDEFGHIJKLM
NOPQRSTUVWXYZ
abcdefghijklm
nopqrstuvwxyz
1234567890@&!?;:"*

Si formam cochlearis tui post prandium recordaris, ea forma perversa est. Et cochlear et littera instrumenta sunt; capit alterum cibum e catillo, altera indicium e pagina. Ubi forma digna est, lector commode fiet quoniam littera et trita et decora est. Si formam cochlearis tui post prandium recordaris, ea forma perversa est. Et cochlear et littera instrumenta sunt; capit alterum cibum e catillo,

8.5/10 Diamante Regular justified

④

Diamante is a very square design, with chamfered corners that are most visible in the bolder iterations. It is unusual in having a wide range of weights despite the fact that it is not suitable as a text face. It works well at display sizes.

Dieselis

ABCDEFGHIJKLM
NOPQRSTUVWXYZ
abcdefghijklm
nopqrstuvwxyz
1234567890@&!?;:"*

④⑦

A square font, the defining feature of which are the top bars that overlap to the left of the stem. It is available in only three weights, but each has italic and small-capitals variants, and there is a companion family, Dieselis Economic, that is condensed but has no small capitals.

Si formam cochlearis tui post prandium recordaris, ea forma perversa est. Et cochlear et littera instrumenta sunt; capit alterum cibum e catillo, altera indicium e pagina. Ubi forma digna est, lector commode fiet quoniam littera et trita et decora est. Si formam cochlea

8/10 Dieselis One justified

Si formam cochlearis tui post prandium recordaris, ea forma perversa est. Et cochlear et littera instrumenta sunt; capit alterum cibum e catillo, altera indicium e pagina. Ubi forma digna est, lector commode fiet quoniam littera et trita et decora est. Si

8/101 Dieselis Two justified

Si formam cochlearis tui post prandium recordaris, ea forma perversa est. Et cochlear et littera instrumenta sunt; capit alterum cibum e catillo, altera indicium e pagina. Ubi forma digna est, lector commode fiet quoniam littera et trita et decora est. Si formam cochlearis tui post prandium

8/101 Dieselis Zero justified

FF DIN

ABCDEFGHIJKLM
NOPQRSTUVWXYZ
abcdefghijklm
nopqrstuvwxyz
1234567890@&!?;:"*

Si formam cochlearis tui post prandium recordaris, ea forma perversa est. Et cochlear et littera instrumenta sunt; capit alterum cibum e catillo, altera indicium e pagina. Ubi forma digna est, lector commode fiet quoniam littera et trita et

8/10 DIN Medium justified

Si formam cochlearis tui post prandium recordaris, ea forma perversa est. Et cochlear et littera instrumenta sunt; capit alterum cibum e catillo, altera indicium e pagina. Ubi forma digna est, lector commode fiet quoniam littera et trita et

8/10 DIN Bold justified

Credit
Design: Eloisa Iturbe
Client: Fox
International
Channels
(poster)

❹

Intended for signage, the original DIN family was unusual, as the fonts varied in width but not weight. These were later redeveloped by FontFont into a more conventional thirty-strong family of varying weights that all retain the clarity and legibility of the original. The condensed variants are of particular merit.

FF District

ABCDEFGHIJKLM
NOPQRSTUVWXYZ
abcdefghijklm
nopqrstuvwxyz
1234567890
@&!?;:"*

Si formam cochlearis tui post prandium recordaris, ea forma perversa est. Et cochlear et littera instrumenta sunt; capit alterum cibum e catillo, altera indicium e pagina. Ubi forma digna est, lector commode fiet quoniam littera et trita et

8/10 FF District Regular justified

Si formam cochlearis tui post prandium recordaris, ea forma perversa est. Et cochlear et littera instrumenta sunt; capit alterum cibum e catillo, altera indicium e pagina. Ubi forma digna est, lector commode fiet quoniam littera et trita et decora est. Si

8/10 FF District Light Italic justified

❹❼❽

Another square font, although the corners have been rounded off on the outside of the stroke; on the inside, the counters are rectangular. It has four weights, each with an italic, and non-aligning numerals are standard. It is best avoided at text sizes.

ITC Ellipse

ABCDEFGHIJKLM
NOPQRSTUVWXYZ
abcdefghijklm
nopqrstuvwxyz
1234567890@&!?;:"*

Si formam cochlearis tui post prandium recordaris, ea forma perversa est. Et cochlear et littera instrumenta sunt; capit alterum cibum e catillo, altera indicium e pagina. Ubi forma digna est, lector commode fiet quoniam littera et trita et decora est. Si formam cochlearis tui post prandium recordaris, ea forma perversa est. Et cochlear et littera instrumenta sunt; capit alterum cibum e catillo, altera indicium e pagina. Ubi forma digna est, lector commode fiet quoniam littera

8/10 Ellipse Regular justified

Although Ellipse has just two weights, plus italics, its tapering, canoe-shaped stems give it an organic feel that is attractive in the italic variant, where the descenders of the lowercase f, g, and j feature delicate flourishes.

Eras

ABCDEFGHIJKLM
NOPQRSTUVWXYZ
abcdefghijklm
nopqrstuvwxyz
1234567890
@&!?;:"*

Si formam cochlearis tui post prandium recordaris, ea forma perversa est. Et cochlear et littera instrumenta sunt; capit alterum cibum e catillo, altera indicium e pagina. Ubi forma digna est, lector commode fiet quoniam littera et trita et decora est. Si formam cochlearis tui post prandium recordaris, ea forma perversa est. Et cochlear et littera instrumen

8/10 Eras Book justified

When Eras was launched in the 1970s, it became a huge hit, but has been in decline since. Eras has six weights, and since it is forward-slanting, it has no italic. It includes interesting glyphs, such as the lowercase a and the ampersand.

Eureka Mono

ABCDEFGHIJKLM
NOPQRSTUVWXYZ
abcdefghijklm
nopqrstuvwxyz
1234567890
@&!?;:"*

Si formam cochlearis tui post prandium recordaris, ea forma perversa est. Et cochlear et littera instrumenta sunt; capit alterum cibum e catillo, altera indicium e pagina. Ubi forma digna est, lector commode fiet quoniam

9/10 Eureka Mono Regular justified

A monospaced font with a good range and a distinctive modern styling. The asymmetrical serif of the lowercase i and l are particularly worthy of note, and the condensed italics look interesting when set as a paragraph.

Eureka Sans

ABCDEFGHIJKLM
NOPQRSTUVWXYZ
abcdefghijklm
nopqrstuvwxyz
1234567890
@&!?;:"'* Sfg

Si formam cochlearis tui post prandium recordaris, ea forma perversa est. Et cochlear et littera instrumenta sunt; capit alterum cibum e catillo, altera indicium e pagina. Ubi forma digna est, lector commode fiet quoniam littera et trita et decora est. Si formam cochlearis

8/10 Eureka Sans Regular justified, −10 units of kerning

Si formam cochlearis tui post prandium recordaris, ea forma perversa est. Et cochlear et littera instrumenta sunt; capit alterum cibum e catillo, altera indicium e pagina. Ubi forma digna est, lector commode fiet quoniam littera et trita et decora est. Si formam cochlearis tui post prandium recordaris, ea

8/10 Eureka Sans Regular Italic justified, −10 units of kerning

With a good range of weights in regular and condensed widths, Eureka Sans shares the basic design with its monospaced cousin but has a great deal of additional features. Non-aligning numerals are standard, but if you require an aligning set, they can be found in the small-capitals versions.

Eurostile

ABCDEFGHIJKLM
NOPQRSTUVWXYZ
abcdefghijklm
nopqrstuvwxyz
1234567890
@&!?;:"'*

Si formam cochlearis tui post prandium recordaris, ea forma perversa est. Et cochlear et littera instrumenta sunt; capit cibum e catillo, altera indicium e pagina. Ubi forma digna est, lector commode fiet quoniam littera et trita et decora est. Si formam

7/10 Eurostyle Medium justified

Si formam cochlearis tui post prandium recordaris, ea forma perversa est. Et cochlear et littera instrumenta sunt; capit alterum cibum e catillo, altera indicium e pagina. Ubi forma digna est, lector commode fiet quoniam littera et trita et decora est. Si formam cochlearis tui post prandium recordaris, ea forma

7/10 Eurostyle Condensed justified

Credit
Design: Kimberley
Medeiros
Client: Jack's Hotdog
Stand
(signage)

Eurostile was a capitals-only display font that looked very modern in the 1950s when it was designed. A lowercase version and additional weights and widths were added later. In its classic extended version Eurostile doesn't look out of place among the square fonts that are popular today.

Exemplar

ABCDEFGHIJKLM
NOPQRSTUVWXYZ
abcdefghijklm
nopqrstuvwxyz
1234567890@&!?;:"*

⑤

Completed by Göran Söderström in 2008, Exemplar took fourteen years to produce. It is built using classical proportions, but is characterized by its minimal use of serifs and a delicate and unusual set of alternate characters. It includes many context-sensitive and discretionary letterforms.

Verdad *Vérité* *Wahrheit*
Sannhet *Verita* Truth

Si formam cochlearis tui post prandium recordaris, ea forma perversa est. Et cochlear et littera instrumenta sunt; capit alterum cibum e catillo, altera indicium e pagina. Ubi forma digna est, lector commode fiet quoniam littera et trita et decora est. Si formam cochlearis tui post prandium recordaris, ea forma perversa est. Et cochlear et littera instru

8/11 Exemplar Regular justified

Si formam cochlearis tui post prandium recordaris, ea forma perversa est. Et cochlear et littera instrumenta sunt; capit alterum cibum e catillo, altera indicium e pagina. Ubi forma digna est, lector commode fiet quoniam littera et trita et decora est. Si formam cochlearis tui post prandium recordaris, ea forma perversa est. Et cochlear et littera instrumenta

8/11 Exemplar Light justified

Si formam cochlearis tui post prandium recordaris, ea forma perversa est. Et cochlear et littera instrumenta sunt; capit alterum cibum e catillo, altera indicium e pagina. Ubi forma digna est, lector commode fiet quoniam littera et trita et decora est. Si formam cochlearis tui post prandium recordaris, ea forma perversa est. Et cochlear et littera instrumenta sunt; capit alterum

8/11 Exemplar Italic justified

Si formam cochlearis tui post prandium recordaris, ea forma perversa est. Et cochlear et littera instrumenta sunt; capit alterum cibum e catillo, altera indicium e pagina. Ubi forma digna est, lector commode fiet quoniam littera et trita et decora est. Si formam cochlearis tui post prandium recordaris, ea forma perversa est. Et coch

8/11 Exemplar Extra Bold justified

FF Fago

ABCDEFGHIJKLM
NOPQRSTUVWXYZ
abcdefghijklm
nopqrstuvwxyz
1234567890
@&!?;:"*

Fago is a contemporary OpenType font design with a large x-height that is available in a range of five weights, each with a vast array of glyphs, including small capitals, non-aligning numerals, additional fractions, ligatures, arrows, roman numerals, bullets, and more.

Si formam cochlearis tui post prandium recordaris, ea forma perversa est. Et cochlear et littera instrumenta sunt; capit alterum cibum e catillo, altera indicium e pagina. Ubi forma digna est, lector commode fiet quoniam littera et trita et

8/10 Fago No Regular justified, +10 units of tracking

SI FORMAM COCHLEARIS TUI POST PRANDIUM RECORDARIS, EA FORMA PERVERSA EST. ET COCHLEAR ET LITTERA INSTRUMENTA SUNT; CAPIT ALTERUM CIBUM E CATILLO, ALTERA INDICIUM E PAGINA. UBI FORMA DIGNA EST, LECTOR COMMODE QUONIAM LI

8/10 Fago No Regular Lf Caps justified

Si formam cochlearis tui post prandium recordaris, ea forma perversa est. Et cochlear et littera instrumenta sunt; capit alterum cibum e catillo, altera indicium e pagina. Ubi forma digna est, lector commode fiet quoniam littera et trita et

8/10 Fago No Bold justified

Fedra Sans

ABCDEFGHIJKLM
NOPQRSTUVWXYZ
abcdefghijklm
nopqrstuvwxyz
1234567890@G!?;:"*

Si formam cochlearis tui post prandium recordaris, ea forma perversa est. Et cochlear et littera instrumenta sunt; capit alterum cibum e catillo, altera indicium e pagina. Ubi forma digna est, lector commode fiet quoni

8/10 Fedra Sans Regular justified

Si formam cochlearis tui post prandium recordaris, ea forma perversa est. Et cochlear et littera instrumenta sunt; capit alterum cibum e catillo, altera indicium e pagina. Ubi forma digna est, lector commode fiet quoniam littera et trita et decora est. Si

8/10 Fedra Sans Book Italic justified

XXXIII MAGGIO ORGANISTICO AMERINO
Festival internazionale d'organo e di musica antica

Credit
Design: Tommaso Catalucci, k12m
Client: Associazione Ameria Umbra
(poster)

Born as a corporate font for a German insurance company, Fedra Sans was intended to be a "de-protestantized Univers," however, the project was canceled before it was finished. Designer Peter Bilak completed the work, and in 2001 he released this highly legible, subtly humanist family.

Folio

ABCDEFGHIJKLM
NOPQRSTUVWXYZ
abcdefghijklm
nopqrstuvwxyz
1234567890@&!?;:"*

Si formam cochlearis tui post prandium recordaris, ea forma perversa est. Et cochlear et littera instrumenta sunt; capit alterum cibum e catillo, altera indicium e pagina. Ubi forma digna est, lector commode fiet quoniam littera et trita et decora

8/10 Folio Medium justified

Si formam cochlearis tui post prandium recordaris, ea forma perversa est. Et cochlear et littera instrumenta sunt; capit alterum cibum e catillo, altera indicium e pagina. Ubi forma digna est, lector commode fiet quoniam littera et trita et decora est. Si

8/10 Folio Light justified

Credit
Design: Chris Bolton
Client: Helsinki Art
Museum / Heta
Kuchka
(exhibition panels)

Created by Konrad Bauer and Walter Baum in 1957, Folio was originally intended to be a direct competitor to Helvetica. It didn't end up posing any kind of threat, but as a result this sturdy Swiss sans serif family has not suffered from overexposure and remains extremely usable.

Foundry Form Sans

ABCDEFGHIJKLM
NOPQRSTUVWXYZ
abcdefghijklm
nopqrstuvwxyz
1234567890@&!?;:"*

SI FORMAM COCHLEARIS TUI POST PRANDIUM RECORDARIS, EA FORMA PERVERSA EST. ET COCHLEAR ET LITTERA INSTRUMENTA SUNT; CAPIT ALTERUM CIBUM E CATILLO, ALTERA INDICIUM E PAGINA. UBI FORMA DIGNA EST, LECTOR COMMODE FIET QUONIAM LITTERA ET TRITA ET DECORA EST. SI

8/10 Foundry Form Sans Book SC justified

Si formam cochlearis tui post prandium recordaris, ea forma perversa est. Et cochlear et littera instrumenta sunt; capit alterum cibum e catillo, altera indicium e pagina. Ubi forma digna est, lector commode fiet quoniam littera et trita et decora est. Si formam cochlearis tui

8/10 Foundry Form Sans Book OSF justified

Credit
Design: Zion Graphics
Client: Spoon Publishing
(logo)

This is one-half of a sans and serif family pair, designed to work as well together as they do individually. One noteworthy design characteristic is the slightly condensed form, making it set economically without looking specifically condensed. It also remains legible in poor printing conditions.

Foundry Sterling

ABCDEFGHIJKLM NOPQRSTUVWXYZ abcdefghijklm nopqrstuvwxyz 1234567890@&!?;:"*

Si formam cochlearis tui post prandium record-aris, ea forma perversa est. Et cochlear et littera instrumenta sunt; capit alterum cibum e catillo, altera indicium e pagina. Ubi forma digna est, lector commode fiet quoniam littera et trita et decora est. Si formam cochlearis tui post pran-dium recordaris, ea forma perversa est. Et cochl

8/10 Foundry Sterling Bold

④③⑦

Foundry Sterling was born from the desire to create a modern sans serif typeface with a specifically English air. It is a very versatile design—ideal for display, advertising, and editorial work where clarity and purity of form is important.

Franklin Gothic

ABCDEFGHIJKLM NOPQRSTUVWXYZ abcdefghijklm nopqrstuvwxyz 1234567890@&!?;:"*

④★

Designed by Morris Fuller Benton before World War I, Franklin Gothic is a genuine classic. Starting life with Bold, Bold Condensed, and Bold Extra Condensed variants, it has been added to ever since, and now boasts a massive range, including small capitals in some type foundries' versions.

Credit
Design: Eloisa Iturbe
Client: V-me
(poster)

Si formam cochlearis tui post prandium recordaris, ea forma perversa est. Et cochlear et littera in-strumenta sunt; capit alterum cibum e catillo, altera indicium e pagina. Ubi forma digna est, lector commode fiet quoniam littera et trita et decora

7/10 Franklin Gothic No 2 Roman justified

Si formam cochlearis tui post prandium recordaris, ea forma perversa est. Et cochlear et littera instrumenta sunt; capit alterum cibum e catillo, altera indicium e pagina. Ubi forma digna est, lector commode fiet quoniam littera et trita et dec-ora est. Si formam cochlearis tui post prandium recordaris, ea

7/10 Franklin Gothic Condensed No 2 justified

Fresco Informal Sans

ABCDEFGHIJKLM
NOPQRSTUVWXYZ
abcdefghijklm
nopqrstuvwxyz

⑤ ⑦

As its name suggests, this font has a friendly, informal character thanks to loops at the bottom of many terminals and the curving stems of capital glyphs such as A and H. It has a good range of weights, including the noticeably extended Bold and Black variants.

1234567890@&!?;:"*

ABCabcABC**abc**ABC

Si formam cochlearis tui post prandium recordaris, ea forma perversa est. Et cochlear et littera instrumenta sunt; capit alterum cibum e catillo, altera indicium e pagina. Ubi forma digna est, lector commode fiet quoniam littera et trita et decora est. Si formam cochlearis tui post prandium recordaris, ea forma perversa est. Et cochlear et littera instrumenta sunt; capit alterum cibum e

8/10 Fresco Informal Sans Normal justified

Si formam cochlearis tui post prandium recordaris, ea forma perversa est. Et cochlear et littera instrumenta sunt; capit alterum cibum e catillo, altera indicium e pagina. Ubi forma digna est, lector commode fiet quoniam littera et trita et decora est. Si formam cochlearis tui post prandium recordaris, ea forma perversa est. Et cochlear et littera instrumenta sunt; capit alterum cibum e catillo, altera indicium e pagina. Ubi forma

8/10 Fresco Informal Sans Italic justified

Si formam cochlearis tui post prandium recordaris, ea forma perversa est. Et cochlear et littera instrumenta sunt; capit alterum cibum e catillo, altera indicium e pagina. Ubi forma digna est, lector commode fiet quoniam littera et trita et decora est. Si formam cochlearis tui post prandium recordaris, ea forma perversa est. Et cochlear et littera instrumenta sunt; capit alterum cibum e catillo, altera indicium e pagina. Ubi forma

8/10 Fresco Informal Sans Light justified

Si formam cochlearis tui post prandium recordaris, ea forma perversa est. Et cochlear et littera instrumenta sunt; capit alterum cibum e catillo, altera indicium e pagina. Ubi forma digna est, lector commode fiet quoniam littera et trita et decora est. Si formam cochlearis tui post prandium recordaris, ea forma perversa

8/10 Fresco Informal Sans Black justified

Frutiger

ABCDEFGHIJKLM
NOPQRSTUVWXYZ
abcdefghijklm
nopqrstuvwxyz
1234567890@&!?;:"*

⑤ ★

A classic font named after its illustrious designer, Adrian Frutiger. When set as a paragraph, there is no sans serif that looks more even or balanced. It works equally well at display sizes—no surprise, as it was originally designed for airport signage.

ABCabc**ABCabc**ABC

Si formam cochlearis tui post prandium recordaris, ea forma perversa est. Et cochlear et littera instrumenta sunt; capit alterum cibum e catillo, altera indicium e pagina. Ubi forma digna est, lector commode fiet quoniam littera et trita et decora est. Si formam cochlearis tui post prandium recordaris, ea forma perversa est. Et cochlear et littera instrumenta sunt; capit

8/10 Frutiger 55 Roman justified

Si formam cochlearis tui post prandium recordaris, ea forma perversa est. Et cochlear et littera instrumenta sunt; capit alterum cibum e catillo, altera indicium e pagina. Ubi forma digna est, lector commode fiet quoniam littera et trita et decora est. Si formam cochlearis tui post prandium recordaris, ea forma perversa est. Et cochlear et littera instrumenta sunt; capit

8/10 Frutiger 56 Italic justified

Si formam cochlearis tui post prandium recordaris, ea forma perversa est. Et cochlear et littera instrumenta sunt; capit alterum cibum e catillo, altera indicium e pagina. Ubi forma digna est, lector commode fiet quoniam littera et trita et decora est. Si formam cochlearis tui post prandium recordaris, ea forma perversa est. Et cochlear et littera instrumenta sunt; capit alterum cibum e catillo, altera indicium e pagina. Ubi forma digna est, lector commode fiet quoniam littera et

8/10 Frutiger 47 Light Condensed justified

Si formam cochlearis tui post prandium recordaris, ea forma perversa est. Et cochlear et littera instrumenta sunt; capit alterum cibum e catillo, altera indicium e pagina. Ubi forma digna est, lector commode fiet quoniam littera et trita et decora est. Si formam cochlearis tui post prandium recordaris, ea forma perversa est. Et cochlear et littera instrumenta sunt; capit

8/10 Frutiger 65 Bold justified

Futura

ABCDEFGHIJKLM
NOPQRSTUVWXYZ
abcdefghijklm
nopqrstuvwxyz
1234567890
@&!?;:"*

Si formam cochlearis tui post prandium recordaris, ea forma perversa est. Et cochlear et littera instrumenta sunt; capit alterum cibum e catillo, altera indicium e pagina. Ubi forma digna est, lector commode fiet quoniam littera et trita et decora est. Si formam cochlearis tui post prandium recordaris, ea forma perversa

9/11 Futura Medium justified

Si formam cochlearis tui post prandium recordaris, ea forma perversa est. Et cochlear et littera instrumenta sunt; capit alterum cibum e catillo, altera indicium e pagina. Ubi forma digna est, lector commode fiet quoniam littera et trita et decora est. Si formam

9/11 Futura Bold justified

Si formam cochlearis tui post prandium recordaris, ea forma perversa est. Et cochlear et littera instrumenta sunt; capit alterum cibum e catillo, altera indicium e pagina. Ubi forma digna est, lector commode fiet quoniam littera et trita et decora est. Si formam cochlearis tui post prandium recordaris, ea forma perversa est.

9/11 Futura Medium Oblique justified

Si formam cochlearis tui post prandium recordaris, ea forma perversa est. Et cochlear et littera instrumenta sunt; capit alterum cibum e catillo, altera indicium e pagina. Ubi forma digna est, lector commode fiet quoniam littera et trita et decora est. Si formam

9/11 Futura Bold Oblique justified

 SANS SERIF FONTS

1 2 **3 4** 5 6 **7 8** 9

Futura is one of the most enduring of all fonts. Its designer, Paul Renner, has been almost deified by this one achievement, as he didn't create many other fonts. The tough, industrial-style design bears the hallmarks of the Constructivist movement from which it emerged in 1927. The expert set is available from Neufville Digital.

Credit
Design: Chris Bolton
Client: Eskimo Recordings / N.E.W.S.
(CD sleeve)

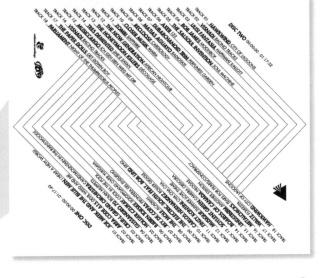

Credit
Design: Meta Design
Client: McAfee
(logo)

Credit
Design: Shaz Madani
Client: Student project
(packaging)

Credit
Design: Kåre Martens,
Sopp Collective
Client: Happy Few Records
(poster)

Saturdays / April / 10pm-5am

Feat.
**Kurd Maverick
Sébastian Léger
Dusty Kid (Live)
Zoo Brazil
Dirty South
OD Muzique**

Sankeys

Saturdays / February / 10pm-5am

Feat.
**Eric Prydz
OD Muzique
Oxia
Laidback Luke
Funk D Void
Ellesse
H2**

Sankeys

Credit
Design: Martin Fewell,
Yolo
Client: Revolution
(posters)

ABCDEFGHIJKLM
NOPQRSTUVWXYZ
abcdefghijklm
nopqrstuvwxyz
1234567890
@&!?;:"*

Si formam cochlearis tui post prandium recordaris, ea forma perversa est. Et cochlear et littera instrumenta sunt; capit alterum cibum e catillo, altera indicium e pagina. Ubi forma digna est, lector commode fiet quoniam littera et trita et decora est. Si formam cochlearis tui post prandium recordaris, ea forma perversa est. Et coch

9/11 Gill Sans Regular justified

Si formam cochlearis tui post prandium recordaris, ea forma perversa est. Et cochlear et littera instrumenta sunt; capit alterum cibum e catillo, altera indicium e pagina. Ubi forma digna est, lector commode fiet quoniam littera et trita et decora est. Si formam cochlearis tui post prandium recordaris, ea forma perversa est. Et cochlear et littera instrumenta sunt

9/11 Gill Sans Regular Italic justified

Si formam cochlearis tui post prandium recordaris, ea forma perversa est. Et cochlear et littera instrumenta sunt; capit alterum cibum e catillo, altera indicium e pagina. Ubi forma digna est, lector commode fiet quoniam littera et trita et decora est. Si formam cochlearis tui post

9/11 Gill Sans Bold justified

Si formam cochlearis tui post prandium recordaris, ea forma perversa est. Et cochlear et littera instrumenta sunt; capit alterum cibum e catillo, altera indicium e pagina. Ubi forma digna est, lector commode fiet quoniam littera et trita et decora est. Si formam cochlearis tui post prandium recordaris, ea

9/11 Gill Sans Bold Italic justified

 SANS SERIF FONTS

Eric Gills's Gill Sans is another twentieth-century masterpiece that has never gone out of fashion, despite being eighty years old. The capital character widths vary: C, D, G, O, Q, and U are quite wide, while B, E, P, and S are narrower, yet the result is perfect harmony. The lighter weights are excellent for text setting.

Credit
Design: Cuartopiso
Client: Astor Bakery
(packaging)

New York

Chicago

NEW YORK

CHICAGO

New York

CHICAGO

Golary Red PTL

ABCDEFGHIJKLM
NOPQRSTUVWXYZ
abcdefghijklm
nopqrstuvwxyz
1234567890@&!?;."*

❷❻❼

Golary Red is a family of condensed fonts with no italics; it has a range of five weights, each with additional small capitals and non-aligning numeral options. It is unsuited to paragraph text setting, but works well for subheads and as a space-saving and dramatic headline font.

Si formam cochlearis tui post prandium recordaris, ea forma perversa est. Et cochlear et littera instrumenta sunt; capit alterum cibum e catillo, altera indicium e pagina. Ubi forma digna est, lector commode fiet quoniam littera et trita et decora est. Si formam cochlearis tui post prandium recordaris, ea forma perversa est. Et cochlear et littera instrumenta sunt; capit alterum cibum

8/10 Golary Red Normal justified

Si formam cochlearis tui post prandium recordaris, ea forma perversa est. Et cochlear et littera instrumenta sunt; capit alterum cibum e catillo, altera indicium e pagina. Ubi forma digna est, lector commode fiet quoniam littera et trita et decora est. Si formam cochlearis tui post prandium recordaris, ea forma perversa est. Et cochlear et littera instr

8/10 Golary Red Bold justified

Si formam cochlearis tui post prandium recordaris, ea forma perversa est. Et cochlear et littera instrumenta sunt; capit alterum cibum e catillo, altera indicium e pagina. Ubi forma digna est, lector commode fiet quoniam littera et trita et decora est. Si formam cochlearis tui post prandium recordaris, ea forma perversa est. Et cochlear et littera instrumenta sunt; capit alterum cibum e catillo, altera

8/10 Golary Red Light justified

Gotham

ABCDEFGHIJKLM
NOPQRSTUVWXYZ
abcdefghijklm
nopqrstuvwxyz
1234567890
@&!?;."*

Si formam cochlearis tui post prandium recordaris, ea forma perversa est. Et cochlear et littera instrumenta sunt; capit alterum cibum e catillo, altera indicium e pagina. Ubi forma digna est, lector comm

8/10 Gotham Ultra justified

Si formam cochlearis tui post prandium recordaris, ea forma perversa est. Et cochlear et littera instrumenta sunt; capit alterum cibum e catillo, altera indicium e pagina. Ubi forma digna est, lector commode fiet quoniam littera et trita

8/10 Gotham Thin justified

Credit
Design: Jason Munn,
The Small Stakes
Client: Alopecia
(poster)

❹❖

With twenty fonts covering the standard range of weights and widths, Gotham is said to be inspired by the no-nonsense vernacular of façade lettering and numbering from the 1960s. Although this design has echoes of Gill, it is a handsome and versatile font in its own right.

Goudy Sans

ABCDEFGHI
JKLMNOPQRS
TUVWXYZ
abcdefghijklm
nopqrstuvwxyz
1234567890&!?;:'"*

3

Designed in the 1920s with just Light and Bold versions, subsequent additions to the Goudy Sans font include a useful Regular weight and a useless Hairline variant (in the LTC version). Although a sans serif, the stems tend to fatten at each end, suggesting a vestigial serif.

Si formam cochlearis tui post prandium recordaris, ea forma perversa est. Et cochlear et littera instrumenta sunt; capit alterum cibum e catillo, altera indicium e pagina. Ubi forma digna est, lector commode fiet quoniam littera et trita et decora est. Si formam cochlearis tui post

8/10 Goudy Sans Medium justified

Si formam cochlearis tui post prandium recordaris, ea forma perversa est. Et cochlear et littera instrumenta sunt; capit alterum cibum e catillo, altera indicium e pagina. Ubi forma digna est, lector commode cochle

8/10 Goudy Sans Medium Italic justified

Si formam cochlearis tui post prandium recordaris, ea forma perversa est. Et cochlear et littera instrumenta sunt; capit alterum cibum e catillo, altera indicium e pagina. Ubi forma digna est, lector commode fiet quoniam littera et trita et decora est.

8/10 Goudy Sans Bold justified

URW Grotesk

ABCDEFGHI
JKLMNOPQRS
TUVWXYZ
abcdefghijklm
nopqrstuvwxyz
1234567890&!?;:"*

3 ✪

Designed by Hermann Zapf in the 1980s, URW Grotesk has longish ascenders and descenders and a single-story lowercase a. Bizarrely, the Condensed version is the complete opposite, with a very large x-height and double-story a, so it is best to avoid using them together.

Si formam cochlearis tui post prandium recordaris, ea forma perversa est. Et cochlear et littera instrumenta sunt; capit alterum cibum e catillo, altera indicium e pagina. Ubi forma digna est, lector commode fiet quoniam littera et trita et decora est. Si

8/10 URW Grotesk Regular justified, –10 units of kerning

Si formam cochlearis tui post prandium recordaris, ea forma perversa est. Et cochlear et littera instrumenta sunt; capit alterum cibum e catillo, altera indicium e pagina. Ubi forma digna est, lector commode fiet quoniam littera et trita et decora est. Si

8/10 URW Grotesk Regular Italic justified, –10 units of kerning

Si formam cochlearis tui post prandium recordaris, ea forma perversa est. Et cochlear et littera instrumenta sunt; capit alterum cibum e catillo, altera indicium e pagina. Ubi forma digna est, lector commode fiet quonia

8/10 URW Grotesk Bold justified, –10 units of kerning

GOUDY SANS / ITC

URW GROTESK / URW

SANS SERIF FONTS **231**

Sans Serif Showcase

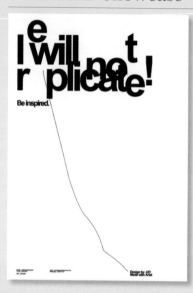

Arial
Design: Marc Belle
Client: .UD /
unemployedesigners.com
(poster)

Signa
Design: Oded Ezer
Client: Shenkar College of
Engineering and Design
(brochure)

Sun
Design: Jan Middendorp
Client: Lannoo Publishers
(book cover)

FF Info Display
Design: Lorenzo Geiger
Client: gymburgh.ch
(poster)

Grotesque MT

ABCDEFGHIJKLM
NOPQRSTUVWXYZ
abcdefghijklm
nopqrstuvwxyz
1234567890
@&!?;:"*

Si formam cochlearis tui post prandium recordaris, ea forma perversa est. Et cochlear et littera instrumenta sunt; capit alterum cibum e catillo, altera indicium e pagina. Ubi forma digna est, lector commode fiet quoniam littera et trita et decora est. Si

8/10 Grotesque 215 Regular justified, –20 units of tracking

Si formam cochlearis tui post prandium recordaris, ea forma perversa est. Et cochlear et littera instrumenta sunt; capit alterum cibum e catillo, altera indicium e pagina. Ubi forma digna est, lector commode fiet quoniam littera et trita et decora est. Si

8/10 Grotesque 215 Regular Italic justified, –20 units of tracking

Si formam cochlearis tui post prandium recordaris, ea forma perversa est. Et cochlear et littera instrumenta sunt; capit alterum cibum e catillo, altera indicium e pagina. Ubi forma digna est, lector commode fiet quoniam

8/10 Grotesque 216 Bold justified, –20 units of tracking

3

Grotesque 215 and 216 (medium and bold) were among the earliest sans serif fonts to be used in what was, at the time, technologically advanced hot-metal machine setting. Designed in-house at Monotype in 1926, they are an elegant if unremarkable pair. Additional weights were added later.

Handel Gothic

ABCDEFGHIJKLM
NOPQRSTUVWXYZ
abcdefghijklm
nopqrstuvwxyz
1234567890
@&!?;:"*

Si formam cochlearis tui post prandium recordaris, ea forma perversa est. Et cochlear et littera instrumenta sunt; capit alterum cibum e catillo, altera indicium e pagina. Ubi forma digna est, lector commode fiet quoniam littera et trita et

8/10 Handel Gothic Bold LT justified

Si formam cochlearis tui post prandium recordaris, ea forma perversa est. Et cochlear et littera instrumenta sunt; capit alterum cibum e catillo, altera indicium e pagina. Ubi forma digna est, lector commode fiet quoniam littera et trita et

8/10 Handel Gothic LT Medium justified

Si formam cochlearis tui post prandium recordaris, ea forma perversa est. Et cochlear et littera instrumenta sunt; capit alterum cibum e catillo, altera indicium e pagina. Ubi forma digna est, lector commode fiet quoniam littera et trita et decora est. Si

8/10 Handel Gothic LT Light justified

3

Available in just three weights with no italic, Handel Gothic has modest credentials. However, it has a retro-futuristic charm that would not look out of place on a *Star Trek* uniform. The lowercase e abandons convention and is replaced by a small-capital E.

Helvetica Neue

ABCDEFGHIJKLM
NOPQRSTUVWXYZ
abcdefghijklm
nopqrstuvwxyz
1234567890
@&!?;:"*

Si formam cochlearis tui post prandium recordaris, ea forma perversa est. Et cochlear et littera instrumenta sunt; capit alterum cibum e catillo, altera indicium e pagina. Ubi forma digna est, lector commode fiet quoniam littera et trita et decora est. Si formam cochlearis tui post prandium recordaris, ea

9/11 Helvetica Neue 55 Roman justified

Si formam cochlearis tui post prandium recordaris, ea forma perversa est. Et cochlear et littera instrumenta sunt; capit alterum cibum e catillo, altera indicium e pagina. Ubi forma digna est, lector commode fiet quoniam littera et trita et decora est. Si formam cochlearis tui post prandium recordaris, ea

9/11 Helvetica Neue 56 Italic justified

Si formam cochlearis tui post prandium recordaris, ea forma perversa est. Et cochlear et littera instrumenta sunt; capit alterum cibum e catillo, altera indicium e pagina. Ubi forma digna est, lector commode fiet quoniam littera et trita et decora est. Si formam cochlearis tui post

9/11 Helvetica Neue 75 Bold justified

Si formam cochlearis tui post prandium recordaris, ea forma perversa est. Et cochlear et littera instrumenta sunt; capit alterum cibum e catillo, altera indicium e pagina. Ubi forma digna est, lector commode fiet quoniam littera et trita et decora est. Si formam cochlearis tui post

9/11 Helvetica Neue 75 Bold Italic justified

 234 SANS SERIF FONTS

6 ⭐

Designed in 1957 by Max
Miedinger, Helvetica—along with
Univers—is the most important
font of the postwar period.
The Neue version substantially
revised the original blueprint
and rationalized its naming
and numbering conventions to
include the fifty-plus variants
that now exist.

Credit
Design: Eloisa Iturbe
Client: Fox International Channels
(TV advertisement)

Si formam cochlearis tui post prandium recordaris, ea
forma perversa est. Et cochlear et littera instrumenta
sunt; capit alterum cibum e catillo, altera indicium e
pagina. Ubi forma digna est, lector commode fiet quoniam littera et trita et decora est. Si formam cochlearis
tui post prandium recordaris, ea forma perversa est.
Et cochlear et littera instrumenta sunt; capit alterum

9/11 Helvetica Neue 47 Light Condensed justified

**Si formam cochlearis tui post
prandium recordaris, ea forma perversa est. Et cochlear
et littera instrumenta sunt;
capit alterum cibum e catillo,
altera indicium e pagina. Ubi
forma digna est, lector comm**

9/11 Helvetica Neue 83 Heavy Extended justified

Hermes

ABCDEFGHIJKLM
NOPQRSTUVWXYZ
abcdefghijklm
nopqrstuvwxyz
1234567890@£!?;:"*

Si formam cochlearis tui post prandium recordaris, ea forma perversa est. Et cochlear et littera instrumenta sunt; capit alterum cibum e catillo, altera indicium e pagina. Ubi forma digna est, lector commode fiet quoniam littera et trita et decora est. Si formam cochlearis tui post prandium recordaris, ea forma perversa est. Et cochl

8/10 Hermes Regular justified

Hermes is typical of a modern sans serif font. It is squarish with fairly open characters and has just four weights with no italics or expert sets. However, it offers well-proportioned glyphs and looks good in display situations.

Hiroshige Sans

ABCDEFGHIJKLM
NOPQRSTUVWXYZ
abcdefghijklm
nopqrstuvwxyz
1234567890
@&!?;:"*

Si formam cochlearis tui post prandium recordaris, ea forma perversa est. Et cochlear et littera instrumenta sunt; capit alterum cibum e catillo, altera indicium e pagina. Ubi forma digna est, lector commode fiet quoniam littera et trita et decora est. Si formam cochlearis tui post prandium recordaris, ea forma perversa est. Et cochlear et littera instrumenta sunt; capit alte

8/10 Hiroshige Sans Regular justified

A Humanist sans with a strong calligraphic influence, Hiroshige comes in four weights, each with italic. Due to its waisted stems and vestigial serifs on some glyphs—such as lowercase w through z—it can be mistaken for a serif font.

FF Hydra

ABCDEFGHIJKLM
NOPQRSTUVWXYZ
abcdefghijklm
nopqrstuvwxyz
1234567890@&!?;:"*

Si formam cochlearis tui post prandium recordaris, ea forma perversa est. Et cochlear et littera instrumenta sunt; capit alterum cibum e catillo, altera indicium e pagina. Ubi forma digna est, lector commode fiet quoniam littera et trita et decora est. Si formam cochlearis tui post prandium recordaris, ea forma perversa est. Et cochlear et littera instrumenta sunt; capit alterum cibum e catillo, altera indicium e pagina. Ubi forma digna est, lector commode fiet

8/10 FF Hyrda Regular justified

Hydra is a contemporary font, and the bowls have long, straight sides with shortened curves at top and bottom. The joins of the bowls and stems have been cut away, reminiscent of a practice used on metal type where ink was liable to spread.

URW Imperial

ABCDEFGHIJKLM
NOPQRSTUVWXYZ
abcdefghijklm
nopqrstuvwxyz
1234567890@&!?;:"'*

Si formam cochlearis tui post prandium recordaris, ea forma perversa est. Et cochlear et littera instrumenta sunt; capit alterum cibum e catillo, altera indicium e pagina. Ubi forma digna est, lector commode fiet quoniam littera et trita et decora est. Si formam cochlearis tui post prandium recordaris, ea forma perversa est. Et cochlear et littera instrumenta sunt; capit alterum

8/10 URW Imperial Regular justified

Imperial comes in three sets with fifty fonts in all. It features a strong contrast between thick and thin strokes, similar to that found in Modern (also called Didone) serif styles. Although an elegant design, readability is poor at text sizes.

Industria

ABCDEFGHIJKLMNOPQRSTUVWXYZ
abcdefghijklmnopqrstuvwxyz
1234567890@&!?;:"'*

Si formam cochlearis tui post prandium recordaris, ea forma perversa est. Et cochlear et littera instrumenta sunt; capit alterum cibum e catillo, altera indicium e pagina. Ubi forma digna est, lector commode fiet quoniam littera et trita et decora est. Si formam cochlearis tui post prandium recordaris, ea forma pe

9/11 Industria Solid justified

One of the Neville Brody fonts that helped define magazine design in the 1980s, Industria contains many idiosyncratic characters, including the tailless lowercase t and the K with slight curves at the ends of the strokes. Although just a single font, there is an alternate set and an inline version.

Si formam cochlearis tui post prandium recordaris, ea forma perversa est. Et cochlear et littera instrumenta sunt; capit alterum cibum e catillo, altera indicium e pagina. Ubi forma digna est, lector commode fiet quonia

15/18 Industria Inline justified

Infinity

ABCDEFGHIJKLM
NOPQRSTUVWXYZ
abcdefghijklm
nopqrstuvwxyz

Si formam cochlearis tui post prandium recordaris, ea forma perversa est. Et cochlear et littera instrumenta sunt; capit alterum cibum e catillo, altera indicium e pagina. Ubi forma digna est, lector commode fiet quoniam littera et trita et decora est. Si formam cochlearis tui post prandium recordaris, ea

8/10 Infinity Medium justified

③④⑦⑧

Originally developed as part of a graphic identity for US Robotics, Infinity abounds with quirky characters: the S has a

shallow-angled straight stroke that connects the upper and lower bowls, and the capital E has a single rounded corner.

FF Info Display

ABCDEFGHIJKLM
NOPQRSTUVWXYZ
abcdefghijklm
nopqrstuvwxyz
1234567890
@&!?;:"*

④★

As its name suggests, this font, designed by Erik Spiekermann, was intended for signs, in particular those that are backlit. The OpenType versions include extra glyphs, such as superior figures, ligatures, arrows, and symbols—everything the information designer needs. This eccentricity makes text setting unpredictable except in small amounts.

Si formam cochlearis tui post prandium recordaris, ea forma perversa est. Et cochlear et littera instrumenta sunt; capit alterum cibum e catillo, altera indicium e pagina. Ubi forma digna est, lector commode fiet quoniam littera et trita et decora est. Si formam cochlearis tui post prandium recordaris,

9/11 FF Info Display Medium justified

Si formam cochlearis tui post prandium recordaris, ea forma perversa est. Et cochlear et littera instrumenta sunt; capit alterum cibum e catillo, altera indicium e pagina. Ubi forma digna est, lector commode fiet quoniam littera et trita et decora est. Si formam cochlearis tui post prandium recordaris,

9/11 FF Info Display Semibold justified

Interstate

ABCDEFGHIJKLM NOPQRSTUVWXYZ
abcdefghijklm nopqrstuvwxyz
1234567890@&!?;:"*

x

y

Interstate

ABCDEFGHIJKLM NOPQRSTUVWXYZ
abcdefghijklm nopqrstuvwxyz
1234567890@&!?;:"*

Interstate, designed by Tobias Frere-Jones, was based on the signage alphabets of the United States Federal Highway System. There are thirty-six styles, from Hairline to Ultra Black, as well as a complementary set of condensed fonts. With its clipped terminal, the lowercase g is the font's signature character.

Credit
Design: Forrest Mitchell
Client: Beachlife
(website logo)

STOP

GO

Si formam cochlearis tui post prandium recordaris, ea forma perversa est. Et cochlear et littera instrumenta sunt; capit alterum cibum e catillo, altera indicium e pagina. Ubi forma digna est, lector commode fiet quoniam littera et trita et decora est. Si formam cochlearis tui post prandium recordaris, ea forma perversa est. Et cochlear et littera instrumenta sunt; capit alteru

8/10 Interstate Regular justified

Si formam cochlearis tui post prandium recordaris, ea forma perversa est. Et cochlear et littera instrumenta sunt; capit alterum cibum e catillo, altera indicium e pagina. Ubi forma digna est, lector commode fiet quoniam littera et trita et decora est. Si formam cochlearis tui post prandium recordaris, ea forma perversa est. Et cochlear et littera instrumenta sunt; capit alterum

8/10 Interstate Italic justified

Si formam cochlearis tui post prandium recordaris, ea forma perversa est. Et cochlear et littera instrumenta sunt; capit alterum cibum e catillo, altera indicium e pagina. Ubi forma digna est, lector commode fiet quoniam littera et trita et decora est. Si formam cochlearis tui post prandium recordaris, ea forma perversa est. Et cochlear et littera instrumenta sunt; capit alterum cibum e catillo, altera indicium e pagina. Ubi forma digna est, lector commode fiet quoniam littera et trita et decora est. Si formam cochlearis tui

8/10 Interstate Extra Light Condensed justified

Si formam cochlearis tui post prandium recordaris, ea forma perversa est. Et cochlear et littera instrumenta sunt; capit alterum cibum e catillo, altera indicium e pagina. Ubi forma digna est, lector commode fiet quoniam littera et trita et decora est. Si formam cochlearis tui post prandium recordaris, ea forma perversa est. Et

8/10 Interstate Ultra Black justified

Isonorm

ABCDEFGHIJKLM
NOPQRSTUVWXYZ
abcdefghijklm
nopqrstuvwxyz
1234567890@&!?;:"'*

Si formam cochlearis tui post prandium recordaris, ea forma perversa est. Et cochlear et littera instrumenta sunt; capit alterum cibum e catillo, altera indicium e pagina. Ubi forma digna est, lector commode fiet quoniam littera et trita et decora est. Si formam cochlearis tui post prandium recordaris, ea forma perversa est. Et cochlear et littera instrumenta sunt; capit alterum cibum e catillo, altera indicium e pagina.

8/10 Isonorm Regular justified

Created for the International Organization for Standardization (ISO), this geometric sans has a mechanical style. A squarish monoline design, it has rounded terminals with a small number of additional glyphs appearing in the expert set.

Jandoni

ABCDEFGHIJKLM
NOPQRSTUVWXYZ
abcdefghijklm
nopqrstuvwxyz
1234567890@&!?;:"'*

Si formam cochlearis tui post prandium recordaris, ea forma perversa est. Et cochlear et littera instrumenta sunt; capit alterum cibum e catillo, altera indicium e pagina. Ubi forma digna est, lector commode fiet quoniam littera et trita et decora est. Si formam cochlearis tui post prandium recordaris, ea forma perversa est. Et cochlear et littera instrumenta sunt; capit alterum cibum e catillo, altera indicium e pagina. Ubi forma digna est, lector commode fiet quoniam littera

8/10 Jandoni Medium justified, +5 units of tracking

Another font with a strong contrast between thick and thin strokes, Jandoni has just four weights and no italics. The terminals end sharply in the Light variant, resulting in an almost stencil-like effect when set. All versions are condensed.

Jeunesse Sans

ABCDEFGHIJKLM
NOPQRSTUVWXYZ
abcdefghijklm
nopqrstuvwxyz
1234567890@&!?;:"'*

Si formam cochlearis tui post prandium recordaris, ea forma perversa est. Et cochlear et littera instrumenta sunt; capit alterum cibum e catillo, altera indicium e pagina. Ubi forma digna est, lector commode fiet quoniam littera et trita et decora est. Si formam cochlearis tui post prandium recordaris, ea forma perversa est. Et cochlear et littera instrumenta sunt; capit alterum cibum e catillo, altera indici

8/10 Jeunesse Sans Regular justified

This family includes a serif and slab serif as well as the sans serif, which consists of just two fonts. The cross strokes on the capital E, F, G, H, P, and R are higher than normal; the terminals on letters like the lowercase g, j, and y are sharply angled.

Jocelyn

ABCDEFGHIJKLM
NOPQRSTUVWXYZ
abcdefghijklm
nopqrstuvwxyz
1234567890@&!?;:"'*

Si formam cochlearis tui post prandium recordaris, ea forma perversa est. Et cochlear et littera instrumenta sunt; capit alterum cibum e catillo, altera indicium e pagina. Ubi forma digna est, lector commode fiet quoniam littera et trita et decora est. Si formam cochlearis tui post prandium recordaris, ea forma perversa est. Et cochlear et littera instrumenta sunt; capit alterum cibum e catillo, altera indicium e pagina. Ubi forma digna est, lector commode

8/10 Jocelyn Regular justified

With four weights and no italic, Jocelyn is geometrical but with many characters—such as the lowercase e, g, and y, and numerals 5 and 9—ending with shortened terminals. The S is particularly bizarre and appears to be falling over backward.

ITC Johnston

ABCDEFGHIJKLM
NOPQRSTUVWXYZ
abcdefghijklm
nopqrstuvwxyz
1234567890@&!?;:"*

Si formam cochlearis tui post prandium recordaris, ea forma perversa est. Et cochlear et littera instrumenta sunt; capit alterum cibum e catillo, altera indicium e pagina. Ubi forma digna est, lector commode fiet quoniam littera et trita et decora est. Si formam cochlearis tui post prandium recordaris, ea forma perversa est. Et cochlear et litt

8/10 ITC Johnston Medium justified

Originally designed in 1916 by Edward Johnston for the London Underground system. In its updated version it bears a strong resemblance to Gill; with a reduced instant-recognition factor and fewer idiosyncrasies than the original.

Kabel

ABCDEFGHIJKLM
NOPQRSTUVWXYZ
abcdefghijklm
nopqrstuvwxyz
1234567890@&!?;:"*

Si formam cochlearis tui post prandium recordaris, ea forma perversa est. Et cochlear et littera instrumenta sunt; capit alterum cibum e catillo, altera indicium e pagina. Ubi forma digna est, lector commode fiet quoniam littera et trita et decora est. Si formam cochlearis tui post prandium recordaris, ea forma perversa est. Et cochlear et littera instrumenta sunt; capit alterum cibum

10/10 Kabel Light justified

Inspired by the first transatlantic cable and launched in 1926 but substantially reworked in the 1970s, Kabel is a round font with a signature lowercase e and diamonds instead of dots above the strokes of the i and j. It has five weights but no italic.

FF Karbid

**ABCDEFGHIJKLM
NOPQRSTUVWXYZ
abcdefghijklm
nopqrstuvwxyz
1234567890
@&!?;:"”***

Si formam cochlearis tui post prandium recordaris, ea forma perversa est. Et cochlear et littera instrumenta sunt; capit alterum cibum e catillo, altera indicium e pagina. Ubi forma digna est, lector commode fiet quonia

8.5/10 Karbid Display Bold justified, –30 units of kerning

Si formam cochlearis tui post prandium recordaris, ea forma perversa est. Et cochlear et littera instrumenta sunt; capit alterum cibum e catillo, altera indicium e pagina. Ubi forma digna est, lector commode fiet quoniam littera et trita et

8.5/10 Karbid Regular justified, –5 units of kerning

Si formam cochlearis tui post prandium recordaris, ea forma perversa est. Et cochlear et littera instrumenta sunt; capit alterum cibum e catillo, altera indicium e pagina. Ubi forma digna est, lector commode fiet quonia

8.5/10 Karbid Bold justified, –30 units of tracking

③

An otherwise unremarkable font, Karbid has a Display variant (above) with some striking characters. The capital A sets the tone with an overlapping crossbar and curved terminal, with several other glyphs following suit. The lowercase g and k add to the repertoire of distinctive characters.

Klavika

**ABCDEFGHIJKLM
NOPQRSTUVWXYZ
abcdefghijklm
nopqrstuvwxyz
1234567890
@&!?;:"”***

Si formam cochlearis tui post prandium recordaris, ea forma perversa est. Et cochlear et littera instrumenta sunt; capit alterum cibum e catillo, altera indicium e pagina. Ubi forma digna est, lector commode fiet quoniam littera et trita et decora est. Si formam cochlearis

8/10 Klavika Regular justified, –10 units of kerning

Si formam cochlearis tui post prandium recordaris, ea forma perversa est. Et cochlear et littera instrumenta sunt; capit alterum cibum e catillo, altera indicium e pagina. Ubi forma digna est, lector commode fiet quoniam littera et trita et decora est. Si formam coch

8/10 Klavika Italic justified

Si formam cochlearis tui post prandium recordaris, ea forma perversa est. Et cochlear et littera instrumenta sunt; capit alterum cibum e catillo, altera indicium e pagina. Ubi forma digna est, lector commode fiet quoniam littera et trita et decora est. Si formam cochlearis

8/10 Klavika Light justified, –10 units of kerning

④⑧

With four weights, each with italic and small capitals, and non-aligning numerals options, Klavika is a well-executed, slightly condensed font. It has an unusual double-story lowercase g with an uncompleted loop. There is also a useful expert set with white arrows out of black circles.

Kouros

ABCDEFGHIJKLM
NOPQRSTUVWXYZ
abcdefghijklm
nopqrstuvwxyz
1234567890
@&!?;."'*

Si formam cochlearis tui post prandium recordaris, ea forma perversa est. Et cochlear et littera instrumenta sunt; capit alterum cibum e catillo, altera indicium e pagina. Ubi forma digna est, lector commode fiet quoniam littera et trita et decora est. Si formam cochlearis tui post prandium recordaris, ea forma perversa est. Et cochlear et littera instrumen

8/10 Kouros Regular justified

3 7

If you need to design a menu for a Greek restaurant, look no further than Kouros. Although it is severely limited in range, it has non-aligning numerals as standard (but no small capitals). Avoid using it at text sizes; this font is only suited to headlines.

Legato

ABCDEFGHIJKLM
NOPQRSTUVWXYZ
abcdefghijklm
nopqrstuvwxyz
1234567890
@&!?;."'*

Si formam cochlearis tui post prandium recordaris, ea forma perversa est. Et cochlear et littera instrumenta sunt; capit alterum cibum e catillo, altera indicium e pagina. Ubi forma digna est, lector commode fiet quoniam littera et trita et decora est. Si formam cochlearis tui post prandium recordaris, ea forma perversa est. Et cochlear et lit

8/10 Legato Regular justified

4 7

If you need a font with Light, Medium, Semibold, and Bold faces, with a single expert set that contains small capitals and non-aligning numerals, then Legato fits the bill. It is a slightly condensed font with just a hint of Gill.

ITC Lennox

ABCDEFGHIJKLM
NOPQRSTUVWXYZ
abcdefghijklm
nopqrstuvwxyz
1234567890
@&!?;."'*

Si formam cochlearis tui post prandium recordaris, ea forma perversa est. Et cochlear et littera instrumenta sunt; capit alterum cibum e catillo, altera indicium e pagina. Ubi forma digna est, lector commode fiet quoniam littera et trita et decora est. Si formam cochlearis tui post prandium recordaris, ea forma perversa est. Et cochlear et littera instrumenta sunt; capit alterum cibum e catillo, altera indicium e pagina. Ubi forma digna est,

8/10 ITC Lennox Medium justified

2 3

Lennox is a condensed face with slightly flared stems and extra contrast between thick and thin strokes, giving it a calligraphic feel. This contrast exaggerates the difference between the width of the Book, Medium, and Bold weights.

Letter Gothic

ABCDEFGHIJKLM
NOPQRSTUVWXYZ
abcdefghijklm
nopqrstuvwxyz
1234567890
@&!?;:"*

Letter Gothic was created in the late 1960s for use on IBM typewriters. As with all monospaced fonts, the capitals are narrow and the stems on lowercase glyphs such as the b and d have a slight bend at the bottom of the stroke. There are two weights, both with italic—or "slanted"—variants.

Si formam cochlearis tui post prandium recordaris, ea forma perversa est. Et cochlear et littera instrumenta sunt; capit alterum cibum e catillo, altera indicium e pagina. Ubi forma digna

7.5/10 Letter Gothic Medium unjustified

Si formam cochlearis tui post prandium recordaris, ea forma perversa est. Et cochlear et littera instrumenta sunt; capit alterum cibum e catillo

7.5/10 Letter Gothic Medium Slanted justified

Si formam cochlearis tui post prandium recordaris, ea forma perversa est. Et cochlear et littera instrumenta sunt; capit alterum cibum e catillo, altera indicium e pagina. Ubi forma digna

7.5/10 Letter Gothic Bold unjustified

Linotype Lichtwerk

ABCDEFGHIJKLM
NOPQRSTUVWXYZ
abcdefghijklm
nopqrstuvwxyz
1234567890@&!?;:"*

Ultra-condensed and almost monoline, Lichtwerk has a very large x-height. It comprises a regular weight plus italic, and oddly, a bold without an italic.

The lowercase f has a high crossbar and a long, straight descender, and the capital Q has a tail that is disconnected from the bowl.

Si formam cochlearis tui post prandium recordaris, ea forma perversa est. Et cochlear et littera instrumenta sunt; capit alterum cibum e catillo, altera indicium e pagina. Ubi forma digna est, lector commode fiet quoniam littera et trita et decora est. Si formam cochlearis tui post prandium recordaris, ea forma perversa est. Et cochlear et littera instrumenta sunt; capit alterum cibum e catillo, altera indicium e pagina. Ubi forma digna est, lector commode fiet quoniam littera et trita et

8/10 Linotype Lichtwerk Regular justified, +10 units of tracking

Si formam cochlearis tui post prandium recordaris, ea forma perversa est. Et cochlear et littera instrumenta sunt; capit alterum cibum e catillo, altera indicium e pagina. Ubi forma digna est, lector commode fiet quoniam littera et trita et decora est. Si formam cochlearis tui post prandium recordaris, ea forma perversa est. Et cochlear et littera instrumenta sunt; capit alterum cibum e catillo, altera indicium e pagina. Ubi forma digna est, lector commode fiet quoniam littera et trita et

8/10 Linotype Lichtwerk Regular Italic justified, +10 units of tracking

Si formam cochlearis tui post prandium recordaris, ea forma perversa est. Et cochlear et littera instrumenta sunt; capit alterum cibum e catillo, altera indicium e pagina. Ubi forma digna est, lector commode fiet quoniam littera et trita et decora est. Si formam cochlearis tui post prandium recordaris, ea forma perversa est. Et cochlear et littera instrumenta sunt; capit alterum cibum e catillo, altera indicium e pagina. Ubi forma digna est, lector commode fiet quoniam littera et trita et

8/10 Linotype Lichtwerk Bold justified, +10 units of tracking

Lithos

ABCDEFGHIJKLM
NOPQRSTUVWXYZ
ABCDEFGHIJKLM
NOPQRSTUVWXYZ
1234567890
@&!?;:"*

SI FORMAM COCHLEARIS TUI POST PRANDIUM
RECORDARIS, EA FORMA PERVERSA EST. ET
COCHLEAR ET LITTERA INSTRUMENTA SUNT;
CAPIT ALTERUM CIBUM E CATILLO, ALTERA
INDICIUM E PAGINA. UBI FORMA DIGNA EST,
LECTOR COMMODE FIET QUONIAM LITTERA
ET TRITA ET DECORA EST. SI FORMAM COCHL

8/10 Lithos Pro Regular justified

Lithos was inspired by ancient Greek inscriptions. There are five weights from Light to Black, and an Extra Light variant that remains fairly readable. The OpenType version provides small capitals—a useful addition to a font without a lowercase.

Lucida Sans

ABCDEFGHIJKLM
NOPQRSTUVWXYZ
abcdefghijklm
nopqrstuvwxyz
1234567890
@&!?;:"*

Si formam cochlearis tui post prandium recordaris, ea forma perversa est. Et cochlear et littera instrumenta sunt; capit alterum cibum e catillo, altera indicium e pagina. Ubi forma digna est, lector commode fiet quoniam littera et trita et decora est. Si formam cochlearis tui post prandium recordaris, ea forma perversa

8/10 Lucida Sans Roman justified

Lucida Sans has a functional roman variant, but the italic is more interesting—the bowls of the lowercase b, d, g, p, and q join the stem at a higher or lower position than normal, giving the font a more flowing and slightly calligraphic feel.

Mahsuri Sans

ABCDEFGHIJKLM
NOPQRSTUVWXYZ
abcdefghijklm
nopqrstuvwxyz
1234567890
@&!?;:"*

Si formam cochlearis tui post prandium recordaris, ea forma perversa est. Et cochlear et littera instrumenta sunt; capit alterum cibum e catillo, altera indicium e pagina. Ubi forma digna est, lector commode fiet quoniam littera et trita et decora est. Si formam cochlearis tui post prandium recordaris, ea forma perversa est. Et cochlear et litt

8/10 Mahsuri Sans Regular justified

With four useful weights, each with an italic and non-aligning numerals, Mahsuri is a font without unusual letterforms. The OpenType variant has an extensive character set, making it practical when multi-language support is required.

Helvetica Showcase

Credit
(Right)
Design: Dustin E. Arnold
Client: Luxelab
(packaging)

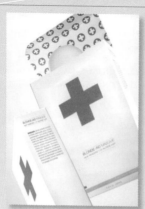

Credit
(Below)
Design: Eloisa Iturbe
Client: Fox International
Channels
(TV advertisement)

Credit
(Right)
Design: Philip Koerber,
Plasticbag
Client: Mobile Economy
(logo)

Mobile Economy

Credit
(Above)
Design: lemoustache!
Client: Abraxas Disco
(logo)

Credit
(Below)
Design: // Avec
Client: elemental
(CD sleeve)

Credit
(Left)
Design: Aliza Dzik &
Dylan Fracareta
Client: Yale Symphony
Orchestra
(poster)

Credit
(Right)
Design: seripop
Client: 58 Beats
(album cover)

Credit
(Left)
Design: Tommaso
Catalucci, k12m
Client: Associazione
Ameria Umbra
(flyer)

Credit
(Below)
Design: Leo Mendes
Client: Eli Joory
(website)

Credit
(Left)
Design: Zion Graphics
Client: Refune
(record cover)

Credit
(Right)
Design: 25ah
Client: Studio Work
(logo)

Maiandra

ABCDEFGHIJKLM
NOPQRSTUVWXYZ
abcdefghijklm
nopqrstuvwxyz
1234567890@&!?;:"'*

Si formam cochlearis tui post prandium recordaris, ea forma perversa est. Et cochlear et littera instrumenta sunt; capit alterum cibum e catillo, altera indicium e pagina. Ubi forma digna est, lector commode fiet quoniam littera et trita et decora est. Si formam cochlearis tui post prandium recordaris, ea forma perversa est. Et cochlear et litt

8/10 Maiandra Regular justified

❸

The name was derived from the word "meander"—appropriate, as the design has an undulating rhythm with no straight lines and a pleasing, brush-drawn quality. It is limited to three weights. The attractive capital W is two capital Vs.

PTL Manual Sans

ABCDEFGHIJKLM
NOPQRSTUVWXYZ
abcdefghijklm
nopqrstuvwxyz
1234567890@&!?;:"*

Si formam cochlearis tui post prandium recordaris, ea forma perversa est. Et cochlear et littera instrumenta sunt; capit alterum cibum e catillo, altera indicium e pagina. Ubi forma digna est, lector commode fiet quoniam littera et trita et decora est. Si formam cochlearis tui post prandium recordaris, ea forma perversa est. Et cochlear et littera instrumenta sunt; capit alter

8/10 PTL Manual Sans Regular justified

❻

Like Golary, Manual is a font from the Primetype stable with a vast range that includes Slab, Semi (serif), Round, Office, and Mono as well as twenty fonts in the Manual Sans range. Suffice it to say that this is a very attractive, modern font.

PTL Maurea

ABCDEFGHIJKLM
NOPQRSTUVWXYZ
abcdefghijklm
nopqrstuvwxyz
1234567890@&!?;:"*

Si formam cochlearis tui post prandium recordaris, ea forma perversa est. Et cochlear et littera instrumenta sunt; capit alterum cibum e catillo, altera indicium e pagina. Ubi forma digna est, lector commode fiet quoniam littera et trita et decora est. Si formam cochlearis tui post prandium recordaris, ea forma perversa est. Et cochlear et

8/10 PTL Maurea Regular justified

❻ ❼

Maurea doesn't have a strong identity. The design, however, is sound and it has a good range of five weights plus italics, small capitals, and non-aligning numerals. Its lack of adornment could be an advantage in certain cases.

FF Max Demi Serif

ABCDEFGHIJKLM
NOPQRSTUVWXYZ
abcdefghijklm
nopqrstuvwxyz
1234567890@&!?;:"*

Max Demi Serif steps in with a massive seven weights, each with an italic. Demi Serif seems a misnomer—perhaps it should be Semi Serif, as the stroke is slightly bent forward at the top of the stem. Nevertheless, it is an attractive, contemporary font with an expert set for each weight that includes extra ligatures.

Si formam cochlearis tui post prandium recordaris, ea forma perversa est. Et cochlear et littera instrumenta sunt; capit alterum cibum e catillo, altera indicium e pagina. Ubi forma digna est, lector commode fiet quoniam littera et tr

8/10 Max Demi Serif Regular justified

Si formam cochlearis tui post prandium recordaris, ea forma perversa est. Et cochlear et littera instrumenta sunt; capit alterum cibum e catillo, altera indicium e pagina. Ubi forma digna est,

8/10 Max Demi Serif Black unjustified

Si formam cochlearis tui post prandium recordaris, ea forma perversa est. Et cochlear et littera instrumenta sunt; capit alterum cibum e catillo, altera indicium e pagina. Ubi forma digna est, lector

8/10 Max Demi Serif Bold unjustified

Si formam cochlearis tui post prandium recordaris, ea forma perversa est. Et cochlear et littera instrumenta sunt; capit alterum cibum e catillo, altera indicium e pagina. Ubi forma digna est,

8/10 Max Demi Serif Extra Bold unjustified

Mentor Sans

ABCDEFGHIJKLM
NOPQRSTUVWXYZ
abcdefghijklm
nopqrstuvwxyz
1234567890
@&!?;:"*

Si formam cochlearis tui post prandium recordaris, ea forma perversa est. Et cochlear et littera instrumenta sunt; capit alterum cibum e catillo, altera indicium e pagina. Ubi forma digna est, lector commode fiet quoniam littera et trita et decora est. Si formam cochlearis tui post prandium recordaris, ea forma perversa est. Et cochlear et littera instrumenta sunt;

8/10 Mentor Sans Regular justified

Four weights, small capitals and non-aligning numerals, and a matching serif version make Mentor a font for all seasons.

The italic has a pretty lowercase f and g and fi and fl ligatures; the Bold and Black Italic look good in paragraph setting.

Meta

ABCDEFGHIJKLM NOPQRSTUVWXYZ
abcdefghijklm nopqrstuvwxyz
1234567890@&!?;:"*

Meta is one of the most important fonts to have been created this century. Designed by Erik Spiekermann, every character is perfect; it has a massive range, including a condensed series and even a complementary serif. Especially worthy of mention is the lowercase g—to see it is to love it.

Si formam cochlearis tui post prandium recordaris, ea forma perversa est. Et cochlear et littera instrumenta sunt; capit alterum cibum e catillo, altera indicium e pagina. Ubi forma digna est, lector commode fiet quoniam littera et trita et decora est. Si

8/10 Meta Normal justified

Si formam cochlearis tui post prandium recordaris, ea forma perversa est. Et cochlear et littera instrumenta sunt; capit alterum cibum e catillo, altera indicium e pagina. Ubi forma digna est, lector commode fiet quoniam littera et trita et decora est. Si

8/10 Meta Thin justified

Si formam cochlearis tui post prandium recordaris, ea forma perversa est. Et cochlear et littera instrumenta sunt; capit alterum cibum e catillo, altera indicium e pagina. Ubi forma digna est, lector commode fiet quoniam littera et trita et decora est. Si

8/10 Meta Normal Italic justified

Si formam cochlearis tui post prandium recordaris, ea forma perversa est. Et cochlear et littera instrumenta sunt; capit alterum cibum e catillo, altera indicium e pagina. Ubi forma digna est, lector commode fiet quoniam littera et trita et

8/10 Meta Black justified, +10 units of tracking

Microgramma

ABCDEFGHIJKLM NOPQRSTUVWXYZ
abcdefghijklm nopqrstuvwxyz
1234567890
@&!?;:"*

Si formam cochlearis tui post prandium recordaris, ea forma perversa est. Et cochlear et littera instrumenta sunt; capit alterum cibum e catillo, altera indicium e pagina. Ubi forma digna est, lector commode fiet quoniam littera et trita et decora est. Si formam cochlearis tui post

8/10 Microgramma Medium Extended justified

Although there is a medium-width Microgramma, the classic version is the extended one that is available in Medium and Bold weights. When set in text it produces a very strong horizontal linear pattern. There is no italic variant.

1984 *Los Angeles*
1988 *Seoul* 1992 *Barcelona*
1996 Atlanta
2000 *SYDNEY* 2004 ATHENS
2008 BEIJING 2012 London

Si formam cochlearis tui post prandium recordaris, ea forma perversa est. Et cochlear et littera instrumenta sunt, capit alterum cibum e catillo, altera indicium e pagina. Ubi forma digna est, lector commode fiet quoniam littera et trita et decora est. Si formam cochlearis tui post prandium recordaris, e

8/10 Meta Hairline justified

SI FORMAM COCHLEARIS TUI POST PRANDIUM RECORDARIS, EA FORMA PERVERSA EST. ET COCHLEAR ET LITTERA INSTRUMENTA SUNT; CAPIT ALTERUM CIBUM E CATILLO, ALTERA INDICIUM E PAGINA. UBI FORMA DIGNA EST, LECTOR COMMODE FIET QUONIAM LITTERA ET TRITA ET DECORA EST. SI

8/10 Meta Book Caps justified, –30 units of kerning

Si formam cochlearis tui post prandium recordaris, ea forma perversa est. Et cochlear et littera instrumenta sunt; capit alterum cibum e catillo, altera indicium e pagina. Ubi forma digna est, lector commode fiet quoniam littera et trita et decora est. Si

8/10 Meta Bold justified

Si formam cochlearis tui post prandium recordaris, ea forma perversa est. Et cochlear et littera instrumenta sunt; capit alterum cibum e catillo, altera indicium e pagina. Ubi forma digna est, lector commode fiet quoniam littera et trita et decora est. Si

8/10 Meta Bold Italic justified

Mondial Plus

ABCDEFGHIJKLM
NOPQRSTUVWXYZ
abcdefghijklm
nopqrstuvwxyz
1234567890
@&!?;."*

Si formam cochlearis tui post prandium recordaris, ea forma perversa est. Et cochlear et littera instrumenta sunt; capit alterum cibum e catillo, altera indicium e pagina. Ubi forma digna est, lector commode fiet quoniam littera et trita et decora est. Si formam cochl

8/10 Mondial Plus Medium justified

❹❼

With non-aligning numerals as standard and an expert set of small capitals and italics for all six weights, Mondial Plus is a comprehensive package. With slightly more than average contrast between thick and thin strokes, it is a distinctive font.

SANS SERIF FONTS

Mosquito Pro

ABCDEFGHIJKLM
NOPQRSTUVWXYZ
abcdefghijklm
nopqrstuvwxyz
1234567890
@&!?;:"*

Si formam cochlearis tui post prandium recordaris, ea forma perversa est. Et cochlear et littera instrumenta sunt; capit alterum cibum e catillo, altera indicium e pagina. Ubi forma digna est, lector commode fiet quoniam littera et trita et decora est. Si formam cochlearis tui post prandium recordaris, ea forma perversa est. Et coch

8/10 Mosquito Pro Regular justified

Although Mosquito Pro has just three weights (plus italics), its OpenType glyph set includes an amazing 597 characters.

The stems on some lowercase characters have a slight bend at the end of the stroke, giving the font an informal attitude.

Myriad Pro

ABCDEFGHIJKLM
NOPQRSTUVWXYZ
abcdefghijklm
nopqrstuvwxyz
1234567890
@&!?;:"*

With forty fonts in the family, Myriad was designed by two of the leading figures in modern type design, Robert Slimbach and Carol Twombly. Its glyph set is a staggering 800-plus per font, making it a clear choice for multi-language setting, and it offers Condensed and Semi Condensed (below) as well as Semi Extended options.

Credit
Design: Kaloian Toshev
Client: RIZN Communication Design
(logo)

Si formam cochlearis tui post prandium recordaris, ea forma perversa est. Et cochlear et littera instrumenta sunt; capit alterum cibum e catillo, altera indicium e pagina. Ubi forma digna est, lector commode fiet quoniam littera et trita et decora est. Si formam cochlearis tui post prandium recordaris, ea forma perversa

9/11 Myriad Pro Regular justified

Si formam cochlearis tui post prandium recordaris, ea forma perversa est. Et cochlear et littera instrumenta sunt; capit alterum cibum e catillo, altera indicium e pagina. Ubi forma digna est, lector commode fiet quoniam littera et trita et decora est. Si formam cochlearis tui post prandium recordaris, ea forma perversa est. Et cochlear et littera instrumenta sunt; capit alter

9/11 Myriad Pro Light Semi Condensed justified

Naniara

ABCDEFGHIJKLM
NOPQRSTUVWXYZ
abcdefghijklm
nopqrstuvwxyz
1234567890
ꝺ!?;:"'*

Si formam cochlearis tui post prandium recordaris, ea forma perversa est. Et cochlear et littera instrumenta sunt; capit alterum cibum e catillo, altera indicium e paĝina. Ubi forma diĝna est, lector commode fiet quoniam littera et trita et decora est. Si formam cochlearis tui post prandium recordaris, ea forma perversa est. Et cochlear et littera instrumenta sunt; capit alterum

8/10 Naniara Bold justified

In contrast to Myriad, Naniara offers just three weights. Nevertheless, it includes many quirky characters, like the capital A, E, and H, where the cross strokes don't meet the stem, or the lowercase g with an erect, vertical ear.

Linotype Nautilus

ABCDEFGHIJKLM
NOPQRSTUVWXYZ
abcdefghijklm
nopqrstuvwxyz
1234567890
@&!?;:"'*

Si formam cochlearis tui post prandium recordaris, ea forma perversa est. Et cochlear et littera instrumenta sunt; capit alterum cibum e catillo, altera indicium e pagina. Ubi forma digna est, lector commode fiet quoniam littera et trita et decora est. Si formam cochlearis tui post prandium recordaris, ea forma perversa est. Et cochlear et littera instrumenta sunt; capit alterum cibum e catillo, altera indic

8/10 Linotype Nautilus Pro Roman justified

The capitals are shorter than the lowercase ascenders, and the counters of some characters lean forward slightly, giving Nautilus the feel of having been drawn with a broad pen. Non-aligning numerals are available for the whole family.

Neosans

ABCDEFGHIJKLM
NOPQRSTUVWXYZ
abcdefghijklm
nopqrstuvwxyz
1234567890
@&!?;:"'*

Si formam cochlearis tui post prandium recordaris, ea forma perversa est. Et cochlear et littera instrumenta sunt; capit alterum cibum e catillo, altera indicium e pagina. Ubi forma digna est, lector commode fiet quoniam littera et trita et decora est. Si formam cochlearis tui post prandium recordaris, ea forma perversa est. Et cochlear et littera instrum

8/10 Neosans Regular justified

Another contemporary-style sans that is fundamentally a square design but with generously rounded corners. It has six weights with italics, including an Ultra (bold) version that, unlike other extra bold fonts, has not become too extended.

Neotech

ABCDEFGHIJKLM
NOPQRSTUVWXYZ
abcdefghijklm
nopqrstuvwxyz
1234567890
@&!?;:"*

8/10 Neotech Regular justified

Si formam cochlearis tui post prandium recordaris, ea forma perversa est. Et cochlear et littera instrumenta sunt; capit alterum cibum e catillo, altera indicium e pagina. Ubi forma digna est, lector commode fiet quoniam littera et trita et decora est. Si formam cochlearis tui post prandium recordaris, ea forma perversa est. Et cochlear et littera instr

From Sebastian Lester, the Monotype in-house designer also responsible for Neosans, Neotech is similar, but with notable distinctions—like the capital A with parallel stems and a flatter top, and a single-story lowercase a.

News Gothic

ABCDEFGHIJKLM
NOPQRSTUVWXYZ
abcdefghijklm
nopqrstuvwxyz
1234567890@&!?;:"*

Designed before World War II by the illustrious Morris Fuller Benton, News Gothic is a font without frills or pretension, but it looks very elegant when set as paragraphs. It is slightly condensed with a fairly large x-height (compare with Futura) that gives it a sense of openness, particularly in its lighter variants.

Si formam cochlearis tui post prandium recordaris, ea forma perversa est. Et cochlear et littera instrumenta sunt; capit alterum cibum e catillo, altera indicium e pagina. Ubi forma digna est, lector commode fiet quoniam littera et trita et decora est. Si

8/10 News Gothic Medium justified

Si formam cochlearis tui post prandium recordaris, ea forma perversa est. Et cochlear et littera instrumenta sunt; capit alterum cibum e catillo, altera indicium e pagina. Ubi forma digna est, lector commode fiet quoniam littera

8/10 News Gothic Bold justified

Si formam cochlearis tui post prandium recordaris, ea forma perversa est. Et cochlear et littera instrumenta sunt; capit alterum cibum e catillo, altera indicium e pagina. Ubi forma digna est, lector commode fiet quoniam littera et trita et decora est. Si

8/10 News Gothic Medium Oblique justified

Si formam cochlearis tui post prandium recordaris, ea forma perversa est. Et cochlear et littera instrumenta sunt; capit alterum cibum e catillo, altera indicium e pagina. Ubi forma digna est, lector commode fiet quoniam littera

8/10 News Gothic Bold Oblique justified

Nobel

ABCDEFGHIJKLM
NOPQRSTUVWXYZ
abcdefghijklm
nopqrstuvwxyz
1234567890
@&!?;:"*

Si formam cochlearis tui post prandium recordaris, ea forma perversa est. Et cochlear et littera instrumenta sunt; capit alterum cibum e catillo, altera indicium e pagina. Ubi forma digna est, lector commode fiet quoniam littera et trita et decora est. Si formam cochlearis tui post prandium recordaris, ea forma perversa est. Et cochlear et littera instrumenta sunt; capit alterum cibum e catillo, altera indicium e

8/10 Nobel Regular justified

Nobel was inspired by Futura, and this can be seen in the small x-height. It has a lower center of gravity, the upper bowl of the capital G is deeper than the lower, and the middle arm of the capital E is below the middle of the vertical stem.

Norma

ABCDEFGHIJKLM
NOPQRSTUVWXYZ
abcdefghijklm
nopqrstuvwxyz
1234567890&!?;:"*

Si formam cochlearis tui post prandium recordaris, ea forma perversa est. Et cochlear et littera instrumenta sunt; capit alterum cibum e catillo, altera indicium e pagina. Ubi forma digna est, lector commode fiet quoniam littera et trita et decora est. Si formam cochlearis tui post prandium recordaris, ea forma perversa est. Et cochlear et littera instrumenta sunt; capit alterum cibum e catill

8/10 Norma Regular justified

An unusual feature of Norma is that the bowls of some glyphs, including the upper and lowercase b, do not connect with the stems. The capital Q takes this further by dispensing with the tail. It has a useful range of seventeen fonts.

Ocean Sans

ABCDEFGHIJKLM
NOPQRSTUVWXYZ
abcdefghijklm
nopqrstuvwxyz
1234567890
@&!?;:"*

Si formam cochlearis tui post prandium recordaris, ea forma perversa est. Et cochlear et littera instrumenta sunt; capit alterum cibum e catillo, altera indicium e pagina. Ubi forma digna est, lector commode fiet quoniam littera et trita et decora est. Si formam cochlearis tui post prandium recordaris, ea forma perversa est. Et cochlear et littera instrumenta sunt; capit alterum

8/10 Ocean Sans Book justified

Though similar to Norma, Ocean Sans offers condensed versions of all five weights, as well as an extended version, and for most fonts there is a small-capital and non-aligning numeral variant, too, making it a very versatile family.

OCR A Tribute

ABCDEFGHIJKLM
NOPQRSTUVWXYZ
abcdefghijklm
nopqrstuvwxyz
1234567890
@&!?;:"*

Si formam cochlearis tui post prandium recordaris, ea forma perversa est. Et cochlear et littera instrumenta sunt; capit alterum cibum e catillo, altera indicium e pagina. Ubi forma digna est, lector commode fiet quoniam littera et trita et decora est. Si formam cochlearis tui post prandium

8/10 OCR A Tribute Bold unjustified

A modern tribute to the 1960s machine-readable OCR-A, Miriam Röttgers created a three-weight family with both proportionally spaced and monospaced designs. This also includes expert glyphs, and complete character sets.

ITC Officina Sans

ABCDEFGHIJKLM
NOPQRSTUVWXYZ
abcdefghijklm
nopqrstuvwxyz
1234567890@&!?;:"*

Another font from the Erik Spiekermann stable at Meta Design, Officina Sans was designed to complement Officina Serif (see page 124). With numerous additions to the original design, the family now comprises twenty-five fonts. Its condensed form and elegant design make it a very versatile face that can be used in almost any situation.

Si formam cochlearis tui post prandium recordaris, ea forma perversa est. Et cochlear et littera instrumenta sunt; capit alterum cibum e catillo, altera indicium e pagina. Ubi forma digna est, lector commode fiet quoniam littera et trita et decora est. Si formam cochlea

8/10 ITC Officina Sans Book justified

Si formam cochlearis tui post prandium recordaris, ea forma perversa est. Et cochlear et littera instrumenta sunt; capit alterum cibum e catillo, altera indicium e pagina. Ubi forma digna est, lector commode fiet quoniam littera et trita et decora est. Si formam cochlearis

8/10 ITC Officina Sans Book Italic justified

Si formam cochlearis tui post prandium recordaris, ea forma perversa est. Et cochlear et littera instrumenta sunt; capit alterum cibum e catillo, altera indicium e pagina. Ubi forma digna est, lector commode fiet quoniam littera et trita et decora est. Si

8/10 ITC Officina Sans Bold justified

Si formam cochlearis tui post prandium recordaris, ea forma perversa est. Et cochlear et littera instrumenta sunt; capit alterum cibum e catillo, altera indicium e pagina. Ubi forma digna est, lector commode fiet quoniam littera et trita et decora est. Si

8/10 ITC Officina Sans Bold Italic justified

Optima

ABCDEFGHIJKLM NOPQRSTUVWXYZ abcdefghijklm nopqrstuvwxyz 1234567890@&!?;:"*

Created in 1958 by Hermann Zapf, Optima betrays the calligraphic origins of its designer in its subtly waisted stems. It is often described as a font that straddles the divide between serif and sans serif, and is invariably used to convey elegance and effortless style.

Symphony

Si formam cochlearis tui post prandium recordaris, ea forma perversa est. Et cochlear et littera instrumenta sunt; capit alterum cibum e catillo, altera indicium e pagina. Ubi forma digna est, lector commode fiet quoniam littera et trita et decora est. Si formam cochlearis tui post prandium recordaris, ea

9/11 Optima Roman justified

Si formam cochlearis tui post prandium recordaris, ea forma perversa est. Et cochlear et littera instrumenta sunt; capit alterum cibum e catillo, altera indicium e pagina. Ubi forma digna est, lector commode fiet quoniam littera et trita et decora est. Si formam cochlearis tui post prandium recordaris, ea

9/11 Optima Italic justified

Si formam cochlearis tui post prandium recordaris, ea forma perversa est. Et cochlear et littera instrumenta sunt; capit alterum cibum e catillo, altera indicium e pagina. Ubi forma digna est, lector commode fiet quoniam littera et trita et decora est. Si formam cochlearis tui post prandium recordaris, ea

9/11 Optima Bold justified

Si formam cochlearis tui post prandium recordaris, ea forma perversa est. Et cochlear et littera instrumenta sunt; capit alterum cibum e catillo, altera indicium e pagina. Ubi forma digna est, lector commode fiet quoniam littera et trita et decora est. Si formam

9/11 Optima Extra Black justified, +10 units of tracking

ITC Orbon

ABCDEFGHIJKLM
NOPQRSTUUWXYZ
abcdefghijklm
nopqrstuuwxyz
1234567890@&!?;:"*

Si formam cochlearis tui post prandium recordaris, ea forma perversa est. Et cochlear et littera instrumenta sunt; capit alterum cibum e catillo, altera indicium e pagina. Ubi forma digna est, lector commode fiet quoniam littera et trita et decora est. Si formam cochlearis tui post prandium recordaris, ea forma perversa est. Et cochlear et littera instrumenta sunt; capit alterum cibum e catillo, altera indicium e pagina. Ubi forma digna est, lector commode fiet quoniam littera et trita et decora est. Si formam cochlearis tui post prandium

9/10 ITC Orbon Regular justified, +10 units of tracking

Orbon was built around a bullet-shaped O. It is condensed and includes some signature characters—the lowercase i and j—with their triangular dot, as well as a very angular capital M and X. It has four weights and is not suited to text setting.

Oxalis

ABCDEFGHIJKLM
NOPQRSTUVWXYZ
abcdefghijklm
nopqrstuvwxyz
1234567890@&!?;:"*

Oxalis is wonderfully exotic; it contains some highly eccentric glyphs—notably the lowercase g and the ampersand—and the tops of many stems appear as if they were made by the flick of a brush. The non-aligning numerals are squat, as Oxalis has a small x-height.

Si formam cochlearis tui post prandium recordaris, ea forma perversa est. Et cochlear et littera instrumenta sunt; capit alterum cibum e catillo, altera indicium e pagina. Ubi forma digna est, lector commode fiet quoniam littera et trita et decora est. Si formam cochlearis

8/10 Oxalis Regular justified, +10 units of tracking

Si formam cochlearis tui post prandium recordaris, ea forma perversa est. Et cochlear et littera instrumenta sunt; capit alterum cibum e catillo, altera indicium e pagina. Ubi forma digna est, lector commode fiet quoniam littera et trita et decora est. Si formam cochlearis

8/10 Oxalis Demibold justified, +10 units of tracking

Placard

ABCDEFGHIJKLM
NOPQRSTUVWXYZ
abcdefghijklm
nopqrstuvwxyz
1234567890
@&!?;:"*

Si formam cochlearis tui post prandium recordaris, ea forma perversa est. Et cochlear et littera instrumenta sunt; capit alterum cibum e catillo, altera indicium e pagina. Ubi forma digna est, lector commode fiet quoniam littera et trita et decora est. Si formam cochlearis tui post prandium recordaris, ea forma perversa est. Et cochlear et littera instrumenta sunt; capit alterum cibum e catillo, altera indicium e pagina. Ubi forma digna est, lector commode fiet quoniam littera et trita et decora est. Si forma

8/10 Placard Bold Condensed justified, +10 units of tracking

Popular in the 1950s and 1960s, when it was one of the few fonts of its kind available, Placard—in its two variants, Condensed and Bold Condensed—was used extensively for newspaper advertising.

Plastik

ABCDEFGHIJKLM
NOPQRSTUVWXYZ
abcdefghijklm
nopqrstuvwxyz
1234567890@&!?;:"*

Plastik is a condensed, squarish font with heavily rounded corners. It comes in just two weights, but both have Italic and Alternate versions. More interesting is the Fantasy variant, where the stems of some characters are half rounded and the counters are extended in the corners.

Si formam cochlearis tui post prandium recordaris, ea forma perversa est. Et cochlear et littera instrumenta sunt; capit alterum cibum e catillo, altera indicium e pagina. Ubi forma digna est, lector commode fiet quoniam littera et trita et decora est. Si formam cochlearis tui

8/10 Plastik Regular justified

Si formam cochlearis tui post prandium recordaris, ea forma perversa est. Et cochlear et littera instrumenta sunt; capit alterum cibum e catillo, altera indicium e pagina. Ubi forma digna est, lector commode fiet quoniam littera et trita et decora est. Si formam cochlearis tui

8/10 Plastik Bold Italique justified, +10 units of tracking

Preface

ABCDEFGHIJKLM
NOPQRSTUVWXYZ
abcdefghijklm
nopqrstuvwxyz
1234567890
@&!?;:"*

Si formam cochlearis tui post prandium recordaris, ea forma perversa est. Et cochlear et littera instrumenta sunt; capit alterum cibum e catillo, altera indicium e pagina. Ubi forma digna est, lector commode fiet quoniam littera et trita et decora est. Si formam cochlearis tui post prandium recordaris, ea

8/10 Preface Regular justified

③ ⑦

Preface alters assumptions made when designing type. Characters that are traditionally narrow, like the capitals I and T

and the lowercase r and t, have been extended; straight lines have been replaced by curves in the capitals E, K, W, X, and Y.

FF Profile

ABCDEFGHIJKLM
NOPQRSTUVWXYZ
abcdefghijklm
nopqrstuvwxyz
1234567890@&!?;:"*

⑥ ⑦

Profile is an unflashy but very businesslike family of forty fonts. It contains a wide range of expert characters, mathematical symbols, and alternate sets of numerals, and even includes alternative ampersands. The compact, space-saving design is maintained even in the Black variant.

Si formam cochlearis tui post prandium recordaris, ea forma perversa est. Et cochlear et littera instrumenta sunt; capit alterum cibum e catillo, altera indicium e pagina. Ubi forma digna est, lector commode fiet quoniam littera et trita et decora est. Si formam cochlearis tui post

8/10 FF Profile Regular justified, –5 units of kerning

Si formam cochlearis tui post prandium recordaris, ea forma perversa est. Et cochlear et littera instrumenta sunt; capit alterum cibum e catillo, altera indicium e pagina. Ubi forma digna est, lector commode fiet quoniam littera et trita et decora est. Si formam cochlearis tui post

8/10 FF Profile Light justified, –5 units of kerning

Si formam cochlearis tui post prandium recordaris, ea forma perversa est. Et cochlear et littera instrumenta sunt; capit alterum cibum e catillo, altera indicium e pagina. Ubi forma digna est, lector commode fiet quoniam littera et trita et decora est. Si formam cochlearis tui post prandium

8/10 FF Profile Regular Italic justified, –5 units of kerning

Si formam cochlearis tui post prandium recordaris, ea forma perversa est. Et cochlear et littera instrumenta sunt; capit alterum cibum e catillo, altera indicium e pagina. Ubi forma digna est, lector commode fiet quoniam littera et trita et decora est. Si formam cochlear

8/10 FF Profile Black justified, –5 units of kerning

Quay Sans

ABCDEFGHIJKLM
NOPQRSTUVWXYZ
abcdefghijklm
nopqrstuvwxyz
1234567890
@&!?;:"*

Si formam cochlearis tui post prandium recordaris, ea forma perversa est. Et cochlear et littera instrumenta sunt; capit alterum cibum e catillo, altera indicium e pagina. Ubi forma digna est, lector commode fiet quoniam littera et trita et decora est. Si formam cochlearis tui post prandium recordaris, ea forma perversa est. Et cochlear et littera instrumenta sunt; capit alterum cibum e catillo,

8/10 Quay Sans Book justified

Quay Sans abounds with subtle features like the slightly splayed ends to all the straight strokes and the faintly angular curves of the bowls. Created by respected designer David Quay, it has four weights and a quite steeply angled italic.

Revival

ABCDEFGHIJKLM
NOPQRSTUVWXYZ
abcdefghijklm
nopqrstuvwxyz
1234567890
@&!?;:" *

Si formam cochlearis tui post prandium recordaris, ea forma perversa est. Et cochlear et littera instrumenta sunt; capit alterum cibum e catillo, altera indicium e pagina. Ubi forma digna est, lector commode fiet quoniam littera et trita et decora est. Si formam cochlearis tui post prandium recordaris, ea forma perversa est. Et cochlear et littera instrumenta sunt; capit alterum cibum e catillo, altera indicium e pagina. Ubi forma digna est, lector commode

9/10 Revival Regular justified, +10 units of tracking

Revival has just a single weight plus italic. It is a condensed font with some extra contrast between the thick and thin strokes. The capital A and E are rounded, and traditionally wide characters like the capital M and W are narrower than usual.

FF Roice

ABCDEFGHIJKLM
NOPQRSTUVWXYZ
abcdefghijklm
nopqrstuvwxyz
1234567890
@&!?;:"*

Si formam cochlearis tui post prandium recordaris, ea forma perversa est. Et cochlear et littera instrumenta sunt; capit alterum cibum e catillo, altera indicium e pagina. Ubi forma digna est, lector commode fiet quoniam littera et trita et decora est. Si formam cochlearis tui post prandium recordaris, ea

9/10 FF Roice Bold justified, −10 units of kerning

With twenty fonts including non-aligning numerals as standard, small-capital sets, and italic versions for all five weights, Roice has a useful range. On most glyphs the rounded strokes overlap the stems, giving it a typewriter-style appearance.

ITC Roswell

ABCDEFGHIJKLM
NOPQRSTUVWXYZ
abcdefghijklm
nopqrstuvwxyz
1234567890@&!?;:"*

Si formam cochlearis tui post prandium recordaris, ea forma perversa est. Et cochlear et littera instrumenta sunt; capit alterum cibum e catillo, altera indicium e pagina. Ubi forma digna est, lector commode fiet quoniam littera et trita et decora est. Si formam cochlearis tui post prandium recordaris, ea forma perversa est. Et cochlear et littera instrumenta sunt; capit alterum cibum e catillo, altera indicium e pagina. Ubi forma digna est, lector commode fiet quoniam littera et trita et decora est. Si formam cochlearis tui post prandium recordaris, ea forma perversa est. Et cochlear et littera instrumenta sunt;

8/10 Roswell Four justified, +10 units of tracking

A range of ultra-condensed fonts with a small capital but no italic. The stroke is thinner where the bowls join the stems;

some letters, like the capital C, G, S, and the lowercase a, c, f, g, have an exaggerated curve on the terminals.

Rotis Sans Serif

ABCDEFGHIJKLM
NOPQRSTUVWXYZ
abcdefghijklm
nopqrstuvwxyz
1234567890&!?;:"*

Si formam cochlearis tui post prandium recordaris, ea forma perversa est. Et cochlear et littera instrumenta sunt; capit alterum cibum e catillo, altera indicium e pagina. Ubi forma digna est, lector commode fiet quoniam littera et trita et decora est. Si formam cochlearis tui post prandium recordaris, ea forma perversa est. Et cochlear et littera instrumenta sunt; capit alterum cibum e catillo,

8/10 Rotis Sans Serif Light justified

The fourth member of the Rotis family that also includes Serif, Semi Serif, and Semi Sans, Rotis Sans has three weights

plus italics. The upper- and lowercase c and lowercase e feature a bottom loop that flattens out unexpectedly.

SamSans

ABCDEFGHIJKLM
NOPQRSTUVWXYZ
abcdefghijklm
nopqrstuvwxyz
1234567890@&!?;:"*

Si formam cochlearis tui post prandium recordaris, ea forma perversa est. Et cochlear et littera instrumenta sunt; capit alterum cibum e catillo, altera indicium e pagina. Ubi forma digna est, lector commode fiet quoniam littera et trita et decora est. Si formam cochlearis tui post prandium recordaris, ea forma perversa est. Et cochlear et littera instrumenta sunt; capit alterum cibum e catillo, altera indicium e pagina. Ubi forma digna est, lector commode fiet quoniam littera et

8/10 SamSans Thin justified

SamSans is an informal condensed font with a strongly calligraphic influence. A recurring feature is curved

strokes with sharp angles, as in the lowercase a and k and numeral 3. It has two weights plus italics.

Sansa Professional

ABCDEFGHIJKLM
NOPQRSTUVWXYZ
abcdefghijklm
nopqrstuvwxyz
1234567890
@&!?;:"*

Si formam cochlearis tui post prandium recordaris, ea forma perversa est. Et cochlear et littera instrumenta sunt; capit alterum cibum e catillo, altera indicium e pagina. Ubi forma digna est, lector commode fiet quoniam littera et trita et decora est. Si formam cochlearis tui post prandium recordaris, ea

8/10 Sansa Professional Normal justified

With a large x-height and wide range that includes condensed versions, Sansa is a useful font. its signature characters are

the lowercase a, b, d, u, and q, which feature a sharp angle where the curved stroke meets the stem.

Sassoon Sans

ABCDEFGHIJKLM
NOPQRSTUVWXYZ
abcdefghijklm
nopqrstuvwxyz
1234567890@&!?;:"*

④
Initially developed by handwriting expert Dr. Rosemary Sassoon to help children learn to read and write, the family comprises Infant, Primary, and Sans. The exaggerated exit strokes have been removed from the Sans version (designed for more mature readers), which has longer ascenders and descenders.

Si formam cochlearis tui post prandium recordaris, ea forma perversa est. Et cochlear et littera instrumenta sunt; capit alterum cibum e catillo, altera indicium e pagina. Ubi forma digna est, lector commode fiet quoniam littera et trita et decora

8/10 Sassoon Sans Medium justified

Si formam cochlearis tui post prandium recordaris, ea forma perversa est. Et cochlear et littera instrumenta sunt; capit alterum cibum e catillo, altera indicium e pagina. Ubi forma digna est, lector commode fiet quoniam littera et trita et decora est. Si formam cochlearis

8/10 Sassoon Sans Slope justified

Si formam cochlearis tui post prandium recordaris, ea forma perversa est. Et cochlear et littera instrumenta sunt; capit alterum cibum e catillo, altera indicium e pagina. Ubi forma digna est, lector commode fiet quoniam littera et tri

8/10 Sassoon Sans Bold justified

Si formam cochlearis tui post prandium recordaris, ea forma perversa est. Et cochlear et littera instrumenta sunt; capit alterum cibum e catillo, altera indicium e pagina. Ubi forma digna est, lector commode fiet quoniam littera et trita et decora est. Si

8/10 Sassoon Sans Slope Medium justified

FF Scala Sans

ABCDEFGHIJKLM
NOPQRSTUVWXYZ
abcdefghijklm
nopqrstuvwxyz
1234567890@&!?;:"*

⑤ ⑦

Designed by Martin Majoor to complement Scala, Scala Sans is an elegant font with a range of twenty styles including the lowercase j and y, which also feature a flattened curve in their tails. The OpenType versions include a massive 669 glyphs, offering every conceivable extra character.

San Francisco | Conservatory of Music

music

Credit
Design: Meta Design
Client: San Francisco
Conservatory of Music
(logo)

Si formam cochlearis tui post prandium recordaris, ea forma perversa est. Et cochlear et littera instrumenta sunt; capit alterum cibum e catillo, altera indicium e pagina. Ubi forma digna est, lector commode fiet quoniam littera et trita et decora est. Si formam cochlearis tui post prandium recordaris, ea forma perversa est. Et coc

9/10 FF Scala Sans Regular justified

Si formam cochlearis tui post prandium recordaris, ea forma perversa est. Et cochlear et littera instrumenta sunt; capit alterum cibum e catillo, altera indicium e pagina. Ubi forma digna est, lector commode fiet quoniam littera et trita et decora est. Si formam cochlearis tui post prandium recordaris, ea forma perversa est. Et cochl

9/10 FF Scala Sans Light justified

Si formam cochlearis tui post prandium recordaris, ea forma perversa est. Et cochlear et littera instrumenta sunt; capit alterum cibum e catillo, altera indicium e pagina. Ubi forma digna est, lector commode fiet quoniam littera et trita et decora est. Si formam cochlearis tui post prandium recordaris, ea forma perversa est. Et cochlear et litt

9/10 FF Scala Sans Italic justified

Si formam cochlearis tui post prandium recordaris, ea forma perversa est. Et cochlear et littera instrumenta sunt; capit alterum cibum e catillo, altera indicium e pagina. Ubi forma digna est, lector commode fiet quoniam littera et trita et decora est. Si formam cochlearis tui post prandium recordaris, ea forma perversa est. Et cochlear et littera instrumenta sunt; capit alterum cibu

9/10 FF Scala Sans Regular Condensed justified

FF Seria Sans

ABCDEFGHIJKLM
NOPQRSTUVWXYZ
abcdefghijklm
nopqrstuvwxyz
1234567890@&!?;:"*

Presidents of the USA

1789-97
George Washington

1797-1801
John Adams

1801-09
Thomas Jefferson

1809-17
James Madison

1817-25
James Monroe

1825-29
John Quincy Adams

1829-37
Andrew Jackson

Si formam cochlearis tui post prandium recordaris, ea forma perversa est. Et cochlear et littera instrumenta sunt; capit alterum cibum e catillo, altera indicium e pagina. Ubi forma digna est, lector commode fiet quoniam littera et trita et decora est. Si

10/10 Seria Sans Regular justified

4 7

Another font by Martin Majoor, Seria is characterized by extremely tall ascenders, and an italic that has the barest slant and is much more condensed than its roman equivalent. Non-aligning numerals are standard, and there is a small-capitals expert set for both of the two weights available.

Si formam cochlearis tui post prandium recordaris, ea forma perversa est. Et cochlear et littera instrumenta sunt; capit alterum cibum e catillo, altera indicium e pagina. Ubi forma digna est, lector commode fiet quoniam littera et trita et decora est. Si

10/10 Seria Sans Bold justified

Si formam cochlearis tui post prandium recordaris, ea forma perversa est. Et cochlear et littera instrumenta sunt; capit alterum cibum e catillo, altera indicium e pagina. Ubi forma digna est, lector commode fiet quoniam littera et trita et decora est. Si formam cochlearis tui post prand

10/10 Seria Sans Italic justified

Signa

ABCDEFGHIJKLM
NOPQRSTUVWXYZ
abcdefghijklm
nopqrstuvwxyz
1234567890
@&!?;:"*

Si formam cochlearis tui post prandium recordaris, ea forma perversa est. Et cochlear et littera instrumenta sunt; capit alterum cibum e catillo, altera indicium e pagina. Ubi forma digna est, lector commode fiet quoniam littera et trita et decora est. Si formam cochlearis tui post prandium recordaris, ea forma perversa est. Et cochlear et littera instrume

7/10 Signa Book justified

4 7

On the one hand, Signa has some classic humanist sans qualities, but on the other it is highly contemporary and has a purity of form that perfectly suits its origins as the Danish Design Center's house font. It is particularly good for signage.

Solaris

ABCDEFGHIJKLM
NOPQRSTUVWXYZ
abcdefghijklm
nopqrstuvwxyz
1234567890
@&!?;:

Si formam cochlearis tui post prandium recordaris, ea forma perversa est. Et cochlear et littera instrumenta sunt; capit alterum cibum e catillo, altera indicium e pagina. Ubi forma digna est, lector commode fiet quoniam littera et trita et decora est. Si formam cochlearis tui post prandium recordaris, ea forma perversa est. Et cochlear et littera instrumenta sunt; capit alterum cibum e catill

8/10 Solaris Regular justified

With four weights, each with an italic, plus an inline and shadow version, Solaris is a squarish design that has a passing resemblance to an LED screen font. It has a slightly flattened but rounded top to the capital A and M.

Spartan

ABCDEFGHIJKLM
NOPQRSTUVWXYZ
abcdefghijklm
nopqrstuvwxyz
1234567890
@&!?;:"*

Si formam cochlearis tui post prandium recordaris, ea forma perversa est. Et cochlear et littera instrumenta sunt; capit alterum cibum e catillo, altera indicium e pagina. Ubi forma digna est, lector commode fiet quoniam littera et trita et decora est. Si formam cochlearis tui post prandium reco

8/10 Spartan Book Classified justified

Spartan satisfied a need in the 1930s for a font that could be used at very small sizes for advertisements in newspapers. To this end its descenders are virtually nonexistent, with the single-story g having a much-reduced bowl.

Stainless

ABCDEFGHIJKLM
NOPQRSTUVWXYZ
abcdefghijklm
nopqrstuvwxyz
1234567890
@&!?;:"*

Si formam cochlearis tui post prandium recordaris, ea forma perversa est. Et cochlear et littera instrumenta sunt; capit alterum cibum e catillo, altera indicium e pagina. Ubi forma digna est, lector commode fiet quoniam littera et trita et decora est. Si formam cochlearis tui post prandium recordaris, ea forma perversa est. Et cochlear et littera instr

8/10 Stainless Regular justified

With a stable of thirty-five fonts, Stainless is a big shot! The base font is a squarish design but with horseshoe-shaped bowls for lowercase characters like b, d, g, p, and q. There are also Condensed, Compressed, and Extended variants.

Stellar

ABCDEFGHIJKLM
NOPQRSTUVWXYZ
abcdefghijklm
nopqrstuvwxyz
1234567890&!?;:"*

Si formam cochlearis tui post prandium recordaris, ea forma perversa est. Et cochlear et littera instrumenta sunt; capit alterum cibum e catillo, altera indicium e pagina. Ubi forma digna est, lector commode fiet quoniam littera et trita et decora est. Si formam cochlearis tui post prandium recordaris, ea forma perversa est. Et cochlear et littera instrumenta sunt; capit alterum cibum

8/10 Stellar Delta Regular justified

Designed especially for text use, Stellar works well at small sizes. The italics are narrower than the roman, and there are small capitals, aligning and non-aligning numerals, fractions, figures, and many useful characters in the extra sets.

Strada

ABCDEFGHIJKLM
NOPQRSTUVWXYZ
abcdefghijklm
nopqrstuvwxyz
1234567890
@&!?;:"*

Si formam cochlearis tui post prandium recordaris, ea forma perversa est. Et cochlear et littera instrumenta sunt; capit alterum cibum e catillo, altera indicium e pagina. Ubi forma digna est, lector commode fiet quoniam littera et trita et decora est. Si formam cochlearis tui post prandium recordaris, ea forma perversa est. Et cochlear et littera instrumen

8/10 Strada Regular justified

Strada has five weights with italics, small capitals, and non-aligning numerals, plus a duplicate set in condensed format. The roman has slightly rounded ends to the curved strokes, while the italic features a delightful twist in most stems.

Strayhorn

ABCDEFGHIJKLM
NOPQRSTUVWXYZ
abcdefghijklm
nopqrstuvwxyz
1234567890
@&!?;:"*

Si formam cochlearis tui post prandium recordaris, ea forma perversa est. Et cochlear et littera instrumenta sunt; capit alterum cibum e catillo, altera indicium e pagina. Ubi forma digna est, lector commode fiet quoniam littera et trita et decora est. Si formam cochlearis tui post prandium recordaris, ea forma perversa est. Et cochlear et littera instrumenta sunt; capit alterum

8/10 Strayhorn Regular justified

Michael Harvey started life as a letter-cutter and carver. This influence is evident in the chiseled features of Strayhorn. All four weights, along with italics and expert sets, are perfectly balanced, and the kerning is particularly fine.

Sun

ABCDEFGHIJKLM
NOPQRSTUVWXYZ
abcdefghijklm
nopqrstuvwxyz
1234567890
@&!?;:"*

Si formam cochlearis tui post prandium recordaris, ea forma perversa est. Et cochlear et littera instrumenta sunt; capit alterum cibum e catillo, altera indicium e pagina. Ubi forma digna est, lector commode fiet quoniam littera et trita et decora est. Si

8/10 Sun Regular justified

Si formam cochlearis tui post prandium recordaris, ea forma perversa est. Et cochlear et littera instrumenta sunt; capit alterum cibum e catillo, altera indicium e pagina. Ubi forma digna est, lector commode fiet quoniam littera et trita et decora est. Si

8/10 Sun Regular Italic justified

Si formam cochlearis tui post prandium recordaris, ea forma perversa est. Et cochlear et littera instrumenta sunt; capit alterum cibum e catillo, altera indicium e pagina. Ubi forma digna est, lector commode fiet quoniam littera et trita et decora est. Si

8/10 Sun Bold justified

6 7

This massive family of forty-two fonts by Lucas de Groot, commissioned originally by Sun Microsystems, is impressive not just because of its size but also its attention to detail. The lowercase v and w have a slight curve in their right diagonal stem, and the capital Q has a meandering, sperm-like tail.

Syntax

ABCDEFGHIJKLM
NOPQRSTUVWXYZ
abcdefghijklm
nopqrstuvwxyz
1234567890
@&!?;:" *

Si formam cochlearis tui post prandium recordaris, ea forma perversa est. Et cochlear et littera instrumenta sunt; capit alterum cibum e catillo, altera indicium e pagina. Ubi forma digna est, lector commode fiet quoniam littera et trita et decora est. Si

8/10 Syntax Roman justified

Si formam cochlearis tui post prandium recordaris, ea forma perversa est. Et cochlear et littera instrumenta sunt; capit alterum cibum e catillo, altera indicium e pagina. Ubi forma digna est, lector commode fiet quoniam littera et trita et decora est.

8/10 Syntax Italic justified

Si formam cochlearis tui post prandium recordaris, ea forma perversa est. Et cochlear et littera instrumenta sunt; capit alterum cibum e catillo, altera indicium e pagina. Ubi forma digna est, lector commode fiet quoniam littera et trita et decora est. Si

8/10 Syntax Bold justified

4

Designed by Hans Eduard Meier in 1968, Syntax was created for metal typesetting but has been updated, first for film and now for digital technology, largely by Meier himself. Its original design fundamentals have stood the test of time. It has five weights, including an Ultra Black.

Tasse

ABCDEFGHIJKLM
NOPQRSTUVWXYZ
abcdefghijklm
nopqrstuvwxyz
1234567890
@&!?;:"*

Si formam cochlearis tui post prandium recordaris, ea forma perversa est. Et cochlear et littera instrumenta sunt; capit alterum cibum e catillo, altera indicium e pagina. Ubi forma digna est, lector commode fiet quoniam littera et trita et decora est. Si formam cochlearis tui post prandium recordaris, ea forma perversa est. Et cochlear et littera instrumenta sunt; capit alterum cibum e catillo, altera indicium e pagina. Ubi forma digna est, lector commode fiet quoniam littera et trita et decora est. Si formam cochlearis tui

9/10 Tasse Regular justified, +10 units of tracking

②④

Described as a straight-sided and condensed Futura, with which it shares a small x-height and long descenders. All twenty-six variants are condensed, even the extended, and narrow at the point where the curved stroke meets the stem.

Tempo

ABCDEFGHIJKLM
NOPQRSTUVWXYZ
abcdefghijklm
nopqrstuvwxyz
1234567890
@&!?;:"*

Si formam cochlearis tui post prandium recordaris, ea forma perversa est. Et cochlear et littera instrumenta sunt; capit alterum cibum e catillo, altera indicium e pagina. Ubi forma digna est, lector commode fiet quoniam littera et trita et decora est. Si formam cochlearis tui post prandium recordaris, ea forma perversa est. Et cochlear et littera instrumenta sunt; capit alterum cibum e catillo, altera indicium e pagina. Ubi forma digna est, lector

8/10 Tempo Heavy Condensed justified

③

Released in 1931, Tempo can appear top-heavy, as it has a small x-height without longer descenders. Unlike many fonts of the period, it has not been added to and remains a single, heavily condensed face with a steeply angled oblique italic.

Linotype Tetria

ABCDEFGHIJKLM
NOPQRSTUVWXYZ
abcdefghijklm
nopqrstuvwxyz
1234567890
@&!?;:"*

Si formam cochlearis tui post prandium recordaris, ea forma perversa est. Et cochlear et littera instrumenta sunt; capit alterum cibum e catillo, altera indicium e pagina. Ubi forma digna est, lector commode fiet quoniam littera et trita et decora est. Si formam cochlearis tui post prandium recordaris, ea forma perversa est. Et cochlear et littera instrumenta sunt; capit alte

8/10 Linotype Tetria Pro Regular justified

③

Tetria is an enigma. A modern font with four weights but without an italic or small capitals, some versions have non-aligning numerals as standard. The explanation may be that the Tab version of each has aligning tabular numerals.

Sans Serif Showcase

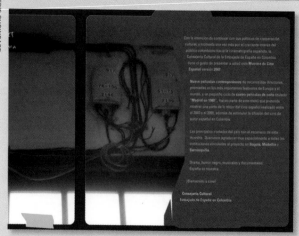

Franklin Gothic
(Above)
Design: Graham Davis,
Design Alternative
Client: MHC
(poster)

Univers
(Above)
Design: Cuartopiso
Client: Culture Council of the
Spanish Embassy in Colombia
(poster)

Gotham
(Below)
Design: James Hollywell,
Client: Barnes & Noble
(book cover)

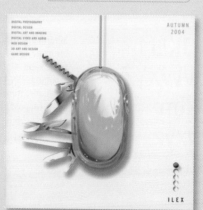

VAG
(Above)
Design: Zion Graphics
Client: Peak Performance
(logo)

Interstate Condensed Bold
(Left)
Design: Graham Davis,
Design Alternative
Client: Ilex Press
(catalog)

Univers
(Above)
Design: Leo Mendes
Client: HEC Paris
(poster)

Century Gothic
(Right)
Design: Nikita
Prokhorov, npgraphicdesign
Client: Personal project
(poster)

Univers
Design: 25ah
Client: Grodan Cocktail Club
(poster)

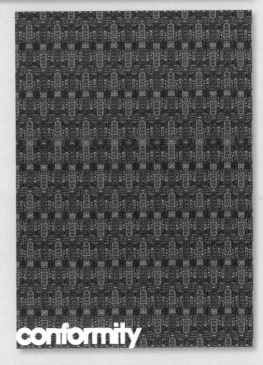

TheMix

ABCDEFGHIJKLM
NOPQRSTUVWXYZ
abcdefghijklm
nopqrstuvwxyz
1234567890@&!?;:"'"*

5 7

TheMix sits between TheSans and TheSerif, and represents a fascinating experiment in type design by Lucas de Groot. The capitals are all sans serif, but all the vertical stems of the lowercase letters have putative serifs. It has eight weights and all the extras you could ask for.

Mississippi

Si formam cochlearis tui post prandium recordaris, ea forma perversa est. Et cochlear et littera instrumenta sunt; capit alterum cibum e catillo, altera indicium e pagina. Ubi forma digna est, lector commode fiet quoniam littera et trita et decora est. Si formam cochlearis tui post prandium recordaris, ea

9/11 TheMix HP5 Plain justified

Si formam cochlearis tui post prandium recordaris, ea forma perversa est. Et cochlear et littera instrumenta sunt; capit alterum cibum e catillo, altera indicium e pagina. Ubi forma digna est, lector commode fiet quoniam littera et trita et decora est. Si formam cochlearis tui post prandium recordaris, ea

9/11 TheMix HP5 Plain Italic justified

Si formam cochlearis tui post prandium recordaris, ea forma perversa est. Et cochlear et littera instrumenta sunt; capit alterum cibum e catillo, altera indicium e pagina. Ubi forma digna est, lector commode fiet quoniam littera et trita et decora est. Si formam cochlearis tui post prandium recorda

9/11 TheMix HP7 Bold justified

Si formam cochlearis tui post prandium recordaris, ea forma perversa est. Et cochlear et littera instrumenta sunt; capit alterum cibum e catillo, altera indicium e pagina. Ubi forma digna est, lector commode fiet quoniam littera et trita et decora est. Si formam cochlearis tui post prandium reco

9/11 TheMix HP9 Black justified

TheSans

ABCDEFGHIJKLM NOPQRSTUVWXYZ abcdefghijklm nopqrstuvwxyz 1234567890@&!?;:"'*

⑤ ⑦

TheSans shares capitals and numeral glyphs with TheMix; in fact, the only characters that change are those that have serifs in TheMix—does this justify having two massive families? Whatever your views, TheSans is a masterpiece of type design, both elegant and functional.

Mississippi

Si formam cochlearis tui post prandium recordaris, ea forma perversa est. Et cochlear et littera instrumenta sunt; capit alterum cibum e catillo, altera indicium e pagina. Ubi forma digna est, lector commode fiet quoniam littera et trita et decora est. Si formam cochlearis tui post prandium recordaris, ea

9/11 TheSans Plain justified

Si formam cochlearis tui post prandium recordaris, ea forma perversa est. Et cochlear et littera instrumenta sunt; capit alterum cibum e catillo, altera indicium e pagina. Ubi forma digna est, lector commode fiet quoniam littera et trita et decora est. Si formam cochlearis tui post prandium recordaris, ea

9/11 TheSans Bold justified

Si formam cochlearis tui post prandium recordaris, ea forma perversa est. Et cochlear et littera instrumenta sunt; capit alterum cibum e catillo, altera indicium e pagina. Ubi forma digna est, lector commode fiet quoniam littera et trita et decora est. Si formam cochlearis tui post prandium recordaris, ea fo

9/11 TheSans Plain Italic justified

Si formam cochlearis tui post prandium recordaris, ea forma perversa est. Et cochlear et littera instrumenta sunt; capit alterum cibum e catillo, altera indicium e pagina. Ubi forma digna est, lector commode fiet quoniam littera et trita et decora est. Si formam cochlearis tui post prandium recordaris, ea

9/11 TheSans Black justified

Today

ABCDEFGHIJKLM
NOPQRSTUVWXYZ
abcdefghijklm
nopqrstuvwxyz
1234567890
@&!?;:"*

Si formam cochlearis tui post prandium recordaris, ea forma perversa est. Et cochlear et littera instrumenta sunt; capit alterum cibum e catillo, altera indicium e pagina. Ubi forma digna est, lector commode fiet quoniam littera et trita et decora est. Si formam cochlearis tui post prandium recordaris, ea forma perversa est. Et cochlear et littera instrumenta sunt; capit alterum

8/10 Today Regular justified

Today comes in two flavors: the H headline version is spaced considerably tighter than the B body text version, which also has slightly accentuated terminal strokes. It has a contemporary styling but with subtle shades of Gill.

Trade Gothic

ABCDEFGHIJKLM
NOPQRSTUVWXYZ
abcdefghijklm
nopqrstuvwxyz
1234567890
@&!?;:"*

Si formam cochlearis tui post prandium recordaris, ea forma perversa est. Et cochlear et littera instrumenta sunt; capit alterum cibum e catillo, altera indicium e pagina. Ubi forma digna est, lector commode fiet quoniam littera et trita et decora est. Si formam cochlearis tui post prandium recordaris, ea forma perversa est. Et cochlear et litt

8/10 Trade Gothic Regular justified

Very much in the same style as News Gothic but often languishing in its shadow, Trade Gothic started life in the late 1940s, but has been added to since. In its base form it is quite condensed, although there is now an extended version, too.

Transit

ABCDEFGHIJKLM
NOPQRSTUVWXYZ
abcdefghijklm
nopqrstuvwxyz
1234567890
@&!?;:"*

Si formam cochlearis tui post prandium recordaris, ea forma perversa est. Et cochlear et littera instrumenta sunt; capit alterum cibum e catillo, altera indicium e pagina. Ubi forma digna est, lector commode fiet quoniam littera et trita et decora est. Si formam cochlearis tui post prandium recordaris, ea forma perversa est. Et cochlear et littera instrumenta sunt; capit

8/10 Transit Normal justified

Originally developed for Berlin city signage, Transit is a condensed font that was influenced by Frutiger. Unusually, it features alternatives for each weight—the regular Pos and a slightly slimmer Neg, which also has extra positive kerning.

Transport

ABCDEFGHIJKLM NOPQRSTUVWXYZ abcdefghijklm nopqrstuvwxyz 1234567890&!?;:"*

Si formam cochlearis tui post prandium recordaris, ea forma perversa est. Et cochlear et littera instrumenta sunt; capit alterum cibum e catillo, altera indicium e pagina. Ubi forma digna est, lector commode fiet quoniam littera et trita et decora est. Si formam cochlearis tui post prandium recordaris, ea forma perversa est. Et cochlear et littera inst

8/10 Transport D Medium justified

③

Designed in 1963 by Margaret Calvert and Jock Kinneir for British road signage, Transport was designed with optimum legibility as its goal. With a large x-height, it has just two weights, Medium and Bold, and no italic. It was influenced by Helvetica.

FF Unit

ABCDEFGHIJKLM NOPQRSTUVWXYZ abcdefghijklm nopqrstuvwxyz 1234567890@&!?;:"*

Si formam cochlearis tui post prandium recordaris, ea forma perversa est. Et cochlear et littera instrumenta sunt; capit alterum cibum e catillo, altera indicium e pagina. Ubi forma digna est, lector commode fiet quoniam littera et trita et decora est. Si

8/10 FF Unit Regular justified

Si formam cochlearis tui post prandium recordaris, ea forma perversa est. Et cochlear et littera instrumenta sunt; capit alterum cibum e catillo, altera indicium e pagina. Ubi forma digna est, lector commode fiet quoniam littera et trita et decora est. Si formam cochlear

8/10 FF Unit Regular Italic justified

⑥ ⑦ ✪

From the stable of Erik Spiekermann comes another monster, comprising fifty-plus styles. Unit is a slightly condensed, straight-sided font with a range from Thin to Ultra Black and a parallel rounded version. It has very shallow non-aligning numerals as standard, plus all the extras you expect.

SANS SERIF FONTS **275**

Univers

ABCDEFGHIJKLM NOPQRSTUVWXYZ
abcdefghijklm nopqrstuvwxyz
1234567890
@&!?;:"*

Si formam cochlearis tui post prandium recordaris, ea forma perversa est. Et cochlear et littera instrumenta sunt; capit alterum cibum e catillo, altera indicium e pagina. Ubi forma digna est, lector commode fiet quoniam littera et trita et decora est. Si formam cochlearis tui post prandium recordaris, ea forma perversa

9/11 Univers Medium justified

Si formam cochlearis tui post prandium recordaris, ea forma perversa est. Et cochlear et littera instrumenta sunt; capit alterum cibum e catillo, altera indicium e pagina. Ubi forma digna est, lector commode fiet quoniam littera et trita et decora est. Si formam

9/11 Univers Bold justified

Si formam cochlearis tui post prandium recordaris, ea forma perversa est. Et cochlear et littera instrumenta sunt; capit alterum cibum e catillo, altera indicium e pagina. Ubi forma digna est, lector commode fiet quoniam littera et trita et decora est. Si formam cochlearis tui post prandium recordaris, ea forma perversa

9/11 Univers Medium Oblique justified

Si formam cochlearis tui post prandium recordaris, ea forma perversa est. Et cochlear et littera instrumenta sunt; capit alterum cibum e catillo, altera indicium e pagina. Ubi forma digna est, lector commode fiet quoniam littera et trita et decora est. Si formam

9/11 Univers Bold Oblique justified

 SANS SERIF FONTS

Ab Ab

If there was ever a granddaddy of sans serif fonts, Univers would be it. Originally designed as a twenty-one-font family and released in 1957, it has been added to ever since, but without the radical overhaul that Helvetica received with Helvetica Neue. Its designer, Adrian Frutiger, was the first to name his fonts using a numerical system.

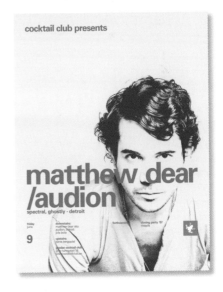

Credit
Design: 25ah
Client: Grodan Cocktail Club
(poster)

VAG Rounded

ABCDEFGHIJKLM NOPQRSTUVWXYZ abcdefghijklm nopqrstuvwxyz 1234567890 @&!?;:"*

Si formam cochlearis tui post prandium recordaris, ea forma perversa est. Et cochlear et littera instrumenta sunt; capit alterum cibum e catillo, altera indicium e pagina. Ubi forma digna est, lector commode fiet quoniam littera et trita et decora est. Si formam cochlearis tui post prandium recordaris, ea forma perversa est. Et coch

8/10 VAG Rounded Bold justified, +20 units of tracking

Designed by Gerry Barney in 1979 as the typeface for Volkswagen, VAG, as its name suggests, features rounded ends to all strokes. Its informal style was a surprising choice for a German motor manufacturer. It has four weights but no italic.

Variable

ABCDEFGHIJKLM NOPQRSTUVWXYZ abcdefghijklm nopqrstuvwxyz 1234567890@&!?;:"*

Si formam cochlearis tui post prandium recordaris, ea forma perversa est. Et cochlear et littera instrumenta sunt; capit alterum cibum e catillo, altera indicium e pagina. Ubi forma digna est, lector commode fiet quoniam littera et trita et decora est. Si formam cochlearis tui post prandium recordaris, ea forma perversa est. Et cochlear et littera instrumenta sunt; capit

8/10 Variable Regular justified

Variable has a contemporary rounded style but with straight sides. It is slightly condensed and has five weights, all with italics, ranging from Ultra Light to a not very bold and totally misnamed Black. All weights share a common width.

Washington

ABCDEFGHIJKLM NOPQRSTUVWXYZ abcdefghijklm nopqrstuvwxyz 1234567890@&!?;:"*

Si formam cochlearis tui post prandium recordaris, ea forma perversa est. Et cochlear et littera instrumenta sunt; capit alterum cibum e catillo, altera indicium e pagina. Ubi forma digna est, lector commode fiet quoniam littera et trita et decora est. Si formam cochlearis tui post prandium recordaris, ea forma perversa est. Et cochlear et littera instrumenta sunt; capit alterum cibum e catillo, altera indicium e pagina. Ubi forma digna est, lector commode fiet quoniam littera et trita et decora est. Si

8/10 Washington Medium justified, +10 units of tracking

With its Art Deco style and 1970s flavor, this is a very condensed font suitable mainly for display. It has a very small x-height and is available in four weights with no italic. Distinctive characters include the lowercase g and the numeral 4.

Woodland

ABCDEFGHIJKLM
NOPQRSTUVWXYZ
abcdefghijklm
nopqrstuvwxyz
1234567890
@&!?;:"*

❷❸❼

Woodland is an informal design with a strong suggestion of brush strokes, not surprising as its Japanese designer, Akira Kobayashi, once trained as a calligrapher. There are four weights ranging from Light to Heavy but no italic, and non-aligning numerals as standard. It has a large x-height.

Si formam cochlearis tui post prandium recordaris, ea forma perversa est. Et cochlear et littera instrumenta sunt; capit alterum cibum e catillo, altera indicium e pagina. Ubi forma digna est, lector commode fiet quoniam littera et trita et decora est. Si formam cochlearis tui post prandium

8/10 Woodland Medium justified

Si formam cochlearis tui post prandium recordaris, ea forma perversa est. Et cochlear et littera instrumenta sunt; capit alterum cibum e catillo, altera indicium e pagina. Ubi forma digna est, lector commode fiet quoniam littera et trita et decora est. Si formam cochlearis tui post prandium recordaris, ea

8/10 Woodland Light justified

Si formam cochlearis tui post prandium recordaris, ea forma perversa est. Et cochlear et littera instrumenta sunt; capit alterum cibum e catillo, altera indicium e pagina. Ubi forma digna est, lector commode fiet quoniam littera et trita et decora est. Si formam

8/10 Woodland Heavy unjustified

Zupra Sans

ABCDEFGHIJKLM
NOPQRSTUVWXYZ
abcdefghijklm
nopqrstuvwxyz
1234567890
@&!?;:"*

❹❼

Zupra is a very extended font with a large x-height, and is characterized by flattened bowls on the top or bottom of lowercase glyphs such as a and b. It has non-aligning numerals as standard but aligning numerals are available as an expert set in the OpenType version.

Si formam cochlearis tui post prandium recordaris, ea forma perversa est. Et cochlear et littera instrumenta sunt; capit alterum cibum e catillo, altera indicium e pagina. Ubi forma digna

7/10 Zupra Sans Regular justified, +10 units of tracking

Si formam cochlearis tui post prandium recordaris, ea forma perversa est. Et cochlear et littera instrumenta sunt; capit alterum cibum e catillo, altera indicium e pagina. Ubi forma

7/10 Zupra Sans Light justified, +10 units of tracking

Si formam cochlearis tui post prandium recordaris, ea forma perversa est. Et cochlear et littera instrumenta sunt; capit alterum cibum e catillo, altera

7/10 Zupra Sans Black justified, +20 units of tracking

DISPLAY

Epokha page 297

DISPLAY FONTS ARE MADE TO BE USED AS HEADLINES, CROSSHEADS, AND advertising display text. They are not usually intended for use in longer passages of text or at smaller sizes. A good display font will be designed for the job rather than extracted from a normal family, although it may be a special display-ready member of a larger set. Traditionally, display fonts didn't include the ink-trap elements found in smaller fonts, as they were always cut in large sizes. Changes in printing processes means that ink traps are not as important, but the aesthetic differences between regular and display type designs remain.

The thought processes that go into the design of display typefaces are not the same as for book typeface families. The issues of legibility are very different when dealing with inch-high headlines as opposed to fine print paragraphs. Of course, it still needs to make sense on the page, but the precise details of character shapes are much more visible and more critically important in display settings. They are often more experimental, but although character shapes may be stylized almost to the point of being caricatures, they still generally conform to the same basic rules. Extremes in character width are common, although there are fewer expanded faces than there are condensed or compressed ones.

Display designs became very popular in the nineteenth century thanks in part to the growth of the advertising poster. This period saw the birth and quick development of the slab serif as well as sans serif typeface models, and traditional serifs were also considered fair game. Some of what came out of this typographically turbulent time was poorly conceived, as many Victorian-era posters show. But this also led to a wealth of innovative new type designs.

As fashion, architecture, and technology developed, display type design followed suit. Art Nouveau, Bauhaus, and other design and arts movements, as well as whole periods such as the swinging '60s or the dapper Edwardian years, have their idiosyncratic display fonts. The range available now is enormous, including cartoon-like slab-serif capitals, rich brushstroke forms, worn-out woodblock type, Art Deco extravaganzas, inlines, and outlines—they may not all be to your taste, but there are display designs for every requirement. As always, the trick is to learn a little about each design's origins, or the factors that influenced the design, and be sure to pick the right font for the project.

Aachen

ABCDEFGHIJKLM NOPQRSTUVWXYZ abcdefghijklm nopqrstuvwxyz 1234567890 &!?;:"*

Credit
Design: Zion Graphics
Client: EMI Music
(CD sleeve)

Si formam cochlearis tui post prandium recordaris, ea forma perversa est. Et cochlear et littera instrumenta sunt; capit alterum cibum e catillo, altera indicium e pagina. Ubi forma digna est, lector commode fiet quoniam littera et trita et decora est. Si

8.5/10 Aachen Medium justified

Si formam cochlearis tui post prandium recordaris, ea forma perversa est. Et cochlear et littera instrumenta sunt; capit alterum cibum e catillo, altera indicium e pagina. Ubi forma digna est, lector commode fiet quoniam littera et trita et decora est.

6.5/10 Aachen Bold justified

This unconventional Egyptian is available in two weights, Medium and Bold. The low contrast of stem thickness and stubby serifs make it capable of powerful imagery. Originally designed as part of Letraset's dry transfer library, it was created by John Brignall and Alan Meeks during the years 1969–1977.

Alleycat

ABCDEFGHIJKLM NOPQRSTUVWXYZ abcdefghijklm nopqrstuvwxyz 1234567890 @&!?;:"*

Credit
Design: Bernard Higton
Client: Ivy Press
(book cover)

Si formam cochlearis tui post prandium recordaris, ea forma perversa est. Et cochlear et littera instrumenta sunt; capit alterum cibum e catillo, altera indicium e pagina. Ubi forma digna est, lector commode fiet quoniam littera et trita et decora est. Si formam cochlearis tui post prandium

8/10 Alleycat ICG Regular justified

Si formam cochlearis tui post prandium recordaris, ea forma perversa est. Et cochlear et littera instrumenta sunt; capit alterum cibum e catillo, altera indicium e pagina. Ubi forma digna est, lector commode fiet quoniam littera et trita et

8/10 Alleycat ICG Bold justified, +10 units of tracking

A digital font consisting of four styles, created by Image Club and released in 1996, Alleycat and Alleycat Bop come in both Regular or Bold. The combination of tapering stems, irregular baseline, and angled terminal serifs create a quirky and lively font for a fun 1950s look.

ABCDEFGHIJKLM
NOPQRSTUVWXYZ
abcdefghijklm
nopqrstuvwxyz
1234567890@&!?;:”*

4 A popular, refined interpretation of the traditional typewriter letterform. Joe Kaden and Tom Stan's 1974 design is available in Light, Medium, and Bold, plus Condensed versions. The forms have been proportionally spaced but retain the immediacy that typewritten text evokes.

QqWwEeRrTtYy

Si formam cochlearis tui post prandium recordaris, ea forma perversa est. Et cochlear et littera instrumenta sunt; capit alterum cibum e catillo, altera indicium e pagina. Ubi forma digna est, lector commode fiet quoniam littera et trita et decora est. Si formam cochlearis tui post prandium recordaris, ea forma perversa est. Et cochle

8/10 American Typewriter Medium justified, +10 units of tracking

Si formam cochlearis tui post prandium recordaris, ea forma perversa est. Et cochlear et littera instrumenta sunt; capit alterum cibum e catillo, altera indicium e pagina. Ubi forma digna est, lector commode fiet quoniam littera et trita et decora est. Si formam cochlearis tui post prandium recordaris, ea forma perversa est. Et cochlear

8/10 American Typewriter Medium Italic justified, +10 units of tracking

Si formam cochlearis tui post prandium recordaris, ea forma perversa est. Et cochlear et littera instrumenta sunt; capit alterum cibum e catillo, altera indicium e pagina. Ubi forma digna est, lector commode fiet quoniam littera et trita et decora est. Si formam cochlearis tui post prandium recordaris, ea forma perversa est. Et cochlear et littera instrumenta sunt; capit alterum cibum e catillo, altera indicium e pagina. Ubi forma digna est,

8/10 American Typewriter Light Condensed justified, +10 units of tracking

Si formam cochlearis tui post prandium recordaris, ea forma perversa est. Et cochlear et littera instrumenta sunt; capit alterum cibum e catillo, altera indicium e pagina. Ubi forma digna est, lector commode fiet quoniam littera et trita et decora est. Si formam cochlearis tui post prandium recordaris, ea forma perversa est.

8/10 American Typewriter Bold justified, +10 units of tracking

Bank Gothic

ABCDEFGHIJ
KLMNOPQRST
UVWXYZ

ABCDEFGHIJKLM
NOPQRSTUVWXYZ
1234567890
@&!?;:"*

③ ⭐

Designed during the early 1930s and based on square proportions, this was created by one of America's most prolific twentieth-century type designers, Morris Fuller Benton. This version has a set of small capitals but no lowercase, so it requires space, but is clean-cut and austere.

SI FORMAM COCHLEARIS TUI POST PRANDIUM RECORDARIS, EA FORMA PERVERSA EST. ET COCHLEAR ET LITTERA INSTRUMENTA SUNT; CAPIT ALTERUM CIBUM E CATILLO, ALTERA INDICIUM E PAGINA. UBI FORMA DIGNA EST,

8/10 Bank Gothic Light unjustified

SI FORMAM COCHLEARIS TUI POST PRANDIUM RECORDARIS, EA FORMA PERVERSA EST. ET COCHLEAR ET LITTERA INSTRUMENTA SUNT; CAPIT ALTERUM CIBUM E CATILLO, ALTERA

8/10 Bank Gothic Medium unjustified

SI FORMAM COCHLEARIS TUI POST PRANDIUM RECORDARIS, EA FORMA PERVERSA EST. ET COCHLEAR ET LITTERA INSTRUMENTA SUNT; CAPIT ALTERUM CIBUM E CATILLO, ALTERA

8/10 Bank Gothic Bold unjustified

Bernhard Bold Condensed

ABCDEFGHIJKLM
NOPQRSTUVWXYZ
abcdefghijklm
nopqrstuvwxyz
1234567890&!?;:"*

③

Created by the German poster designer Lucian Bernhard in 1937, it was originally named Bernhard Antique Bold Condensed. It has a large x-height and small descenders. While the broad vertical stems predominate, it contains subtle detailed forms—an attractive choice for tight headings.

Si formam cochlearis tui post prandium recordaris, ea forma perversa est. Et cochlear et littera instrumenta sunt; capit alterum cibum e catillo, altera indicium e pagina. Ubi forma digna est, lector commode fiet quoniam littera et trita et decora est. Si formam cochlearis tui post prandium recordaris, ea forma perversa est. Et cochlear et littera instrumenta sunt; capit alterum cibum e catillo,

8/10 Bernhard Bold Condensed unjustified, +20 units of tracking

cabaret

Blackoak

**ABCDEFGHIJKLM
NOPQRSTUVWXYZ
abcdefghijklmn
opqrstuvwxyz
1234567890&!?;:"'***

**Si formam cochlearis tui post
prandium recordaris, ea forma
perversa est. Et cochlear et littera
instrumenta sunt; capit alterum**

8/10 Blackoak Regular unjustified

Designed for Adobe by Joy Redick in 1990, this digital font is closely modeled on two examples of metal types cut in the nineteenth century— Stephenson Blake's Egyptian Expanded and Steven Shanks's Expanded Antique. While highly evocative of nineteenth-century posters, its wide proportions make it difficult to accommodate.

Bodoni Poster

**ABCDEFGHIJKLM
NOPQRSTUVWXYZ
abcdefghijklm
nopqrstuvwxyz
1234567890@&!?;:"'***

**Si formam cochlearis tui post prandium recordaris, ea forma
perversa est. Et cochlear et littera instrumenta sunt; capit
alterum cibum e catillo, altera indicium e pagina. Ubi forma
digna est, lector commode fiet quoniam littera et trita et decora**

7/10 Bodoni Poster Roman unjustified

Si formam cochlearis tui post prandium recordaris, ea forma perversa est. Et cochlear et littera instrumenta sunt; capit alterum cibum e catillo, altera indicium e pagina. Ubi forma digna est, lector commode fiet quoniam littera et trita et decora est.Si formam cochlearis tui post prandium recordaris, ea forma perversa est. Et cochlear et littera instrumenta sunt; capit alterum cibum e catillo, altera indicium e pagina. Ubi forma

7/10 Bodoni Poster Compressed unjustified, +10 units of tracking

The high-contrast thick-and-thin forms of Giambattista Bodoni's eighteenth-century types have survived many typographic developments since their first revivals in the twentieth century. Linotype's Bodoni Poster is a digital reworking of Chancery H. Griffith's 1929 version, which was commonly used in posters and advertisements of the period.

BottleKaps

ABCDEFGHIJKLM NOPQRSTUVWXYZ abcdefghijklm nopqrstuvwxyz 1234567890@&!?;:"»❋

BottleKaps is a highly stylized display font with distinct echoes of 1920s and 1930s graphics. It is, however, a relatively modern creation, drawn in 1992 by Alex Kaczun. BottleKaps is suitable for high-impact display and advertising work, but despite extremely heavy shapes, it has a surprisingly buoyant feel.

Si formam cochlearis tui post prandium recordaris, ea forma perversa est. Et cochlear et littera instrumenta sunt; capit alterum cibum e catillo, altera indicium e pagina. Ubi forma digna est,

7/10 BottleKaps S Regular unjustified, +5 units of tracking

Si formam cochlearis tui post prandium recordaris, ea forma perversa est. Et cochlear et littera instrumenta sunt; capit alterum cibum e catillo, altera indicium

7/10 BottleKaps S Condensed Regular unjustified

Si formam cochlearis tui post prandium recordaris, ea forma perversa est. Et cochlear et littera instrumenta sunt; capit alterum cibum e catillo, altera indicium e pagina. Ubi forma digna est, lector

7/10 BottleKaps S Italic Regular unjustified, +5 units of tracking

Si formam cochlearis tui post prandium recordaris, ea forma perversa est. Et cochlear et littera instrumenta sunt; capit alterum cibum e catillo, altera indicium e pagina. Ubi forma digna est, lector

7/10 BottleKaps Swash Italic Regular unjustified, +5 units of tracking

Bremen

ABCDEFGHI JKLMNOPQRS TUVWXYZ 1234567890 &!?;:"*

JI FORMAM COCHLEARIS TUI POST PRANDIUM RECORDARIS, EA FORMA PERVERSA EST. ET COCHLEAR ET LITTERA INSTRUMENTA SUNT; CAPIT ALTERUM CIBUM E CATILLO, ALTERA INDICIUM E PAGINA. UBI FORMA DIGNA EST, LECTOR COMMODE FIET QUONIAM LITTERA

8/10 Bremen Bold unjustified

Richard Lipton's inspiration for his 1992 titling font was German poster lettering of the 1920s and 1930s. Bremen comes in three weights, Light, Bold, and Black. This design is less geometric than many fonts of that period.

Buffalo Gal

ABCDEFGHIJKLM
NOPQRSTUVWXYZ
abcdefghijklm
nopqrstuvwxyz
1234567890&!?;:""*

Si formam cochlearis tui post prandium recordaris, ea forma
perversa est. Et cochlear et littera instrumenta sunt; capit alterum
cibum e catillo, altera indicium e pagina. Ubi forma digna est,
lector commode fiet quoniam littera et trita et decora est. Si formam
cochlearis tui post prandium recordaris, ea forma perversa est.
Et cochlear et littera Si formam cochlearis tui post prandium

10/12 Buffalo Gal Regular unjustified

3

Evoking the Wild West, Tom
Rickner's digital display type
switches the dominant weight
from the stem of the letter to

the slab serif—a deviation from
classic type proportions found
in many nineteenth-century
display types.

Calcite Pro

ABCDEFGHI
JKLMNOPQR
STUVWXYZ
abcdefgh
ijklmnopqr
stuvwxyz
1234567890
@&!?;:"*

Si formam cochlearis tui post prandium recordaris, ea forma perversa
est. Et cochlear et littera instrumenta sunt; capit alterum cibum e catillo,
altera indicium e pagina. Ubi forma digna est, lector commode fiet quoniam littera et trita et decora est. Si formam cochlearis tui post prandium
recordaris, ea forma perversa est. Et cochlear et littera instrumenta sunt;

8/10 Calcite Pro Regular justified, +10 units of tracking

**Si formam cochlearis tui post prandium recordaris, ea forma
perversa est. Et cochlear et littera instrumenta sunt; capit
alterum cibum e catillo, altera indicium e pagina. Ubi forma
digna est, lector commode fiet quoniam littera et trita et decora est. Si formam cochlearis tui post prandium recordaris, ea**

8/10 Calcite Pro Bold justified, +10 units of tracking

**Si formam cochlearis tui post prandium recordaris, ea
forma perversa est. Et cochlear et littera instrumenta
sunt; capit alterum cibum e catillo, altera indicium e
pagina. Ubi forma digna est, lector commode fiet quoniam littera et trita et decora est. Si formam cochlearis**

8/10 Calcite Pro Black justified, +10 units of tracking

This Adobe font is a striking
contemporary sans serif that
hovers between roman and
italics, giving it dynamic energy.
Type designer Akira Kobayashi
has used the contrasting forms
of curves and rectangles to
evoke the mineral forms that
provide the font's title.

Calvert

ABCDEFGHIJKLM
NOPQRSTUVWXYZ
abcdefghijklm
nopqrstuvwxyz
1234567890@&!?;:"*

Designed by Margaret Calvert
for Monotype in 1980, Calvert
is based on earlier type designs
she created for the Tyne and
Wear Metro in the UK. It is a
slab-serif design with a slightly
more humanist feel than most
twentieth-century slab serifs.

Si formam cochlearis tui post prandium
recordaris, ea forma perversa est. Et
cochlear et littera instrumenta sunt; capit
alterum cibum e catillo, altera indicium e
pagina. Ubi forma digna est, lector commode

8/10 Calvert Regular unjustified

**Si formam cochlearis tui post prandium
recordaris, ea forma perversa est. Et
cochlear et littera instrumenta sunt; capit
alterum cibum e catillo, altera indicium
e pagina. Ubi forma digna est, lector**

8/10 Calvert Bold unjustified

Si formam cochlearis tui post prandium
recordaris, ea forma perversa est. Et cochlear
et littera instrumenta sunt; capit alterum
cibum e catillo, altera indicium e pagina. Ubi
forma digna est, lector commode fiet quoniam

8/10 Calvert Light unjustified

Caslon Open Face

ABCDEFGHIJ
KLMNOPQRST
UVWXYZ
abcdefghijklm
nopqrstuvwxyz
1234567890&!?;:"*

Si formam cochlearis tui post prandium
recordaris, ea forma perversa est. Et cochlear
et littera instrumenta sunt; capit alterum
cibum e catillo, altera indicium e pagina. Ubi
forma digna est, lector commode fiet quoniam
littera et trita et decora est. Si formam
cochlearis tui post prandium recordaris,

9/10 Caslon Open Face Regular unjustified, +5 units of tracking

This elegant engraved font
with a tiny x-height is based on
Caslon's classic font. Issued
by Burnhart Bros. & Spindler

in 1915, it originates from the
G. Peignot foundry. Its classical
elegance is useful where subtle
and refined display is required.

Castellar

ABCDEFGHIJ
KLMNOPQRST
UVWXYZ
1234567890
@ &!?;;"* *

UBI FORMA DIGNA EST, LECTOR COMMODE FIET QUONIAM LITTERA ET TRITA ET DECORA EST. SI FORMAM COCHLEARIS TUI POST PRANDIUM RECORDARIS, EA FORMA PERVERSA EST. ET COCHLEAR ET LITTERA INSTRUMENTA SUNT; CAPIT ALTERUM CIBUM E CATILLO, ALTERA INDICIUM E PAGINA. UBI

7/10 Castellar Regular justified, +10 units of tracking

This finely drawn set of capitals uses an engraved effect to represent its inspiration, an inscription dedicated to the Emperor Augustus. Designed by John Peters in 1957, the elegant capitals provide any display with quiet dignity.

Charlemagne

ABCDEFGHIJ
KLMNOPQRST
UVWXYZ
1234567890
@ &!?;;"*

SI FORMAM COCHLEARIS TUI POST PRAN-DIUM RECORDARIS, EA FORMA PERVERSA EST. ET COCHLEAR ET LITTERA INSTRUMEN-TA SUNT; CAPIT ALTERUM CIBUM E CATILLO, ALTERA INDICIUM E PAGINA. UBI FORMA DIGNA EST, LECTOR COMMODE FIET QUO-NIAM LITTERA ET TRITA ET DECORA EST. SI

7/10 Charlemagne Regular justified, +20 units of tracking

Carol Twombly's 1989 titling font is inspired by the carved letterforms of Roman inscriptions. Although she takes examples from the eighth and ninth centuries as her model, she introduces a crisp modernity with finely drawn hairline serifs.

FF Chernobyl

ABCDEFGHIJKLM
NOPQRSTUVWXYZ
abcdefghijklm
nopqrstuvwxyz
1234567890@&!?;;"*

Si formam cochlearis tui post prandium recordaris, ea forma perversa est. Et cochlear et littera instrumenta sunt; capit alterum cibum e catillo, altera indicium e pagina. Ubi forma digna est, lector commode fiet quoniam littera et trita et decora est. Si formam cochlearis tui post prandium recordaris, ea forma perversa est. Et cochlear et littera instrumenta sunt; capit alterum cibum e catillo, altera indicium e pagina.

8/10 FF Chernobyl Regular unjustified, +10 units of tracking

A rather chilling title for this condensed stencil font, which was designed by Stephan Mueller and released in 1999. The repetition of relatively few forms, coupled with the rounded terminals of the stems, give it a science-fiction appearance.

DISPLAY FONTS 289

Chevalier

ABCDEFGHI
JKLMNOPQRS
TUVWXYZ
ABCDEFGHIJKLM
NOPQRSTUVWXYZ
1234567890
@&!?;;"*

SI FORMAM COCHLEARIS TUI POST
PRANDIUM RECORDARIS, EA FORMA
PERVERSA EST. ET COCHLEAR ET
LITTERA INSTRUMENTA SUNT; CAPIT
ALTERUM CIBUM E CATILLO, ALTERA
INDICIUM E PAGINA. UBI FORMA
DIGNA EST, LECTOR COMMODE FIET

8/10 Chevalier Stripes Caps justified

❸

Designed by E. A. Neukomm in 1946, this classical font's engraved capitals recall the eighteenth-century ornamental types of Pierre Simon Fournier. The design characteristics place it somewhere between a modern and a fat face.

Cobra Regular

ABCDEFGHI
JKLMNOPQR
STUVWXYZ
abcdefghijklm
nopqrstuvwxyz
1234567890@&!?;:"*

Si formam cochlearis tui post prandium recordaris, ea forma perversa est. Et cochlear et littera instrumenta sunt; capit alterum cibum e catillo, altera indicium e pagina. Ubi forma digna est, lector commode fiet quoniam littera et trita et decora est. Si formam cochlearis tui post prandium recordaris, ea forma perversa est. Et cochlear et

8/10 Cobra Bold unjustified

❸ ⭐

Designed by Frantisek Storm, Cobra is a blurred face derived from traditional Old Face forms as seen through an unfocused lens. Although it is nominally a display face, the similarities to traditional book fonts mean it can work well at smaller sizes.

Colmcille

ABCDEFGHIJKLM
NOPQRSTUVWXYZ
abcdefghijklm
nopqrstuvwxyz
1234567890
@&!?;:"*

Si formam cochlearis tui post prandium recordaris, ea forma perversa est. Et cochlear et littera instrumenta sunt; capit alterum cibum e catillo, altera indicium e pagina. Ubi forma digna est, lector commode fiet quoniam littera et trita et decora est. Si formam cochlearis tui post prandium

8/10 Colmcille Bold unjustified

❸

This is based on the uncial and named after a sixth-century Gaelic saint. Dubliner Colm O'Lochlainn created the hot-metal versions in 1936, and his son Dara digitized them in 1993. This font is clearly perfect for all Gaelic projects.

Colonna

ABCDEFGHI
JKLMNOPQRST
UVWXYZ
abcdefghijklm
nopqrstuvwxyz
1234567890&!?;;""*

Si formam cochlearis tui post prandium recordaris, ea forma perversa est. Et cochlear et littera instrumenta sunt; capit alterum cibum e catillo, altera indicium e pagina. Ubi forma digna est, lector commode fiet quoniam littera et trita et decora est. Si formam cochlearis tui post prandium recordaris, ea forma perversa est. Et cochlear et littera instrume

8/10 Colonna Regular justified, +10 units of tracking

This elegant inline roman was commissioned by Stanley Morison in 1926. Intended for advertising, it has clean lines and features long descenders and overhung serifs on the diagonals of the capital A and N, giving it a cool, modern appeal.

Commerce Gothic

ABCDEFGHIJKLM
NOPQRSTUVWXYZ
1234567890
@&!?;;""*

SI FORMAM COCHLEARIS TUI POST PRANDIUM RECORDARIS, EA FORMA PERVERSA EST. ET COCHLEAR ET LITTERA INSTRUMENTA SUNT; CAPIT ALTERUM CIBUM E CATILLO, ALTERA INDICIUM E PAGINA. UBI FORMA DIGNA EST, LECTOR COMMODE FIET QUONIAM LITTERA ET TRITA ET DECORA EST. SI FORMAM COCHLEARIS TUI POST PRANDIUM RECORDARIS, EA FORMA PERVERSA EST. ET COCHLEAR ET LITTERA INSTRUMENTA SUNT; CAPIT ALTERUM

8/10 Commerce Gothic Regular unjustified, +40 units of tracking

Designer Jim Parkinson specializes in display types. This conventional condensed sans serif titling font is enhanced by being an outline with a partial heavy shadow. Designed in 1995, it has a neutrality that makes it very versatile.

Compacta

ABCDEFGHIJKLM
NOPQRSTUVWXYZ
abcdefghijklm
nopqrstuvwxyz
1234567890&!?;:"*

Si formam cochlearis tui post prandium recordaris, ea forma perversa est. Et cochlear et littera instrumenta sunt; capit alterum cibum e catillo, altera indicium e pagina. Ubi forma digna est, lector commode fiet quoniam littera et trita et decora est. Si formam cochlearis tui post prandium recordaris, ea forma perversa est. Et cochlear et littera instrumenta sunt; capit alterum cibum e catillo, altera indicium e pagina. Ubi forma digna est, lector commode fiet

8/10 Compacta Bold justified, +5 units of tracking

This bold, condensed sans serif functions well in large sizes with tight letterspacing, creating a powerful typographic impact. It was designed by Fred Lambert in 1963 for Letraset, when condensed sans serifs were in great demand.

Confidential

ABCDEFGHIJKLM
NOPQRSTUVWXYZ
ABCDEFGHIJKLM
NOPQRSTUVWXYZ
1234567890
@&!?;:"*

SI FORMAM COCHLEARIS TUI POST PRANDIUM RECORDARIS,
EA FORMA PERVERSA EST. ET COCHLEAR ET LITTERA
INSTRUMENTA SUNT; CAPIT ALTERUM CIBUM E CATILLO,
ALTERA INDICIUM E PAGINA. UBI FORMA DIGNA EST, LECTOR
COMMODE FIET QUONIAM LITTERA ET TRITA ET DECORA EST.
SI FORMAM COCHLEARIS TUI POST PRANDIUM RECORDARIS,
EA FORMA PERVERSA EST. ET COCHLEAR ET LITTERA

7.5/10 Confidential Regular unjustified

③

Just van Rossum's Confidential is a caps-only sans design that was created to look like worn-out and poorly-inked rubber stamp characters. The design is highly condensed, and it works well for advertising and short display-style text.

Contacta

ABCDEFGHIJKLM
NOPQRSTUVWXYZ
abcdefghijklm
nopqrstuvwxyz
1234567890
&!?;:*

Si formam cochlearis tui post prandium recordaris, ea forma perversa est. Et cochlear et littera instrumenta sunt; capit alterum cibum e catillo, altera indicium e pagina. Ubi forma digna est, lector commode fiet quoniam littera et trita et decora est. Si formam cochlearis tui post prandium recordaris, ea forma perversa est. Et cochlear et littera instrumenta sunt; capit alterum cibum e catillo,

8/10 Contacta Regular unjustified

③

A monoline display font from 1994 that is as much a graphic designer's flight of fancy as it is a normal typeface. Individually the characters can be difficult to discern, but when set together, words suddenly become more legible, and curiously maze-like.

Cooper Black

ABCDEFGHIJKLM
NOPQRSTUVWXYZ
abcdefghijklm
nopqrstuvwxyz
1234567890
@&!?;:" *

Si formam cochlearis tui post prandium recordaris, ea forma perversa est. Et cochlear et littera instrumenta sunt; capit alterum cibum e catillo, altera indicium e pagina. Ubi forma digna est, lector commode fiet quoniam littera et trita et decora est. Si formam cochlearis

8/10 Cooper Black unjustified

③

This is the extra-bold version of Cooper Old Style, although it stands independently as a very popular font. It was created by Oswald Bruce Cooper in 1919. Its bold friendliness provoked a trend in display fonts and has enjoyed several revivals.

Cottonwood

ABCDEFGHIJ
KLMNOPQRST
UVWXYZ
1234567890
&!?;:"*

SI FORMAM COCHLEARIS TUI POST PRANDIUM
RECORDARIS, EA FORMA PERVERSA EST.
ET COCHLEAR ET LITTERA INSTRUMENTA
SUNT; CAPIT ALTERUM CIBUM E CATILLO,
ALTERA INDICIUM E PAGINA. UBI FORMA
DIGNA EST, LECTOR COMMODE FIET QUONIAM
LITTERA ET TRITA ET DECORA EST. SI

7/10 Cottonwood Medium unjustified, +70 units of tracking

An Adobe font inspired by the decorative woodletter fonts of the nineteenth century. The basic letterform has been disguised by the decorative enhancement of the horizontal stress, rather than the conventional vertical stress.

Crillee

ABCDEFGHIJKLM
NOPQRSTUVWXYZ
abcdefghijklm
nopqrstuvwxyz
1234567890
&!?;:"*

Si formam cochlearis tui post prandium recordaris, ea forma perversa est. Et cochlear et littera instrumenta sunt; capit alterum cibum e catillo, altera indicium e pagina. Ubi forma digna est, lector commode fiet quoniam littera et trita et decora est. Si formam cochlearis tui post prandium recordaris, ea forma perversa est. Si formam cochlearis tui

7/10 Crillee Bold Italic unjustified

An italic font with partial serifs that convey a sense of motion or speed. Designed for the Letraset dry transfer library in 1986–87 by Peter O'Donnell and Vince Whitlock, with further developments by Dick Jones in 1980–81, and digitized by ITC.

ITC CuppaJoe

ABCDEFGHIJKLM
NOPQRSTUVWXYZ
ABCDEFGHIJKLM
NOPQRSTUVWXYZ
1234567890
@&!?;:"*

SI FORMAM COCHLEARIS TUI POST PRANDIUM
RECORDARIS, EA FORMA PERVERSA EST. ET
COCHLEAR ET LITTERA INSTRUMENTA SUNT; CAPIT
ALTERUM CIBUM E CATILLO, ALTERA INDICIUM E
PAGINA. UBI FORMA DIGNA EST, LECTOR COMMODE
FIET QUONIAM LITTERA ET TRITA ET DECORA EST.
SI FORMAM COCHLEARIS TUI POST PRANDIUM

7/10 ITC CuppaJoe Regular unjustified

A distinguished geometric sans serif with overlapping crossbar and junctions. The single line thickness and clean-cut forms make it a font that will work well in color. Designed by Nick Curtis in 2001, and inspired by 1930s coffee packaging.

Deviant Strain

ABCDEFGHIJKLM
NOPQRSTUVWXYZ
abcdefghijklm
nopqrstuvwxyz
1234567890
@&!?;:"*

Si formam cochlearis tui post prandium recordaris, ea forma perversa est. Et cochlear et littera instrumenta sunt; capit alterum cibum e catillo, altera indicium e pagina. Ubi forma digna est, lector commode fiet quoniam littera et trita et decora est. Si formam cochlearis tui post prandium recordaris, ea forma perversa est. Et cochlear et littera

8/10 Deviant Strain Regular unjustified

Deviant's core design theme is jumbled baselines, and this family has the cracked and worn look of old Letraset transfer lettering. Some characters have stray lines underneath; the companion "Version" faces have lines appearing under others.

Diablo

ABCDEFGHI
JKLMNOPQR
STUVWXYZ
1234567890
@&!?;:"*

SI FORMAM COCHLEARIS TUI POST PRANDIUM RECORDARIS, EA FORMA PERVERSA EST. ET COCHLEAR ET LITTERA INSTRUMENTA SUNT; CAPIT ALTERUM CIBUM E CATILLO, ALTERA INDICIUM E PAGINA. UBI FORMA DIGNA EST, LECTOR COMMODE FIET QUONIAM LITTERA ET TRITA ET DECORA EST. SI FORMAM COCHLEARIS TUI POST PRANDIUM

7/10 Diablo Regular unjustified

A titling font designed by Californian Jim Parkinson. This broadly proportioned sans serif has many features that echo the organic forms of Art Nouveau type, but also has a friendly clean-cut modernity, suitable for packaging and display.

Digitek

ABCDEFGHIJKLM
NOPQRSTUVWXYZ
abcdefghijklm
nopqrstuvwxyz
1234567890&!?;:" x

Si formam cochlearis tui post prandium recordaris, ea forma perversa est. Et cochlear et littera instrumenta sunt; capit alterum cibum e catillo, altera indicium e pagina. Ubi forma digna est, lector commode fiet quoniam littera et trita et decora est. Si formam cochlearis tui post prandium recordaris, ea forma perversa est. ESi formam cochlearis tui post prandium recordaris, ea forma perversa est. Et cochlear et littera instrumenta sunt; capit alterum cibum e catillo, altera indicium e pagina. Ubi forma digna est, lector commode fiet quoniam littera et trita et decora est. Si formam cochlearis tui post prandium recordaris, ea forma perversa est Si formam cochlearis tui post prandium recordaris, ea forma perversa est. Et cochlear et littera instrumenta sunt; capit alterum cibum e catillo, altera

10/10 Digitek Regular unjustified, +10 units of tracking

Digitek was designed by David Quay in 1990. This ultra-condensed font simulates the digital bitmap fonts of the early days of desktop publishing—as such, it is suggestive of the future but now also has a certain retro appeal.

FF Dynamoe

ABCDEFGHIJKLM
NOPQRSTUVWXYZ
ABCDEFGHIJKLM
NOPQRSTUVWXYZ
1234567890
@&!?;:"*

SI FORMAM COCHLEARIS TUI POST PRANDIUM
RECORDARIS, EA FORMA PERVERSA EST. ET
COCHLEAR ET LITTERA INSTRUMENTA SUNT; CAPIT
ALTERUM CIBUM E CATILLO, ALTERA INDICIUM E
PAGINA. UBI FORMA DIGNA EST, LECTOR COMMODE
FIET QUONIAM LITTERA ET TRITA ET DECORA
EST. SI FORMAM COCHLEARIS TUI POST PRANDIUM

8/10 Dynamoe Regular unjustified, −80 units of kerning

Designed by Just van Rossum in 1992, a novelty capitals font reproducing a mechanical labeling system. Reversed out of black, the letters appear glossy and raised from the surface, but are not sharply defined.

ITC Eastwood

ABCDEFGHIJKLM
NOPQRSTUVWXYZ
abcdefghijklm
nopqrstuvwxyz
1234567890
@&!?;:"*

Si formam cochlearis tui post prandium recordaris, ea forma perversa est. Et cochlear et littera instrumenta sunt; capit alterum cibum e catillo, altera indicium e pagina. Ubi forma digna est, lector commode fiet quoniam littera et trita et decora est. Si formam cochlearis tui post prandium recordaris, ea forma perversa est.

8/10 ITC Eastwood Regular unjustified

This is a classic serif font that appears to be drawn rather carelessly by hand with a thin felt pen. Designed in 1997 by Martin Archer, its apparently clumsy style is useful if a sense of spontaneity or the informality of the handmade is required.

Edition

ABCDEFGHIJKLM
NOPQRSTUVWXYZ
1234567890①&!?;:"*

SI FORMAM COCHLEARIS TUI POST PRANDIUM RECORDARIS, EA FORMA PERVERSA EST.
ET COCHLEAR ET LITTERA INSTRUMENTA SUNT; CAPIT ALTERUM CIBUM E CATILLO,
ALTERA INDICIUM E PAGINA. UBI FORMA DIGNA EST, LECTOR COMMODE FIET QUONIAM
LITTERA ET TRITA ET DECORA EST. SI FORMAM COCHLEARIS TUI POST PRANDIUM
RECORDARIS, EA FORMA PERVERSA EST. ET COCHLEAR ET LITTERA INSTRUMENTA
SUNT; CAPIT ALTERUM CIBUM E CATILLO, ALTERA INDICIUM E PAGINA. UBI FORMA
DIGNA EST, LECTOR COMMODE FIET QUONIAM LITTERA ET TRITA ET DECORA EST. SI

9/10 Edition Regular unjustified, +30 units of tracking

This freely downloadable font from dafont.com (designer unnamed) is an ultra-condensed alphabet of extremely elegant capitals. The high contrast of stem and hairline serif makes it a suitable font for fashion or cosmetic advertising.

Ed Roman

ABCDEFGHIJKLM
NOPQRSTUVWXYZ
abcdefghijklm
nopqrstuvwxyz
1234567890@&!?;:'"*

Si formam cochlearis tui post prandium recordaris, ea forma perversa est. Et cochlear et littera instrumenta sunt; capit alterum cibum e catillo, altera indicium e pagina. Ubi forma digna est, lector commode fiet quoniam littera et trita et decora est. Si formam cochlearis tui post prandium recordaris, ea forma perversa est. Et cochlear et littera instrumenta sunt; capit alterum cibum e catillo, altera indicium e pagina.

8/10 Ed Roman unjustified, +20 units of tracking

❸

This font takes a traditional Didone-style design, albeit with exaggerated serifs, and puts a big spring in its step.

The characters have a cavalier attitude to the baseline, and many individual strokes also sit at different heights.

Egyptian 505

ABCDEFGHIJKLM
NOPQRSTUVWXYZ
abcdefghijklm
nopqrstuvwxyz
1234567890
&!?;:"*

Si formam cochlearis tui post prandium recordaris, ea forma perversa est. Et cochlear et littera instrumenta sunt; capit alterum cibum e catillo, altera indicium e pagina. Ubi forma digna est, lector commode fiet quoniam littera et trita et decora est. Si formam cochlearis tui post

8/10 Egyptian 505 Extended unjustified

❸

This bracketed slab serif first appeared in the nineteenth century, and was very popular with jobbing printers. This

version was designed in 1966 by André Guertler in the design office of the Deberny and Peignot foundry.

Empire

ABCDEFGHI
JKLMNOPQR
STUVWXYZ
1234567890&!?;:"*

SI FORMAM COCHLEARIS TUI POST PRANDIUM RECORDARIS, EA FORMA PERVERSA EST. ET COCHLEAR ET LITTERA INSTRUMENTA SUNT; CAPIT ALTERUM CIBUM E CATILLO, ALTERA INDICIUM E PAGINA. UBI FORMA DIGNA EST, LECTOR COMMODE FIET QUONIAM LITTERA ET TRITA ET DECORA EST. SI FORMAM COCHLEARIS TUI POST PRANDIUM RECORDARIS, EA FORMA PERVERSA EST. ET COCHLEAR ET LITTERA INSTRUMENTA SUNT;

10/13 Empire Regular unjustified, +10 units of tracking

One of the many sans serifs designed by prolific type designer Morris Fuller Benton. Created in 1937 for American

Type Founders, its slim, geometric characteristics recommend it for use when an elegant, modern look is needed.

Engravers

ABCDEFGH
IJKLMNOPQR
STUVWXYZ
1234567890
&!?;:"*

SI FORMAM COCHLEARIS TUI POST
PRANDIUM RECORDARIS, EA FORMA
PERVERSA EST. ET COCHLEAR ET
LITTERA INSTRUMENTA SUNT; CAPIT
ALTERUM CIBUM E CATILLO, ALTERA
INDICIUM E PAGINA. UBI FORMA DIGNA
EST, LECTOR COMMODE FIET QUONIAM

6.5/10 Engravers Regular unjustified, +20 units of tracking

Engravers—a decorative font of generous, elegant capitals and small capitals—is based on the letters used by silversmiths when engraving products in their workshops. Designed by Robert Wiebking in 1899, this digitzed version is by Monotype.

Epokha

ABCDEFGHIJ
KLMNOPQRST
UVWXYZ
1234567890
&!?;:"*

SI FORMAM COCHLEARIS TUI POST
PRANDIUM RECORDARIS, EA FORMA
PERVERSA EST. ET COCHLEAR ET LITTERA
INSTRUMENTA SUNT; CAPIT ALTERUM CIBUM
E CATILLO, ALTERA INDICIUM E PAGINA. UBI
FORMA DIGNA EST, LECTOR COMMODE FIET
QUONIAM LITTERA ET TRITA ET DECORA EST.

7/10 Epokha Regular unjustified, +20 units of tracking

A powerful font of heavy geometric letterforms with equally solid random slab serifs conveying the bulky structures associated with civil engineering or heavy industry. Designed in 1992 by Colin Brignall as part of the Letraset dry transfer library.

P22 Escher

ABCDEFGHIJKLM
NOPQRSTUVWXYZ
abcdefghijklm
nopqrstuvwxyz
1234567890
@&!?;:"*

Si formam cochlearis tui post prandium recordaris,
ea forma perversa est. Et cochlear et littera
instrumenta sunt; capit alterum cibum e catillo,
altera indicium e pagina. Ubi forma digna est, lector
commode fiet quoniam littera et trita et decora est.
Si formam cochlearis tui post prandium recordaris, ea
forma perversa est. Et cochlear et littera instrumenta

8/10 P22 Escher Regular justified

These highly mannered letterforms are based on the Dutch graphic artist M. C. Escher's own formal lettering and his less formal handwritten style of lettering. The digital versions were created by Denis Kegler in 1998.

Figaro

**ABCDEFGHIJKLM
NOPQRSTUVWXYZ
abcdefghijklm
nopqrstuvwxyz
1234567890 &!?;:" ✱**

Si formam cochlearis tui post prandium recordaris, ea forma perversa est. Et cochlear et littera instrumenta sunt; capit alterum cibum e catillo, altera indicium e pagina. Ubi forma digna est, lector commode fiet quoniam littera et trita et decora est. Si formam cochlearis tui post prandium recordaris, ea forma perversa est. Et cochlear et littera instrumenta sunt; capit alterum cibum e catillo, altera indicium e pagina. Ubi forma digna est, lector commode fiet quoniam littera et trita et

8/10 Figaro Regular unjustified, +20 units of tracking

Figaro was released by the Monotype Design Studio in 1940. It is a modernized version of a nineteenth-century slab serif, and heavy emphasis is placed on the serifs. It is typical of the kind of Egyptian fonts used for entertainment events.

Frances Uncial

abcdefghij
klmnopqrst
uvwxyz
1234567890
&!?;:"✱

si formam cochlearis tui post prandium recordaris, ea forma perversa est. et cochlear et Littera instrumenta sunt; capit alterum cibum e catiLLo, aLtera indicium e pagina. ubi forma digna est, Lector commode fiet quoniam Littera et trita et decora est. si formam cochlearis tui post prandium recordaris,

8/10 Frances Uncial Regular unjustified

This font is half capitals and half lowercase, which associates it with the pre-printing era of the fourth and fifth centuries. However, it expresses a modern graphic spontaneity, as it was created by Michael Gills in 1995.

GalaQuadra

ABCDEFGHIJKLM
NOPQRSTUVWXYZ
abcdefghijklm
nopqrstuvwxyz
1234567890
@&!?,.

Si formom cochlearis tui post prandium recordaris, ea formo perversa est. Et cochlear et Littero instrumenta sunt, copit olterum cibum e cotillo, oltero indicium e pagino. Ubi formo digno est, Lector commode fiet quoniam Littero et trito et decoro est. Si formom cochlearis tui post prandium recordaris, ea formo perverso est. Et cochlear

8/10 GalaQuadra Regular unjustified

GalaQuadra is a distorted font that looks like an OCR-style design standing in a hall of mirrors. Each character has an ultra-heavy horizontal stroke and thin vertical lines. Ideal for retro science-fiction titling, but don't dismiss it for other uses.

Gangly

ABCDEFGHIJKLM
NOPQRSTUVWXYZ
abcdefghijklm
nopqrstuvwxyz
1234567890@&!?;:"*

Si formam cochlearis tui post prandium recordaris, ea forma perversa est. Et cochlear et littera instrumenta sunt; capit alterum cibum e catillo, altera indicium e pagina. Ubi forma digna est, lector commode fiet quoniam littera et trita et decora est. Si formam cochlearis tui post prandium recordaris, ea forma perversa est. Et cochlear et littera instrumenta sunt; capit alterum cibum e catillo, altera indicium e pagina. Ubi forma digna est, lector commode fiet quoniam littera et trita et decora est. Si formam cochlearis tui post

8/10 Gangly Regular justified

Developed during the 1990s by Joe Polevy and Jill Pichotta, Gangly has the appearance of a machine-generated letterform.

The condensed letters are softened by curves at all junctions, creating an interesting out-of-focus effect.

Garage Gothic

ABCDEFGHIJKLM
NOPQRSTUVWXYZ
abcdefghijklm
nopqrstuvwxyz
1234567890@&!?;:"*

Si formam cochlearis tui post prandium recordaris, ea forma perversa est. Et cochlear et littera instrumenta sunt; capit alterum cibum e catillo, altera indicium e pagina. Ubi forma digna est, lector commode fiet quoniam littera et trita et decora est. Si formam cochlearis tui post prandium recordaris, ea forma perversa est. Et cochlear et littera instrumenta sunt; capit alterum cibum e catillo, altera indicium e pagina. Ubi forma digna est, lector commode fiet quoniam littera et trita et decora est. Si formam cochlearis tui post prandium recordaris, ea forma perversa est. Et cochlear et littera instrumenta

8/10 Garage Gothic Regular justified, +10 units of tracking

Designed in 1992 by Tobias Frere-Jones, this condensed sans serif family has three useful weights in capitals and lowercase. It is named to emphasize the fact that it is intended to be a hardworking all-around functional letterform.

Girlfriend

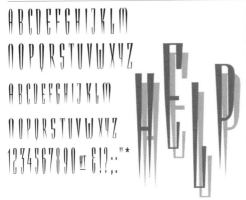

SI FORMAM COCHLEARIS TUI POST PRANDIUM RECORDARIS, EA FORMA PERVERSA EST. ET COCHLEAR ET LITTERA INSTRUMENTA SUNT; CAPIT ALTERUM CIBUM E CATILLO, ALTERA INDICIUM E PAGINA. UBI FORMA DIGNA EST, LECTOR COMMODE FIET QUONIAM LITTERA ET TRITA ET DECORA EST. SI FORMAM COCHLEARIS TUI POST PRANDIUM RECORDARIS, EA FORMA PERVERSA EST. ET

15/11 Girlfriend Regular unjustified, +30 units of tracking

This bizarre, ghostly letterform was designed by Adam Roe in 1994. Its ultra-condensed set of capitals and small capitals will have a marked influence on any design—the stems that swell from the baseline to the capital height appear hair-raising.

Grand Central

ABCDEFGHIJ
KLMNOPQRST
UVWXYZ
1234567890
@&!?;:"*

SI FORMAM COCHLEARIS TUI POST PRANDIUM
RECORDARIS, EA FORMA PERVERSA EST. ET
COCHLEAR ET LITTERA INSTRUMENTA SUNT;
CAPIT ALTERUM CIBUM E CATILLO, ALTERA
INDICIUM E PAGINA. UBI FORMA DIGNA EST,
LECTOR COMMODE FIET QUONIAM LITTERA ET
TRITA ET DECORA EST. SI FORMAM COCHLEARIS

6.5/10 Grand Central Light unjustified

A titling font of generously
proportioned letters, with
modest serifs and lower stem
contrast. Created by Tobias

Frere-Jones in 1998, and
derived from hand-painted
lettering found in Grand Central
Station in New York.

Harrington

ABCDEFGHIJKLM
NOPQRSTUVWXYZ
abcdefghijklm
nopqrstuvwxyz
1234567890&!?;:

Si formam cochlearis tui post prandium
recordaris, ea forma perversa est. Et cochlear
et littera instrumenta sunt; capit alterum cibum
e catillo, altera indicium e pagina. Ubi forma
digna est, lector commode fiet quoniam littera et
trita et decora est. Si formam cochlearis tui post
prandium recordaris, ea forma perversa est.

8/10 Harrington Regular unjustified, +5 units of tracking

Harrington dates from the
Art Nouveau period, but its
precise origins aren't clear.
The decorative flourishes

and extremely large x-height
make this one-face font highly
distinctive, a more flamboyant
cousin of University Roman.

Hoefler Text Engraved

ABCDEFGHI
JKLMNOPQR
STUVWXYZ
1234567890
@&!?;:""*

SI FORMAM COCHLEARIS TUI POST PRANDIUM
RECORDARIS, EA FORMA PERVERSA EST. ET
COCHLEAR ET LITTERA INSTRUMENTA SUNT; CAPIT
ALTERUM CIBUM E CATILLO, ALTERA INDICIUM E
PAGINA. UBI FORMA DIGNA EST, LECTOR COMMODE
FIET QUONIAM LITTERA ET TRITA ET DECORA EST.
SI FORMAM COCHLEARIS TUI POST PRANDIUM

6/10 Hoefler Text Engraved Two unjustified

The engraved companion to
the popular Hoefler Text family,
Hoefler Text Engraved provides
two different weights of capitals.

Ideal for display and titling work,
but avoid using any engraved
design at smaller sizes, where
the inner details become lost.

Impact

ABCDEFGHIJKLM
NOPQRSTUVWXYZ
abcdefghijklm
nopqrstuvwxyz
1234567890&!?;:"*

Si formam cochlearis tui post prandium recordaris, ea forma perversa est. Et cochlear et littera instrumenta sunt; capit alterum cibum e catillo, altera indicium e pagina. Ubi forma digna est, lector commode fiet quoniam littera et trita et decora est. Si formam cochlearis tui post prandium recordaris, ea forma perversa est. Et cochlear et littera

8/10 Impact Regular unjustified, +5 units of tracking

Designed by Geoffrey Lee in 1965, Impact is a condensed sans serif metal type. With its large x-height it is close to Helvetica Inserat and other Grotesques. The condensed Impact letterforms are ideal for powerful communication.

Impakt

ABCDEFGHIJKLM
NOPQRSTUVWXYZ
abcdefghijklm
nopqrstuvwxyz
1234567890&!?;:"*

Si formam cochlearis tui post prandium recordaris, ea forma perversa est. Et cochlear et littera instrumenta sunt; capit alterum cibum e catillo, altera indicium e pagina. Ubi forma digna est, lector commode fiet quoniam littera et trita et decora est. Si formam cochlearis tui post prandium recordaris, ea forma perversa est. Et cochlear et littera instrumenta sunt; capit alterum cibum e catillo, altera indicium e pagina. Ubi forma digna

8/10 Impakt Regular unjustified

A condensed slab-serif font with both square and rounded serifs, inspired by the Cyrillic letterforms of the Russian avant-garde. It was designed by Leonard Currie in 1995. Use with caution, as such strong fonts can overpower copy.

Insignia

ABCDEFGHIJKLM
NOPQRSTUVWXYZ
abcdefghijklm
nopqrstuvwxyz
1234567890@&!?;:"*

Si formam cochlearis tui post prandium recordaris, ea forma perversa est. Et cochlear et littera instrumenta sunt; capit alterum cibum e catillo, altera indicium e pagina. Ubi forma digna est, lector commode fiet quoniam littera et trita et decora est. Si formam cochlearis tui post prandium recordaris, ea forma perversa

8/10 Insignia Roman unjustified

This 1986 font, designed for *The Face* by Neville Brody, is a broad-proportioned geometric sans serif. It has some resemblance to Futura, but is enhanced by several random slab serifs and overlapping crossbars and junctions.

Ironwood

ABCDEFGHI JKLMNOPQR STUVWXYZ 1234567890&!?:;''*

SI FORMAM COCHLEARIS TUI POST PRANDIUM RECORDARIS, EA FORMA PERVERSA EST. ET COCHLEAR ET LITTERA INSTRUMENTA SUNT; CAPIT ALTERUM CIBUM E CATILLO. ALTERA INDICIUM E PAGINA. UBI FORMA DIGNA EST, LECTOR COMMODE FIET QUONIAM LITTERA ET TRITA ET DECORA EST. SI FORMAM COCHLEARIS TUI POST PRANDIUM RECORDARIS, EA FORMA PERVERSA EST. ET COCHLEAR ET LITTERA INSTRUMENTA SUNT; CAPIT ALTERUM CIBUM E CATILLO. ALTERA INDICIUM E PAGINA.

8/10 Ironwood Medium justified, +40 units of tracking

A 1990 font emulating a nineteenth-century woodletter display type, created by Joy Redick. This titling font features sharp-pointed foot and head terminals reminiscent of Gothic Blackletter. It suggests the Wild West or something spooky.

Isabella

ABCDEFGHIJKLM NOPQRSTUVWXYZ abcdefghijklm nopqrstuvwxyz 1234567890&!?;:''*

Si formam cochlearis tui post prandium recordaris, ea forma perversa est. Et cochlear et littera instrumenta sunt; capit alterum cibum e catillo, altera indicium e pagina. Ubi forma digna est, lector commode fiet quoniam littera et trita et decora est. Si formam cochlearis tui post prandium

10/10 Isabella Regular unjustified, +20 units of tracking

First cast by MacKellar, Smiths & Jordan, a major type foundry that merged with the ATF, this decorative, organic font shows Art Nouveau sympathies, and first appeared in 1892. This popular face was one of the first PostScript revivals of 1988.

ITC Juice

ABCDEFGHIJKLM NOPQRSTUVWXYZ abcdefghijklm nopqrstuvwxyz 1234567890@&!?;:''*

Si formam cochlearis tui post prandium recordaris, ea forma perversa est. Et cochlear et littera instrumenta sunt; capit alterum cibum e catillo, altera indicium e pagina. Ubi forma digna est, lector commode fiet quoniam littera et trita et decora est. Si formam cochlearis tui post prandium recordaris, ea forma perversa est. Et cochlear et littera instrumenta sunt; capit alterum cibum e catillo, altera indicium e pagina. Ubi forma digna est, lector

8/10 ITC Juice Regular justified, +30 units of tracking

This decorative condensed font expresses an air of lighthearted enjoyment, and there is a great variety of energetic forms to be found in its alphabet. Released in 1995 and designed by David Sagorski, it is suitable for any not-too-serious occasion.

Juniper

ABCDEFGHI
JKLMNOPQR
STUVWXYZ
1234567890
@&!?;:"*

SI FORMAM COCHLEARIS TUI POST PRANDIUM
RECORDARIS, EA FORMA PERVERSA EST. ET
COCHLEAR ET LITTERA INSTRUMENTA SUNT; CAPIT
ALTERUM CIBUM E CATILLO, ALTERA INDICIUM E
PAGINA. UBI FORMA DIGNA EST, LECTOR COMMODE
FIET QUONIAM LITTERA ET TRITA ET DECORA
EST. SI FORMAM COCHLEARIS TUI POST PRANDIUM

8/10 Juniper Medium unjustified, +10 units of tracking

③

Designed in 1990 by Joy Redick for Adobe, Juniper expresses all the bold, extrovert qualities of a nineteeth-century woodletter type. Most of the letterforms are variations on the basic concave stem. A powerful set of letters with a tinge of Art Nouveau.

ITC Kendo

ABCDEFGHIJKLM
NOPQRSTUVWXYZ
abcdefghijklm
nopqrstuvwxyz
1234567890
@&!?;:"*

Si formam cochleakis tui post prandium recordaris, ea forma perversa est. Et cochlear et littera instrumenta sunt; capit alterum cibum e catillo, altera indicium e pagina. Ubi forma digna est, lector commode fiet quoniam littera et trita et decora est. Si formam cochleakis tui post prandium recordaris, ea forma perversa

8/10 ITC Kendo Regular unjustified, +10 units of tracking

③

Designed in 1997 by Phill Grimshaw, this is a florid script with letters shaped as if formed by a Japanese calligraphy brush, complete with ink splashes. This script would serve well for informal invitations and greetings cards.

Khaki

ABCDEFGHIJKLM
NOPQRSTUVWXYZ
abcdefghijklm
nopqrstuvwxyz
1234567890
@&!?;:"*

Si formam cochlearis tui post prandium recordaris, ea forma perversa est. Et cochlear et littera instrumenta sunt; capit alterum cibum e catillo, altera indicium e pagina. Ubi forma digna est, lector commode fiet quoniam littera et trita et decora est. Si formam cochlearis tui post prandium recordaris, ea forma perversa est. Et cochlear et littera instrumenta sunt;

8/10 Khaki 1 unjustified

③

Khaki is an upright brush script with a distinctive thick-and-thin stroke. This is a casual rather than informal digital font, which is available in two versions, one without ink splashes. Designed by Stephen Miggas.

Kigali

ABCDEFGHIJKLM
NOPQRSTUVWXYZ
abcdefghijklm
nopqrstuvwxyz
1234567890
&!?;:"*

Si formam cochlearis tui post prandium recordaris, ea forma perversa est. Et cochlear et littera instrumenta sunt; capit alterum cibum e catillo, altera indicium e pagina. Ubi forma digna est, lector commode fiet quoniam littera et trita et decora est. Si formam cochlearis tui post prandium recordaris, ea forma perversa est.

9/10 Kigali Roman unjustified, +20 units of tracking

A letterform made from a collection of complex, broad, tapering forms which meet hairline serifs at the baseline.

This highly individual font is also accompanied by a zigzag-patterned version. Designed by Arthur Baker in 1994.

Kino

ABCDEFGHIJKLM
NOPQRSTUVWXYZ
abcdeFghijklm
nopqrstuvwxyz
1234567890&!?;:"*

Si formam cochlearis tui post prandium recordaris, ea forma perversa est. Et cochlear et littera instrumenta sunt; capit alterum cibum e catillo, altera indicium e pagina. Ubi forma digna est, lector commode fiet quoniam littera et trita et decora est. Si formam cochlearis tui post prandium recordaris, ea forma perversa est. Et cochlear et littera instrumenta sunt;

8/10 Kino Regular unjustified, +20 units of tracking

This unique font was designed in 1930 by Martin Dovey. Kino's special character is created by the repetition of a limited number of similar elements, and the appearance that the letters are cropped at head and foot.

Knockout

ABCDEFGHI
JKLMNOPQR
STUVWXYZ
abcdefghijklm
nopqrstuvwxyz
1234567890
&!?;:"*

Si formam cochlearis tui post prandium recordaris, ea forma perversa est. Et cochlear et littera instrumenta sunt; capit alterum cibum e catillo, altera indicium e pagina. Ubi forma digna est, lector commode fiet quoniam littera et trita et decora est. Si formam cochlearis

8/10 Knockout 73 Full Heavyweight unjustified

Eschewing modernist type-family conventions, Knockout is a set of individual sans serif designs that work well together but don't impose a single restrictive design aesthetic onto the wide range of weights. The result is a versatile collection.

ITC Korigan

ABCDEFGHIJKLM
NOPQRSTUVWXYZ
abcdefghijklm
nopqrstuvwxyz
1234567890@&!?;.''*

Si formam cochlearis tui post prandium recordaris, ea forma perversa est. Et cochlear et littera instrumenta sunt; capit alterum cibum e catillo, altera indicium e pagina. Ubi forma digna est, lector commode fiet quoniam littera et trita et decora est. Si formam cochlearis tui post prandium

8/10 ITC Korigan Light unjustified

Thierry Puyfoulhoux created Korigan in 1997 as an alternative to Victor Hammer's American Uncial. Korigan offers both Light and Bold font versions. However, Korigan is not a true uncial, in that it has both capitals and lowercase.

ITC Kumquat

ABCDEFGHIJKLM
NOPQRSTUVWXYZ
abcdefghijklm
nopqrstuvwxyz
1234567890@&!?;.''*

Si formam cochlearis tui post prandium recordaris, ea forma perversa est. Et cochlear et littera instrumenta sunt; capit alterum cibum e catillo, altera indicium e pagina. Ubi forma digna est, lector commode fiet quoniam littera et trita et decora est. Si formam cochlearis tui post prandium recordaris, ea forma perversa est. Et cochlear et littera instrumenta sunt; capit alterum cibum e catillo, altera indicium e pagina. Ubi forma digna est, lector commode fiet

8/10 ITC Kumquat Regular justified

Eric Stevens arrived at this letterform when designing a logotype. The thin monoline and inconsistencies of form and x-height convey a sense of an ancient example of written communication. The completed font was released in 1998.

LCD

ABCDEFGHIJ
KLMNOPQRST
UVWXYZ
1234567890
&!?;.''*

SI FORMAM COCHLEARIS TUI POST PRANDIUM RECORDARIS, EA FORMA PERVERSA EST. ET COCHLEAR ET LITTERA INSTRUMENTA SUNT; CAPIT ALTERUM CIBUM E CATILLO, ALTERA INDICIUM E PAGINA. UBI FORMA DIGNA EST, LECTOR COMMODE FIET QUONIAM LITTERA ET TRITA ET DECORA EST. SI FORMAM COCHLEARIS TUI POST PRANDIUM RECORDARIS, EA FORMA PERVERSA EST. ET COCHLEAR ET LITTERA INSTRUMENTA SUNT; CAPIT ALTERUM

8/10 LCD Regular unjustified

A digital font of capitals that emulates the Liquid Crystal Display used on many digital watches and displays. Martin Wait's design for Letraset, released in 1991, is an excellent choice when a science-fiction or high-tech mood is required.

Leitura

ABCDEFGHIJKLM NOPQRSTUVWXYZ abcdefghijklm nopqrstuvwxyz 1234567890 @&!?;:"*

Si formam cochlearis tui post prandium recordaris, ea forma perversa est. Et cochlear et littera instrumenta sunt; capit alterum cibum e catillo, altera indicium e pagina. Ubi forma digna est, lector commode fiet quoniam littera et trita et decora est. Si formam cochlearis tui post prandium

8/10 Leitura Roman unjustified

A display family created by Dino dos Santos for editorial display setting, Leitura has extreme thicks and thins that give it a

bright, poster-font quality. It has a single weight, but comes in italic and swash forms as well as the upright.

PTL Lore

ABCDEFGHIJKLM NOPQRSTUVWXYZ abcdefghijklm nopqrstuvwxyz 1234567890 @&!?;:"*

Si formam cochlearis tui post prandium recordaris, ea forma perversa est. Et cochlear et littera instrumenta sunt; capit alterum cibum e catillo, altera indicium e pagina. Ubi forma digna est, lector commode fiet quoniam littera et trita et decora est. Si formam cochlearis tui post prandium recordaris, ea forma perversa est.

8/10 PTL Lore Regular unjustified

A modern geometric stencil font available in three weights, Lore is the work of Berliner Verena Gerlach, typographer and

lecturer. This spare, cool font, which first appeared in 2002, is most effective in the Medium and Bold weights.

Lunatix

ABCDEFGHIJKLM NOPQRSTUVWXYZ abcdefghijklm nopqrstuvwxyz 1234567890a&!?;:"*

Si formam cochlearis tui post prandium recordaris, ea forma perversa est. Et cochlear et littera instrumenta sunt; capit alterum cibum e catillo, altera indicium e pagina. Ubi forma digna est, lector commode fiet quoniam littera et trita et decora est. Si formam cochlearis tui post prandium recordaris, ea forma perversa est. Et cochlear et

8/10 Lunatix Light unjustified

A two-weight font, designed by Zuzana Licko and Rudy VanderLans in 1988–89. The partial serifs integrate a number

of unique geometric forms, which mark it as a typeface rather than lettering. It is a true product of a new technology.

Display Showcase

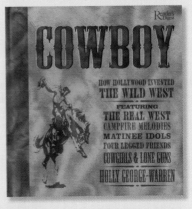

BottleKaps
(Above and below)
Design: Zion Graphics
Client: The Virtues
(CD sleeve)

Mesquite
(Above)
Design: David Costa/Emil Dacanay
(Wherefore Art)
Client: Reader's Digest
(book cover)

American Typewriter
(Right)
Design: Bigfish.co.uk
Client: Dorset Cereals
(packaging)

American Typewriter
(Above)
Design: seripop
Client: Gold Standard Laboratories Records
(record cover)

Lusta

ABCDEFGHIJKLM
NOPQRSTUVWXYZ
abcdefghijklm
nopqrstuvwxyz
1234567890@&!?¡¡""*

Si formam cochlearis tui post prandium recordaris, ea forma perversa est. Et cochlear et littera instrumenta sunt; capit alterum cibum e catillo, altera indicium e pagina. Ubi forma digna est, lector commode fiet quoniam littera et trita et decora est. Si formam cochlearis tui post prandium recordaris, ea forma perversa est. Et cochlear et littera instrumenta sunt; capit alterum cibum e catillo, altera indicium e pagina. Ubi forma digna est, lector commode fiet quoniam littera et trita et decora est.

10/10 Lusta 88 Sans Regular unjustified, +20 units of tracking

Lusta is an exercise in perception. Each of the seven variants are progressively more mechanically ornate. Created in 1997 by Rian Hughes, questions of legibility should be considered carefully when using this font.

ITC Machine

ABCDEFGHIJKLM
NOPQRSTUVWXYZ
1234567890&
!?;:"*

SI FORMAM COCHLEARIS TUI POST PRANDIUM RECORDARIS, EA FORMA PERVERSA EST. ET COCHLEAR ET LITTERA INSTRUMENTA SUNT; CAPIT ALTERUM CIBUM E CATILLO, ALTERA INDICIUM E PAGINA. UBI FORMA DIGNA EST, LECTOR COMMODE FIET QUONIAM LITTERA ET TRITA ET DECORA EST. SI FORMAM COCHLEARIS TUI POST PRANDIUM RECORDARIS, EA FORMA PERVERSA

8/10 ITC Machine Medium unjustified, +50 units of tracking

A two-weight font conceived in the early 1970s, totally devoid of curves. Designed by Ronnie Bonder and Tom Carnase, this letterform expresses an industrial mood. The compact capitals have a great impact on posters and packaging.

FF Magda

ABCDEFGHIJKLM
NOPQRSTUVWXYZ
abcdefghijklm
nopqrstuvwxyz
1234567890
@&!?;:"*

Si formam cochlearis tui post prandium recordaris, ea forma perversa est. Et cochlear et littera instrumenta sunt; capit alterum cibum e catillo, altera indicium e pagina. Ubi forma digna est, lector commode fiet quoniam littera et trita et decora est. Si

8/10 FF Magda Regular unjustified

A typewriter font with six styles that correspond roughly to the amount of ink on the ribbon, the absorbency of the paper, and the pressure applied to the keys—Thin being a half-hearted tap and Ultra a vigorous blow onto a damp blotter.

Magnifico

ABCDEFGHIJ
KLMNOPQRST
UVWXYZ
1234567890
0@&!?;:"*

SI FORMAM COCHLEARIS
TUI POST PRANDIUM
RECORDARIS, EA FORMA
PERVERSA EST. ET
COCHLEAR ET LITTERA
INSTRUMENTA SUNT;
CAPIT ALTERUM CIBUM

8/10 Magnifico Regular unjustified, +90 units of tracking

Akira Kobayashi's italic fat face is inspired by nineteenth-century display types. There are two styles of shadow: Daytime, which is black with white character, and Nighttime, which is white with black character. A forceful display font.

Mason

ABCDEFGHIJKLMN
OPQRSTUVWXYZ
ABCDEFGHIJKLMN
OPQRSTUVWXYZ
1234567890&!?;:"✦

Mason is a digital font that appeared in 1992, the work of accomplished British type designer Jonathan Barnbrook. Initially named Manson, it was renamed after a storm of typographical controversy. Recently there have been alternative characters added. Mason is a font of highly visual formality.

HARRY POTTER

Si formam cochlearis tui post prandium recordaris, ea forma perversa est. Et cochlear et littera instrumenta sunt; capit alterum cibum e catillo, altera indicium e pagina. Ubi forma digna est, lector commode fiet quonia

8/10 Mason Regular justified

Si formam cochlearis tui post prandium recordaris, ea forma perversa est. Et cochlear et littera instrumenta sunt; capit alterum cibum e catillo, altera indicium e pagina. Ubi forma digna est, lector commode fiet quoniam

8/10 Mason Alternate justified

Matisse

ABCDEFGHIJKLM
NOPQRSTUVWXYZ
ABCDEFGHIJKLM
NOPQRSTUVWXYZ
1234567890@®₵!?;;"*

Si formam cochlearis tui post prandium
recordaris, ea forma perversa est. Et cochlear
et littera instrumenta sunt; capit alterum
cibum e catillo, altera indicium e pagina.
Ubi forma digna est, lector commode fiet
quoniam littera et trita et decora est.

8/12 Matisse Regular unjustified, +90 units of tracking

In 1995, graphic designer Gregory Grey developed this informal font while preparing a supplement for a Paris newspaper. The irregular and alternative characters are reminiscent of Henri Matisse's late cut-paper works.

ITC Medea

abcdefghij
klmnopqrst
uvwxyz
1234567890
@&!?;."*

si formam cochlearis tui post prandium
recordaris, ea forma perversa est. et cochlear et littera instrumenta sunt; capit
alterum cibum e catillo, altera indicium
e pagina. ubi forma digna est, lector
commode fiet quoniam littera et trita et
decora est. si formam cochlearis tui post

8/10 ITC Medea Bold unjustified, +10 units of tracking

Medea is an uncial concept, conceived by Silvio Napoleone in 2003. The font is neither completely capitals nor completely lowercase. There are alternative characters, such as the A, D, and E, which lend a text a more "ethnic" flavor.

Mekanik

ABCDEFGHIJKLM
NOPQRSTUVWXYZ
abcdefghijklm
nopqrstuvwxyz
1234567890&!?;.:"*

Si formam cochlearis tui post prandium recordaris, ea forma perversa est.
Et cochlear et littera instrumenta sunt; capit alterum cibum e catillo, altera
indicium e pagina. Ubi forma digna est, lector commode fiet quoniam littera
et trita et decora est. Si formam cochlearis tui post prandium recordaris,
ea forma perversa est. Et cochlear et littera instrumenta sunt; capit
alterum cibum e catillo, altera indicium e pagina. Ubi forma digna est, lector
commode fiet quoniam littera et trita et decora est. Si formam cochlearis

11/10 Mekanik Regular unjustified, +10 units of tracking

David Quay produced this severely condensed sans serif in roman and italic forms in 1988. Nearly every diagonal stroke has been modified to the vertical, increasing the modular unity of the characters. It is a font that expresses orderly precision.

Mercurius

ABCDEFGHIJKLM
NOPQRSTUVWXYZ
abcdefghijklm
nopqrstuvwxyz
1234567890
&!?;:"*

Si formam cochlearis tui post prandium recordaris, ea forma perversa est. Et cochlear et littera instrumenta sunt; capit alterum cibum e catillo, altera indicium e pagina. Ubi forma digna est, lector commode fiet quoniam littera et trita et decora est. Si formam cochlearis tui post prandium recordaris, ea forma perversa

8/10 Mercurius Black unjustified

Mercurius has a calligraphic quality—Adrian Williams's elegant forms were created in 1988, the source of inspiration being a seventeenth-century document, *Mercurius Aulicus*. The italics are only marginally more slanting than the roman.

Mesquite

ABCDEFGHI
JKLMNOPQR
STUVWXYZ
1234567890&!?;:"*

SI FORMAM COCHLEARIS TUI POST PRANDIUM RECORDARIS, EA FORMA PERVERSA EST. ET COCHLEAR ET LITTERA INSTRUMENTA SUNT; CAPIT ALTERUM CIBUM E CATILLO, ALTERA INDICIUM E PAGINA. UBI FORMA DIGNA EST, LECTOR COMMODE FIET QUONIAM LITTERA ET TRITA ET DECORA EST. SI FORMAM COCHLEARIS TUI POST PRANDIUM RECORDARIS, EA FORMA PERVERSA EST. ET COCHLEAR ET LITTERA INSTRUMENTA SUNT; CAPIT ALTERUM CIBUM E CATILLO, ALTERA INDICIUM E PAGINA. UBI FORMA DIGNA EST, LECTOR COMMODE FIET QUONIAM LITTERA ET TRITA ET DECORA EST. SI

8/10 Mesquite Medium justified, +60 units of tracking

A single-style titling font by Joy Redick. This 1990 font draws inspiration from woodletters of the previous century, the title implying connections with the Mexico/US border area. A natural choice for conveying circus life or the Wild West.

Mezz

ABCDEFGHIJKLM
NOPQRSTUVWXYZ
abcdefghijklm
nopqrstuvwxyz
1234567890@&!?;:"*

Si formam cochlearis tui post prandium recordaris, ea forma perversa est. Et cochlear et littera instrumenta sunt; capit alterum cibum e catillo, altera indicium e pagina. Ubi forma digna est, lector commode fiet quoniam littera et trita et decora est. Si formam cochlearis tui post prandium recordaris, ea forma perversa est. Et cochlear et littera instrumenta sunt; capit alterum cibum e catillo, altera indicium e pagina. Ubi

9/10 Mezz Bold unjustified, +10 units of tracking

An informal font honoring the jazz clarinetist Mezz Mezzrow, designed by British letter-cutter and jazz enthusiast Michael Harvey in 1993. Its uneven baseline and rough, angular curves evoke the spontaneity associated with jazz music.

Modern Twenty

ABCDEFGHIJKLM
NOPQRSTUVWXYZ
abcdefghijklm
nopqrstuvwxyz
1234567890

Si formam cochlearis tui post prandium recordaris, ea forma perversa est. Et cochlear et littera instrumenta sunt; capit alterum cibum e catillo, altera indicium e pagina. Ubi forma digna est, lector commode fiet quoniam littera et trita et decora est. Si formam cochlearis tui post prandium recordaris, ea forma perversa est.

8/10 Modern Twenty Regular justified

Modern Twenty is a letterform that has its origins in the late-eighteenth-century types of Didot and Bodoni. Bitstream's revision, with its elegant stroke contrast, offers a classic type design with authority and style for all occasions.

Mojo

ABCDEFGH
IJKLMNOPQR
STUVWXYZ
1234567890&!?;:"*

SI FORMAM COCHLEARIS TUI POST PRANDIUM RECORDARIS, EA FORMA PERVERSA EST. ET COCHLEAR ET LITTERA INSTRUMENTA SUNT; CAPIT ALTERUM CIBUM E CATILLO, ALTERA INDICIUM E PAGINA. UBI FORMA DIGNA EST, LECTOR COMMODE FIET QUONIAM LITTERA ET TRITA ET DECORA EST.SI FORMAM COCHLEARIS TUI POST PRANDIUM RECORDARIS, EA FORMA PERVERSA EST. ET

10/12 Mojo Regular unjustified, +40 units of tracking

Jim Parkinson created this titling font in 1995, prompted by his admiration for the flamboyant lettering of the 1960s psychedelic posters from San Francisco. Use it where '60s style is a major consideration, not legibility.

Mona Lisa

ABCDEFGHIJKLM
NOPQRSTUVWXYZ
abcdefghijklm
nopqrstuvwxyz
1234567890@&!?;:"*

Si formam cochlearis tui post prandium recordaris, ea forma perversa est. Et cochlear et littera instrumenta sunt; capit alterum cibum e catillo, altera indicium e pagina. Ubi forma digna est, lector commode fiet quoniam littera et trita et decora est. Si formam cochlearis tui post prandium recordaris, ea forma perversa est. Et cochlear et littera instrumenta sunt; capit alterum cibum e catillo, altera indicium e pagina.

9/10 Mona Lisa Recut Solid justified, +5 units of tracking

Mona Lisa, with its elegant, high-contrast thick-and-thin strokes and remarkably small x-height, was created in 1991 by Pat Hickson. It is an update of Albert Auspurg's 1930s Art Deco type. A font with a strong personality; use with care.

Moonglow

ABCDEFGH
IJKLMNOPQR
STUVWXYZ
1234567890
@&!?∷″☆

SI FORMAM COCHLEARIS TUI POST
PRANDIUM RECORDARIS, EA FORMA
PERVERSA EST. ET COCHLEAR ET LITTERA
INSTRUMENTA SUNT; CAPIT ALTERUM
CIBUM E CATILLO, ALTERA INDICIUM E
PAGINA. UBI FORMA DIGNA EST, LECTOR
COMMODE FIET QUONIAM LITTERA

9/11 Moonglow Regular unjustified, +10 units of tracking

A font family of twelve styles
that imply inscriptional capitals.
Designer Michael Harvey
has achieved a reputation as

a skilled stone letter-cutter.
Moonglow is an inline letterform
with varying incremental
degrees of outline thickness.

Mostra

ABCDEFGH
IJKLMNOPQ
RSTUVWXYZ
1234567890
@&!?„:"*

SI FORMAM COCHLEARIS TUI POST PRANDIUM RECORDARIS,
EA FORMA PERVERSA EST. ET COCHLEAR ET LITTERA
INSTRUMENTA SUNT; CAPIT ALTERUM CIBUM E CATILLO,
ALTERA INDICIUM E PAGINA. UBI FORMA DIGNA EST,
LECTOR COMMODE FIET QUONIAM LITTERA ET TRITA ET
DECORA EST. SI FORMAM COCHLEARIS TUI POST PRANDIUM
RECORDARIS, EA FORMA PERVERSA EST. ET COCHLEAR ET

8/10 Mostra Regular unjustified

Designed by Mark Simonson in
2001, Mostra is heavily based
on 1930s Art Deco display and
advertising type, particularly

that from Italy. It is built entirely
from strong, simple geometric
forms—this is a display-only
design with no lowercase letters.

FF Motter Festival

ABCDEFGHIJKLM
NOPQRSTUVWXYZ
abcdefghijklm
nopqrstuvwxyz
1234567890@&!?„:"*

Si formam cochlearis tui post prandium recordaris, ea forma perversa
est. Et cochlear et littera instrumenta sunt; capit alterum cibum e catillo, altera indicium e pagina. Ubi forma digna est, lector commode fiet
quoniam littera et trita et decora est. Si formam cochlearis tui post
prandium recordaris, ea forma perversa est. Et cochlear et littera
instrumenta sunt; capit alterum cibum e catillo, altera indicium e pagina. Ubi forma digna est, lector commode fiet quoniam littera et trita

8/10 FF Motter Festival Bold justified, +10 units of tracking

A very distinctive three-style
sans serif font made up of
a small number of repetitive
curved elements. Created in

2001 by Othmar Motter.
The word *Festival* and the font
itself prompt associations with
spring or summer.

ITC Motter Sparta

ABCDEFGHIJKLM
NOPQRSTUVWXYZ
abcdefghijklm
nopqrstuvwxyz
1234567890@&!?;:"*

Si formam cochlearis tui post prandium recordaris, ea forma perversa est. Et cochlear et littera instrumenta sunt; capit alterum cibum e catillo, altera indicium e pagina. Ubi forma digna est, lector commode fiet quoniam littera et trita et decora est. Si formam cochlearis tui post prandium recordaris, ea forma perversa est.

8/10 ITC Motter Sparta Regular unjustified

A heavy sans serif with free graphic letterforms like early stone-cut characters, with oblique terminals, a single line thickness, and characteristic letters such as A, D, C, and E. Designed by Othmar Motter in the late 1990s.

Namco

ABCDEFGH
IJHLMNOPQR
STUUWXYZ
1234567890
!?

Si formam cochlearis tui post prandium recordaris ea forma perversa est et cochlear et littera instrumenta sunta capit alterum cibum e catillo altera indicium e pagina

8/10 Namco Regular unjustified, +50 units of tracking

This freeware font is based on the logo for Namco, one of the earliest and still the largest arcade-game manufacturer. Made by Akihiro Oya, it contrasts smoothly rounded corners on the outside with sharp right angles on the inside.

Novarese

ABCDEFGHIJKLM
NOPQRSTUVWXYZ
abcdefghijklm
nopqrstuvwxyz
1234567890
@&!?;:"*

Si formam cochlearis tui post prandium recordaris, ea forma perversa est. Et cochlear et littera instrumenta sunt; capit alterum cibum e catillo, altera indicium e pagina. Ubi forma digna est, lector commode fiet quoniam littera et trita et decora est. Si formam cochlearis tui post

8/10 Novarese Ultra justified

Designed by Aldo Novarese in 1980, this has low-contrast stroke thicknesses, modest serifs, a largish x-height, and shallow descenders including a characteristic lowercase g. In the italic font only the lowercase is cursive.

Nyx

ABCDEFGHIJ
KLMNOZPQRST
UVWXYZ
1234567890
@&!?;:"*

SI FORMAM COCHLEARIS TUI POST PRANDIUM
RECORDARIS, EA FORMA PERVERSA EST. ET
COCHLEAR ET LITTERA INSTRUMENTA SUNT;
CAPIT ALTERUM CIBUM E CATILLO, ALTERA
INDICIUM E PAGINA. UBI FORMA DIGNA EST,
LECTOR COMMODE FIET QUONIAM LITTERA ET
TRITA ET DECORA EST. SI FORMAM COCHLEARIS

8/10 Nyx Regular unjustified, +40 units of tracking

Nyx is an elegant, condensed, modern roman font of capitals with spiky, sharp serifs. Its graphic look gives it an energetic personality. Crossbars and junctions do not meet stems, which makes it a stylish stencil. Designed by Rick Cusick.

URW Oklahoma

ABCDEFGHIJKLMN
OPQRSTUVWXYZ
1234567890
@&!?;:"*

SI FORMAM COCHLEARIS TUI POST PRANDIUM RECORDARIS, EA FORMA PERVERSA EST. ET COCHLEAR
ET LITTERA INSTRUMENTA SUNT; CAPIT ALTERUM CIBUM E CATILLO, ALTERA INDICIUM E PAGINA.
UBI FORMA DIGNA EST, LECTOR COMMODE FIET QUONIAM LITTERA ET TRITA ET DECORA EST. SI
FORMAM COCHLEARIS TUI POST PRANDIUM RECORDARIS, EA FORMA PERVERSA EST. ET COCHLEAR ET
LITTERA INSTRUMENTA SUNT; CAPIT ALTERUM CIBUM E CATILLO, ALTERA INDICIUM E PAGINA. UBI
FORMA DIGNA EST, LECTOR COMMODE FIET QUONIAM LITTERA ET TRITA ET DECORA EST. SI FORMAM
COCHLEARIS TUI POST PRANDIUM RECORDARIS, EA FORMA PERVERSA EST. ET COCHLEAR ET LITTERA

8/10 URW Oklahoma Regular unjustified, +50 units of tracking

A condensed, geometric sans serif font. The proportions result in the shallow curved letters creating a sharp, pointed form that affects the overall look of this font. Designed by Achaz Reuss, the stencil variant offers an exciting set of letters.

Onyx

ABCDEFGHIJKLM
NOPQRSTUVWXYZ
abcdefghijklm
nopqrstuvwxyz
1234567890&!?;:"*

Si formam cochlearis tui post prandium recordaris, ea forma perversa est. Et
cochlear et littera instrumenta sunt; capit alterum cibum e catillo, altera indicium
e pagina. Ubi forma digna est, lector commode fiet quoniam littera et trita et
decora est. Si formam cochlearis tui post prandium recordaris, ea forma perversa
est. Et cochlear et littera instrumenta sunt; capit alterum cibum e catillo, altera
indicium e pagina. Ubi forma digna est, lector commode fiet quoniam littera et
trita et decora est. Si formam cochlearis tui post prandium recordaris, ea forma

8/10 Onyx Regular unjustified, +20 units of tracking

Onyx was designed in 1937 by Gerry Powell. In 1955, Monotype produced it as a hot-metal font. As a condensed modern, it evokes the classic elegance of Bodoni, and has proved to be a very popular advertising type.

Orange

ABCDEFGHIJKLM
NOPQRSTUVWXYZ
abcdefghijklm
nopqrstuvwxyz
1234567890&!?;:"*

Si formam cochlearis tui post prandium recordaris, ea forma perversa est. Et cochlear et littera instrumenta sunt; capit alterum cibum e catillo, altera indicium e pagina. Ubi forma digna est, lector commode fiet quoniam littera et trita et decora est. Si formam cochlearis tui post prandium recordaris, ea forma perversa est. Et cochlear et littera instrumenta sunt;

8/10 Orange Regular unjustified

Designed in 1995 by Timothy Donaldson for Letraset. A freely formed single-weight font of capitals and lowercase, it has irregular, inconsistent line thicknesses. The letterforms create an unorthodox alphabet expressing great spontaneity.

ITC Outpost

ABCDEFGHIJKLM
NOPQRSTUVWXYZ
abcdefghijklm
nopqrstuvwxyz
1234567890@&!?;:"*

Si formam cochlearis tui post prandium recordaris, ea forma perversa est. Et cochlear et littera instrumenta sunt; capit alterum cibum e catillo, altera indicium e pagina. Ubi forma digna est, lector commode fiet quoniam littera et trita et decora est. Si formam cochlearis tui post prandium recordaris, ea

8/10 ITC Outpost Regular justified

Outpost was designed by Hal Taylor in 2006. It has a strong calligraphic quality, which is supported by a suite of alternative and swash letters. This is a font suitable for any situation that requires a sensuous, relaxed mood.

Parisian

ABCDEFGHIJKLM
NOPQRSTUVWXYZ
abcdefghijklm
nopqrstuvwxyz
1234567890&!?;:"*

Si formam cochlearis tui post prandium recordaris, ea forma perversa est. Et cochlear et littera instrumenta sunt; capit alterum cibum e catillo, altera indicium e pagina. Ubi forma digna est, lector commode fiet quoniam littera et trita et decora est. Si formam cochlearis tui post prandium recordaris, ea forma perversa est. Et cochlear et littera instrumenta sunt; capit alterum cibum e catillo, altera indicium e

9.5/10 Parisian Medium justified, +5 units of tracking

Designed in 1928 by Morris Fuller Benton, Parisian bears some similarity to Broadway, but is lighter on the page and has a very small x-height. It is also influenced by European geometric sans serifs, and it has an elegant, nostalgic style.

Penumbra Half Serif

ABCDEFGHIJ KLMNOPQRST UVWXYZ 1234567890 &!?;:"'*

SI FORMAM COCHLEARIS TUI POST PRANDIUM
RECORDARIS, EA FORMA PERVERSA EST. ET
COCHLEAR ET LITTERA INSTRUMENTA SUNT;
CAPIT ALTERUM CIBUM E CATILLO, ALTERA
INDICIUM E PAGINA. UBI FORMA DIGNA EST,

7/10 Penumbra Half Serif Regular unjustified

SI FORMAM COCHLEARIS TUI POST PRANDIUM
RECORDARIS, EA FORMA PERVERSA EST. ET COCHLEAR
ET LITTERA INSTRUMENTA SUNT; CAPIT ALTERUM
CIBUM E CATILLO, ALTERA INDICIUM E PAGINA.
UBI FORMA DIGNA EST, LECTOR COMMODE FIET

7/10 Penumbra Half Serif Light unjustified

SI FORMAM COCHLEARIS TUI POST PRANDIUM
RECORDARIS, EA FORMA PERVERSA EST. ET
COCHLEAR ET LITTERA INSTRUMENTA SUNT;
CAPIT ALTERUM CIBUM E CATILLO, ALTERA
INDICIUM E PAGINA. UBI FORMA DIGNA EST,

7/10 Penumbra Half Serif Semibold unjustified

3

A font of classically proportioned capitals, with a single stroke thickness and nominal serifs. An interesting characteristic is the oblique stems of the M. It is suitable when a noble, monumental look is required. Designed in 1994 by Lance Hidy.

Penumbra Sans

ABCDEFGHIJ KLMNOPQRST UVWXYZ 1234567890 &!?;:"'*

SI FORMAM COCHLEARIS TUI POST PRANDIUM
RECORDARIS, EA FORMA PERVERSA EST. ET COCHLEAR
ET LITTERA INSTRUMENTA SUNT; CAPIT ALTERUM
CIBUM E CATILLO, ALTERA INDICIUM E PAGINA.
UBI FORMA DIGNA EST, LECTOR COMMODE FIET

7/10 Penumbra Sans Regular unjustified

SI FORMAM COCHLEARIS TUI POST PRANDIUM
RECORDARIS, EA FORMA PERVERSA EST. ET COCHLEAR
ET LITTERA INSTRUMENTA SUNT; CAPIT ALTERUM
CIBUM E CATILLO, ALTERA INDICIUM E PAGINA.
UBI FORMA DIGNA EST, LECTOR COMMODE FIET

7/10 Penumbra Sans Light unjustified

SI FORMAM COCHLEARIS TUI POST PRANDIUM
RECORDARIS, EA FORMA PERVERSA EST. ET
COCHLEAR ET LITTERA INSTRUMENTA SUNT;
CAPIT ALTERUM CIBUM E CATILLO, ALTERA
INDICIUM E PAGINA. UBI FORMA DIGNA EST,

7/10 Penumbra Sans Semibold unjustified

3

A companion font to Penumbra Half Serif. There is a single line thickness, slightly condensed proportions, and only the O is given a full form. As with its companion, Penumbra Half Serif, the M has oblique strokes that add character.

Pike

ABCDEFGHIJKLM
NOPQRSTUVWXYZ
abcdefghijklm
nopqrstuvwxyz
1234567890&!?;:"*

Si formam cochlearis tui post prandium recordaris, ea forma perversa est. Et cochlear et littera instrumenta sunt; capit alterum cibum e catillo, altera indicium e pagina. Ubi forma digna est, lector commode fiet quoniam littera et trita et decora est. Si formam cochlearis tui post prandium recordaris, ea forma perversa est. Et cochlear et littera instrumenta sunt; capit alterum cibum e catillo, altera indicium e pagina. Ubi forma digna est, lector commode fiet

8/10 Pike Regular unjustified

A delicate, twentieth-century free variation on Bodoni's modern face of the nineteenth century. Designed by David

Farey in 1990, the oblique baseline serifs give this font a jaunty air, suggesting it does not take itself too seriously.

Pink

ABCDEFGHIJKLM
NOPQRSTUVWXYZ
abcdefghijklm
nopqrstuvwxyz
1234567890&!?;:"*

Si formam cochlearis tui post prandium recordaris, ea forma perversa est. Et cochlear et littera instrumenta sunt; capit alterum cibum e catillo, altera indicium e pagina. Ubi forma digna est, lector commode fiet quoniam littera et trita et decora est. Si formam cochlearis tui post prandium recordaris, ea forma perversa est. Et cochlear et littera instrumenta sunt; capit alterum cibum e catillo, altera indicium e pagina. Ubi

8/10 Pink Regular unjustified

This 1994 font by Timothy Donaldson has the look of a modern calligraphic style. The irregular stroke thickness

has a distinct similarity to Donaldson's Orange font. It is an extraordinary alphabet expressing great spontaneity.

Playbill

ABCDEFGHIJKLM
NOPQRSTUVWXYZ
abcdefghijklm
nopqrstuvwxyz
1234567890&!?;:"*

Si formam cochlearis tui post prandium recordaris, ea forma perversa est. Et cochlear et littera instrumenta sunt; capit alterum cibum e catillo, altera indicium e pagina. Ubi forma digna est, lector commode fiet quoniam littera et trita et decora est. Si formam cochlearis tui post prandium recordaris, ea forma perversa est. Et cochlear et littera instrumenta sunt; capit alterum cibum e catillo, altera indicium e pagina. Ubi forma digna est, lector commode fiet quoniam littera et trita et decora est. Si formam cochlearis tui post prandium

9.5/10 Playbill Regular justified

For many years, Playbill was the standard font for expressing the characteristics of nineteenth-century advertising. Designed

in 1938 by Robert Harling, the emphasis is placed on the horizontal serif area at the head and foot of each letter.

Plaza

SI FORMAM COCHLEARIS TUI POST PRANDIUM RECORDARIS EA FORMA PERVERSA EST. ET COCHLEAR ET LITTERA INSTRUMENTA SUNT; CAPIT ALTERUM CIBUM E CATILLO, ALTERA INDICIUM E PAGINA. UBI FORMA DIGNA EST, LECTOR COMMODE FIET QUONIAM LITTERA ET TRITA ET DECORA EST. SI FORMAM COCHLEARIS TUI POST PRANDIUM RECORDARIS, EA FORMA PERVERSA EST.

9/10 Plaza Regular unjustified, +70 units of tracking

A stylized geometric sans serif expressing an Art Deco influence. Plaza's special features are a uniform line thickness, a full circular O and Q, and a very condensed T, U, N, and so on. Designed by Alan Meeks in 1975.

ITC Portago

ABCDEFGHIJKLM
NOPQRSTUVWXYZ
ABCDEFGHIJKLM
NOPQRSTUVWXYZ
1234567890@&!?;:"*

SI FORMAM COCHLEARIS TUI POST PRANDIUM RECORDARIS, EA FORMA PERVERSA EST. ET COCHLEAR ET LITTERA INSTRUMENTA SUNT; CAPIT ALTERUM CIBUM E CATILLO, ALTERA INDICIUM E PAGINA. UBI FORMA DIGNA EST, LECTOR COMMODE FIET QUONIAM LITTERA ET TRITA ET DECORA EST. SI FORMAM COCHLEARIS TUI POST PRANDIUM RECORDARIS, EA FORMA PERVERSA EST. ET COCHLEAR ET LITTERA INSTRUMENTA SUNT; CAPIT ALTERUM

9/10 ITC Portago Regular unjustified, +20 units of tracking

Portago offers a capital and a small-capital alphabet. It is a sans serif stencil font with a distressed effect, as if printed on a rough wooden crate. Designed in 1997 by Argentinian designer Luis Siquot, it is a stencil with added character.

Postino

ABCDEFGHIJ
KLMNOPQRST
UVWXYZ
abcdefghijklm
nopqrstuvwxyz
1234567890
@&!?;:"*

Si formam cochlearis tui post prandium recordaris, ea forma perversa est. Et cochlear et littera instrumenta sunt; capit alterum cibum e catillo, altera indicium e pagina. Ubi forma digna est, lector commode fiet quoniam littera et

7/10 Postino Regular unjustified

Postino is like a standard typewriter font but with highly exaggerated, quirky characteristics. Timothy Donaldson created this in 1996, and its stocky, friendly style has a cheeky dynamic useful for lighthearted communication.

Premier Shaded

ABCDEFGHIJ
KLMNOPQRST
UVWXYZ
1234567890
&!?;;"*

SI FORMAM COCHLEARIS TUI POST PRANDIUM RECORDARIS,
EA FORMA PERVERSA EST. ET COCHLEAR ET LITTERA
INSTRUMENTA SUNT; CAPIT ALTERUM CIBUM E CATILLO,
ALTERA INDICIUM E PAGINA. UBI FORMA DIGNA EST, LECTOR
COMMODE FIET QUONIAM LITTERA ET TRITA ET DECORA
EST. SI FORMAM COCHLEARIS TUI POST PRANDIUM
RECORDARIS, EA FORMA PERVERSA EST. ET COCHLEAR

8/10 Premier Shaded Regular unjustified, +30 units of tracking

During the years 1969–70, Colin Brignall designed this slender 1930s-style sans serif for Letraset. The three-dimensional effect created by the shadow provides the delicate form with extra impact for all kinds of display.

Princetown

ABCDEFGHIJ
KLMNOPQRST
UVWXYZ
1234567890
&!?;:"*

SI FORMAM COCHLEARIS TUI POST
PRANDIUM RECORDARIS, EA FORMA
PERVERSA EST. ET COCHLEAR ET
LITTERA INSTRUMENTA SUNT; CAPIT
ALTERUM CIBUM E CATILLO, ALTERA
INDICIUM E PAGINA. UBI FORMA DIGNA
EST, LECTOR COMMODE FIET QUONIAM

8/10 Princetown Regular unjustified, +40 units of tracking

An alphabet of heavy outlined capitals inspired by US college sportswear. Designed in 1981 for the Letraset dry transfer library by Dick Jones. These letterforms, created without curves, provide impact for sports-related imagery.

Pritchard

ABCDEFGHIJKLM
NOPQRSTUVWXYZ
1234567890&!?;:"*

SI FORMAM COCHLEARIS TUI POST PRANDIUM RECORDARIS, EA FORMA PERVERSA EST.
ET COCHLEAR ET LITTERA INSTRUMENTA SUNT; CAPIT ALTERUM CIBUM E CATILLO, ALTERA INDICIUM
E PAGINA. UBI FORMA DIGNA EST, LECTOR COMMODE FIET QUONIAM LITTERA ET TRITA ET DECORA
EST. SI FORMAM COCHLEARIS TUI POST PRANDIUM RECORDARIS, EA FORMA PERVERSA EST. ET
COCHLEAR ET LITTERA INSTRUMENTA SUNT; CAPIT ALTERUM CIBUM E CATILLO, ALTERA INDICIUM
E PAGINA. UBI FORMA DIGNA EST, LECTOR COMMODE FIET QUONIAM LITTERA ET TRITA ET DECORA
EST. SI FORMAM COCHLEARIS TUI POST PRANDIUM RECORDARIS, EA FORMA PERVERSA EST.

9/10 Pritchard Regular unjustified, +30 units of tracking

An ultra-condensed capital font, with shallow curves that result in sharp junctions on certain letters. Designed by Martin Wait in 1990 for Letraset, this can be used where space is limited, but can also be heavily letterspaced to great stylish effect.

Pump

**ABCDEFGHIJKLM
NOPQRSTUVWXYZ
abcdefghijklm
nopqrstuvwxyz
1234567890&!?;:"***

Si formam cochlearis tui post prandium recordaris,
ea forma perversa est. Et cochlear et littera
instrumenta sunt; capit alterum cibum e catillo,
altera indicium e pagina. Ubi forma digna est,
lector commode fiet quoniam littera et trita et
decora est. Si formam cochlearis tui post prandium
recordaris, ea forma perversa est. Et cochlear et

8/10 Pump Regular unjustified

③

Designed in 1976 by Phillip
Kelly, Pump is a sans serif of
minimal forms in which many
letters are expressed only

by curves. Many of the
counterspaces are not fully
closed. The bolder weights
have an innocent simplicity.

Quartz

**ABCDEFGHIJ
KLMNOPQR
STUVWXYZ
1234567890
@6!?;:"***

SI FORMAM COCHLEARIS TUI POST PRANDIUM RECORDARIS,
EA FORMA PERVERSA EST. ET COCHLEAR ET LITTERA
INSTRUMENTA SUNT; CAPIT ALTERUM CIBUM E CATILLO,
ALTERA INDICIUM E PAGINA. UBI FORMA DIGNA EST,
LECTOR COMMODE FIET QUONIAM LITTERA ET TRITA ET
DECORA EST. SI FORMAM COCHLEARIS TUI POST PRANDIUM
RECORDARIS, EA FORMA PERVERSA EST. ET COCHLEAR ET

8/10 Quartz Regular unjustified

③

A digital font of capitals
based on the module-formed
alphabet commonly used by
electronic equipment. Quartz

is a letterform so distinct that
its use will almost certainly be
associated with this original
purpose.

ITC Quorum

**ABCDEFGHIJKLM
NOPQRSTUVWXYZ
abcdefghijklm
nopqrstuvwxyz
1234567890@&!?;:"***

Si formam cochlearis tui post prandium
recordaris, ea forma perversa est. Et cochlear
et littera instrumenta sunt; capit alterum cibum
e catillo, altera indicium e pagina. Ubi forma
digna est, lector commode fiet quoniam littera
et trita et decora est. Si formam cochlearis tui
post prandium recordaris, ea forma perversa est.

8/10 ITC Quorum Bold unjustified

④

Quorum has five styles, and was
designed by Ray Baker in 1977.
It is a distinctive font with a
single stroke thickness,

proportionally small serifs, and
a large x-height. A digital serif
font that conveys a slight
nineteenth-century flavor.

Chernobyl
(Left)
Design: Plusminus
Client: Cinema du Parc
(poster)

Cobra
(Right)
Design: Philip Koerber,
Plasticbag
Client: Unitedsituation.com
(logo)

Compacta
(Below)
Design: MetaDesign
Client: HBO
(TV program logo)

Hoefler Text Engraved
(Above)
Design: //Avec
Client: Gottino
(flyer)

Cooper Black
(Left)
Design: Eloisa Iturbe
Client: MTV Latin America
(TV advertisement)

Regatta Condensed

ABCDEFGHIJKLM
NOPQRSTUVWXYZ
abcdefghijklm
nopqrstuvwxyz
1234567890&!?;z:"'*

Si formam cochlearis tui post prandium recordaris, ea forma perversa est. Et cochlear et littera instrumenta sunt; capit alterum cibum e catillo, altera indicium e pagina. Ubi forma digna est, lector commode fiet quoniam littera et trita et decora est. Si formam cochlearis tui post prandium recordaris, ea forma perversa est. Et cochlear et littera instrumenta sunt; capit alterum cibum e catillo, altera indicium e pagina. Ubi forma digna est, lector commode fiet

8/10 Regatta Condensed unjustified, +5 units of tracking

A bold condensed sans serif with many details that give it great individuality—the oblique cut of some terminals, a low crossbar on the capitals E and F, and an open bowl on the lowercase g. Designed by Alan Meeks in 1987 for Letraset.

Reliq

ABCDEFGHIJKLM
NOPQRSTUVWXYZ
abcdefghijklm
nopqrstuvwxyz
1234567890@&!?;:"*

Designed by American Carl Crossgrove, Reliq is a script inspired by ancient graffiti. It is a unique font that has two styles—Reliq Calm and Reliq Active—and six weights. Reliq Active avoids a uniform baseline, adding a little more spontaneity to the general sense of impetuosity.

Si formam cochlearis tui post prandium recordaris, ea forma perversa est. Et cochlear et littera instrumenta sunt; capit alterum cibum e catillo, altera indicium e pagina. Ubi forma digna est, lector commode fiet quoniam littera et trita et decora est. Si formam cochlearis tui post prandium

9/10 Reliq Active unjustified

Si formam cochlearis tui post prandium recordaris, ea forma perversa est. Et cochlear et littera instrumenta sunt; capit alterum cibum e catillo, altera indicium e pagina. Ubi forma digna est, lector commode fiet quoniam littera et trita et decora est. Si formam

9/10 Reliq Extra Active unjustified

Si formam cochlearis tui post prandium recordaris, ea forma perversa est. Et cochlear et littera instrumenta sunt; capit alterum cibum e catillo, altera indicium e pagina. Ubi forma digna est, lector commode fiet quoniam littera et trita et decora est. Si formam cochlearis tui post prandium recordaris, ea forma

9/10 Reliq Light Calm unjustified

Si formam cochlearis tui post prandium recordaris, ea forma perversa est. Et cochlear et littera instrumenta sunt; capit alterum cibum e catillo, altera indicium e pagina. Ubi forma digna est, lector commode fiet quoniam littera et trita et

9/10 Reliq Bold Extra Active unjustified

ITC Rennie Mackintosh

ABCDEFGHIJKLM
NOPQRSTUVWXYZ
ABCDEFGHIJKLM
NOPQRSTUVWXYZ
1234567890@&!?;:'"*

SI FORMAM COCHLEARIS TUI POST PRANDIUM
RECORDARIS, EA FORMA PERVERSA EST. ET COCHLEAR
ET LITTERA INSTRUMENTA SUNT; CAPIT ALTERUM CIBUM
E CATILLO, ALTERA INDICIUM E PAGINA. UBI FORMA
DIGNA EST, LECTOR COMMODE FIET QUONIAM LITTERA
ET TRITA ET DECORA EST. SI FORMAM COCHLEARIS TUI
POST PRANDIUM RECORDARIS, EA FORMA PERVERSA

9/10 ITC Rennie Mackintosh Light unjustified, +10 units of tracking

An Art Nouveau letterform imitating the lettering of Scottish architect Rennie Mackintosh. Drawn in 1993 by Phillip Grimshaw. The double and triple crossbar are highly distinctive details that associate this font with the Art Nouveau period.

Retro Bold

ABCDEFGHIJ
KLMNOPQRST
UVWXYZ
1234567890
&!?;:"*

JI FORMAM COCHLEARIS TUI POST PRANDIUM
RECORDARIS, EA FORMA PERVERSA EST. ET COCHLEAR
ET LITTERA INSTRUMENTA JUNT; CAPIT ALTERUM CIBUM
E CATILLO, ALTERA INDICIUM E PAGINA. UBI FORMA
DIGNA EST, LECTOR COMMODE FIET QUONIAM LITTERA
ET TRITA ET DECORA EST. JI FORMAM COCHLEARIS TUI
POST PRANDIUM RECORDARIS, EA FORMA PERVERJA EST.

8/10 Retro Bold unjustified

A slab-serif titling, with a simple stroke thickness and characteristic overlapping crossbars. Designed in 1992 by Colin Brignall and Andrew Smith, this rugged letterform shows the influence of the early twentieth-century modernists.

Revue

ABCDEFGHIJKLM
NOPQRSTUVWXYZ
abcdefghijklm
nopqrstuvwxyz
1234567890
&!?;:"*

Si formam cochlearis tui post prandium
recordaris, ea forma perversa est. Et cochlear
et littera instrumenta sunt; capit alterum cibum
e catillo, altera indicium e pagina. Ubi forma
digna est, lector commode fiet quoniam littera
et trita et decora est. Si formam cochlearis tui
post prandium recordaris, ea forma perversa est.

7/10 Revue Bold unjustified

A flamboyant sans serif display font that will set a strong mood. The bow-like forms in this font mark it as a simplified Art Nouveau–influenced letterform. A further characteristic is the occasional capital dipping below the baseline.

Road Trip

ABCDEFGHIJKLM
NOPQRSTUVWXYZ
abcdefghijklm
nopqrstuvwxyz
1234567890e&!?;:"*

Si formam cochlearis tui post prandium recordaris, ea forma perversa est. Et cochlear et littera instrumenta sunt; capit alterum cibum e catillo, altera indicium e pagina. Ubi forma digna est, lector commode fiet quoniam littera et trita et decora est. Si formam

8/10 Road Trip Regular unjustified, +10 units of tracking

Melissa Lapadula's font is a different kind of geometric sans serif. There are three weights, but the heaviest could not be considered a bold. It appears that the letters are formed from fluorescent tubes, which point to its possible applications.

Robotik

ABCDEFGHIJKLM
NOPQRSTUVWXYZ
abcdefghijklm
nopqrstuvwxyz
1234567890&!?;:"*

Si formam cochlearis tui post prandium recordaris, ea forma perversa est. Et cochlear et littera instrumenta sunt; capit alterum cibum e catillo, altera indicium e pagina. Ubi forma digna est, lector commode fiet quoniam littera et trita et decora est. Si formam cochlearis tui post prandium recordaris, ea forma perversa est. Et cochlear et littera instrumenta sunt; capit alterum cibum e catillo, altera indicium e pagina. Ubi forma digna est, lector commode fiet quoniam littera et trita et decora est. Si formam cochlearis tui post prandium recordaris, ea forma

9.5/10 Robotik Regular unjustified, +20 units of tracking

An ultra-condensed slab-serif designed by David Quay in 1989. The uniform stroke thickness is equal to the serif thickness. The pronounced vertical stress lends it a cool, systematic detachment associated with machinery.

Rusticana

ABCDEFGHIJ
KLMNOPQRST
UVWXYZ
1234567890
&!?;:"*

SI FORMAM COCHLEARIS TUI POST PRANDIUM RECORDARIS, EA FORMA PERVERSA EST. ET COCHLEAR ET LITTERA INSTRUMENTA SUNT; CAPIT ALTERUM CIBUM E CATILLO, ALTERA INDICIUM E PAGINA. UBI FORMA DIGNA EST, LECTOR COMMODE FIET QUONIAM LITTERA

7/10 Rusticana Roman unjustified, +20 units of tracking

Adrian Frutiger based his unique Rusticana capitals on early roman inscriptions. The capitals are part of a series of Linotype "Type before Gutenberg" fonts, and were released in 1992. It is accompanied by a collection of decorative border elements.

Sackers Roman

ABCDEFGHI
JKLMNOPQRST
UVWXYZ
ABCDEFGHIJKLM
NOPQRSTUVWXYZ
1234567890&!?;."*

SI FORMAM COCHLEARIS TUI POST
PRANDIUM RECORDARIS, EA FORMA
PERVERSA EST. ET COCHLEAR ET LITTERA
INSTRUMENTA SUNT; CAPIT ALTERUM
CIBUM E CATILLO, ALTERA INDICIUM E
PAGINA. UBI FORMA DIGNA EST, LECTOR
COMMODE FIET QUONIAM LITTERA

7/10 Sackers Roman Light unjustified

3

A capital and small-capital font of grand and generously proportioned Modern letterforms. The alphabet has large, very solid bracketed serifs and the stylistic details of a nineteenth-century display. Designed by Alan Hirschfeld.

Sassafras

ABCDEFGHIJKLM
NOPQRSTUVWXYZ
abcdefghijklm
nopqrstuvwxyz
1234567890
&!?;:"*

Si formam cochlearis tui post prandium recordaris, ea forma perversa est. Et cochlear et littera instrumenta sunt; capit alterum cibum e catillo, altera indicium e pagina. Ubi forma digna est, lector commode fiet quoniam littera et trita et decora est. Si formam cochlearis tui post prandium recordaris, ea forma perversa est. Et cochlear et littera instrumenta sunt; capit alterum cibum e catillo, altera

10/10 Sassafras Roman unjustified, +10 units of tracking

3

A display script offering a number of variants. Designed in 1995 by Arthur Baker, it has an inline effect created by use of a split-nib calligraphic pen. The Regular and Italic fonts have three ascender and descender versions, giving great flexibility.

Serlio

ABCDEFGHIJKLM
NOPQRSTUVWXYZ
ABCDEFGHIJKLM
NOPQRSTUVWXYZ
1234567890
@&!?;."*

SI FORMAM COCHLEARIS TUI POST PRANDIUM
RECORDARIS, EA FORMA PERVERSA EST. ET
COCHLEAR ET LITTERA INSTRUMENTA SUNT;
CAPIT ALTERUM CIBUM E CATILLO, ALTERA
INDICIUM E PAGINA. UBI FORMA DIGNA EST,
LECTOR COMMODE FIET QUONIAM LITTERA
ET TRITA ET DECORA EST. SI FORMAM

10/10 Serlio Regular unjustified, +20 units of tracking

3

A classic Oldface titling with capitals and small capitals. It has a delicate color on the page, and generously proportioned letterforms with finely finished serifs that are slightly concave at the stem. An excellent choice for cool, classical elegance.

Serpentine

ABCDEFGHIJKLM
NOPQRSTUVWXYZ
abcdefghijklm
nopqrstuvwxyz
1234567890
@&!?;:"'*

Si formam cochlearis tui post prandium recordaris, ea forma perversa est. Et cochlear et littera instrumenta sunt; capit alterum cibum e catillo, altera indicium e pagina. Ubi forma digna est, lector commode fiet quoniam littera et trita et decora est. Si formam cochlearis

8/10 Serpentine Sans Regular unjustified

A font providing a strong, plenty of ink on paper, presence. The hint of serifs provide a feel of monumental stability with the

italic providing an interesting sense of movement. Ideal for limited display but could become tedious if overused.

Shatter

ABCDEFGHIJKLM
NOPQRSTUVWXYZ
abcdefghijklm
nopqrstuvwxyz
1234567890&!?;:"'*

Si formam cochlearis tui post prandium recordaris, ea forma perversa est. Et cochlear et littera instrumenta sunt; capit alterum cibum e catillo, altera indicium e pagina. Ubi forma digna est, lector commode fiet quoniam littera et trita et decora est. Si formam cochlearis tui post prandium recordaris, ea forma perversa est. Et cochlear et littera

8/10 Shatter Regular unjustified, +10 units of tracking

A graphically expressive sans serif designed in 1973 by Vic Carless. A popular face ever since it first appeared, this

self-explanatory font can be used to good effect in a wide variety of situations—though caution is advised.

Simplex

abcdefghijklm
nopqrstuvwxyz
abcdefghijklm
nopqrstuvwxyz
1234567890@&!?;:"'*

Si formam cochlearis tui post prandium recordaris, ea forma perversa est. Et cochlear et littera instrumenta sunt; capit alterum cibum e catillo, altera indicium e pagina. Ubi forma digna est, lector commode fiet quoniam littera et trita et decora est. Si formam cochlearis tui post prandium recordaris, ea forma perversa est. Et cochlear et

9/10 Simplex Regular unjustified

A rather unusual, almost contradictory design: a monoline sans serif version of an Uncial script form. It was drawn by

Sjoerd Hendrik de Roos in 1939, and uses a single design for both capital and lowercase forms. Best used sparingly.

Spooky

ABCDEFGHIJKLM
NOPQRSTUVWXYZ
abcdefghijklm
nopqrstuvwxyz
1234567890G!?;:"*

Si formam cochlearis tui post prandium recordaris, ea forma perversa est. Et cochlear et littera instrumenta sunt; capit alterum cibum e catillo, altera indicium e pagina. Ubi forma digna est, lector commode fiet quoniam littera et trita et decora est. Si formam cochlearis tui post prandium recordaris, ea forma perversa est.

7/10 Spooky Regular unjustified, +10 units of trackinig

This humorous font appears to have been created by a badly maintained drawing pen. Designed for Letraset in 1995 by Timothy Donaldson, it is a font of capitals and lowercase supported by a number of Halloween-style symbols.

ITC Stenberg

ABCDEFGHIJKLM
NOPQRSTUVWXYZ
ABCDEFGHIJKLM
NOPQRSTUVWXYZ
1234567890&!?;:"*

SI FORMAM COCHLEARIS TUI POST PRANDIUM RECORDARIS, EA FORMA PERVERSA EST. ET COCHLEAR ET LITTERA INSTRUMENTA SUNT; CAPIT ALTERUM CIBUM E CATILLO, ALTERA INDICIUM E PAGINA. UBI FORMA DIGNA EST, LECTOR COMMODE FIET QUONIAM LITTERA ET TRITA ET DECORA EST. SI FORMAM COCHLEARIS TUI POST PRANDIUM RECORDARIS, EA FORMA PERVERSA EST.

8/10 ITC Stenberg Regular unjustified, +30 units of tracking

A blocky, boxy font, Stenberg is built from simple block-like lines arranged predominantly in right-angles. It is largely sans serif, although the D and I characters have slab serifs to help identification. A simple, but powerful, display design.

ITC Stoclet

ABCDEFGHIJKLM
NOPQRSTUVWXYZ
abcdefghijklm
nopqrstuvwxyz

Si formam cochlearis tui post prandium recordaris, ea forma perversa est. Et cochlear et littera instrumenta sunt; capit alterum cibum e catillo, altera indicium e pagina. Ubi forma digna est, lector commode fiet quoniam littera et trita et decora est. Si formam cochlearis tui post prandium recordaris, ea forma perversa est. Et cochlear et littera instrumenta sunt; capit alterum cibum e catillo, altera indicium e pagina. Ubi forma digna est, lector commode fiet quoniam littera et trita et

8.5t/10 ITC Stoclet Light unjustified

Phillip Grimshaw's Stoclet is a two-style font. The elegant, simple, soft forms, which only hint at the classic organic quality of Art Nouveau, make a useful font where an ornamental form is required without too much historical emphasis.

Superstar

ABCDEFGHIJ
KLMNOPQRST
UVWXYZ
1234567890
&!?;:"*

SI FORMAM COCHLEARIS TUI POST PRANDIUM
RECORDARIS, EA FORMA PERVERSA EST. ET COCHLEAR
ET LITTERA INSTRUMENTA SUNT; CAPIT ALTERUM
CIBUM E CATILLO, ALTERA INDICIUM E PAGINA.
UBI FORMA DIGNA EST, LECTOR COMMODE FIET
QUONIAM LITTERA ET TRITA ET DECORA EST.
SI FORMAM COCHLEARIS TUI POST PRANDIUM

8/10 Superstar Regular unjustified

❸

A narrow sans serif of inline capitals, created with only straight lines. The chunky letters are inspired by those seen on US university sportswear. Designed in 1970 by Colin Brignall, it is primarily recognizable in a sports context.

Syrup

abcdefghijklm
nopqrstuvwxyz
1234567890
@&!?;:"*

si formam cochlearis tui post
prandium recordaris, ea forma
perversa est. et cochlear et littera
instrumenta sunt; capit alterum
cibum e catillo, altera indicium e pagina.
ubi forma digna est, lector commode
et quoniam littera et trita et decora

8/10 Syrup Maple unjustified

❸

Neutura's Syrup font pair provide a classic example of experimental line work. Each character is drawn with a single line, using strokes that curve or lie straight in geometric precision. The lighter weight is Chocolate; the heavier is Maple.

Template Gothic

ABCDEFGHIJKLM
NOPQRSTUVWXYZ
abcdefghijklm
nopqrstuvwxyz
1234567890at&!?;:"*

Si formam cochlearis tui post prandium recordaris, ea forma perversa est. Et cochlear et littera instrumenta sunt; capit alterum cibum e catillo, altera indicium e pagina. Ubi forma digna est, lector commode fiet quoniam littera et trita et decora est. Si formam cochlearis tui post prandium recordaris, ea forma perversa est. Et cochlear et littera instrumenta

8/10 Template Gothic Regular justified

❸

Designed by Barry Deck in 1990. The characters have the appearance of mechanical wear combined with optical blurring, producing a "perfectly imperfect" typeface family. The late-retro feel is superb for design-conscious display text.

Thunderbird

ABCDEFG
HIJKLMN
OPQRSTU
VWXYZ
1234567890
&!?;:""★

SI FORMAM COCHLEARIS
TUI POST PRANDIUM
RECORDARIS, EA FORMA
PERVERSA EST. ET
COCHLEAR ET LITTERA
INSTRUMENTA SUNT;
CAPIT ALTERUM CIBUM

6/10 Thunderbird Regular unjustified

This nineteenth-century Tuscan woodletter digital revival comes in two contrasting variants. Thunderbird Regular has expanded letterforms with bifurcated serifs; Thunderbird Extra Condensed is at the other proportional extreme.

Tombstone

ABCDEFGHIJ
KLMNOPQRST
UVWXYZ
1234567890!?;:

SI FORMAM COCHLEARIS TUI POST PRANDIUM
RECORDARIS, EA FORMA PERVERSA EST. ET COCHLEAR
ET LITTERA INSTRUMENTA SUNT; CAPIT ALTERUM
CIBUM E CATILLO, ALTERA INDICIUM E PAGINA. UBI
FORMA DIGNA EST. LECTOR COMMODE FIET QUONIAM
LITTERA ET TRITA ET DECORA EST. SI FORMAM
COCHLEARIS TUI POST PRANDIUM RECORDARIS.

6/10 Tombstone Regular unjustified

Designed by Dan Zadorozny for non-commercial use, this is a geometric digital font with a resemblance to woodletter type. It is characterized by heavy horizontal strokes and serifs, combined with a diamond shape midway marking.

FF Trixie

ABCDEFGHIJKLM
NOPQRSTUVWXYZ
abcdefghijklm
nopqrstuvwxyz
1234567890
·&!?;:"*

Si formam cochlearis tui post prandium
recordaris, ea forma perversa est. Et
cochlear et littera instrumenta sunt;
capit alterum cibum e catillo, altera
indicium e pagina. Ubi forma digna est,
lector commode fiet quoniam littera
et trita et decora est. Si formam

8/10 FF Trixie Regular unjustified, −20 units of kerning

Trixie takes the concept of replicating typewritten text to its logical extreme, delivering the ragged and furry characters typical of a typewriter in dire need of a good cleaning. Trixie Text mixes together the Light and muckier Plain weights.

Uncial

ABCDEFGHIJKLM
NOPQRSTUVWXYZ
abcdefghijklm
nopqrstuvwxyz
1234567890
@ &!?;.'"*

Si formam cochlearis tui post prandium recordaris, ea forma perversa est. Et cochlear et littera instrumenta sunt; capit alterum cibum e catillo, altera indicium e pagina. Ubi forma digna est, lector commode fiet quoniam littera et trita et decora est. Si formam cochlea

8/10 Uncial Regular justified

Based on an early manuscript hand of the fourth and fifth centuries, this is one of several Uncial fonts designed by Victor Hammer in 1921. Others are Neue Hammer Uncial and American Uncial. Associated with all things Irish or Celtic.

Usuzi

ABCDEFGHI
JKLMNOPQR
STUVWXYZ
1234567890
@&!?;.'"*

SI FORMAM COCHLEARIS TUI POST PRANDIUM RECORDARIS, EA FORMA PERVERSA EST. ET COCHLEAR ET LITTERA INSTRUMENTA SUNT; CAPIT ALTERUM CIBUM E CATILLO, ALTERA INDICIUM E PAGINA. UBI FORMA DIGNA EST, LECTOR COMMODE FIET QUONIAM LITTERA ET TRITA ET DECORA EST. SI FORMAM

6.5/10 Usuzi Regular unjustified, +10 units of tracking

A free font for non-commercial use that's evocative of speed, leather, and Japanese motorcycles. Iconian Fonts specialize in typefaces, symbols, and dingbats with an emphasis on popular culture. One that you won't want to use too often.

Verve

ABCDEFGHIJKLM
NOPQRSTUVWXYZ
abcdefghijklm
nopqrstuvwxyz
1234567890@&!?;.'"*

Si formam cochlearis tui post prandium recordaris, ea forma perversa est. Et cochlear et littera instrumenta sunt; capit alterum cibum e catillo, altera indicium e pagina. Ubi forma digna est, lector commode fiet quoniam littera et trita et decora est. Si formam cochlearis tui post prandium recordaris, ea forma perversa est. Et cochlear et littera instrumenta sunt; capit alterum cibum e catillo, altera indicium e pagina. Ubi forma digna est, lector commode fiet quoniam littera et trita et decora est. Si formam cochlearis tui post

8/10 Verve Regular unjustified, +10 units of tracking

Created by versatile designer Brian Sooy of Altered Ego Fonts, Verve is a condensed display face—available in seven weights, ranging from Extra Light to Extra Black. Potentially useful for product packaging and advertising purposes.

Display Showcase

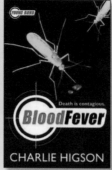

Impact
(Above)
Design: Tom Sanderson
Client: Penguin/Puffin Books
(book covers)

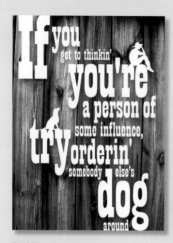

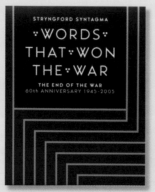

Syrup
(Above)
Design: nothingdiluted
Client: Guy Holden Photography
(business brochure)

Playbill
(Above)
Design: Three Rooms
Client: In-house project
(poster)

Simplex
(Left)
Design: Zion Graphics
Client: Stryngford Records
(CD sleeve)

Victorian Titling Condensed

ABCDEFGHIJ
KLMNOPQRST
UVWXYZ
1234567890&!?;:"*

SI FORMAM COCHLEARIS TUI POST PRANDIUM
RECORDARIS, EA FORMA PERVERSA EST. ET COCHLEAR
ET LITTERA INSTRUMENTA SUNT; CAPIT ALTERUM CIBUM
E CATILLO, ALTERA INDICIUM E PAGINA. UBI FORMA
DIGNA EST, LECTOR COMMODE FIET QUONIAM LITTERA
ET TRITA ET DECORA EST. SI FORMAM COCHLEARIS TUI
POST PRANDIUM RECORDARIS, EA FORMA PERVERSA EST.

7/10 Victorian Titling Condensed unjustified, +20 units of tracking

This font is closely based on
the nineteenth-century Stephen
Blake Foundry type, Roman
Compressed No.3. A condensed

British Modern with fine serifs,
the strong vertical stress and
high contrast of stroke thickness
give the type an urbane identity.

Viva

ABCDEFGHIJKLM
NOPQRSTUVWXYZ
abcdefghijklm
nopqrstuvwxyz
1234567890@&!?;:"*

Viva is a classically proportioned
open face with nine variants:
Standard Light, Regular,
and Bold; Condensed Light,
Standard, and Bold; and Extra
Extended Light, Standard, and
Bold. Only a part of the letters'
open forms are emboldened as
the weight increases, offering
possibilities for interesting
typographic effects. Designed
by Carol Twombly in 1993 for
Adobe.

Si formam cochlearis tui post prandium
recordaris, ea forma perversa est. Et cochlear et littera instrumenta sunt; capit alterum
cibum e catillo, altera indicium e pagina. Ubi
forma digna est, lector commode fiet quonia

7/10 Viva Regular justified, +40 units of tracking

Si formam cochlearis tui post prandium recordaris,
ea forma perversa est. Et cochlear et littera instrumenta sunt; capit alterum cibum e catillo, altera
indicium e pagina. Ubi forma digna est, lector commode fiet quoniam littera et trita et decora est. Si

7/10 Viva Bold Condensed justified, +20 units of tracking

Si formam cochlearis tui post prandium recordaris, ea
forma perversa est. Et cochlear et littera instrumenta sunt;
capit alterum cibum e catillo, altera indicium e pagina. Ubi
forma digna est, lector commode fiet quoniam littera et
trita et decora est. Si formam cochlearis tui post prandium

7/10 Viva Light Condensed justified, +40 units of tracking

Si formam cochlearis tui post prandium
recordaris, ea forma perversa est. Et cochlear et littera instrumenta sunt; capit
alterum cibum e catillo, altera indicium e
pagina. Ubi forma digna est, lector commo

7/10 Viva Bold justified, +40 units of tracking

Wade Sans Light

ABCDEFGHIJKLM
NOPQRSTUVWXYZ
abcdefghijklm
nopqrstuvwxyz
1234567890&!?;:"*

Si formam cochlearis tui post prandium recordaris, ea forma
perversa est. Et cochlear et littera instrumenta sunt; capit
alterum cibum e catillo, altera indicium e pagina. Ubi
forma digna est, lector commode fiet quoniam littera et
trita et decora. Si formam cochlearis tui post prandium
recordaris, ea forma perversa est. Et cochlear et littera
instrumenta sunt; capit alterum cibum e catillo, altera

11/10 Wade Sans Light unjustified, +10 units of tracking

Designed in 1990 by Paul
Hickson. Closer inspection
identifies swelling strokes at
terminations, overlapped

crossbars, the oblique terminals
of the A, V, and W, the tiny x-
height, and some organic
touches that offer a little extra.

Wanted

ABCDEFGHIJKLM
NOPQRSTUVWXYZ
abcdefghijklm
nopqrstuvwxyz
1234567890&!?;:"*

Si formam cochlearis tui post prandium recordaris, ea forma
perversa est. Et cochlear et littera instrumenta sunt; capit alterum
cibum e catillo, altera indicium e pagina. Ubi forma digna est,
lector commode fiet quoniam littera et trita et decora est. Si formam
cochlearis tui post prandium recordaris, ea forma perversa est. Et
cochlear et littera instrumenta sunt; capit alterum cibum e catillo,
altera indicium e pagina. Ubi forma digna est, lector commode fiet

10/10 Wanted Regular unjustified

Based on the nineteenth-
century woodcut forms of
Playbill, Wanted produces the
effect of weather-beaten Wild

West poster headlines. The tops
and bottoms of the letterforms
are stretched to attention-
grabbing sizes.

Waters Titling

ABCDEFGHIJKLM
NOPQRSTUVWXYZ
1234567890
@&!?;:"*

SI FORMAM COCHLEARIS TUI POST PRANDIUM RECORDARIS, EA
FORMA PERVERSA EST. ET COCHLEAR ET LITTERA INSTRUMENTA SUNT;
CAPIT ALTERUM CIBUM E CATILLO, ALTERA INDICIUM E PAGINA. UBI
FORMA DIGNA EST, LECTOR COMMODE FIET QUONIAM LITTERA ET
TRITA ET DECORA EST. SI FORMAM COCHLEARIS TUI POST PRANDIUM
RECORDARIS, EA FORMA PERVERSA EST. ET COCHLEAR ET LITTERA
INSTRUMENTA SUNT; CAPIT ALTERUM CIBUM E CATILLO, ALTERA

8/10 Waters Titling Light Condensed unjustified, +20 units of tracking

This consists of twelve variants,
which include a wide range of
elegantly proportioned roman
fonts with excellent serif

detail. Every area of display from
book jacket to posters will be
enhanced by this font. Designed
in 1997 by Julian Waters.

Willow

ABCDEFGHIJKLM
NOPQRSTUVWXYZ
abcdefghijklm
nopqrstuvwxyz
1234567890&!?;:"*

Si formam cochlearis tui post prandium recordaris, ea forma perversa est. Et cochlear et littera instrumenta sunt; capit alterum cibum e catillo, altera indicium e pagina. Ubi forma digna est, lector commode fiet quoniam littera et trita et decora est. Si formam cochlearis tui post prandium recordaris, ea forma perversa est. Et cochlear et littera instrumenta sunt; capit alterum cibum e catillo, altera indicium e pagina. Ubi forma digna est, lector commode fiet quoniam littera et trita et decora est. Si formam cochlearis tui post prandium recordaris, ea forma perversa est. Et cochlear et littera

8/10 Willow Light unjustified, +100 units of tracking

Willow is one of Adobe's original woodletter series. It is a very condensed serif font that should only be used with a limited number of words and, where possible, letterspaced for special effect. Used as text it will appear unnecessarily cramped.

ITC Zipper

ABCDEFGHIJKLM
NOPQRSTUVWXYZ
abcdefghijklm
nopqrstuvwxyz
1234567890@&!?;:""*

Si formam cochlearis tui post prandium recordaris, ea forma perversa est. Et cochlear et littera instrumenta sunt; capit alterum cibum e catillo, altera indicium e pagina. Ubi forma digna est, lector commode fiet quoniam littera et trita et decora est. Si formam cochlearis tui post prandium recordaris, ea forma perversa est. Et cochlear et littera instrumenta sunt; capit alterum cibum e catillo, altera indicium e pagina. Ubi forma digna

8/10 ITC Zipper Regular unjustified, +30 units of tracking

A geometric sans serif formed by extra emphasis being placed on the horizontal parts of letters, with the vertical forms remaining regular in weight. Designed by Phillip Kelly in 1970, Zipper is a unique letterform with no obvious provenance.

183 Zrnic

ABCDEFGHIJKLM
NOPQRSTUVWXYZ
abcdefghijklm
nopqrstuvwxyz
1234567890@&!?;:"⊗

Si formam cochlearis tui post prandium recordaris, ea forma perversa est. Et cochlear et littera instrumenta sunt; capit alterum cibum e catillo, altera indicium e pagina. Ubi forma digna est, lector commode fiet quoniam littera et trita et decora est. Si formam cochlearis tui post prandium recordaris, ea forma perversa est. Et cochlear et littera instrumenta sunt;

8/10 183 Zrnic Regular unjustified

Designed in 1999 by Ray Larabie, this single-style condensed sans serif has a large x-height, which increases legibility. It is characterized by thinned-down horizontal strokes, tight curves, and open counterspaces in the lowercase.

Script

Balmoral page 347

Script typefaces are based on a number of different handwriting styles, from the most casual to the highly elaborate, and with a rich variety of styles across the board—although very few of us have writing that matches the glories of a Shelley Script (see page 393) or Zapfino (see page 395).

Most formal script typeface designs are taken from (and sometimes named after) the work of George Bickham, Thomas Tomkins, George Shelley, George Snell, and a number of other writing masters from the seventeenth and eighteenth centuries. Writing masters were career calligraphers who refined the art of penmanship to a high degree. The characters were made with a quill or metal nib pen with a narrow cut end, and the shapes were often based on enlightenment aesthetics such as Hogarth's "line of beauty," a conceptual serpentine line or boundary that represented certain artistic ideals.

Copperplate script was developed in eighteenth-century England out of the need for a writing style for commercial use that was faster and more efficient than the highly formal scripts of the previous century. The two dominant forms that developed were the "round hand" and the lighter "Italian"—although when the copperplate style spread to Spain and Italy, it was referred to as "English Hand." The name itself comes from the appearance of the letters. Drawn with a sharp, pointed nib and with line thicknesses determined by pressure rather than the angle of a cut nib, they look like the etched lines in copper engravings.

The casual scripts are rooted in more recent times, some from the early twentieth century, but a large number from the 1950s and later. Many were developed from different styles of brush-based signwriting or marker-pen lettering. Comic-strip lettering is an example of a casual script style, albeit normally with very little flow in the shapes.

Alongside the brush- and marker-based styles sits the most casual script form of them all, the replicated modern handwriting font. This takes a specific example of handwriting, and replicates it in a standardized digital typeface. When done well, these fonts can be highly convincing, and it takes rather more work than most realize to make a robust script-like handwriting font. Curiously, these sometimes take the genre full circle, mirroring in loose scrawl the perfect letterforms of the seventeenth-century writing masters.

Abetka

ABCDEFGHIJKLM
NOPQRSTUVWXYZ
abcdefghijklm
nopqrstuvwxyz
1234567890&!?;:"*

Si formam cochlearis tui post prandium recordaris, ea forma perversa est. Et cochlear et littera instrumenta sunt; capit alterum cibum e catillo, altera indicium e pagina. Ubi forma digna est, lector commode fiet quoniam littera et trita et decora est. Si formam cochlearis tui post prandium recordaris, ea forma perversa

8/10 Abetka Regular unjustified

A cursive letterform reminiscent of the Art Nouveau period. The characteristic flourish present in the letterforms suggest the stroke of a well-controlled brush. Designed by Victor Kharyk in 2004, its robustness works well for book jackets.

Accent

ABCDEFGHIJKLM
NOPQRSTUVWXYZ
abcdefghijklm
nopqrstuvwxyz
1234567890
&!?;:"*

Si formam cochlearis tui post prandium recordaris, ea forma perversa est. Et cochlear et littera instrumenta sunt; capit alterum cibum e catillo, altera indicium e pagina. Ubi forma digna est, lector commode fiet quoniam littera et trita et decora est. Si formam cochlearis

8/10 Accent Regular unjustified

Designed by the URW design studio, this tubby, noncursive brush font nostalgically recalls the characteristics of the brush scripts of the 1950s. The broad strokes and curves offer a very legible yet spontaneous formed alphabet.

Adagio

Si formam cochlearis tui post prandium recordaris, ea forma perversa est. Et cochlear et littera instrumenta sunt; capit alterum cibum e catillo, altera indicium e pagina. Ubi forma digna est, lector commode fiet quoniam littera et trita et decora est. Si formam cochlearis tui post prandium recordaris, ea forma perversa est. Et cochlear et littera instrumenta sunt; capit alterum cibum e catillo, altera indicium e pagina. Ubi forma digna est, lector commode fiet quoniam littera et trita et

9/10 Adagio Regular unjustified

A full-blooded calligraphic script. The generous, elegant flourish of this excellent font offers a formal letterform of great sensuality. Designed in 2006, the font has a large range of elegant ligatures, character combinations, and alternatives.

ITC Airstream

ABCDEFGHIJKLM
NOPQRSTUVWXYZ
abcdefghijklm
nopqrstuvwxyz
1234567890@&!?;:"*

Si formam cochlearis tui post prandium recordaris, ea forma perversa est. Et cochlear et littera instrumenta sunt; capit alterum cibum e catillo, altera indicium e pagina. Ubi forma digna est, lector commode fiet quoniam littera et trita et decora est. Si formam cochlearis tui post prandium recordaris, ea forma perversa est. Et cochlear et littera instrumenta sunt;

8/10 ITC Airstream Regular unjustified

3 **7**

This is a noncursive brush script with spontaneous irregularity. The changing stroke thickness suggests the flourish of a brush tip. Designed in 1995 by Tim Donaldson for ITC, the name Airstream suggests unconventional, informal usage.

Amadeo

ABCDEFGHIJKLM
NOPQRSTUVWXYZ
abcdefghijklm
nopqrstuvwxyz
1234567890@&!?;:"*

3 **7**

Designed by Julius de Goede in 1999, Amadeo is a delicate formal script in the tradition of the English Roundhand. However, with its felt-tip line thickness, this font is very much of the present. The letterforms express a formality that is made more personal by the line quality.

Si formam cochlearis tui post prandium recordaris, ea forma perversa est. Et cochlear et littera instrumenta sunt; capit alterum cibum e catillo, altera indicium e pagina. Ubi forma digna est, lector commode fiet quoniam littera et trita et decora est. Si formam

10/10 Amadeo Regular unjustified

Si formam cochlearis tui post prandium recordaris, ea forma perversa est. Et cochlear et littera instrumenta sunt; capit alterum cibum e catillo, altera indicium e pagina. Ubi forma digna est, lector commode fiet quoniam littera et trita et decora est. Si formam

10/10 Amadeo Bold unjustified

SI FORMAM COCHLEARIS TUI POST PRANDIUM RECORDARIS, EA FORMA PERVERSA EST. ET COCHLEAR ET LITTERA INSTRUMENTA SUNT; CAPIT ALTERUM CIBUM E CATILLO, ALTERA INDICIUM E PAGINA. UBI FORMA DIGNA EST, LECTOR COMMODE FIET QUONIAM

10/10 Amadeo Small Caps unjustified

SI FORMAM COCHLEARIS TUI POST PRANDIUM RECORDARIS, EA FORMA PERVERSA EST. ET COCHLEAR ET LITTERA INSTRUMENTA SUNT; CAPIT ALTERUM CIBUM E CATILLO, ALTERA INDICIUM E PAGINA. UBI FORMA DIGNA EST, LECTOR COMMODE FIET QUONIAM

10/10 Amadeo Bold Small Caps unjustified

SCRIPT FONTS **339**

Amber

ABCDEFGHIJKLM
NOPQRSTUVWXYZ
abcdefghijklm
nopqrstuvwxyz
1234567890@&!?;-"'*

Si formam cochlearis tui post prandium recordaris, ea forma perversa est. Et cochlear et littera instrumenta sunt; capit alterum cibum e catillo, altera indicium e pagina. Ubi forma digna est, lector commode fiet quoniam littera et trita et decora est. Si formam cochlearis tui post prandium recordaris, ea forma perversa est. Et cochlear et littera instrumenta sunt; capit alterum cibum e catillo, altera indicium e pagina. Ubi forma digna est, lector commode fiet quoniam littera et

9/10 Amber Regular unjustified

An upright flat brush script—a style popular in the 1950s. The letterforms adhere closely to a roman form, yet the irregularity of the brushstroke suggests an element of spontaneity. Amber is suitable for packaging, publicity, and stationery.

American Scribe

ABCDEFGH
IJKLMNOPQR
STUVWXYZ
abcdefghijklmnopqrstuvwxyz
1234567890@&!?;: "*

Si formam cochlearis tui post prandium recordaris, ea forma perversa est. Et cochlear et littera instrumenta sunt; capit alterum cibum e catillo, altera indicium e pagina. Ubi forma digna est, lector commode fiet quoniam littera et trita et decora est. Si formam cochlearis tui post prandium recordaris, ea forma perversa est. Et cochlear et littera instrumenta sunt; capit alterum cibum e catillo, altera indicium e pagina. Ubi forma digna est, lector commode fiet quoniam littera et

9/10 American Scribe Regular unjustified

Created by Brian Willson in 2003, derived from the handwriting of Timothy Matlack, the scribe responsible for making copies of the American Declaration of Independence from Thomas Jefferson's original draft of 1771.

Amore

ABCDEFGHIJKLM
NOPQRSTUVWXYZ
abcdefghijklm
nopqrstuvwxyz
1234567890
@&!?;:"*

Si formam cochlearis tui post prandium recordaris, ea forma perversa est. Et cochlear et littera instrumenta sunt; capit alterum cibum e catillo, altera indicium e pagina. Ubi forma digna est, lector commode fiet quoniam littera et trita et decora est. Si formam cochlearis tui post prandium

8/10 Amore Regular unjustified, +40 units of tracking

Created by Russian designer Gennady Fridman in 2004, this is a noncursive script based on simple handwritten forms and enhanced with curling flourishes. A friendly font with a touch of naivete, suitable for greeting cards and invitations.

Aquiline

A B C D E F G
H I J K L M N O P
Q R S T U V W X Y Z
abcdefghijklmnopqrstuvwxyz
1234567890 @ & ! ? ;: " *

Si formam cochlearis tui post prandium recordaris, ea forma perversa est. Et cochlear et littera instrumenta sunt; capit alterum cibum e catillo, altera indicium e pagina. Ubi forma digna est, lector commode fiet quoniam littera et trita et decora est. Si formam cochlearis tui post prandium recordaris, ea forma perversa est. Et cochlear et littera instrumenta sunt; capit alterum cibum e catillo, altera indicium e pagina. Ubi forma digna est, lector commode fiet quoniam littera et trita et decora

8/10 Aquiline Regular unjustified

3

A flamboyant yet practical handwriting font based on the lettering of the sixteenth-century writing master Arrighi. It has large, graceful flourishes on some capitals, and combines a small x-height with very tall ascenders.

Aranea

A B C D E F G H
I J K L M N O P Q R
S T U V W X Y Z
a b c d e f g h i j k l m
n o p q r s t u v w x y z
1 2 3 4 5 6 7 8 9 0 & ! ? ;: " *

Si formam cochlearis tui post prandium recordaris, ea forma perversa est. Et cochlear et littera instrumenta sunt; capit alterum cibum e catillo, altera indicium e pagina. Ubi forma digna est, lector commode fiet quoniam littera et trita et decora est. Si formam

11/10 Aranea Regular unjustified, +170 units of tracking

3 **★**

Created by German designer Verena Gerlach, this font has a resemblance to a conventional French Rondé with considerable intervention on the part of the designer. Aranea Regular and Aranea Outline are fonts for special occasions.

Arid

A B C D E F G H I J
K L M N O P Q R S T
U V W X Y Z
abcdefghijklm
nopqrstuvwxyz
1234567890@&!?;:"*

Si formam cochlearis tui post prandium recordaris, ea forma perversa est. Et cochlear et littera instrumenta sunt; capit alterum cibum e catillo, altera indicium e pagina. Ubi forma digna est, lector commode fiet quoniam littera et trita et decora est. Si formam cochlearis tui post prandium recordaris, ea forma perversa est. Et cochlear et littera instrumenta sunt;

9/10 Arid Regular unjustified, +20 units of tracking

3

A dry brush script that confidently expresses the immediacy of an artist's flowing brushstrokes. The broken texture of the calligraphic line suits images that require a personal statement. Designed by Rob Leuschke in 1997.

Aristocrat

ABCDEFGHIJ
JKLMNOPQR
STUVWXYZ

abcdefghijklmnopqrstuvwxyz
1234567890&!?,:; "*

Si formam cochlearis tui post prandium recordaris, ea forma perversa est. Et cochlear et littera instrumenta sunt: capit alterum cibum e catillo, altera indicium e pagina. Ubi forma digna est, lector commode fiet quoniam littera et trita et decora est. Si formam cochlearis tui post prandium recordaris, ea forma perversa est. Et cochlear et littera instrumenta sunt: capit alterum cibum e catillo, altera indicium e pagina. Ubi forma digna est, lector

11/10 Aristocrat Regular unjustified

3

Based on a conventional copperplate script, Aristocrat has a capital alphabet that is enhanced by additional hairline strokes. Designed in 1978 by Donald Stevens, it is a font that will add a little flamboyance to formal documents.

Arnova

ABCDEFGHIJKLM
NOPQRSTUVWXYZ
abcdefghijklm
nopqrstuvwxyz
1234567890&!?;:"*

Si formam cochlearis tui post prandium recordaris, ea forma perversa est. Et cochlear et littera instrumenta sunt; capit alterum cibum e catillo, altera indicium e pagina. Ubi forma digna est; lector commode fiet quoniam littera et trita et decora est. Si formam cochlearis tui post prandium recordaris, ea forma perversa

8/10 Arnova Regular unjustified

3

Erratically tilted letterforms created with a traditional Japanese calligraphy brush. Some of the letters have the appearance of being made with a single gesture, expressing a joyful energy. Designed by Genevieve Cerasoli in 1997.

Arriba

ABCDEFGHIJKLM
NOPQRSTUVWXYZ
abcdefghijklm
nopqrstuvwxyz
1234567890&!?;:"*

Si formam cochlearis tui post prandium recordaris, ea forma perversa est. Et cochlear et littera instrumenta sunt: capit alterum cibum e catillo, altera indicium e pagina. Ubi forma digna est, lector commode fiet quoniam littera et trita et decora est. Si formam cochlearis tui post prandium recordaris, ea forma perversa est. Et cochlear et

8/10 Arriba Regular unjustified, +20 units of tracking

Phill Grimshaw's Arriba takes its name from a Spanish cry of elation, and the wild shapes suit the name well. It includes a large number of character alternates as well as decorative and Pi graphic faces. Keep the letterspacing tight.

Artemisia

ABCDEFGHIJ
KLMNOPQRST
UVWXYZ
abcdefghijklm
nopqrstuvwxyz
1234567890@&!?;:"*

Si formam cochlearis tui post prandium recordaris, ea forma perversa est. Et cochlear et littera instrumenta sunt; capit alterum cibum e catillo, altera indicium e pagina. Ubi forma digna est, lector commode fiet quoniam littera et trita et decora est. Si formam cochlearis tui post prandium recordaris, ea forma perversa est. Et cochlear et littera instrumenta sunt; capit alterum cibum e catillo, altera indicium e pagina.

8/10 Artemisia Regular unjustified

Nick Curtis's 2002 reworking of Adonis Old Style. Curtis has broadened the letterforms, giving them a geometric clarity.

This hairline upright letterform justifies its script status with fine connecting strokes and extra curls in its formal geometry.

Artscript

ABCDEFGHI
JKLMNOPQR
STUVWXYZ
abcdefghijklmnopqrstuvwxyz
1234567890@&!?;:"*

Si formam cochlearis tui post prandium recordaris, ea forma perversa est. Et cochlear et littera instrumenta sunt; capit alterum cibum e catillo, altera indicium e pagina. Ubi forma digna est, lector commode fiet quoniam littera et trita et decora est. Si formam cochlearis tui post prandium recordaris, ea forma perversa est. Et cochlear et littera instrumenta sunt; capit alterum cibum e catillo, altera indicium e pagina. Ubi forma digna est, lector commode fiet quoniam littera et

8.5/10 Artscript Regular unjustified

A classic form of copperplate script from the Lanston Type Company, based on the copperplate engravers' hand

of the eighteenth century. A refined, elegant letterform that works well with Bodoni, Didot, or Walbaum.

Aspera

ABCDEFGHIJKLM
NOPQRSTUVWXYZ
abcdefghijklm
nopqrstuvwxyz
1234567890@&!?;:"*

Si formam cochlearis tui post prandium recordaris, ea forma perversa est. Et cochlear et littera instrumenta sunt; capit alterum cibum e catillo, altera indicium e pagina. Ubi forma digna est, lector commode fiet quoniam littera et trita et decora est. Si formam cochlearis tui post prandium recordaris, ea forma perversa est. Et cochlear et littera instrumenta sunt; capit alterum cibum e catillo, altera indicium e pagina.

8/10 Aspera Light unjustified

A script font that maintains the proportions of a classic copperplate, though without the uniformity. The unique brush

texture gives this font a graphic identity of great individuality. Designed by Olivera Stojadinovic in 2000.

ITC Atmosphere

ABCDEFGHIJ
KLMNOPQRST
UVWXYZ
1234567890
@&!?,;"*

SI FORMAM COCHLEARIS TUI POST PRANDIUM
RECORDARIS, EA FORMA PERVERSA EST. ET
COCHLEAR ET LITTERA INSTRUMENTA SUNT;
CAPIT ALTERUM CIBUM E CATILLO, ALTERA
INDICIUM E PAGINA. UBI FORMA DIGNA EST,
LECTOR COMMODE FIET QUONIAM LITTERA ET
TRITA ET DECORA EST. SI FORMAM COCHLEARIS

8/10 ITC Atmosphere Regular unjustified

A unique graphic font of
brush-drawn capitals. Although
the alphabet is made up of
conventionally proportioned,

slightly italicized capitals, the
pronounced loose texture
created by the brush technique
marks this as a display script.

Augusta

ABCDEFGHIJKLM
NOPQRSTUVWXYZ
abcdefghijklm
nopqrstuvwxyz
1234567890@&!?;*

Si formam cochlearis tui post prandium recordaris, ea forma
perversa est. Et cochlear et littera instrumenta sunt; capit alterum
cibum e catillo, altera indicium e pagina. Ubi forma digna
est, lector commode fiet quoniam littera et trita et decora est.
Si formam cochlearis tui post prandium recordaris, ea forma
perversa est. Et cochlear et littera instrumenta sunt; capit alterum
cibum e catillo, altera indicium e pagina. Ubi forma digna est,

8/10 Augusta Regular unjustified

An upright pen script based on
a revival of the fifteenth-century
Chancery Script. Julius de
Goede designed this digital

font in 1999, and has added
five additional fonts of swash
characters. Useful for many
kinds of documents.

Autograph

ABCDEFGHIJKLM
NOPQRSTUVWXYZ
abcdefghijklm
nopqrstuvwxyz
1234567890
@,&!?;"*

Si formam cochlearis tui post prandium
recordaris, ea forma perversa est. Et cochlear
et littera instrumenta sunt; capit alterum
cibum e catillo, altera indicium e pagina. Ubi
forma digna est, lector commode fiet quoniam
littera et trita et decora est. Si formam
cochlearis tui post prandium recordaris, ea forma

8/10 Autograph Regular unjustified

An upright, handwritten font
with nonconnecting lowercase
that expresses today's pace of
life. Designed by Koma Amok

Design in 2002, it includes two
weights plus a number of hastily
drawn icons and ligatures. This
font is similar to Linotype Ego.

Avalon

ABCDEFGHI
JKLMNOPQR
STUVWXYZ

abcdefghijklmnopqrstuvwxyz

1234567890@&!?;:"*

Si formam cochlearis tui post prandium recordaris, ea forma perversa est. Et cochlear et littera instrumenta sunt; capit alterum cibum e catillo, altera indicium e pagina. Ubi forma digna est, lector commode fiet quoniam littera et trita et decora est. Si formam cochlearis tui post prandium recordaris, ea forma perversa est. Et cochlear et littera instrumenta sunt; capit alterum cibum e catillo, altera indicium e pagina. Ubi forma digna est, lector commode fiet quoniam littera et trita et decora est. Si formam cochlearis tui post prandium recordaris, ea forma

10/10 Avalon Medium unjustified

These flamboyant, sweeping letterforms have their origins in the sixteenth century. A full-blown calligraphic font based on the work of Austrian Friedrich Neugebauer and realized as a digital font by type designer Richard Lipton in 1995.

Bagel

ABCDEFGHIJKLM
NOPQRSTUVWXYZ
abcdefghijklm
nopqrstuvwxyz
1234567890
@&!?;:"*

Si formam cochlearis tui post prandium recordaris, ea forma perversa est. Et cochlear et littera instrumenta sunt; capit alterum cibum e catillo, altera indicium e pagina. Ubi forma digna est, lector commode fiet quoniam littera et trita et decora est. Si formam cochlearis tui post prandium recordaris, ea forma perversa est. Et cochlear et littera instrumenta sunt;

8/10 Bagel Regular unjustified

A broad-pen alphabet of capitals and lowercase imitating the characteristics of a Hebrew alphabet. This novelty font, of doubtful legibility, was designed in 2002 by Danish designer Per Baasch Jørgensen. A witty font with limited application.

Ballantines Script

ABCDEFGHI
JKLMNOPQR
STUVWXYZ
abcdefghijklm
nopqrstuvwxyz
1234567890&!?;:"*

Si formam cochlearis tui post prandium recordaris, ea forma perversa est. Et cochlear et littera instrumenta sunt; capit alterum cibum e catillo, altera indicium e pagina. Ubi forma digna est, lector commode fiet quoniam littera et trita et decora est. Si formam cochlearis tui post z recordaris, ea forma perversa est. Et cochlear et littera instrumenta sunt; capit alterum cibum e catillo, altera indicium e pagina. Ubi forma digna est, lector commode fiet

8/10 Ballantines Script Regular unjustified

This excellent copperplate script is available in seven weights, from Light to Heavy, offering a wide range of possible uses, from advertising to packaging. The copperplate script was designed by the Brendel Typestudio in 1974.

Ballerino

A B C D E F G H I J
K L L M N O P Q R S
T U V W X Y Z
abcdefghijklmnopqrstuvwxyz
1234567890@&!?,;: "*

Si formam cochlearis tui post prandium recordaris, ea forma perversa est. Et cochlear et littera instrumenta sunt; capit alterum cibum e catillo, altera indicium e pagina. Ubi forma digna est, lector commode fiet quoniam littera et trita et decora est. Si formam cochlearis tui post prandium recordaris, ea forma perversa est. Et cochlear et littera instrumenta sunt; capit alterum cibum e catillo, altera indicium e pagina. Ubi forma digna est, lector commo

11/10 Ballerino Regular justified

③ ⑦

Ballerino is a calligraphic script with echoes of the sixteenth century. Its lowercase, although small, is very legible, making it suitable for short texts rather than just headlines. Designed by Austrian Victor Solt-Bittner in 1999.

Balloon

ABCDEFGHI
JKLMNOPQR
STUVWXYZ
12345
67890
@&!?,:"*

③

A conservative, informal brush script with excellent display qualities, Balloon is a popular letterform that first saw the light of day in 1939. Designed by Max R. Kaufman, it now has a few useful variants. Balloon is similar in design to LTC Flash.

SI FORMAM COCHLEARIS TUI POST PRANDIUM RECORDARIS, EA FORMA PERVERSA EST. ET COCHLEAR ET LITTERA INSTRUMENTA SUNT; CAPIT ALTERUM CIBUM E CATILLO, ALTERA INDICIUM E PAGINA. UBI FORMA DIGNA EST, LECTOR COMMODE FIET QUONIAM LITTERA ET TRITA ET DECORA EST. SI FORMAM COCHLEARIS TUI POST PRANDIUM RECORDARIS, EA FORMA PERVERSA EST. ET COCHLEAR ET LITTERA

6/10 Balloon Bold Italic unjustified

SI FORMAM COCHLEARIS TUI POST PRANDIUM RECORDARIS, EA FORMA PERVERSA EST. ET COCHLEAR ET LITTERA INSTRUMENTA SUNT; CAPIT ALTERUM CIBUM E CATILLO, ALTERA INDICIUM E PAGINA. UBI FORMA DIGNA EST, LECTOR COMMODE FIET QUONIAM LITTERA ET TRITA ET DECORA EST. SI FORMAM COCHLEARIS TUI POST PRANDIUM RECORDARIS, EA FORMA PERVERSA EST. ET COCHLEAR ET LITTERA

6/10 Balloon Light Italic unjustified

SI FORMAM COCHLEARIS TUI POST PRANDIUM RECORDARIS, EA FORMA PERVERSA EST. ET COCHLEAR ET LITTERA INSTRUMENTA SUNT; CAPIT ALTERUM CIBUM E CATILLO, ALTERA INDICIUM E PAGINA. UBI FORMA DIGNA EST, LECTOR COMMODE FIET QUONIAM LITTERA ET TRITA ET DECORA EST. SI FORMAM COCHLEARIS TUI POST PRANDIUM

6/10 Balloon Extra Bold Italic unjustified

Balmoral

A B C D E F G H I
J K L M N O P Q
R S T U V W X Y Z

abcdefghijklmnopqrstuvwxyz

*1234567890&!?;:"**

Si formam cochlearis tui post prandium recordaris, ea forma perversa est. Et cochlear et littera instrumenta sunt; capit alterum cibum e catillo, altera indicium e pagina. Ubi forma digna est, lector commode fiet quoniam littera et trita et decora est. Si formam cochlearis tui post prandium recordaris, ea forma perversa est. Et cochlear et littera instrumenta sunt; capit alterum cibum e catillo, altera indicium e pagina. Ubi forma digna est, lector commode fiet quoniam littera et trita et decora est. Si formam cochlearis tui post prandium recordaris, ea forma

12/10 Balmoral Regular unjustified

An attractive copperplate script, combining generously formed, flamboyant capitals with a narrow, vertically stressed, tightly connected lowercase. Designed in 1978 by Martin Wait, it will add a special quality to diplomas and citations.

Balzano

ABCDEFGHIJKLM
NOPQRSTUVWXYZ
abcdefghijklm
nopqrstuvwxyz
1234567890@&!?;:"*

Si formam cochlearis tui post prandium recordaris, ea forma perversa est. Et cochlear et littera instrumenta sunt; capit alterum cibum e catillo, altera indicium e pagina. Ubi forma digna est, lector commode fiet quoniam littera et trita et decora est. Si formam cochlearis tui post prandium recordaris, ea forma perversa est. Et cochlear et littera instrumenta sunt; capit alterum cibum e catillo, altera indicium e pagina. Ubi forma digna est, lector commode fiet

9/10 Balzano Regular unjustified

An upright informal script with the character of a broad fountain-pen nib. Designed in 1994 by John Benson, this script has the immediacy of modern handwriting, and therefore is suitable for friendly invitations or announcements.

Bank Script

A B C D E F G H I
J K L M N O P Q
R S T U V W X Y Z
abcdefghijklm
nopqrstuvwxyz
*1234567890@&!?;:"**

Si formam cochlearis tui post prandium recordaris, ea forma perversa est. Et cochlear et littera instrumenta sunt; capit alterum cibum e catillo, altera indicium e pagina. Ubi forma digna est, lector commode fiet quoniam littera et trita et decora est. Si formam cochlearis tui post prandium recordaris, ea forma perversa est. Et cochlear et littera instrumenta sunt; capit alterum cibum e catillo,

10/10 Bank Script Regular unjustified

A classic example of a copperplate engravers' script dating back to the eighteenth century, Bank Script was designed by James West for ATF. The cursive flow of thick and thin strokes maintains a sense of elegant authority.

Bella

ABCDEFGHIJKLM
NOPQRSTUVWXYZ
abcdefghijklm
nopqrstuvwxyz
1234567890
&!?.;:''

Si formam cochlearis tui post prandium recordaris, ea forma perversa est. Et cochlear et littera instrumenta sunt: capit alterum cibum e catillo, altera indicium e pagina. Ubi forma- digna est, lector commode fiet quoniam littera et trita et decora est. Si formam cochlearis

8/10 Bella Regular unjustified

3

A font of elegant, pen-drawn shapes, it has a lowercase with a generous x-height. Although not fully cursive, Bella is reminiscent of the fifteenth-century Chancery script. It is a relaxed, formal script, designed in 2005 by Natalia Vasilyeva.

Bernhard Schoenschrift

ABCDEFGHI
JKLMNOPQR
STUVWXYZ
abcdefghijklmn
opqrstuvwxyz
1234567890
&!?.;:''*

Si formam cochlearis tui post prandium recordaris, ea forma perversa est. Et cochlear et littera instrumenta sunt; capit alterum cibum e catillo, altera indicium e pagina. Ubi forma digna est, lector commode fiet quoniam littera et trita et decora est. Si formam cochlearis tui post prandium recordaris, ea forma perversa est. Et cochlear et littera instrumenta sunt;

12/10 Bernhard Schoenschrift Regular unjustified

Si formam cochlearis tui post prandium recordaris, ea forma perversa est. Et cochlear et littera instrumenta sunt; capit alterum cibum e catillo, altera indicium e pagina. Ubi forma digna est, lector commode fiet quoniam littera et trita et decora est. Si formam cochlearis tui post prandium recordaris, ea forma perversa est. Et cochlear et littera instrumenta sunt; capit alterum

12/10 Bernhard Schoenschrift Light unjustified

3 7

This script, designed by Lucian Bernhard in 1925, is identical to Stephen Blake's Madonna Rondé. It is a French-influenced script with an unlinked lowercase and a small x-height.

Bernhard Tango

ABCDEFGHIJKLM
NOPQRSTUVWXYZ
abcdefghijklmnopqrstuvwxyz
1234567890
@&!?;:"*

Si formam cochlearis tui post prandium recordaris, ea forma perversa est. Et cochlear et littera instrumenta sunt; capit alterum cibum e catillo, altera indicium e pagina. Ubi forma digna est, lector commode fiet quoniam littera et trita et decora est. Si formam cochlearis tui post prandium recordaris, ea forma perversa est. Et cochlear et

10/10 Bernhard Tango Regular unjustified

This 1930s, light-colored rondé designed by Lucien Bernhard is partially cursive in form, without fully linking letters. Bernhard

Tango can be used formally, although it is not as austere as a copperplate script. It is also similar to Carmine Tango.

ITC Berranger Hand

ABCDEFGHIJKLM
NOPQRSTUVWXYZ
abcdefghijklm
nopqrstuvwxyz
1234567890@&!?;:"*

Si formam cochlearis tui post prandium recordaris, ea forma perversa est. Et cochlear et littera instrumenta sunt; capit alterum cibum e catillo, altera indicium e pagina. Ubi forma digna est, lector commode fiet quoniam littera et trita et decora est. Si formam cochlearis tui post prandium recordaris, ea forma perversa est. Et cochlear et littera

7/10 ITC Berranger Hand Regular unjustified

An informal script by French designer Éric de Berranger, released in 1996. This font has the appearance of a felt marker

that is bleeding into the paper, and can provide a sense of a direct personal communication. Similar in style to Emmascript.

Berthold Englische Schreibschrift

ABCDEFGHI
JKLMNOPQR
STUVWXYZ
abcdefghijklm
nopqrstuvwxyz
1234567890&!?;:"*

Si formam cochlearis tui post prandium recordaris, ea forma perversa est. Et cochlear et littera instrumenta sunt; capit alterum cibum e catillo, altera indicium e pagina. Ubi forma digna est, lector commode fiet quoniam littera et trita et decora est. Si formam cochlearis tui post prandium recordaris, ea forma perversa est. Et cochlear et littera instrumenta sunt; capit alterum cibum e catillo, altera

8/10 Berthold Englische Schreibschrift Regular unjustified

A classic copperplate script based on eighteenth-century models. This font was revived by the Berthold Studio in 1972,

and is traditionally used for visiting cards, stationery, and other commercial printing jobs.

Bette ITC

GBCDE7GHIJKLM
NOPQRSTUVWXY3
abcdefghijklm
nopqrstuvwxy3
1234567890@&!?;:"*

Si formam cochlearis tui post prandium recordaris, ea forma perversa est. Et cochlear et littera instrumenta sunt; capit alterum cibum e catillo, altera indicium e pagina. Ubi forma digna est, lector commode fiet quoniam littera et trita et decora est. Si formam cochlearis tui post prandium recordaris, ea forma perversa est. Et cochlear et littera instrumenta sunt; capit alterum cibum e catillo, altera indicium e pagina. Ubi forma digna est, lector commode fiet quoniam littera et

8/10 Bette ITC Regular unjustified

An informal brush script created by Californian Patty King in 2004. This alphabet is formed with the trained dexterity of a Japanese calligrapher, and displays the full richness of organic form that can be conveyed by the brush.

Bible Script

ABCDEFGHIJKLM
NOPQRSTUVWXYZ
abcdefghijklm
nopqrstuvwxyz
1234567890&!?;:"*

Si formam cochlearis tui post prandium recordaris, ea forma perversa est. Et cochlear et littera instrumenta sunt; capit alterum cibum e catillo, altera indicium e pagina. Ubi forma digna est, lector commode fiet quoniam littera et trita et decora est. Si formam cochlearis tui post prandium recordaris, ea forma perversa est. Et cochlear et littera instrumenta sunt; capit alterum cibum e catillo, altera indicium e pagina.

8/10 Bible Script Regular unjustified

This script has its origins in the fifteenth century. Its broad-pen calligraphic style offers modern clarity and simplicity of form. Designed by Richard Bradley in 1979, with an additional font of swash characters. This is a font with modern formality.

Bickham Script

ABCDEFGH
IJKLMNOPQR
STUVWXYZ
abcdefghijklmnopqrstuvwxyz
1234567890@&!?;:"*

Si formam. cochlearis tui post prandium recordaris, ea forma. perversa est. Et cochlear et littera instrumenta sunt; capit alterum cibum e catillo, altera indicium e pagina. Ubi forma. digna est, lector commode fiet quoniam. littera et trita et decora est. Si formam. cochlearis tui post prandium recordaris, ea forma. perversa est. Et cochlear et littera instrumenta sunt; capit alterum cibum e catillo, altera indicium e pagina. Ubi forma. digna est, lector commode fiet

10/10 Bickham Script Regular unjustified

The formal lettering of the eighteenth-century writing master George Bickham was the inspiration for Richard Lipton's Bickham Script. The engraved style is full of elegance, and it lends an air of ornate formality to display-style settings.

Bickley Script

ABCDEFGHI
JKLMNOPQR
STUVWXYZ
abcdefghijklm
nopqrstuvwxyz
1234567890 & !?;: ”*

Si formam cochlearis tui post prandium recordaris, ea forma perversa est. Et cochlear et littera instrumenta sunt; capit alterum cibum e catillo, altera indicium e pagina. Ubi forma digna est, lector commode fiet quoniam littera et trita et decora est. Si formam cochlearis tui post prandium recordaris, ea forma perversa est. Et cochlear et littera instrumenta sunt;

11/10 Bickley Script Regular unjustified

A light, flamboyant calligraphic script that is more idiosyncratic than a copperplate script, with which it has similarities.

Designed in 1986 by Alan Meeks, it has a flourish suitable for designs that require a dash of sparkle as well as elegance.

Biffo

ABCDEFGHIJKLM
NOPQRSTUVWXYZ
abcdefghijklm
nopqrstuvwxyz
1234567890
@&!?;:”*

Si formam cochlearis tui post prandium recordaris, ea forma perversa est. Et cochlear et littera instrumenta sunt; capit alterum cibum e catillo, altera indicium e pagina. Ubi forma digna est, lector commode fiet quoniam littera et trita et decora est. Si formam cochlearis tui post prandium recordaris, ea forma perversa est. Et cochlear et littera instrumenta sunt; capit alterum cibum e catillo, altera

8/10 Biffo Regular unjustified

Designed by David Marshall in 1964 and digitized in 2001, this upright brush script has the appearance of an italic with

right-curving stems that create a sense of motion. The capitals give the impression of sitting heavily on the baseline.

Blackadder

ABCDEFGHI
JKLMNOPQR
STUVWXYZ
abcdefghijklm
nopqrstuvwxyz
1234567890 @&!?;:”*

Si formam cochlearis tui post prandium recordaris, ea forma perversa est. Et cochlear et littera instrumenta sunt; capit alterum cibum e catillo, altera indicium e pagina. Ubi forma digna est, lector commode fiet quoniam littera et trita et decora est. Si formam cochlearis tui post prandium recordaris, ea forma perversa est. Et cochlear et

10/10 Blackadder Regular unjustified, +10 units of tracking

Designed in 1996 by Bob Anderton, Blackadder has taken a calligraphic script of the sixteenth century as a

model, but treated the design with an aged look that recalls antique charts and far-off treasure islands.

Blizzard

ABCDEFGHIJKLM
NOPQRSTUVWXYZ
abcdefghijklm
nopqrstuvwxyz
1234567890@&!?;:"*

Si formam cochlearis tui post prandium recordaris, ea forma perversa est. Et cochlear et littera instrumenta sunt; capit alterum cibum e catillo, altera indicium e pagina. Ubi forma digna est, lector commode fiet quoniam littera et trita et decora est. Si formam cochlearis tui post prandium recordaris, ea forma perversa est. Et cochlear et littera instrumenta sunt; capit alterum cibum e catillo, altera indicium e pagina. Ubi forma digna est, lector commode fiet

8/10 Blizzard Regular unjustified

A bold, upright brush script with a degree of italic tilt. Blizzard is an informal display script with a lowercase of medium to large x-height that makes it useful for poster designs. It bears a strong resemblance to another 1930s font, Julius Kirn's Brush 738.

Bodoni Brush

ABCDEFGHIJKLM
NOPQRSTUVWXYZ
abcdefghijklm
nopqrstuvwxyz
1234567890@&!?;:"*

Si formam cochlearis tui post prandium recordaris, ea forma perversa est. Et cochlear et littera instrumenta sunt; capit alterum cibum e catillo, altera indicium e pagina. Ubi forma digna est, lector commode fiet quoniam littera et trita et decora est. Si formam cochlearis tui post

9/10 Bodoni Brush Regular unjustified, +10 units of tracking

The formality of the original Bodoni is brushed aside by the casual signage qualities of John Viner's Bodoni Brush. Although it has an early twentieth-century lettering feel, it was drawn in the mid-1990s. It is suitable for casual display and advertising.

Bordeaux Script

ABCDEFGHIJKLM
NOPQRSTUVWXYZ
abcdefghijklm
nopqrstuvwxyz
1234567890&!?;:"'

Si formam cochlearis tui post prandium recordaris, ea forma perversa est. Et cochlear et littera instrumenta sunt; capit alterum cibum e catillo, altera indicium e pagina. Ubi forma digna est, lector commode fiet quoniam littera et trita et decora est. Si formam cochlearis tui post prandium recordaris, ea forma perversa est. Et cochlear et littera instrumenta sunt; capit alterum cibum e catillo, altera indicium e pagina. Ubi forma digna est, lector commode fiet quoniam littera et

11/10 Bordeaux Script Regular unjustified, +40 units of tracking

A very condensed script, inspired by copperplate hands. There are fine extremes of thick and thin strokes and decorative curling swashes embellishing the capitals, which adds swagger. Designed by David Quay in 1987 for Letraset.

Bradley Hand

ABCDEFGHIJKLM
NOPQRSTUVWXYZ
abcdefghijklm
nopqrstuvwxyz
1234567890@&!?;:"*

Si formam cochlearis tui post prandium recordaris,
ea forma perversa est. Et cochlear et littera
instrumenta sunt; capit alterum cibum e catillo,
altera indicium e pagina. Ubi forma digna est,
lector commode fiet quoniam littera et trita et
decora est. Si formam cochlearis tui post prandium
recordaris, ea forma perversa est. Et cochlear et

8/10 Bradley Hand Regular unjustified

Based on a contemporary
handwriting style. The full, open
forms of the capitals and large
lowercase x-height make this
font very functional and legible,
with an up-to-the-minute
personality. Designed by Richard
Bradley in 1995.

Braganza

ABCDEFGHIJKLM
NOPQRSTUVWXYZ
abcdefghijklm
nopqrstuvwxyz
1234567890@&!?;:"*

Si formam cochlearis tui post prandium recordaris,
ea forma perversa est. Et cochlear et littera
instrumenta sunt; capit alterum cibum e catillo,
altera indicium e pagina. Ubi forma digna est,
lector commode fiet quoniam littera et trita et
decora est. Si formam cochlearis tui post prandium
recordaris, ea forma perversa est. Et cochlear et

8/10 Braganza Light unjustified

This expansive noncursive pen
script is loosely based on a
sixteenth-century script and
named after Catherine, Duchess
of Braganza. Unusually, the two
weights are provided with small
capitals. Designed by Phillip
Grimshaw in 1996.

Bruno

ABCDEFGHIJKLM
NOPQRSTUVWXYZ
abcdefghijklm
nopqrstuvwxyz
1234567890@&!?;:"*

Si formam cochlearis tui post prandium recordaris, ea
forma perversa est. Et cochlear et littera instrumenta sunt;
capit alterum cibum e catillo, altera indicium e pagina. Ubi
forma digna est, lector commode fiet quoniam littera et
trita et decora est. Si formam cochlearis tui post prandium
recordaris, ea forma perversa est. Et cochlear et littera
instrumenta sunt; capit alterum cibum e catillo, altera

8/10 Bruno Regular unjustified

An informal noncursive script
designed in 2000 by lettering
artist Jill Bell. The letters appear
to be drawn by a felt marker
pen. The capitals have an extra
stroke for emphasis. Bruno
provides decorative appeal for
invitations and greetings.

Script Showcase

Fling
(Above)
Design: Unfolding Terrain
Client: Addison Liquorish
(invitation)

Julia
(Right)
Design: Ahonen
& Lamberg
Client: EMI Music
France
(poster)

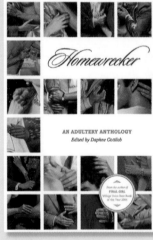

Sloop
Design: Gary Fogelson
Client: Softskull Press
(book cover)

Edwardian Script
Design: Grant Dickson,
nothingdiluted
Client: J&S Stationery
(stationery design)

Brush Script

ABCDEFGHI
JKLMNOP2R
STUVWXYZ
abcdefghijklm
nopqrstuvwxyz
1234567890&!?,:"

Si formam cochlearis tui post prandium recordaris, ea forma perversa est. Et cochlear et littera instrumenta sunt; capit alterum cibum e catillo, altera indicium e pagina. Ubi forma digna est, lector commode fiet quoniam littera et trita et decora est. Si formam cochlearis tui post prandium recordaris, ea forma perversa est. Et cochlear et littera instrumenta sunt;

8/10 Brush Script Medium unjustified

A perennially popular cursive script since 1942, when this font was first released. Designed by Robert E. Smith, the flowing brush strokes and irregular baseline give this font its dynamic energy. Available from several different foundries.

Caflisch Script Pro

ABCDEFGHIJKLM
NOPQRSTUVWXYZ
abcdefghijklm
nopqrstuvwxyz
1234567890@&!?,:"

Si formam cochlearis tui post prandium recordaris, ea forma perversa est. Et cochlear et littera instrumenta sunt; capit alterum cibum e catillo, altera indicium e pagina. Ubi forma digna est, lector commode fiet quoniam littera et trita et decora est. Si formam cochlearis tui post prandium recordaris, ea forma perversa est. Et cochlear et littera instrumenta sunt; capit alterum cibum e catillo, altera

9/10 Caflisch Script Pro Regular unjustified

A modern cursive script based on the handwriting of Swiss typographer Max Caflisch. Designed by Robert Slimbach in 1993, this adheres to many features of the fifteenth-century Chancery Script, and maintains a simple, functional letterform.

ITC Cali

ABCDEFGHIJKLM
NOPQRSTUVWXYZ
abcdefghijklm
nopqrstuvwxyz
1234567890@&!?,:"

Si formam cochlearis tui post prandium recordaris, ea forma perversa est. Et cochlear et littera instrumenta sunt; capit alterum cibum e catillo, altera indicium e pagina. Ubi forma digna est, 3 commode fiet quoniam littera et trita et decora est. Si formam cochlearis tui post prandium recordaris, ea forma perversa est. Et cochlear et littera instrumenta sunt; capit alterum cibum e catillo, altera

9/10 ITC Cali Regular unjustified

An italic broad pen of formal calligraphic regularity with broken texture and sharply angled connecting strokes. Designed by Luis Signot in 2002, the appearance of this font suggests that it has been written on rough textured paper.

Calligraphica

ABCDEFGHIJKLM
NOPQRSTUVWXYZ
abcdefghijklm
nopqrstuvwxyz
1234567890&!?;:"*

③ Calligraphica has three weights in regular and italics. It is an upright letterform created with a split nib that gives the effect of an inline character. Flourish is added by the extension of the lowercase ascenders well above the capital alphabet. The capitals make excellent initial letters.

Si formam cochlearis tui post prandium recordaris, ea forma perversa est. Et cochlear et littera instrumenta sunt; capit alterum cibum e catillo, altera indicium e pagina. Ubi forma digna est, lector commode fiet quoniam littera et trita et decora est. Si formam cochlearis tui post

8/10 Calligraphica Regular justified, +20 units of tracking

Si formam cochlearis tui post prandium recordaris, ea forma perversa est. Et cochlear et littera instrumenta sunt; capit alterum cibum e catillo, altera indicium e pagina. Ubi forma digna est, lector commode fiet quoniam littera et trita et decora est. Si formam cochlearis tui post

8/10 Calligraphica LX Regular justified, +20 units of tracking

Si formam cochlearis tui post prandium recordaris, ea forma perversa est. Et cochlear et littera instrumenta sunt; capit alterum cibum e catillo, altera indicium e pagina. Ubi forma digna est, lector commode fiet quoniam littera et trita et decora est. Si formam cochlearis tui post

8/10 Calligraphica SX Regular justified, +20 units of tracking

Cancellaresca Script

ABCDEFGHI
JKLMNOPQR
STUVWXYZ
abcdefghijklmnopqrstuvwxyz
1234567890 & !?;:" *

Si formam cochlearis tui post prandium recordaris, ea forma perversa est. Et cochlear et littera instrumenta sunt; capit alterum cibum e catillo, altera indicium e pagina. Ubi forma digna est, lector commode fiet quoniam littera et trita et decora est. Si formam cochlearis tui post prandium recordaris, ea forma perversa est. Et cochlear et littera instrumenta sunt; capit alterum cibum e catillo, altera indicium e pagina. Ubi forma digna est, lector commode fiet

10/10 Cancellaresca Script Regular unjustified

 The title of this font refers to the Humanist hand of fifteenth century Italy, although here it is more decorative. Designed in 1982 by Alan Meeks, the flourishes and details of letter formation suggest sophistication rather than formality.

Carlin Script

ABCDEFGHIJKLM
NOPQRSTUVWXYZ
abcdefghijklm
nopqrstuvwxyz
1234567890@&!?;:"★

This script family is based on the eighth-century Carolingian minuscule alphabet. It is drawn with great care, reproducing the medieval calligraphic forms with sensitive precision. Hans-Jürgen Ellenberger's modern recreation of ancient lettering comes in a wide range of weights, with a set of initials, too.

Si formam cochlearis tui post prandium recordaris, ea forma perversa est. Et cochlear et littera instrumenta sunt; capit alterum cibum e catillo, altera indicium e pagina. Ubi forma digna est, lector

8/10 Carlin Script Regular unjustified, −20 units of kerning

Si formam cochlearis tui post prandium recordaris, ea forma perversa est. Et cochlear et littera instrumenta sunt; capit alterum cibum e catillo, altera indicium e pagina. Ubi forma digna est, lector commode

8/10 Carlin Script Regular Italic unjustified, −20 units of kerning

Si formam cochlearis tui post prandium recordaris, ea forma perversa est. Et cochlear et littera instrumenta sunt; capit alterum cibum e catillo, altera indicium e pagina. Ubi forma digna est, lector commode fiet

8/10 Carlin Script Light unjustified, −20 units of kerning

Si formam cochlearis tui post prandium recordaris, ea forma perversa est. Et cochlear et littera instrumenta sunt; capit alterum cibum e catillo, altera indicium e pagina. Ubi forma digna est, lector

8/10 Carlin Script Bold unjustified, −20 units of kerning

Carmine Tango

ABCDEFGHIJKLM
NOPQRSTUVWXYZ
abcdefghijklm
nopqrstuvwxyz
1234567890
@&!?;:"*

Si formam cochlearis tui post prandium recordaris, ea forma perversa est. Et cochlear et littera instrumenta sunt; capit alterum cibum e catillo, altera indicium e pagina. Ubi forma digna est, lector commode fiet quoniam littera et trita et decora est. Si formam cochlearis tui post prandium recordaris, ea forma

8/10 Carmine Tango Regular unjustified

3

A light 1930s rondé virtually identical to Bernhard Tango (see page 349). It has upright letterforms, but also the flow of a script. Carmine Tango has large, open forms that create a formal elegance without the severe regularity of copperplate script.

Carumba

ABCDEFGHIJKLM
NOPQRSTUVWXYZ
abcdefghijklm
nopqrstuvwxyz
1234567890&!?;:"*

Si formam cochlearis tui post prandium recordaris, ea forma perversa est. Et cochlear et littera instrumenta sunt; capit alterum cibum e catillo, altera indicium e pagina. Ubi forma digna est, lector commode fiet quoniam littera et trita et decora est. Si formam cochlearis tui post prandium recordaris, ea forma perversa est. Et cochlear et littera instrumenta sunt; capit alterum cibum e catillo, altera indicium e pagina. Ubi

9/10 Carumba Regular unjustified

A handmade, upright alphabet that has an irregular stroke thickness. It has the quality of an activist's graffiti created with the decorator's brush. The Hot Cap fonts offer some humor and decorative enhancement. Designed by Jill Bell in 1995.

Cascade Script

ABCDEFGHIJKLM
NOPQRSTUVWXYZ
abcdefghijklm
nopqrstuvwxyz
1234567890&!?;:"*

Si formam cochlearis tui post prandium recordaris, ea forma perversa est. Et cochlear et littera instrumenta sunt; capit alterum cibum e catillo, altera indicium e pagina. Ubi forma digna est, lector commode fiet quoniam littera et trita et decora est. Si formam cochlearis tui post prandium recordaris, ea forma perversa est. Et cochlear et littera

8/10 Cascade Script Medium unjustified

A restrained but informal bold brush script with a generously sized x-height, making it an excellent font for display purposes such as posters and book jackets. Designed by prolific British type designer Matthew Carter in 1965.

Cataneo

ABCDEFGHIJKLM
NOPQRSTUVWXYZ
abcdefghijklm
nopqrstuvwxyz
1234567890@℮!?;:"*

Si formam cochlearis tui post prandium recordaris, ea forma perversa est. Et cochlear et littera instrumenta sunt; capit alterum cibum e catillo, altera indicium e pagina. Ubi forma digna est, lector commode fiet quoniam littera et trita et decora est. Si formam cochlearis tui post prandium recordaris, ea forma perversa est. Et cochlear et littera instrumenta sunt; capit alterum cibum e catillo, altera

8/10 Cataneo Light unjustified

A script font that hovers between italics and full calligraphic letterforms, based on the work of Bernardino Cataneo, the sixteenth-century writing master. The crisp lines of this font make it suitable for long texts as well as display.

P22 Cezanne

ABCDEFGHI
JKLMNOPQ
RSTUVWXYZ

abcdefghijklm

nopqrstuvwxyz
1234567890@&!?,:;"*

Si formam cochlearis tui post prandium recordaris, ea forma
perversa est. Et cochlear et littera instrumenta sunt ; capit
alterum cibum e catillo, altera indicium e pagina. Ubi forma
digna est, lector commode fiet quoniam littera et trita et decora
est. Si formam cochlearis tui post prandium recordaris, ea forma
perversa est. Et cochlear et littera instrumenta sunt ; capit
alterum cibum e catillo, altera indicium e pagina. Ubi forma

8/10 P22 Cezanne Regular unjustified

3

This font is an attempt to reproduce the artist's personal handwriting. There are six styles that include additional swash characters and ligatures. It was created by Michael Want and James Grieshaber, and first released in 1996.

FF Child's Play

ABCDEFGHIJKLM
NOPQRSTUVWXYZ
abcdefghijklm
nopqrstuvwxyz
1234567890
@&!?;:"*

Si formam cochlearis tui post prandium
recordaris, ea forma perversa est. Et
cochlear et littera instrumenta sunt; capit
alterum cibum e catillo, altera indicium
e pagina. Ubi forma digna est, lector
commode fiet quoniam littera et trita et
decora est. Si formam cochlearis tui post

8/10 FF Child's Play Age 7 Regular unjustified

3

This font consists of six styles, each drawn by a child of five, six, seven, eight, nine, and ten years old. Created by John Critchley in 1993, it is an interesting concept and offers the hard-to-imitate skills of a child learning to write.

Chineze

ABCDEFGHIJKLM
NOPQRSTUVWXYZ
abcdefghijklm
nopqrstuvwxyz
1234567890@&!?;:"*

Si formam cochlearis tui
post prandium recordaris,
ea forma perversa est.
Et cochlear et littera
instrumenta sunt; capit
alterum cibum e catillo,
altera indicium e pagina.

8/10 Chineze Light unjustified, –10 units of kerning

3

A font of capitals and lowercase letters formed by brush strokes associated with Chinese calligraphic ideograms. Created by Peter Huschka in 2000, this font gives the Roman alphabet the flavor of Chinese, without loss of readability.

Chivalry

ABCDEFGHIJKLM
NOPQRSTUVWXYZ
abcdefghijklm
nopqrstuvwxyz
1234567890
@&!?;:"*

Si formam cochlearis tui post prandium recordaris, ea forma
perversa est. Et cochlear et littera instrumenta sunt; capit
alterum cibum e catillo, altera indicium e pagina. Ubi forma
digna est, lector commode fiet quoniam littera et trita et
decora est. Si formam cochlearis tui post prandium recordaris,
ea forma perversa est. Et cochlear et littera instrumenta

8/10 Chivalry Regular unjustified

Rob Leuschke's script was
designed in 2003, inspired by
the elegant quill-pen style of the
fifteenth-century Humanist hand

that was popular in Renaissance
Italy. The Chivalry Decorative
font of swash capitals can also
be used as initial letters.

Christoph's Quill

ABCDEFGHIJKLM
NOPQRSTUVWXYZ
abcdefghijklm
nopqrstuvwxyz
1234567890 @ &!?;:"*

Si formam cochlearis tui post prandium recordaris, ea forma
perversa est. Et cochlear et littera instrumenta sunt; capit
alterum cibum e catillo, altera indicium e pagina. Ubi forma
digna est, lector commode fiet quoniam littera et trita et decora
est. Si formam cochlearis tui post prandium recordaris, ea
forma perversa est. Et cochlear et littera instrumenta sunt;
capit alterum cibum e catillo, altera indicium e pagina.

11/10 Christoph's Quill Regular unjustified

A flamboyant broad-pen font
inspired by the calligraphy
that issued from the quills of
eighteenth-century writing

masters. The swash fonts add
yet more flourishes to this set
of letters. Designed by Russell
Bean in 2003.

Civilité MJ

ABCDEFGHI
JKLMNOPQR
STUVWXYZ
abcdefghijklmnopqrstuvwxyz
1234567890&!?;:"*

Si formam cochlearis tui post prandium recordaris, ea forma
perversa est. Et cochlear et littera instrumenta sunt; capit alterum
cibum e catillo, altera indicium e pagina. Ubi forma digna est,
lector commode fiet quoniam littera et trita et decora est. Si formam
cochlearis tui post prandium recordaris, ea z perversa est. Et
cochlear et littera instrumenta sunt; capit alterum cibum e catillo,
altera indicium e pagina. Ubi forma digna est, lector commode fiet

11/10 Civilité MJ Regular unjustified

Civilité was cut by Robert
Granjon in 1556 and intended
to be a French answer to the
italics developed during the

Italian Renaissance. Several
digital versions are available;
Monotype's Civilité MJ was
designed by George Thomas.

Clairvaux

ABCDEFGHIJKLM
NOPQRSTUVWXYZ
abcdefghijklm
nopqrstuvwxyz
1234567890&!?;:"*

Si formam cochlearis tui post prandium recordaris, ea forma perversa est. Et cochlear et littera instrumenta sunt; capit alterum cibum e catillo, altera indicium e pagina. Ubi forma digna est, lector commode fiet quoniam littera et trita et decora est. Si formam cochlearis tui post prandium recordaris, ea forma perversa est. Et cochlear et littera instrumenta sunt; capit alterum cibum e catillo,

8/10 Clairvaux Roman unjustified

A broad-pen blackletter that is a contemporary, simplified form of gothic blackletter. This font provides strong pre-printing letterforms with a legibility not usually associated with blackletter faces. Created in 1991 by Herbert Maring.

Clover

ABCDEFGHI
JKLMNOPQR
STUVWXYZ
abcdefghijklm
nopqrstuvwxyz
1234567890@&!?;:"*

Si formam cochlearis tui post prandium recordaris, ea forma perversa est. Et cochlear et littera instrumenta sunt; capit alterum cibum e catillo, altera indicium e pagina. Ubi forma digna est, lector commode fiet quoniam littera et trita et decora est. Si formam cochlearis tui post prandium recordaris, ea forma perversa est. Et cochlear et littera instrumenta sunt; capit alterum cibum e catillo,

9/10 Clover Regular unjustified

Jill Bell's Clover is a flowing, rounded, monoline script that exudes life and fun. The design is similar to the cursive lettering taught in school, but with additional humor. Use when you want a friendly, dynamic face for any decorative display text use.

Cold Mountain

ABCDEFGHIJKLM
NOPQRSTUVWXYZ
abcdefghijklm
nopqrstuvwxyz
1234567890&!?;:"*

Si formam cochlearis tui post prandium recordaris, ea forma perversa est. Et cochlear et littera instrumenta sunt; capit alterum cibum e catillo, altera indicium e pagina. Ubi forma digna est, lector commode fiet quoniam littera et trita et decora est. Si formam cochlearis tui post prandium recordaris, ea forma perversa est. Et cochlear et littera instrumenta sunt; capit alterum cibum e catillo, altera indicium e pagina. Ubi forma digna est, lector commode fiet

9/10 Cold Mountain Regular unjustified, +10 units of tracking

This is a noncursive calligraphic font, in which the classically formed roman and italics have been distressed to suggest aging. Designed in 1995 by American calligrapher Arthur Baker, it is a font that will express a feeling of gravitas.

Comix

ABCDEFGHIJKLM
NOPQRSTUVWXYZ
abcdefghijklm
nopqrstuvwxyz
1234567890
@&!?;:"*

Si formam cochlearis tui post prandium recordaris, ea forma perversa est. Et cochlear et littera instrumenta sunt; capit alterum cibum e catillo, altera indicium e pagina. Ubi forma digna est, lector commode fiet quoniam littera et trita et decora est. Si formam cochlearis tui post prandium recordaris, ea forma perversa

8/10 Comix Regular unjustified

A fineline pen or marker hand script. The loose, irregular italic letterforms are ideal for the legends of comic strips and similar situations, but Comix, created by British designer Richard Yeend, also offers greater versatility.

Commercial Script

ABCDEFGH
IJKLMNOPQR
STUVWXYZ
abcdefghijklm
nopqrstuvwxyz
1234567890@ &!?;:"*

Si formam cochlearis tui post prandium recordaris, ea forma perversa est. Et cochlear et littera instrumenta sunt; capit alterum cibum e catillo, altera indicium e pagina. Ubi forma digna est, lector commode fiet quoniam littera et trita et decora est. Si formam cochlearis tui post prandium recordaris, ea forma perversa est. Et cochlear et

8/10 Commercial Script Regular unjustified

Commercial Script is one of the truly great copperplate scripts, with robust, elegant forms and a well-proportioned lowercase x-height. Credit for this font, first released in 1908, goes to ATF and prolific designer Morris Fuller Benton.

Coolman

ABCDEFGHIJKLM
NOPQRSTUVWXYZ
abcdefghijklm
nopqrstuvwxyz
1234567890@&!?;:"*

Si formam cochlearis tui post prandium recordaris, ea forma perversa est. Et cochlear et littera instrumenta sunt; capit alterum cibum e catillo, altera indicium e pagina. Ubi forma digna est, lector commode fiet quoniam littera et trita et decora est. Si formam cochlearis tui post prandium recordaris, ea forma perversa est. Et cochlear et littera instrumenta sunt; capit alterum cibum e catillo, altera indicium e pagina. Ubi forma digna est, lector commode fiet quoniam littera et trita et decora est.

8/10 Coolman Regular unjustified

A light brush script, with erratic shaped letterforms and uneven baseline, creating an air of cheerful, free spontaneity. Swedish designer Per Ellstrøm created Coolman in 1995. It bears some resemblance to Ronna Penner's Jinxed.

Coptek

ABCDEFGHIJKLM
NOPQRSTUVWXYZ
abcdefghijklm
nopqrstuvwxyz
1234567890&!?,:"

Si formam cochlearis tui post prandium recordaris, ea forma perversa est. Et cochlear et littera instrumenta sunt; capit alterum cibum e catillo, altera indicium e pagina. Ubi forma digna est, lector commode fiet quoniam littera et trita et decora est. Si formam cochlearis tui post prandium recordaris, ea forma perversa est. Et cochlear et

8/10 Coptek Regular unjustified

Released in 1992, David Quay's graphic interpretation of a conventional copperplate script. The strong stroke contrast

and flow curves are replaced with robust shapes formed by cropping the strokes, creating angular changes of direction.

Coquette

ABCDEFGHI
JKLMNOPQR
STUVWXYZ
abcdefghijklm
nopqrstuvwxyz
1234567890&!?,:"

Si formam cochlearis tui post prandium recordaris, ea forma perversa est. Et cochlear et littera instrumenta sunt; capit alterum cibum e catillo, altera indicium e pagina. Ubi forma digna est, lector commode fiet quoniam littera et trita et decora est. Si formam cochlearis tui post prandium

9/10 Coquette Regular unjustified

This font is a sans serif form of rondé-style script, which has been drawn with geometric precision. There are three

weights, designed by American lettering artist Mark Simonson, all redolent of sophisticated midcentury style.

Cottingley

abcdefghijklm
nopqrstuvwxyz
abcdefghijklm
nopqrstuvwxyz
1234567890
&!?,:"

si formam cochlearis tui post prandium recordaris, ea forma perversa est. et cochlear et littera instrumenta sunt; capit alterum cibum e catillo, altera indicium e pagina. ubi forma digna est, lector commode fiet quoniam littera et trita et decora est. si formam cochlearis

8/10 Cottingley Regular unjustified

This font has a perverse tilt to the left, which tends to be bad for readability. Designed in 1993 by Rian Hughes, it consists of

lowercase script letterforms with stylized thick and thin stress. Capitals are identified by a short rule above the x-height.

Cult

ABCDEFGHI
JKLMNOPQR
STUVWXYZ
abcdefghijklmnobqrstuvwxyz
1234567890
&!?;:"'*

Si formam cochlearis tui post prandium recordaris, ea forma perversa est. Et cochlear et littera instrumenta sunt; capit alterum cibum e catillo, altera indicium e pagina. Ubi forma digna est, lector commode fiet quoniam littera et trita et decora est. Si formam cochlearis tui post prandium recordaris, ea forma perversa est. Et cochlear et littera instrumenta sunt; capit alterum cibum e catillo, altera indicium e pagina. Ubi forma digna est, lector commode fiet quoniam littera et trita et decora est. Si formam cochlearis

8/10 Cult Regular unjustified

Created in 1995 by Timothy Donaldson, a slender line thickness forms this noncursive script. The capitals have a square format and the lowercase is substantially condensed. The line swell at junctions gives the impression of an alien culture.

Cyberkugel

ABCDEFGHIJKLM
NOPQRSTUVWXYZ
abcdefghijklm
nopqrstuvwxyz
1234567890@&!?;:"'*

Si formam cochlearis tui post prandium recordaris, ea forma perversa est. Et cochlear et littera instrumenta sunt; capit alterum cibum e catillo, altera indicium e pagina. Ubi forma digna est, lector commode fiet quoniam littera et trita et decora est. Si formam cochlearis tui post prandium recordaris, ea forma perversa est. Et cochlear et littera instrumenta sunt; capit alterum cibum e catillo, altera indicium e pagina. Ubi forma digna est, lector commode fiet

8/10 Cyberkugel Regular unjustified

Timothy Donaldson's Cyberkugel mimics the spindly lines of an extra-fine ballpoint pen to recreate spiky handwriting that staggers across the page like the proverbial drunken spider. Curiously, it was drawn directly with a digital pen and tablet.

Daly Set

ABCDEFGHIJKLM
NOPQRSTUVWXYZ
abcdefghijklm
nopqrstuvwxyz
1234567890@&!?;:"'*

Si formam cochlearis tui post prandium recordaris, ea forma perversa est. Et cochlear et littera instrumenta sunt; capit alterum cibum e catillo, altera indicium e pagina. Ubi forma digna est, lector commode fiet quoniam littera et trita et decora est. Si formam cochlearis tui post prandium recordaris, ea forma perversa est. Et cochlear et littera instrumenta sunt; capit alterum cibum e catillo, altera

9/10 Daly Hand Regular unjustified, +10 units of tracking

Daly Set comprises Daly Hand and Daly Text. Lettering artist Judith Sutcliffe has captured the flamboyance of George Daly's calligraphy. It has an upright lowercase with generous descenders—all the immediacy of personal handwriting.

P22 Da Vinci

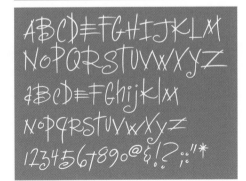

ΛƎƆↃƎꟻGⱭHſ̣İϏ̣̇lΜ
�⋃ꓥ⋀W⤳ꓫⱯⵑⱭℚ⋃OИ
odɔʇɘⅎgɥijʞ|ɯuobdɹꙅʇnʌʍxλzɔdɔ
ldꙅ⥿ꙅↄઽʇ૬૨૮Ɩ
⊙Ɛ!?;;"*

10/10 P22 Da Vinci Backwards unjustified

This font interprets the free forms of compulsive note-taker and Renaissance man Leonardo da Vinci, and includes a bizarre but authentic reversed alphabet. These two unique fonts were realized in 1997 by Denis Kegler and Richard Kegler.

Décor

*ABCDEFGHIJKLM
NOPQRSTUVWXYZ
abcdefghijklm
nopqrstuvwxyz
1234567890&!?;:,*

Si formam cochlearis tui post prandium recordaris, ea forma perversa est. Et cochlear et littera instrumenta sunt; capit alterum cibum e catillo, altera indicium e pagina. Ubi forma digna est, lector commode fiet quoniam littera et trita et decora est. Si formam cochlearis tui post prandium recordaris, ea forma perversa est. Et cochlear et littera instrumenta sunt; capit alterum cibum e catillo, altera indicium e pagina. Ubi forma

9/10 Décor Regular unjustified

A script with the formality of a copperplate script, but with more personality. Elegant, with a generously sized lowercase x-height, it was designed by Gennady Baryshnikov in 1989. Based on a script designed by book designer Pavel Kuzanyan.

Deelirious

This sketchy fineline font, created by Dee Densmore-D'Amico in 1998, expresses a cheerful exuberance. The overlapping crossbars and junctions and the curling terminals contribute to a script hand with a feelgood factor.

Demian

ABCDEFGHIJKLM
NOPQRSTUVWXYZ
abcdefghijklm
nopqrstuvwxyz
1234567890&!?;:""*

Si formam cochlearis tui post prandium recordaris, ea forma perversa est. Et cochlear et littera instrumenta sunt; capit alterum cibum e catillo, altera indicium e pagina. Ubi forma digna est, lector commode fiet quoniam littera et trita et decora est. SSi formam cochlearis tui post prandium recordaris, ea forma perversa est. Et cochlear et littera instrumenta sunt; capit alterum cibum e catillo, altera indicium e pagina. Ubi forma digna est, lector commode fiet quoniam littera et

9/10 Demian Regular unjustified

Demian's informal lines were created in the late 1980s by Jan Van Dijk; the bold version was drawn later by Peter O'Donnell.

It is suitable for casual showcard-like display work, but it has more swirls and flicks than other brush-style scripts.

Dorchester Script

ABCDEFGHIJKLM
NOPQRSTUVWXYZ
abcdefghijklm
nopqrstuvwxyz
1234567890&!?;:"*

Si formam cochlearis tui post prandium recordaris, ea forma perversa est. Et cochlear et littera instrumenta sunt; capit alterum cibum e catillo, altera indicium e pagina. Ubi forma digna est, lector commode fiet quoniam littera et trita et decora est. Si formam cochlearis tui post prandium recordaris, ea forma perversa est. Et cochlear et littera instrumenta sunt; capit alterum cibum e catillo, altera

12/10 Dorchester Script Regular unjustified

A refined script that is more a rondé than a copperplate in style. Released in 1939 and designed at Monotype, it is

similar to Goudy Oldstyle Cursive and Madonna Rondé. Use for formal social announcements where a lighter touch is needed.

Dropink

ABCDEFGHIJKLM
NOPQRSTUVWXYZ
ABCDEFGHIJKLM
NOPQRSTUVWXYZ
1234567890
@&!?;:"*

Si formam cochlearis tui post prandium recordaris, ea forma perversa est. Et cochlear et littera instrumenta sunt; capit alterum cibum e catillo, altera indicium e pagina. Ubi forma digna est, lector commode fiet quoniam littera et trita et decora est. Si formam

9/10 Dropink Regular unjustified

A novelty font reproducing a schoolchild's clumsy efforts with pen and ink, and only for use where mood is more important

than legibility. Designed in 1999 by Christine Voights, it is best used at 18 pt or larger. This font is part of the Take Type Library.

Duc de Berry

ABCDEFGH
IJKLMNOPQR
STUVWXYZ
abcdefghijklm
nopqrstuvwxyz
1234567890@&!?;:"*

Si formam cochlearis tui post prandium recordaris, ea forma perversa est. Et cochlear et littera instrumenta sunt; capit alterum cibum e catillo, altera indicium e pagina. Ubi forma digna est, lector commode fiet quoniam littera et trita et decora est. Si formam cochlearis tui post prandium recordaris, ea forma perversa est. Et cochlear et littera instrumenta sunt; capit alterum cibum e catillo, altera

8/10 Duc de Berry Roman unjustified

This is a blackletter font of great refinement and delicacy, having none of the heaviness associated with many blackletter fonts. Designed in 1990 by German lettering professor Gottfried Pott. It is similar in style to Alte Schwabacher.

DuChirico

ABCDEFGHIJKLM
NOPQRSTUVWXYZ
abcdefghijklmnopqrstuvwxyz
1234567890@&!?;:"*

Si formam cochlearis tui post prandium recordaris, ea forma perversa est. Et cochlear et littera instrumenta sunt; capit alterum cibum e catillo, altera indicium e pagina. Ubi forma digna est, lector commode fiet quoniam littera et trita et decora est. Si formam cochlearis tui post prandium recordaris, ea forma perversa est. Et cochlear et littera instrumenta sunt; capit alterum cibum e catillo, altera indicium e pagina. Ubi forma digna est, lector commode fiet quoniam littera et trita et decora est. Si formam cochlearis tui post prandium recordaris, ea forma perversa est. Et cochlear et littera instrumenta

11/10 DuChirico Regular unjustified, +30 units of tracking

A condensed, edgy, upright brush font. A feature of this font is the lowercase that is raised above the baseline, therefore not aligning with the capitals in the conventional way. Designed in 1992 by Dung van Meerbeeck from Vietnam.

Edwardian Script

ABCDEF
GHIJKLM
NOPQRST
UVWXYZ
abcdefghijklmnopqrstuvwxyz
1234567890@&!?;:"*

Si formam cochlearis tui post prandium recordaris, ea forma perversa est. Et cochlear et littera instrumenta sunt; capit alterum cibum e catillo, altera indicium e pagina. Ubi forma digna est, lector commode fiet quoniam littera et trita et decora est. Si formam cochlearis tui post prandium recordaris, ea forma perversa est. Et cochlear et littera instrumenta sunt; capit alterum cibum e catillo, altera indicium e pagina.

10/10 Edwardian Script Regular unjustified

This is an excellent copperplate script, available in four styles, that expresses flamboyance as well as the dignity of the average copperplate script. Designed in 1994 by Ed Benguiat, the talented and prolific New York lettering artist.

Ego

ABCDEFGHIJKLM
NOPQRSTUVWXYZ
abcdefghijklm
nopqrstuvwxyz
1234567890
@&!?,:"*

Si formam cochlearis tui post prandium recordaris, ea forma perversa est. Et cochlear et littera instrumenta sunt; capit alterum cibum e catillo, altera indicium e pagina. Ubi forma digna est, lector commode fiet quoniam littera et trita et decora est. Si formam cochlearis tui post prandium recordaris, ea forma perversa

10/10 Ego Regular unjustified

A handwriting font that feels like it was drawn at speed—but with utter confidence—before being autotraced into its component characters. Its well-balanced forms retain legibility at surprisingly small sizes, while still looking casual.

Elf

ABCDEFGHIJ
KLMNOPQR
STUVWXYZ
abcdefghijklm
nopqrstuvwxyz
1234567890@&!?,:"*

Si formam cochlearis tui post prandium recordaris, ea forma perversa est. Et cochlear et littera instrumenta sunt; capit alterum cibum e catillo, altera indicium e pagina. Ubi forma digna est, lector commode fiet quoniam littera et trita et decora est. Si formam cochlearis tui post prandium recordaris, ea forma perversa est. Et cochlear et

7/10 Elf Bold unjustified

A remarkable broad pen calligraphic font. Incorporated into the capitals are calligraphic vertical strokes that create generous descenders, while the lowercase descenders display an equal generosity. Released in 2004 by Elsner+Flake.

Elisa

ABCDEFGHIJ
KLMNOPQR
STUVWXYZ
abcdefghijklm
nopqrstuvwxyz
1234567890@&!?,:"*

Si formam cochlearis tui post prandium recordaris, ea forma perversa est. Et cochlear et littera instrumenta sunt; capit alterum cibum e catillo, altera indicium e pagina. Ubi forma digna est, lector commode fiet quoniam littera et trita et decora est. Si formam cochlearis tui post

7/10 Elisa Regular unjustified

Christopher Young's Elisa is a broad, flowing casual script with an open, caring feel and a clarity that works even at tiny sizes. Use Elisa for setting headlines and even full sentences of text, but make sure it isn't spaced too loosely.

Engravers Old English

ABCDEFGHIJKLM
NOPQRSTUVWXYZ
abcdefghijklm
nopqrstuvwxyz
1234567890&!?;:"'*

Si formam cochlearis tui post prandium recordaris, ea forma perversa est. Et cochlear et littera instrumenta sunt; capit alterum cibum e catillo, altera indicium e pagina. Ubi forma digna est, lector commode fiet quoniam littera et trita et decora est. Si formam cochlearis tui post prandium recordaris, ea forma perversa est.

9/10 Engravers Old English Regular unjustified

This blackletter font has been popular in English-speaking countries for centuries, as it expresses tradition and value.

Revived by Morris Fuller Benton in 1901, it is close in style to Monotype's Old English and Linotype Old English Text.

Escript

ABCDEFGHIJKLM
NOPQRSTUVWXYZ
abcdefghijklm
nopqrstuvwxyz
1234567890
@&!?;:"*

Si formam cochlearis tui post prandium recordaris, ea forma perversa est. Et cochlear et littera instrumenta sunt; capit alterum cibum e catillo, altera indicium e pagina. Ubi forma digna est, lector commode fiet quoniam littera et trita et decora est. Si formam cochlearis tui post prandium recordaris, ea forma perversa est.

7/10 Escript Regular unjustified

Escript is made with mono-width strokes and sharp-cut ends, but the relaxed shapes and curves prevent it from

becoming too rigid or formal. Consider using Escript mixed with more formal fonts, as well as for display and advertising.

Ex Ponto

ABCDEFGHIJKLM
NOPQRSTUVWXYZ
abcdefghijklm
nopqrstuvwxyz
1234567890@&!?;:"*

Si formam cochlearis tui post prandium recordaris, ea forma perversa est. Et cochlear et littera instrumenta sunt; capit alterum cibum e catillo, altera indicium e pagina. Ubi forma digna est, lector commode fiet quoniam littera et trita et decora est. Si formam cochlearis tui post prandium recordaris, ea forma perversa est. Et cochlear et littera instrumenta sunt; capit alterum cibum e catillo, altera indicium e pagina. Ubi forma digna est, lector

9/10 Ex Ponto Regular unjustified

Based on the handwriting of its designer, experienced calligrapher Jovica Veljovic. The source characters were drawn

on rough paper, and some of the ragged aspects were preserved in the final three-weight family. A beautiful calligraphic face.

Expectation

ABCDEFGHIJKZM
NOPQRSTUVWXYZ
abcdefghijklm
nopqrstuvwxyz
1234567890@&!?;:"*

Si formam cochlearis tui post prandium recordaris, ea forma perversa est. Et cochlear et littera instrumenta sunt; capit alterum cibum e catillo, altera indicium e pagina. Ubi forma digna est, lector commode fiet quoniam littera et trita et decora est. Si formam cochlearis tui post prandium recordaris, ea forma perversa est. Et cochlear et littera instrumenta sunt; capit alterum cibum e catillo, altera indicium e pagina.

10/10 Expectation Regular unjustified

3

Flamboyance oozes from every letter in Guido Bittner's Expectation, a flourish-drenched calligraphic script created for use in Christmas cards from his design studio in 2003. The Expectation Swash face adds even more unrestrained strokes.

Falafel

ABCDEFGHIJKLM
NOPQRSTUVWXYZ
abcdefghijklm
nopqrstuvwxyz
1234567890
@&!?;:"*

Si formam cochlearis tui post prandium recordaris, ea forma perversa est. Et cochlear et littera instrumenta sunt; capit alterum cibum e catillo, altera indicium e pagina. Ubi forma digna est, lector commode fiet quoniam littera et trita et decora est. Si formam cochlearis

10/10 Falafel Regular unjustified

3

A broad pen alphabet of capital and lowercase letters. Created by Per Baasch Jørgensen in 2002, this font successfully gives the Roman alphabet the flavor of Arabic, without too much loss of readability. A witty font, but of limited application.

Felt Pen

ABCDEFGHIJKLM
NOPQRSTUVWXYZ
abcdefghijklm
nopqrstuvwxyz
1234567890@&!?;:"*

Si formam cochlearis tui post prandium recordaris, ea forma perversa est. Et cochlear et littera instrumenta sunt; capit alterum cibum e catillo, altera indicium e pagina. Ubi forma digna est, lector commode fiet quoniam littera et trita et decora est. Si formam cochlearis tui post prandium recordaris, ea forma perversa

9/10 Felt Pen Regular unjustified

3

This font closely resembles the simple strokes of a felt-tip pen, hence the name. It comes in two weights, Regular and Medium, and sets more economically than the average brush or pen-style font. Try it for short text as well as in headlines.

Felt Tip Roman

ABCDEFGHIJKLM NOPQRSTUVWXYZ abcdefghijklm nopqrstuvwxyz 1234567890@&!?;:"'*

Si formam cochlearis tui post prandium recordaris, ea forma perversa est. Et cochlear et littera instrumenta sunt; capit alterum cibum e catillo, altera indicium e pagina. Ubi forma digna est, lector commode fiet quoniam littera et trita et decora est. Si formam cochlearis tui post prandium recordaris, ea forma perversa est. Et cochlear et

8/10 Felt Tip Roman Regular unjustified

A novelty upright handwritten script, conveying the impression that the letters are bleeding into the paper, adding the sense of a hastily written message. It expresses a casual rather than informal impression. Designed in 1992 by Mark Simonson.

Fineliner

ABCDEFGHIJKLM NOPQRSTUVWXYZ abcdefghijklm nopqrstuvwxyz 1234567890@&!?;:"'*

Si formam cochlearis tui post prandium recordaris, ea forma perversa est. Et cochlear et littera instrumenta sunt; capit alterum cibum e catillo, altera indicium e pagina. Ubi forma digna est, lector commode fiet quoniam littera et trita et decora est. Si formam cochlearis tui post prandium recordaris, ea forma perversa est. Et cochlear et littera instrumenta sunt; capit alterum cibum e catillo, altera indicium e pagina. Ubi forma digna est, lector commode fiet quoniam littera et trita et decora est. Si formam cochlearis

10/10 Fineliner Micro unjustified

A handwritten script font that balances a casual appearance with an underlying elegance. It is drawn with a particularly fine line. The lowercase forms are narrow, setting off the generous proportions of the capitals admirably.

Flash

ABCDEFGHIJKLM NOPQRSTUVWXYZ abcdefghijklm nopqrstuvwxyz 1234567890@&!?;:"'*

Si formam cochlearis tui post prandium recordaris, ea forma perversa est. Et cochlear et littera instrumenta sunt; capit alterum cibum e catillo, altera indicium e pagina. Ubi forma digna est, lector commode fiet quoniam littera et trita et decora est. Si formam cochlearis tui post prandium recordaris, ea forma perversa est. Et cochlear et littera instrumenta sunt; capit alterum cibum e catillo, altera

8/10 Flash Bold unjustified

This brush font was first designed by Edwin W. Shaar in 1939, and its robust italic letterforms have proved to be very popular. Available from many foundries, its nonchalant letterforms will enhance posters, packaging, and book jackets.

Flight

ABCDEFGHIJKLM
NOPQRSTUVWXYZ
abcdefghijklm
nopqrstuvwxyz
1234567890&!?,;: " *

Si formam cochlearis tui post prandium recordaris, ea forma perversa est. Et cochlear et littera instrumenta sunt; capit alterum cibum e catillo, altera indicium e pagina. Ubi forma digna est, lector commode fiet quoniam littera et trita et decora est. Si formam cochlearis tui post prandium recordaris, ea forma perversa est. Et cochlear et littera instrumenta sunt; capit alterum cibum e catillo, altera indicium e pagina. Ubi forma

9/10 Flight Regular unjustified

Timothy Donaldson's Flight began life as a freeform pencil sketch of the character set. Stroke junctions were then enlarged, mimicking the behavior of ink pooling. The result is undeniably strange, but curiously effective.

Fling

ABCDEFGHIJ
KLMNOPQR
STUVWXYZ
abcdefghijklm
nopqrstuvwxyz
1234567890&!?,;: " *

Si formam cochlearis tui post prandium recordaris, ea forma perversa est. Et cochlear et littera instrumenta sunt; capit alterum cibum e catillo, altera indicium e pagina. Ubi forma digna est, lector commode fiet quoniam littera et trita et decora est. Si formam cochlearis tui post prandium recordaris, ea forma perversa est. Et cochlear et littera instrumenta sunt;

10/10 Fling Regular unjustified

Designed in 1955 by Michael Gills, Fling has the upright forms of a rondé with a modest x-height and a touch of modern geometry. A set of alternative swash letters are also available, and make a useful addition to this attractive face.

Flood

ABCDEFGHI
JKLMNOPQR
STUVWXYZ
1234567890
@&!?,;: " *

SI FORMAM COCHLEARIS TUI POST PRANDIUM RECORDARIS, EA FORMA PERVERSA EST. ET COCHLEAR ET LITTERA INSTRUMENTA SUNT; CAPIT ALTERUM CIBUM E CATILLO, ALTERA INDICIUM E PAGINA. UBI FORMA DIGNA EST, LECTOR COMMODE FIET QUONIAM LITTERA ET TRITA ET DECORA EST. SI FORMAM COCHLEARIS

8/10 Flood Regular unjustified

With a name like Flood, it is ironic that this font appears to be drawn with a fat marker that is starting to run dry. The design is a clear take on traditional showcard lettering, but designer Joachim Müller-Lancé imbues it with a driving sense of urgency.

Florentine Script II

ABCDEFGHI
JKLMNOPQR
STUVWXYZ
abcdefghijklm
nopqrstuvwxyz
1234567890@ & !?,:. " *

Si formam cochlearis tui post prandium recordaris, ea forma perversa est. Et cochlear et littera instrumenta sunt; capit alterum cibum e catillo, altera indicium e pagina. Ubi forma digna est, lector commode fiet quoniam littera et trita et decora est. Si formam cochlearis tui post prandium recordaris, ea forma perversa est. Et cochlear et littera instrumenta sunt;

10/10 Florentine Script II Regular unjustified

This font is a copperplate-style design derived from sixteenth- and seventeenth-century writing masters. The lowercase forms are similar to many other fonts, but the capitals, with their decorative curves, give the face its own identity.

Floridian Script

ABCDEFGHI
JKLMNOPQR
STUVWXYZ
abcdefghijklm
nopqrstuvwxyz
1234567890&!?,:. " *

Si formam cochlearis tui post prandium recordaris, ea forma perversa est. Et cochlear et littera instrumenta sunt; capit alterum cibum e catillo, altera indicium e pagina. Ubi forma digna est, lector commode et quoniam littera et trita et decora est. Si formam cochlearis tui post prandium recordaris, ea forma perversa est. Et cochlear et

10/10 Floridian Script Regular unjustified

This first appeared in 1972, with an unusual blend of flourish and economy of line that gives it a quality seldom seen in script font designs. The capitals are unmistakable; the lowercase forms are simpler than ordinary copperplate scripts.

Fluidum Bold

ABCDEFGHI
JKLMNOPQR
STUVWXYZ
abcdefghijklm
nopqrstuvwxyz
1234567890&!?,:. " *

Si formam cochlearis tui post prandium recordaris, ea forma perversa est. Et cochlear et littera instrumenta sunt; capit alterum cibum e catillo, altera indicium e pagina. Ubi forma digna est, lector commode et quoniam littera et trita et decora est. Si formam cochlearis tui post

8/10 Fluidum Bold Regular unjustified

Aldo Novarese designed Fluidum Bold in 1951. The lines flow through the letterforms, dramatically changing weight as they go. It echoes eighteenth-century designs from Bodoni, but is clearly a face from the 1950s. Use only in large sizes.

Fontesque

ABCDEFGHIJKLM
NOPQRSTUVWXYZ
abcdefghijklm
nopqrstuvwxyz
1234567890@&!?;:"*

This is a whimsical font family consisting of twenty-two styles. The serif fonts are capriciously organic in form, while the sans serifs are also capricious, but not organic. Toronto-based type designer Nick Shinn created the whole range between 1994 and 1999.

Si formam cochlearis tui post prandium recordaris, ea forma perversa est. Et cochlear et littera instrumenta sunt; capit alterum cibum e catillo, altera indicium e pagina. Ubi forma digna est, lector commode fiet quoniam littera et trita et decora est. Si formam cochlearis tui post prandium recordaris, ea forma perversa

8/10 Fontesque Regular justified

Si formam cochlearis tui post prandium recordaris, ea forma perversa est. Et cochlear et littera instrumenta sunt; capit alterum cibum e catillo, altera indicium e pagina. Ubi forma digna est, lector commode fiet quoniam littera et trita et decora est. Si formam cochlearis tui post prandium recordaris,

8/10 Fontesque Bold justified

Si formam cochlearis tui post prandium recordaris, ea forma perversa est. Et cochlear et littera instrumenta sunt; capit alterum cibum e catillo, altera indicium e pagina. Ubi forma digna est, lector commode fiet quoniam littera et trita et decora est. Si formam cochlearis tui post prandium recordaris, ea forma perversa est. Et cochlear et

8/10 Fontesque Italic justified

Si formam cochlearis tui post prandium recordaris, ea forma perversa est. Et cochlear et littera instrumenta sunt; capit alterum cibum e catillo, altera indicium e pagina. Ubi forma digna est, lector commode fiet quoniam littera et trita et decora est. Si formam cochlearis tui post prandium recordaris, ea

8/10 Fontesque Extra Bold justified

Freemouse

ABCDEFGHIJKLM
NOPQRSTUVWXYZ
abcdefghijklm
nopqrstuvwxyz
1234567890@&!?;:"*

Si formam cochlearis tui post prandium recordaris, ea forma perversa est. Et cochlear et littera instrumenta sunt; capit alterum cibum e catillo, altera indicium e pagina. Ubi forma digna est, lector commode fiet quoniam littera et trita et decora est. Si formam cochlearis tui post prandium recordaris, ea forma perversa est. Et cochlear et littera instrumenta sunt; capit alterum cibum e catillo, altera indicium e pagina. Ubi

9/10 Freemouse Regular justified

Freemouse stands halfway between a classic script design and a true handwriting creation. Slobodan Miladinov created this font in 1998, capturing the liveliness of the hand-drawn calligraphic form in a well-balanced modern digital font.

Fresco Script Sans

ABCDEFGHIJKLM
NOPQRSTUVWXYZ
abcdefghijklm
nopqrstuvwxyz
1234567890
@&!?;:"*

Si formam cochlearis tui post prandium
recordaris, ea forma perversa est. Et cochlear
et littera instrumenta sunt; capit alterum
cibum e catillo, altera indicium e pagina.
Ubi forma digna est, lector commode fiet
quoniam littera et trita et decora est. Si
formam cochlearis tui post prandium

7/10 Fresco Script Sans Bold unjustified

The beauty of this font is its simplicity. This informal script is made with basic strokes that are terminated with subtle angles on the ends. The weights range from light to black, with the thinner weights drawn with more compact forms.

Gavotte

ABCDEFGHI
JKLMNOPQR
STUVWXYZ
abcdefghijklm
nopqrstuvwxyz
1234567890@&!?;:"*

Si formam cochlearis tui post prandium recordaris, ea
forma perversa est. Et cochlear et littera instrumenta sunt;
capit alterum cibum e catillo, altera indicium e pagina.
Ubi forma digna est, lector commode fiet quoniam
littera et trita et decora est. Si formam cochlearis tui post
prandium recordaris, ea forma perversa est. Et cochlear
et littera instrumenta sunt; capit alterum cibum e catillo,

10/10 Gavotte Regular unjustified

Gavotte is a decorative pen script suitable for display rather than formal documents. Light in color, with a modest-sized lowercase x-height, Gavotte was designed in 1940 by German calligrapher Rudo Spemann. It has only one style, Regular.

Giambattista

ABCDEFGHI
JKLMNOPQ
RSTUVWXYZ
abcdefghijklm
nopqrstuvwxyz
1234567890@&!?;:"*

Si formam cochlearis tui post prandium recordaris, ea forma
perversa est. Et cochlear et littera instrumenta sunt; capit
alterum cibum e catillo, altera indicium e pagina. Ubi
forma digna est, lector commode fiet quoniam littera et
trita et decora est. Si formam cochlearis tui post prandium
recordaris, ea forma perversa est. Et cochlear et littera
instrumenta sunt; capit alterum cibum e catillo, altera

9/10 Giambattista Two Script unjustified

A unique cursive script released in 2004. It was a long-cherished concept of type designer Gert Wiescher to design a script (which Bodoni did not) that expressed the aesthetics that made Giambattista Bodoni famous.

Graphite

ABCDEFGHIJKLM
NOPQRSTUVWXYZ
abcdefghijklm
nopqrstuvwxyz
1234567890
@&!?;:"*

Si formam cochlearis tui post prandium recordaris,
ea forma perversa est. Et cochlear et littera
instrumenta sunt; capit alterum cibum e catillo,
altera indicium e pagina. Ubi forma digna est,
lector commode fiet quoniam littera et trita
et decora est. Si formam cochlearis tui post
prandium recordaris, ea forma perversa est.

9/10 Graphite Regular unjustified

This upright handwritten script
is inspired by letters drawn with
a chisel-pointed pencil. Graphite
has well-shaped elementary

letterforms, resulting in a very
effective font that conveys
immediacy with clarity. Created
by David Siegel in 1991.

Gravura

ABCDEFGHI
JKLMNOPQR
STUVWXYZ
abcdefghijklm
nopqrstuvwxyz
1234567890&!?;:"*

Si formam cochlearis tui post prandium recordaris, ea forma
perversa est. Et cochlear et littera instrumenta sunt; capit
alterum cibum e catillo, altera indicium e pagina. Ubi
forma digna est, lector commode fiet quoniam littera et trita et
decora est. Si formam cochlearis tui post prandium recordaris,
ea forma perversa est. Et cochlear et littera instrumenta sunt;
capit alterum cibum e catillo, altera indicium e pagina.

9/10 Gravura Regular unjustified

A superior-quality light
copperplate script with
extra-long descenders adding
to the overall sensuous

calligraphic flourish that this
font communicates. Created
for Letraset by British designer
Phillip Grimshaw in 1995.

Greyton Script

ABCDEFGHI
JKLMNOPQR
STUVWXYZ
abcdefghijklm
nopqrstuvwxyz
1234567890&!?;:"*

Si formam cochlearis tui post prandium recordaris, ea forma
perversa est. Et cochlear et littera instrumenta sunt; capit
alterum cibum e catillo, altera indicium e pagina. Ubi forma
digna est, lector commode fiet quoniam littera et trita et decora
est. Si formam cochlearis tui post prandium recordaris, ea
forma perversa est. Et cochlear et littera instrumenta sunt;
capit alterum cibum e catillo, altera indicium e pagina.

9/10 Greyton Script Regular unjustified

This robust copperplate script
has been enhanced with
inline engraving, conveying an
outstanding sense of style and

authority. Use economically to
achieve the best visual results.
Created by designer Gerhard
Schwekendiek in 1991.

Grimshaw Hand

ABCDEFGHI
JKLMNOPQR
STUVWXYZ
abcdefghijklm
nopqrstuvwxyz
1234567890&!?;:"*

Si formam cochlearis tui post prandium recordaris, ea forma perversa est. Et cochlear et littera instrumenta sunt; capit alterum e catillo, altera indicium e pagina. Ubi forma digna est, lector commode fiet quoniam littera et trita et decora est. SSi formam cochlearis tui post prandium recordaris, ea forma perversa est. Et cochlear et littera instrumenta sunt; capit alterum cibum e catillo, altera

8/10 Grimshaw Hand Regular unjustified

③ ⑦

Phill Grimshaw used his own handwriting as the basis for this font. It has a relaxed, confident air, with the casual flourishes of a born calligrapher and the ragged edges of marks on rough paper. Perfect for providing a personal feel.

Hamada

ABCDEFGHI
JKLMNOPQR
STUVWXYZ
abcdefghijklm
nopqrstuvwxyz
1234567890@& ! ? ; : "*

Si formam cochlearis tui post prandium recordaris, ea forma perversa est. Et cochlear et littera instrumenta sunt; capit alterum cibum e catillo, altera indicium e pagina. Ubi forma digna est, lector commode fiet quoniam littera et trita et decora est. Si formam cochlearis tui post

7/10 Hamada Regular unjustified

③ ⑦

Gaynor Goffe's wide-set script design captures the feeling of hand-lettered calligraphy with admirable flair. Strokes are constructed as a cut quill would demand, and they even show where the nib would catch and affect the stroke edges.

Harlow

ABCDEFGHI
JKLMNOPQR
STUVWXYZ
abcdefghijklm
nopqrstuvwxyz
1234567890&!?;:"✿

Et formam cochlearis tui post prandium recordaris, ea forma perversa est. Et cochlear et littera instrumenta sunt; capit alterum cibum e catillo, altera indicium e pagina. Ubi forma digna est, lector commode fiet quoniam littera et trita et decora est. Et formam cochlearis tui post prandium recordaris, ea forma perversa est. Et cochlear et littera instrumenta

9/10 Harlow Regular unjustified

③

Harlow is characterized as a twentieth-century script by the single line thickness and capitals, constructed with a loop that drops below the baseline. Designed by Colin Brignall in 1977 for Letraset's dry transfer library.

Hazel

ABCDEFGHI
JKLMNOPQRS
TUVWXYZ
1234567890
&!?,:"*

SI FORMAM COCHLEARIS TUI POST PRANDIUM
RECORDARIS, EA FORMA PERVERSA EST. ET
COCHLEAR ET LITTERA INSTRUMENTA SUNT; CAPIT
ALTERUM CIBUM E CATILLO, ALTERA INDICIUM E
PAGINA. UBI FORMA DIGNA EST, LECTOR COMMODE
FIET QUONIAM LITTERA ET TRITA ET DECORA EST.
SI FORMAM COCHLEARIS TUI POST PRANDIUM

7/10 Hazel Regular unjustified

A titling font of generously proportioned italic capitals. The robust multiple pen strokes and loose hairline looping around each letter suggest an organic form of woodletter from the nineteenth century. Designed in 1992 by Phillip Grimshaw.

Hedera

ABCDEFGHIJKLM
NOPQRSTUVWXYZ
abcdefghijklm
nopqrstuvwxyz
1234567890@&!?,:"*

Si formam cochlearis tui post prandium recordaris, ea forma perversa est. Et cochlear et littera instrumenta sunt; capit alterum cibum e catillo, altera indicium e pagina. Ubi forma digna est, lector commode fiet quoniam littera et trita et decora est. Si formam cochlearis tui post prandium recordaris, ea forma perversa est. Et cochlear et littera instrumenta sunt; capit alterum cibum e catillo,

9/10 Hedera Regular unjustified

Olivera Stojadinovic's Hedera is a fantastic extravagance of scratchy calligraphic penmanship. The original sketches were made with a pair of metal strips on a wooden handle, creating the distinctive irregular double strokes.

Humana Script

ABCDEFGHIJKLM
NOPQRSTUVWXYZ
abcdefghijklm
nopqrstuvwxyz
1234567890@&!?,:"*

Si formam cochlearis tui post prandium recordaris, ea forma perversa est. Et cochlear et littera instrumenta sunt; capit alterum cibum e catillo, altera indicium e pagina. Ubi forma digna est, lector commode fiet quoniam littera et trita et decora est. Si formam cochlearis tui post prandium recordaris, ea forma perversa est. Et cochlear et littera instrumenta sunt; capit alterum cibum e catillo, altera indicium e pagina. Ubi forma digna est, lector

9/10 Humana Script Light unjustified

Humana Script was created by Timothy Donaldson with a wide-tipped pen, capturing his high-speed hand-drawn shapes for the bold weight before redrawing them separately for the regular and light weights. Casual yet very strong.

ITC Isadora

ABCDEFGHI
JKLMNOPQRS
TUVWXYZ
abcdefghijklm
nopqrstuvwxyz
1234567890&!?;:"*

Si formam cochlearis tui post prandium recordaris,
ea forma perversa est. Et cochlear et littera
instrumenta sunt; capit alterum cibum e catillo,
altera indicium e pagina. Ubi forma digna est, lector
commode fiet quoniam littera et trita et decora est. Si
formam cochlearis tui post prandium recordaris, ea
forma perversa est. Et cochlear et littera instrumenta

8/10 ITC Isadora Regular unjustified

Named after the dancer Isadora Duncan, this charming decorative calligraphic font bears some resemblance to a rondé. The capital alphabet has a unique combination of thick and thin strokes. Designed by Kris Holmes in 1989.

Jiffy

ABCDEFGHI
JKLMNOPQ
RSTUVWXYZ
abcdefghijklmnopqrstuvwxyz
1234567890
@&!?;:"*

Si formam cochlearis tui post prandium recordaris,
ea forma perversa est. Et cochlear et littera
instrumenta sunt; capit alterum cibum e catillo,
altera indicium e pagina. Ubi forma digna est, lector
commode fiet quoniam littera et trita et decora est.
Si formam cochlearis tui post prandium recordaris,
ea forma perversa est. Et cochlear et littera

8/10 Jiffy Regular unjustified

Jiffy's shapes are drawn with thin, simple pen strokes, bouncing around the baseline with unstoppable verve. The capital letters are large and vibrant, and the loopy, open letterforms have a definite feminine touch.

Johann Sparkling

ABCDEFGH
IJKLMNOPQ
RSTUVWXYZ
abcdefghijklm
nopqrstuvwxyz
1234567890@&!?;:"*

Si formam cochlearis tui post prandium
recordaris, ea forma perversa est. Et cochlear et
littera instrumenta sunt; capit alterum cibum e
catillo, altera indicium e pagina. Ubi forma digna
est, lector commode fiet quoniam littera et trita
et decora est. Si formam tui post prandium
recordaris, ea forma perversa est. Et cochlear et

11/10 Johann Sparkling Regular unjustified

This is a digital font that reproduces the handwriting of an eighteenth-century gentleman. A natural handwriting style, but rather hard to read, as the miniscules are very small. Designed by Victor Solt-Bittner in 1998.

John Handy

ABCDEFGHIJKLM
NOPQRSTUVWXYZ
abcdefghijklm
nopqrstuvwxyz
1234567890&!?;:"*

Si formam cochlearis tui post prandium recordaris,
ea forma perversa est. Et cochlear et littera
instrumenta sunt; capit alterum cibum e catillo,
altera indicium e pagina. Ubi forma digna est,
lector commode fiet quoniam littera et trita et
decora est. Si formam cochlearis tui post prandium
recordaris, ea forma perversa est. Et cochlear et

8/10 John Handy Regular unjustified

3 7

The strokes may look like
dashed-off chalk lines, but there
is an elegant consistency to the
letterforms of John Handy.

Named after John Baskerville's
punchcutter, but modeled
on the designer Timothy
Donaldson's handwriting.

Julia Script

ABCDEFGH
IJKLMNOPQ
RSTUVWXYZ
abcdefghijklm
nopqrstuvwxyz
1234567890&!?;:"*

Si formam cochlearis tui post prandium recordaris, ea
forma perversa est. Et cochlear et littera instrumenta
sunt; capit alterum cibum e catillo, altera indicium
e pagina. Ubi forma digna est, lector commode fiet
quoniam littera et trita et decora est. Si formam
cochlearis tui post prandium recordaris, ea forma
perversa est. Et cochlear et littera instrumenta sunt;

9/10 Julia Script Regular unjustified, +40 units of tracking

3

This flowing cursive script with
a tendency to obesity along the
baseline was inspired by the
exuberant, psychedelic 1970s.

Designed by David Harris
in 1983 for Letraset, it was
digitized by Elsner+Flake, and
will add humor to any text.

Katfish

ABCDEFGHI
JKLMNOPQR
STUVWXYZ
abcdefghijklm
nopqrstuvwxyz
1234567890&!?;:"*

Si formam cochlearis tui post prandium recordaris,
ea forma perversa est. Et cochlear et littera
instrumenta sunt; capit alterum cibum e catillo,
altera indicium e pagina. Ubi forma digna est, lector
commode fiet quoniam littera et trita et decora est. Si
formam cochlearis tui post prandium recordaris, ea
forma perversa est. Et cochlear et littera instrumenta

9/10 Katfish Regular unjustified

3 7

A genuinely zany freeform
script. The letterform sparkles
with eye-catching vigor. The
cursive lowercase dances

across the page. The angular
erratic capitals fling baubles into
the air. Designed by Michael
Gills in 1994 for Letraset.

Kendo

ABCDEFGHIJKLM
NOPQRSTUVWXYZ
abcdefghijklm
nopqrstuvwxyz
1234567890@&!?;:"*

Si formam cochlearis tui post prandium
recordaris, ea forma perversa est. Et cochlear
et littera instrumenta sunt; capit alterum cibum
e catillo, altera indicium e pagina. Ubi forma
digna est, lector commode fiet quoniam littera et
trita et decora est. Si formam cochlearis tui post
prandium recordaris, ea forma perversa est.

8/10 Kendo Regular unjustified

Kendo's apparently carefree strokes and small ink spatters belie its well-balanced and considered forms. Phillip

Grimshaw drew this with great care, using an overloaded ink nib on rough paper and varying the stroke pressure.

Kick

ABCDEFGHIJKLM
NOPQRSTUVWXYZ
abcdefghijklm
nopqrstuvwxyz
1234567890@&!?;:"*

Si formam cochlearis tui post prandium
recordaris, ea forma perversa est. Et cochlear
et littera instrumenta sunt; capit alterum
cibum e catillo, altera indicium e pagina. Ubi
forma digna est, lector commode fiet quoniam
littera et trita et decora est. Si formam
cochlearis tui post prandium recordaris,

8/10 Kick Regular unjustified

A calligraphic broad brush script reminiscent of Japanese calligraphy. Designed by Californian lettering artist

Patty King in 1995, Kick's simple visual impact is close to abstraction; therefore it should be used with care.

Kuenstler Script

ABCDEFGHI
JKLMNOPQR
STUVWXYZ
abcdefghijklm
nopqrstuvwxyz
1234567890&!?;:"*

Si formam cochlearis tui post prandium recordaris,
ea forma perversa est. Et cochlear et littera
instrumenta sunt; capit alterum cibum e catillo,
altera indicium e pagina. Ubi forma digna est, lector
commode fiet quoniam littera et trita et decora est.
Si formam cochlearis tui post prandium recordaris,
ea forma perversa est. Et cochlear et littera

9/10 Kuenstler Script Medium unjustified

Kuenstler Script was released in 1903, following developments in metal typecasting techniques. It was modeled on eighteenth-

century English copperplate writing styles. The unusual bold weight was added in 1957 by Hans Bohn.

Kulukundis

ABCDEFGHIJKLM
NOPQRSTUVWXYZ
abcdefghijklm
nopqrstuvwxyz
1234567890@&!?;:"*

Si formam cochlearis tui post
prandium recordaris, ea forma
perversa est. Et cochlear et
littera instrumenta sunt; capit
alterum cibum e catillo, altera
indicium e pagina. Ubi forma
digna est, lector commode fiet

9/10 Kulukundis Regular unjustified

This font was created by the application of geometric precision to a written hand. The extended connecting strokes of the lowercase provide a unique appearance when set in words. Designed by Daniel Pelavin in 1997.

Lassigue D'Mato

ABCDEFGH
IJKLMNOPQR
STUVWXYZ
abcdefghijklmnopqrstuvwxyz
1234567890@&!?;:" *

Si formam cochlearis tui post prandium recordaris, ea forma perversa
est. Et cochlear et littera instrumenta sunt; capit alterum cibum
e catillo, altera indicium e pagina. Ubi forma digna est, lector commode
fiet quoniam littera et trita et decora est. Si formam cochlearis tui
post prandium recordaris, ea forma perversa est. Et cochlear et littera
instrumenta sunt; capit alterum cibum e catillo, altera indicium e
pagina. Ubi forma digna est, lector commode fiet quoniam littera et

10/10 Lassigue D'Mato Regular unjustified

A font capturing the scratchy forms of personal communication. Designed by Jim Marcus in 1996, it has a diminutive lowercase which, unless used in fairly large sizes, makes reading difficult. A good font for a personal statement.

Laura

ABCDEFGHIJKLM
NOPQRSTUVWXYZ
abcdefghijklm
nopqrstuvwxyz
1234567890&!?;:"*

Si formam cochlearis tui post prandium recordaris, ea forma perversa est. Et cochlear et littera instrumenta sunt; capit alterum cibum e catillo, altera indicium e pagina. Ubi forma digna est, lector commode fiet quoniam littera et trita et decora est. Si formam cochlearis tui post prandium recordaris, ea forma perversa est. Et cochlear et littera instrumenta sunt; capit alterum cibum e catillo, altera

9/10 Laura Regular unjustified

A conventional brush script with an added hairline enhancement that makes it look three dimensional. This pleasant font was designed by British designer Tony Watson in 1990, and its clarity makes it useful for many display situations.

Lightnin

ABCDEFGHIJKLMN
OPQRSTUVWXYZ
abcdefghijklm
nopqrstuvwxyz
1234567890&!?;:"*

Si formam cochlearis tui post prandium recordaris, ea forma perversa est. Et cochlear et littera instrumenta sunt; capit alterum cibum e catillo, altera indicium e pagina. Ubi forma digna est, lector commode fiet quoniam littera et trita et decora est. Si formam cochlearis tui post prandium recordaris, ea forma perversa est. Et cochlear et littera instrumenta sunt; capit alterum cibum e catillo, altera

9/10 Lightnin Regular unjustified

Alan Meeks's Lightnin is a script font with a mechanically pure monoline stroke. It was created in 1994 specifically for headline

use, and while there are hints of Art Deco in some of its lines, it is a distinctly modern take on the script format.

Madisonian

ABCDEFGHI
JKLMNOPQR
STUVWXYZ
abcdefghijklm
nopqrstuvwxyz
1234567890@&!?;:"*

Si formam cochlearis tui post prandium recordaris, ea forma perversa est. Et cochlear et littera instrumenta sunt; capit alterum cibum e catillo, altera indicium e pagina. Ubi forma digna est, lector commode fiet quoniam littera et trita et decora est. Si formam cochlearis tui post prandium recordaris, ea forma perversa est. Et cochlear et

8/10 Madisonian Bold unjustified

Found in the specimen book of the nineteenth-century New York foundry of David and George Bruce. Prepared as a digital font

by Thierry Puyfoulhoux, it is a slanting letterform characterized by connecting strokes that emphasize the baseline.

Malibu

ABCDEFGHIJKLM
NOPQRSTUVWXYZ
abcdefghijklm
nopqrstuvwxyz
1234567890&!?;:"*

Si formam cochlearis tui post prandium recordaris, ea forma perversa est. Et cochlear et littera instrumenta sunt; capit alterum cibum e catillo, altera indicium e pagina. Ubi forma digna est, lector commode fiet quoniam littera et trita et decora est. Si formam cochlearis tui post prandium recordaris, ea forma perversa est. Et cochlear et littera instrumenta sunt;

8/10 Malibu Regular unjustified

The angular quill-derived calligraphic shapes of Malibu look like they are cut from paper. This slanted headline font

by Alan Meeks also works well at small sizes for short portions of text, but keep the lowercase letters set tightly on the page.

Manesca

ABCDEFGHIJ
KLMNOPQRS
TUVWXYZ

abcdefghijKlm
nopqrstuvwxyz
1234567890!?.:

Si formam cochlearis tui post prandium recordaris,
ea forma perversa est. Et cochlear et littera
instrumenta sunt; capit alterum cibum e catillo,
altera indicium e pagina. Ubi forma digna est,
lector commode fiet quoniam littera et trita et
decora est. Si formam cochlearis tui post prandium
recordaris, ea forma perversa est. Et cochlear et

9/10 Manesca Regular unjustified

This is an upright noncursive font, rendered as a sketchy pencil-outline letterform, creating a sense of mock formality. A font that should generate great amusement in the right context. Designed by Fabrizio Gilardino in 1995.

Marguerita

ABCDEFGHI
JKLMNOPQR
STUVWXYZ

abcdefghijklm
nopqrstuvwxyz
1234567890&!?;:" *

Si formam cochlearis tui post prandium
recordaris, ea forma perversa est. Et cochlear et
littera instrumenta sunt; capit alterum cibum e
catillo, altera indicium e pagina. Ubi forma digna
est, lector commode fiet quoniam littera et trita et
decora est. Si formam cochlearis tui post prandium
recordaris, ea forma perversa est. Et cochlear et

9/10 Marguerita Regular unjustified

Although created in 1993, David Quay's Marguerita puts a lively 1950s spin on traditional copperplate script. The swirls are highly decorative, but the casually uneven lines mean it should be used where a lighthearted effect is required.

Marigold

ABCDEFGHIJKLM
NOPQRSTUVWXYZ

abcdefghijklm
nopqrstuvwxyz
1234567890&!?;:"*

Si formam cochlearis tui post prandium recordaris, ea forma perversa
est. Et cochlear et littera instrumenta sunt; capit alterum cibum
e catillo, altera indicium e pagina. Ubi forma digna est, lector
commode fiet quoniam littera et trita et decora est. Si formam
cochlearis tui post prandium recordaris, ea forma perversa est. Et
cochlear et littera instrumenta sunt; capit alterum cibum e catillo,
altera indicium e pagina. Ubi forma digna est, lector commode fiet

10/10 Marigold Regular unjustified

Calligrapher Arthur Baker designed Marigold in 1989 in the tradition of the Carolingian Miniscule. The elegance of the font is emphasized by the proportionally large lowercase, long ascenders above capital height, and long descenders.

FF Marker

ABCDEFGHIJKLM
NOPQRSTUVWXYZ
abcdefghijklm
nopqrstuvwxyz
1234567890@&!?;:"*

ST formam cochlearis tui post prandium recordaris, ea forma perversa est. Et cochlear et littera instrumenta sunt; capit alterum cibum e catillo, altera indicium e pagina. Ubi forma digna est, lector commode fiet quoniam littera et trita et decora est. ST formam cochlearis tui post prandium recordaris, ea forma perversa est.

8/10 FF Marker Regular unjustified

The scribbled forms and large lowercase of FF Marker convey impatient haste or graffiti "tagging." Use with care, as the visual effect can jeopardize efficient communication. Designed in 1994 by Thomas Marecki and H. A. Simon.

Matthia

ABCDEFGHIJKLM
NOPQRSTUVWXYZ
abcdefghijklm
nopqrstuvwxyz
1234567890@&!?;:"*

Si formam cochlearis tui post prandium recordaris, ea forma perversa est. Et cochlear et littera instrumenta sunt; capit alterum cibum e catillo, altera indicium e pagina. Ubi forma digna est, lector commode fiet quoniam littera et trita et decora est. SSi formam cochlearis tui post prandium recordaris, ea forma perversa est. Et cochlear et littera instrumenta sunt; capit alterum cibum e catillo, altera indicium e pagina. Ubi forma

8/10 Matthia Regular unjustified

A brush-derived handwriting display face that has an unusually upright orientation. This simple vertical emphasis makes it a little more reserved than most, although it is anything but formal. It sets economically on the page.

Mistral

ABCDEFGHIJKLM
NOPQRSTUVWXYZ
abcdefghijklm
nopqrstuvwxyz
1234567890@&!?;:"*

Si formam cochlearis tui post prandium recordaris, ea forma perversa est. Et cochlear et littera instrumenta sunt; capit alterum cibum e catillo, altera indicium e pagina. Ubi forma digna est, lector commode fiet quoniam littera et trita et decora est. Si formam cochlearis tui post prandium recordaris, ea forma perversa est.

10/10 Mistral Roman unjustified

Drawn from the handwriting of its designer, Roger Excoffon, in 1953. It is now a very familiar casual face, but when it first appeared it helped start the trend for rough edges in casual lettering designs. A classic with script-like letter connections.

Musica

ABCDEFGHI
JKLMNOPQR
STUVWXYZ
abcdefghijklm
nopqrstuvwxyz
1234567890@&!?:;""*

Si formam cochlearis tui post prandium recordaris, ea forma perversa est. Et cochlear et littera instrumenta sunt: capit alterum cibum e catillo, altera indicium e pagina. Ubi forma digna est, lector commode fiet quoniam littera et trita et decora est. Si formam cochlearis tui post prandium recordaris, ea forma perversa est. Et cochlear et littera instrumenta sunt:

9/10 Musica Regular unjustified

③

A highly stylized upright letterform based on Bel Canto, from 1968. The extreme contrast of stroke thickness marks it as a very individual font with limited applications. With such fine hairline strokes it is best used at 24 pt.

Nuptial Script

ABCDEFGH
IJKLMNOPQ
RSTUVWXYZ
abcdefghijklm
nopqrstuvwxyz
1234567890& !?;.""*

Si formam cochlearis tui post prandium recordaris, ea forma perversa est. Et cochlear et littera instrumenta sunt; capit alterum cibum e catillo, altera indicium e pagina. Ubi forma digna est, lector commode fiet quoniam littera et trita et decora est. Si formam cochlearis tui post prandium recordaris, ea forma perversa est. Et cochlear et littera instrumenta sunt;

10/10 Nuptial Script Medium unjustified

③

This is a light calligraphic font with a touch of rondé, although the lowercase is more like slanted roman, with serifs that appear to cling to the baseline. It was designed in 1952 by Edwin W. Shaar of the Intertype Design Studio.

Optiscript

ABCDEFGHIJKLM
NOPQRSTUVWXYZ
abcdefghijklm
nopqrstuvwxyz
1234567890
@&!?;.""*

Si formam cochlearis tui post prandium recordaris, ea forma perversa est. Et cochlear et littera instrumenta sunt; capit alterum cibum e catillo, altera indicium e pagina. Ubi forma digna est, lector commode fiet quoniam littera et trita et decora est. Si formam cochlearis tui post

8/10 Optiscript Regular unjustified

③

Optiscript is unusual in that it is a complete brush script family rather than just one design. The broad-set regular and bold weights are matched with condensed versions, all with alternate character variants. A convincing casual brush family.

Original Script

ABCDEFGHI
JKLMNOPQR
STUVWXYZ

abcdefghijklm
nopqrstuvwxyz
1234567890@ &!?;: " *

Si formam cochlearis tui post prandium recordaris, ea forma perversa est. Et cochlear et littera instrumenta sunt; capit alterum cibum e catillo, altera indicium e pagina. Ubi forma digna est, lector commode fiet quoniam littera et trita et decora est. Si formam cochlearis tui post prandium recordaris, ea forma perversa est. Et cochlear et littera instrumenta sunt; capit alterum cibum e catillo, altera indicium e pagina.

11/10 Original Script Regular unjustified

This exquisitely formed classic script design was made by Morris Fuller Benton for Monotype. The traditional ornate flourishes provide grace and a sense of tradition—a perfect choice for formal documents, invitations, and similar designs.

Pablo

ABCDEFGHI
JKLMNOPQR
STUVWXYZ

abcdefghijklmnopqrstuvwxyz
1234567890 &!?;: " *

Si formam cochlearis tui post prandium recordaris, ea forma perversa est. Et cochlear et littera instrumenta sunt; capit alterum cibum e catillo, altera indicium e pagina. Ubi forma digna est, lector commode fiet quoniam littera et trita et decora est. Si formam cochlearis tui post prandium recordaris, ea forma perversa est. Et cochlear et littera instrumenta sunt; capit alterum cibum e catillo, altera indicium e pagina. Ubi forma digna est,

8/10 Pablo Regular unjustified

A brush script that pays homage to (arguably) the greatest artist of the twentieth century, Pablo Picasso. When he created this font in 1995, Trevor Pettit managed to capture the unique qualities and rich variety of form in the artist's personal hand.

Palace Script

ABCDEFGHI
JKLMNOPQ
RSTUVWXYZ

abcdefghijklmnopqrstuvwxyz
1234567890&!?;: " *

Si formam cochlearis tui post prandium recordaris, ea forma perversa est. Et cochlear et littera instrumenta sunt; capit alterum cibum e catillo, altera indicium e pagina. Ubi forma digna est, lector commode fiet quoniam littera et trita et decora est. Si formam cochlearis tui post prandium recordaris, ea forma perversa est. Et cochlear et littera instrumenta sunt; capit alterum cibum e catillo, altera indicium e pagina. Ubi forma digna est, lector commode fiet quoniam littera et

11/10 Palace Script Regular unjustified

Palace Script has remained a popular copperplate script for many years. Its quiet dignity was created in the Monotype Design Studio in 1923, and it is now included in Monotype's Classic Font library. It remains a good choice for formal invitations.

Script Showcase

Zapfino
(Below)
Design: Clark Whitehead
Client: In-house presentation
(book cover)

Fresco Scipt Sans
(Above)
Design: Abby Carson
Client: Lewes Organics
(logo)

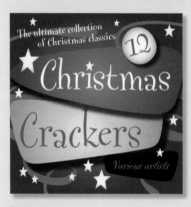

Zapfino
(Above)
Design: Holly James
Client: In-house presentation
(brochure)

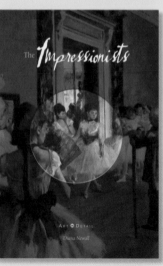

Fontesque
(Above)
Design: Bryan Sanders
Client: Inspire
(record cover)

Lassigue D'Mato
(Left) Design: Alan Osbahr
Client: Barnes & Noble
(book cover)

Parade

ABCDEFGHIJKLM
NOPQRSTUVWXYZ
abcdefghijklm
nopqrstuvwxyz
1234567890&!?;:"*

Si formam cochlearis tui post prandium recordaris, ea forma perversa est. Et cochlear et littera instrumenta sunt; capit alterum cibum e catillo, altera indicium e pagina. Ubi forma digna est, lector commode fiet quoniam littera et trita et decora est. Si formam cochlearis tui post prandium recordaris, ea forma perversa est.

8/10 Parade Regular unjustified

3

Based on a standard serif font, irregularities of form and line thickness reveal it as freehand script. Created by British designer David Farey in 1990, the lack of typographic precision gives the font a cheerful friendliness.

Park Avenue

ABCDEFGHI
JKLMNOPQR
STUVWXYZ
abcdefghijklm
nopqrstuvwxyz
1234567890&!?;:"*

Si formam cochlearis tui post prandium recordaris, ea forma perversa est. Et cochlear et littera instrumenta sunt; capit alterum cibum e catillo, altera indicium e pagina. Ubi forma digna est, lector commode fiet quoniam littera et trita et decora est. Si formam cochlearis tui post prandium recordaris, ea forma perversa est. Et cochlear et littera instrumenta sunt; capit alterum cibum e catillo, altera

11/10 Park Avenue Medium unjustified

3

Ribbon-like strokes convey freeform flow—a characteristic of several mid-twentieth-century scripts that rejected the copperplate form. The baseline connecting serifs emphasize the linear flow. Designed by Robert E. Smith in 1933.

Pepita

ABCDEFGHI
JKLMNOPQR
STUVWXYZ
abcdefghijklm
nopqrstuvwxyz
1234567890@&!?;:"*

Si formam cochlearis tui post prandium recordaris, ea forma perversa est. Et cochlear et littera instrumenta sunt; capit alterum cibum e catillo, altera indicium e pagina. Ubi forma digna est, lector commode fiet quoniam littera et trita et decora est. Si formam cochlearis tui post prandium recordaris, ea forma perversa est. Et cochlear et littera instrumenta sunt;

9/10 Pepita Regular unjustified

3

Drawn by Inre Reiner in 1959, this is a lively handwriting-derived brush script font with capitals that swing down well below the lowercase baseline. This, along with the sharp twists and turns of the characters, gives it a feeling of irrepressible flair.

Petras Script

A B C D E F G H I
J K L M N O P Q R S
T U V W X Y Z

a b c d e f g h i j k l m n
o p q r s t u v w x y z
1234567890@ & !?;: "*

Si formam cochlearis tui post prandium recordaris,
ea forma perversa est. Et cochlear et littera
instrumenta sunt; capit alterum cibum e catillo,
altera indicium e pagina. Ubi forma digna est,
lector commode fiet quoniam littera et trita et
decora est. Si formam cochlearis tui post prandium
recordaris, ea forma perversa est. Et cochlear et

11/10 Petras Script Regular unjustified

The font has inconsistent letterforms and large descenders, contributing to the flamboyant calligraphic character. Suitable for informal or personal messages. Developed in 1995 by Günter Flake and Petra Beisse.

Poetica

ABCDEFGHIJKLM
NOPQRSTUVWXYZ
abcdefghijklm
nopqrstuvwxyz
1234567890@&!?;:"*

Si formam cochlearis tui post prandium recordaris, ea forma perversa est. Et cochlear et littera instrumenta sunt; capit alterum cibum e catillo, altera indicium e pagina. Ubi forma digna est, lector commode fiet quoniam littera et trita et decora est. Si formam cochlearis tui post prandium recordaris, ea forma perversa est. Et cochlear et littera instrumenta sunt; capit alterum cibum e catillo, altera indicium e pagina. Ubi forma digna est,

9.5/10 Poetica Regular unjustified

Designed in 1992 by Robert Slimbach for Adobe, Poetic—which is based on the Renaissance Chancery hand—offers a vast number of ligatures, character combinations, and swash capitals.

Present

ABCDEFGH
IJKLMNOPQ
RSTUVWXYZ
abcdefghijklmnopqrstuvwxyz
1234567890@&!?;:"*

Si formam cochlearis tui post prandium recordaris, ea forma perversa est. Et cochlear et littera instrumenta sunt; capit alterum cibum e catillo, altera indicium e pagina. Ubi forma digna est, lector commode fiet quoniam littera et trita et decora est. Si formam cochlearis tui post prandium recordaris, ea forma perversa est. Et cochlear et littera instrumenta sunt; capit alterum cibum e catillo, altera indicium e pagina.

10/10 Present Condensed unjustified

A generously structured modern calligraphic script with low-contrast stroke thickness and noncursive lowercase, which, although proportionally small, is very legible. It comes in three weights; designed in 1974 by Friedrich Karl Sallwey.

FF Providence Roman

ABCDEFGHIJKLM
NOPQRSTUVWXYZ
abcdefghijklm
nopqrstuvwxyz
1234567890
@&!?;:''*

Si formam cochlearis tui post prandium
recordaris, ea forma perversa est. Et
cochlear et littera instrumenta sunt; capit
alterum cibum e catillo, altera indicium e
pagina. Ubi forma digna est, lector commode
fiet quoniam littera et trita et decora est.
Si formam cochlearis tui post prandium

8/10 FF Providence Roman Regular unjustified

This is a freehand interpretation of a roman serif font. The lack of a common baseline and the loosely applied serifs contribute to a sense of humor and relaxed informality. Providence Roman was created in 1994 by Guy Jeffrey Nelson.

Quill

ABCDEFGHI
JKLMNOPQR
STUVWXYZ
abcdefghijklmnopqrstuvwxyz
1234567890@&!?;:''*

Si formam cochlearis tui post prandium recordaris, ea forma perversa est. Et cochlear et littera instrumenta sunt; capit alterum cibum e catillo, altera indicium e pagina. Ubi forma digna est, lector commode fiet quoniam littera et trita et decora est. Si formam cochlearis tui post prandium recordaris, ea forma perversa est. Et cochlear et littera instrumenta sunt; capit alterum cibum e catillo, altera

8/10 Quill Regular unjustified

A pen script inspired by the Renaissance Humanist hand, the model for contemporary italic handwriting style. Quill was designed by American Jim Rimmer in 2006, and it functions well, even when used for substantial amounts of text.

Redonda

ABCDEFGHI
JKLMNOPQR
STUVWXYZ
abcdefghijklm
nopqrstuvwxyz
1234567890@&!?;:''*

Si formam cochlearis tui post prandium recordaris, ea forma perversa est. Et cochlear et littera instrumenta sunt; capit alterum cibum e catillo, altera indicium e pagina. Ubi forma digna est, lector commode fiet quoniam littera et trita et decora est. Si formam cochlearis tui post prandium recordaris, ea forma perversa est. Et cochlear et littera instrumenta sunt; capit alterum cibum e catillo, altera

9/10 Redonda Regular unjustified

Designed in 1998 by Gérard Mariscalchi, Redonda is a rondé-style script. The curling flow of the letters conveys a ribbon effect. Redonda Fancy is an additional font of more decorative capitals that are mainly suitable as initial letters.

ITC Riptide

ABCDEFGHIJKLM
NOPQRSTUVWXYZ

abcdefghijklm

nopqrstuvwxyz

1234567890@&!?;; "*

Si formam cochlearis tui post prandium recordaris, ea forma perversa est. Et cochlear et littera instrumenta sunt: capit alternum cibum e catillo, altera indicium e pagina. Ubi forma digna est, lector commode fiet quoniam littera et trita et decora est. Si formam cochlearis tui post prandium recordaris, ea forma perversa est. Et cochlear et littera instrumenta sunt: capit alternum cibum e catillo, altera indicium e pagina. Ubi forma digna est, lector commode fiet quoniam littera et

8/10 ITC Riptide Regular unjustified

A brush script constructed with spiky, erratic letterforms infused with slashes of heavily painted strokes. Designed as an experimental project by Timothy Donaldson in 1996, Riptide is a font well suited to many spooky or grunge-style projects.

Riviera Script

ABCDEFGHIJ
KLMNOPQR
STUVWXYZ

abcdefghijklm

nopqrstuvwxyz

1234567890&!?;; "*

Si formam cochlearis tui post prandium recordaris, ea forma perversa est. Et cochlear et littera instrumenta sunt; capit alterum cibum e catillo, altera indicium e pagina. Ubi forma digna est, lector commode fiet quoniam littera et trita et decora est. Si formam cochlearis tui post prandium recordaris, ea forma perversa est. Et cochlear et littera instrumenta sunt; capit alterum

10/10 Riviera Script Regular unjustified

Unusually, Riviera Script is an outline rondé script. Created in the Monotype Design Studio and released in 2003, it has a small, upright, unconnected lowercase. Riviera can be very effective when reversed to white out of a solid-color background.

Salto

ABCDEFGHI
JKLMNOPQ
RSTUVWXYZ

abcdefghijklmnopqrstuvwxyz

1234567890&!?;: "*

Si formam cochlearis tui post prandium recordaris, ea forma perversa est. Et cochlear et littera instrumenta sunt; capit alterum cibum e catillo, altera indicium e pagina. Ubi forma digna est, lector commode fiet quoniam littera et trita et decora est. Si formam cochlearis tui post prandium recordaris, ea forma perversa est. Et cochlear et littera instrumenta sunt; capit alterum cibum e catillo, altera indicium e pagina. Ubi forma digna est, lector commode fiet quoniam littera et

11/10 Salto Regular unjustified

Created by Hamburg designer Karlgeorg Hoefer in 1952, Salto is a dramatic script with a small pen-formed lowercase of upright characters, and large capitals of flamboyant, contrasting free brush gestures providing powerful letterforms.

Scriptissimo

ABCDEFGHIJKLM
NOPQRSTUVWXYZ
abcdefghijklm
nopqrstuvwxyz
1234567890@&!?;:"

Si formam cochlearis tui post prandium recordaris, ea forma perversa est. Et cochlear et littera instrumenta sunt; capit alterum cibum e catillo, altera indicium e pagina. Ubi forma digna est, lector commode fiet quoniam littera et trita et decora est. Si formam cochlearis tui post prandium recordaris, ea forma perversa est. Et cochlear et littera instrumenta sunt; capit alterum cibum e catillo, altera indicium e pagina. Ubi forma digna est, lector

9/10 Scriptissimo Regular unjustified

Scriptissimo is like a calligraphy kit with four sets of fonts designed to be combined, to provide tailor-made calligraphy.

There is a font for each part of a word, and the concept was developed by Gert Wiescher in 2004.zz

Shelley Script

ABCDEFGHI
JKLMNOP2
RSTUVWXYZ
abcdefghijklm
nopqrstuvwxyz
1234567890&!?;:"*

Si formam cochlearis tui post prandium recordaris, ea forma perversa est. Et cochlear et littera instrumenta sunt; capit alterum cibum e catillo, altera indicium e pagina. Ubi forma digna est, lector commode fiet quoniam littera et trita et decora est. Si formam cochlearis tui post prandium recordaris, ea forma perversa est. Et cochlear et littera instrumenta sunt; capit alterum cibum e catillo, altera indicium e pagina.

8/10 Shelley Script Regular unjustified

A group of three scripts inspired by the calligraphy of writing master George Shelley. Designed by Matthew Carter,

each is named after a musical term—Allegro, Andante, and Volante—and provide varying degrees of flourish.

Sloop

ABCDEFGHI
JKLMNOPQR
STUVWXYZ
abcdefghijklmnopqrstuvwxyz
1234567890@&!?;:"*

Si formam cochlearis tui post prandium recordaris, ea forma perversa est. Et cochlear et littera instrumenta sunt; capit alterum cibum e catillo, altera indicium e pagina. Ubi forma digna est, lector commode fiet quoniam littera et trita et decora est. Si formam cochlearis tui post prandium recordaris, ea forma perversa est. Et cochlear et littera instrumenta sunt; capit alterum cibum e catillo, altera indicium e pagina. Ubi forma digna est, lector commode fiet

8/10 Sloop ScriptOne unjustified

A range of nine scripts that was developed by Richard Lipton in 1994. Three fonts have varying degrees of flourish, supported

by three degrees of weight. This combination of letterforms offers the typographer a great variety of imaginative possibilities.

SCRIPT FONTS

Smack

A B C D E F G H
I J K L M N O P Q R S
T U V W X Y Z
a b c d e f g h i j k l m
n o p q r s t u v w x y z
1 2 3 4 5 6 7 8 9 0 & ! ? ; : " *

Si formam cochlearis tui post prandium recordaris, ea
forma perversa est. Et cochlear et littera instrumenta
sunt; capit alterum cibum e catillo, altera indicium e
pagina. Ubi forma digna est, lector commode fiet quoniam
littera et trita et decora est. SSi formam cochlearis
tui post prandium recordaris, ea forma perversa est.
Et cochlear et littera instrumenta sunt; capit alterum

9/10 Smack Regular unjustified

The reproduction of a raw
handwritten alphabet conveying
the crude scratched letterforms
of impulsive communication.

Created by Jill Bell, it expresses
the impatient energy of present-
day life and will appeal to fans
of Ralph Steadman.

Snell Roundhand Script

A B C D E F G H I
J K L M N O P Q R
S T U V W X Y Z
a b c d e f g h i j k l m
n o p q r s t u v w x y z
1 2 3 4 5 6 7 8 9 0 & ! ? ; : " *

Si formam cochlearis tui post prandium recordaris, ea
forma perversa est. Et cochlear et littera instrumenta
sunt; capit alterum cibum e catillo, altera indicium
e pagina. Ubi forma digna est, lector commode fiet
quoniam littera et trita et decora est. Si formam
cochlearis tui post prandium recordaris, ea forma
perversa est. Et cochlear et littera instrumenta

9/10 Snell Roundhand Script unjustified

A generous, full-formed script
with three weights, designed in
1965 by Matthew Carter. It is
a letterform based on the hand

of the seventeenth-century
writing master Charles Snell,
a more voluptuous hand than
copperplate script.

Streamline

A B C D E F G H
J K L M N O P Q
R S T U V W X Y Z
a b c d e f g h i j k l m
n o p q r s t u v w x y z
1 2 3 4 5 6 7 8 9 0 @ & ! ? ; : " *

Si formam cochlearis tui post
prandium recordaris, ea forma
perversa est. Et cochlear et
littera instrumenta sunt; capit
alterum cibum e catillo, altera
indicium e pagina. Ubi forma
digna est, lector commode fiet

8/10 Streamline Light unjustified

A font with stylized forms that
are less Humanistic and more
mechanistic, reflecting the
association of modernity with

speed. Designed by Leslie
Cabarga in 1995, the long
connecting strokes emphasize
the sense of speed.

Vivaldi

ABCDEFGHI
JKLMNOPQR
STUVWXYZ
abcdefghijklm
nopqrstuvwxyz
1234567890&!?,:"*

Si formam cochlearis tui post prandium recordaris, ea forma perversa est. Et cochlear et littera instrumenta sunt; capit alterum cibum e catillo, altera indicium e pagina. Ubi forma digna est, lector commode fiet quoniam littera et trita et decora est. Si formam cochlearis tui post prandium recordaris, ea forma perversa est. Et cochlear et littera instrumenta sunt; capit alterum cibum e catillo, altera indicium e pagina. Ubi forma digna est, lector commode fiet

8/10 Vivaldi Regular unjustified

A delicate calligraphic script with extravagant capitals, bordering on the abstract. The lowercase is not fully cursive; however, it contains a number of delightful letterforms. Created by Friedrich Peter in 1997, use where formality is required.

Zanzibar

ABCDEFGHIJ
KLMNOPQR
STUVWXYZ
abcdefghijklm
nopqrstuvwxyz
1234567890@&!?,:"*

Si formam cochlearis tui post prandium recordaris, ea forma perversa est. Et cochlear et littera instrumenta sunt; capit alterum cibum e catillo, altera indicium e pagina. Ubi forma digna est, lector commode fiet quoniam littera et trita et decora est. Si formam cochlearis tui post prandium recordaris, ea forma perversa est. Et cochlear et littera instrumenta sunt;

8/10 Zanzibar Regular unjustified

Created by Gábor Kóthay in 2003, this is a calligraphic pen script with unconventional proportions. Every letter seems to have the maximum number of flourishes, which can make usage awkward, depending on the letter combinations.

Zapfino

ABCDEFGHI
JKLMNOPQR
STUVWXYZ
abcdefghijklmnopqrstuvwxyz
1234567890@@!?,:"*

Si formam cochlearis tui post prandium recordaris, ea forma perversa est. Et cochlear et littera instrumenta sunt; capit alterum cibum e catillo, altera indicium e pagina. Ubi forma digna est, lector commode fiet quoniam littera et trita et decora est. SSi formam cochlearis tui post prandium recordaris, ea forma perversa est. Et cochlear et littera instrumenta sunt; capit alterum cibum e catillo, altera indicium e pagina. Ubi forma digna est, lector commode fiet quoniam littera et trita et

8/10 Zapfino Regular unjustified

More a DIY calligraphy kit than a conventional font. Herman Zapf created four fonts, accompanied by ligatures and ornaments. The four versions can be intermixed, so that each word of text can be individually constructed to give a unique calligraphic outcome.

Billboard & Poster

Horseradish page 409

BILLBOARD AND POSTER TYPEFACES HAVE A LOT IN COMMON WITH DISPLAY fonts, but they often have a quirkiness that makes them less suitable for normal serious headlines and therefore perfect for large, eye-catching advertisements on posters and their larger-scale billboard cousins.

The big growth in poster use and the concurrent explosion in poster font designs in both metal and woodcut forms occurred during the nineteenth century. The billboard advertising industry existed in the latter half of the nineteenth century, but it was the introduction of the Model T Ford in 1908, increasing highway use dramatically, that marked the increase in roadside billboard adverts and demand for ever-more-dramatic font creations. Although the message is important, type on billboards usually has to be kept to a minimum so that it can be absorbed quickly. The balance between legibility and individuality is often a major factor in font selection.

Type designs made specifically for posters and billboards have a job to do so they can't be too outrageous or self-indulgent, but they also need to grab the viewer's attention. Even the names of billboard and poster typefaces show the defiantly individual nature of much of this genre. Titles such as Dreamland, Buckeroo, Moonbase Alpha, Surfboard, and Beesknees should prepare the designer for a typographic treat, something with the power to turn heads. Other names are a little more prosaic: Festival Titling, Rubber Stamp, and Twentieth Century Poster leave the designer in no doubt as to the general style they follow. And the genre's early uses as circus-poster woodcut faces is championed by decorative poster designs such as Rosewood and Zebrawood. Blackletter and fraktur styles are also found here, although these faces should be used with great care. However, this doesn't mean that this variety is filled with nothing but wacky eccentricities. Gill Floriated is an exceptionally beautiful poster design, although still one best used as single initials.

There are also period-piece designs in this category. Anna and Broadway are two obviously Art Deco-based designs, whereas Falstaff, although created in 1931 at the height of the Art Deco period, was based on turn-of-the-century poster faces from Germany, themselves developed from poster fonts derived from eighteenth-century Didones such as Bodoni and Didot.

Ad Lib

ABCDEFGHIJKLM
NOPQRSTUVWXYZ
abcdefghijklm
nopqrstuvwxyz
1234567890
&!?;:"*

Si formam cochlearis tui post prandium recordaris, ea forma perversa est. Et cochlear et littera instrumenta sunt; capit alterum cibum e catillo, altera indicium e pagina. Ubi forma digna est, lector commode fiet quoniam littera et trita et decora est. Si formam

8/10 Ad Lib Regular unjustified

This font expresses an air of informality as a result of roughly positioned counterspaces in what is a rather conventional sans serif. This single-style font was designed in 1961 by Freeman Craw, and later digitized for computer use.

Algerian

ABCDEFGHIJ
KLMNOPQRST
UVWXYZ
1234567890@&!?;:"*

Phillip Kelly's 1988 font was created for Letraset's dry transfer library and is a reworking of a Stephenson Blake Foundry 1911 display type which was itself a revival of a nineteenth-century type. It is classified as decorative, but has the triangular serifs of a Latin-style font.

SI FORMAM COCHLEARIS TUI POST PRANDIUM RECORDARIS, EA FORMA PERVERSA EST. ET CO-CHLEAR ET LITTERA INSTRUMENTA SUNT; CAPIT ALTERUM CIBUM E CATILLO, ALTERA INDICIUM E PAGINA. UBI FORMA DIGNA EST, LECTOR COMMODE

7/10 Algerian Regular justified, +20 units of tracking

SI FORMAM COCHLEARIS TUI POST PRANDIUM RECORDARIS, EA FORMA PERVERSA EST. ET COCHLEAR ET LITTERA INSTRUMENTA SUNT; CAPIT ALTERUM CIBUM E CATILLO, ALTERA INDICIUM E PA-GINA. UBI FORMA DIGNA EST, LECTOR COMMODE FIET QUONIAM LIT-TERA ET TRITA ET DECORA EST. SI FORMAM COCHLEARIS TUI POST

7/10 Algerian Condensed justified, +20 units of tracking

Anna

ABCDEFGHIJKLM
NOPQRSTUVWXYZ
1234567890
Q&!?,.'"*

SI FORMAM COCHLEARIS TUI POST PRANDIUM RECORDARIS, EA FORMA
PERVERSA EST. ET COCHLEAR ET LITTERA INSTRUMENTA SUNT; CAPIT
ALTERUM CIBUM E CATILLO, ALTERA INDICIUM E PAGINA. UBI FORMA
DIGNA EST, LECTOR COMMODE FIET QUONIAM LITTERA ET TRITA ET
DECORA EST. SI FORMAM COCHLEARIS TUI POST PRANDIUM RECORDARIS,
EA FORMA PERVERSA EST. ET COCHLEAR ET LITTERA INSTRUMENTA SUNT;

9/12 Anna Regular unjustified, +10 units of tracking

3

Influenced by geometric Art Deco letterforms, with its single line thickness, repetition of limited numbers of forms, and low crossbars and joints enhanced by the overlapping of the horizontals. Drawn by David Pelavin and released in 1991.

Archive Tilt

ABCDEFGHIJ
KLMNOPQRST
UVWXYZ
1234567890
&!?;:"

SI FORMAM COCHLEARIS TUI POST PRANDIUM
RECORDARIS, EA FORMA PERVERSA EST. ET
COCHLEAR ET LITTERA INSTRUMENTA SUNT;
CAPIT ALTERUM CIBUM E CATILLO, ALTERA
INDICIUM E PAGINA. UBI FORMA DIGNA EST,
LECTOR COMMODE FIET QUONIAM LITTERA ET

9/12 Archive Tilt Regular unjustified, +60 units of tracking

3

One of many nineteenth-century display sans serifs that were the stock-in-trade of jobbing printers. The basic letterform has been engraved with a texture, with a shadow for added impact. Digitized in 2005 by Archive Type.

Arnold Boecklin

ABCDEFGHIJKLM
NOPQRSTUVWXYZ
abcdefghijklm
nopqrstuvwxyz
1234567890&!?;:"*

Si formam cochlearis tui post prandium recordaris, ea forma perversa est. Et cochlear et littera instrumenta sunt; capit alterum cibum e catillo, altera indicium e pagina. Ubi forma digna est, lector commode fiet quoniam littera et trita et decora est. Si formam cochlearis tui post prandium recordaris, ea forma

8/10 Arnold Boecklin Regular justified

3

This font is named after the nineteenth-century Swiss-German painter. With its flowing, organic forms it is exemplary of the Art Nouveau style. First cut for metal type in 1904, it is now an Adobe font digitized by Linotype.

ITC Beesknees

ABCDEFGHIJ KLMNOPQRST UVWXYZ 1234567890 ¿!?;:"'*

SI FORMAM COCHLEARIS TUI POST PRANDIUM RECORDARIS, EA FORMA PERVERSA EST. ET COCHLEAR ET LITTERA INSTRUMENTA SUNT; CAPIT ALTERUM CIBUM E CATILLO, ALTERA INDICIUM E PAGINA. UBI FORMA DIGNA EST, LECTOR COMMODE FIET QUONIAM LITTERA ET

8/10 ITC Beesknees Regular unjustified, +30 units of tracking

A fun font designed by Dave Farey of Panache Typography in 1991, Beesknees comes as capitals and small capitals.

Enhanced by color, it has low legibility and it should be used sparingly and only in situations where clarity is not a priority.

Black Boton

ABCDEFGHIJ KLMNOPQRST UVWXYZ 1234567890 &!?;:"'*

SI FORMAM COCHLEARIS TUI POST PRANDIUM RECORDARIS, EA FORMA PERVERSA EST. ET COCHLEAR ET LITTERA INSTRUMENTA SUNT; CAPIT ALTERUM CIBUM E CATILLO, ALTERA INDICIUM E PAGINA. UBI FORMA DIGNA EST, LECTOR COMMODE FIET

8/10 Black Boton Bold unjustified, +30 units of tracking

Designed in 1986 by Albert Boton, once a student of Adrian Frutiger. The heavy, minimal letterform with virtually no

counterspaces is reminiscent of 1920s geometric sans serifs. Best used in limited headings, and enhanced by color.

Blackmoor

ABCDEFGHIJKLM NOPQRSTUVWXYZ abcdefghijklm nopqrstuvwxyz 1234567890&!?;:"'*

Si formam cochlearis tui post prandium recordaris, ea forma perversa est. Et cochlear et littera instrumenta sunt; capit alterum cibum e catillo, altera indicium e pagina. Ubi forma digna est, lector commode fiet quoniam littera et trita et decora est. Si formam cochlearis tui post prandium recordaris, ea forma perversa est. Et cochlear et littera instrumenta sunt; capit alterum cibum e catillo, altera indicium e pagina. Ubi forma digna

8/10 Blackmoor Regular justified

This medieval blackletter font was originally made for Letraset's dry transfer library by British designer David Quay

in 1983. Its rough, slightly distressed characteristics make it perfect for historical and mystery situations.

Bonita

ABCDEFGHIJ
KLMNOPQRST
UVWXYZ
1234567890
@&!?;:"*

SI FORMAM COCHLEARIS TUI POST PRANDIUM RECORDARIS, EA FORMA PERVERSA EST. ET COCHLEAR ET LITTERA INSTRUMENTA SUNT; CAPIT ALTERUM CIBUM E CATILLO, ALTERA INDICIUM E PAGINA. UBI FORMA DIGNA EST, LECTOR COMMODE FIET QUONIAM LITTERA

7/10 Bonita Regular unjustified, +10 units of tracking

Jim Parkinson's chunky display titling font was made available in 1995. It's a sans serif with distinct thick and thin stems. Although only a single capital alphabet, it offers a wide range of possibilities for packaging as well as editorial use.

Bottleneck

ABCDEFGHIJKLM
NOPQRSTUVWXYZ
abcdefghijklm
nopqrstuvwxyz
1234567890@&!?;:"*

Si formam cochlearis tui post prandium recordaris, ea forma perversa est. Et cochlear et littera instrumenta sunt; capit alterum cibum e catillo, altera indicium e pagina. Ubi forma digna est, lector commode fiet quoniam littera et trita et decora est. Si formam cochlearis tui post prandium recordaris, ea forma perversa est. Et cochlear et littera instrumenta sunt;

8/10 Bottleneck Regular unjustified, +10 units of tracking

The heavy baseline emphasis and curling forms of this 1972 dry transfer design are reminiscent of nineteenth- century display types, although Tony Wenman's intention was to reflect the psychedelic lettering of the 1970s.

Braggadocio

ABCDEFGHIJ
KLMNOPQRST
UVWXYZ
abcdefghijklm
nopqrstuvwxyz
1234567890
&!?;:"*

Si formam cochlearis tui post prandium recordaris, ea forma perversa est. Et cochlear et littera instrumenta sunt; capit alterum cibum e catillo, altera indicium e pagina. Ubi forma digna est, lector commode fiet quoniam littera et

8/10 Braggadocio Regular unjustified, +30 units of tracking

A sans serif fat face that could almost be a stencil. It was designed by W. A. Woolley in 1930, when the roaring '20s were still very vivid in the designer's mind. Its bulky geometric forms have great graphic impact.

Broadway

ABCDEFGHIJ
KLMNOPQRST
UVWXYZ
1234567890
@&!?;:""*

SI FORMAM COCHLEARIS TUI POST
PRANDIUM RECORDARIS, EA FORMA
PERVERSA EST. ET COCHLEAR ET
LITTERA INSTRUMENTA SUNT; CAPIT
ALTERUM CIBUM E CATILLO, ALTERA
INDICIUM E PAGINA. UBI FORMA
DIGNA EST, LECTOR COMMODE FIET

8/10 Broadway Engraved unjustified

The two styles available are
possibly the most popular and
most evocative letterforms to
convey the period of the New
York speakeasy. Designed
in 1925 by Morris Fuller
Benton; Sol Hess designed the
lowercase in 1929.

ITC Buckeroo

ABCDEFGHIJ
KLMNOPQRST
UVWXYZ
ABCDEFGHIJKLM
NOPQRSTUVWXYZ
1234567890
@&Y?;:""*

SI FORMAM COCHLEARIS TUI POST
PRANDIUM RECORDARIS, EA FORMA
PERVERSA EST. ET COCHLEAR ET
LITTERA INSTRUMENTA SUNT; CAPIT
ALTERUM CIBUM E CATILLO, ALTERA
INDICIUM E PAGINA. UBI FORMA
DIGNA EST, LECTOR COMMODE

8/10 ITC Buckeroo Regular unjustified, +20 units of tracking

The distinctive notches in the
serifs of this font identifies
its influence as a nineteenth-
century Tuscan display
woodletter. Rick Mueller's 1997
digital font makes a natural
choice for rodeo or hoedown-
style posters.

Campaign

ABCDEFGHIJKLM
NOPQRSTUVWXYZ
1234567890
&!?;:""*

SI FORMAM COCHLEARIS TUI POST PRANDIUM
RECORDARIS, EA FORMA PERVERSA EST. ET
COCHLEAR ET LITTERA INSTRUMENTA SUNT; CAPIT
ALTERUM CIBUM E CATILLO, ALTERA INDICIUM E
PAGINA. UBI FORMA DIGNA EST, LECTOR COMMODE
FIET QUONIAM LITTERA ET TRITA ET DECORA EST.
SI FORMAM COCHLEARIS TUI POST PRANDIUM

8/10 Campaign Regular unjustified, +10 units of tracking

Originally designed by Alan
Meeks in 1987 for Letraset's
dry transfer library, this bold
sans serif combines stencil
characteristics with elegant
letterform details. Its slightly
condensed proportions make it
an excellent poster type.

ITC Caribbean

ABCDEFGHIJKLM
NOPQRSTUVWXYZ
ABCDEFGHIJKLM
NOPQRSTUVWXYZ
1234567890@&!?;;"*

SI FORMAM COCHLEARIS TUI POST PRANDIUM RECORDARIS, EA FORMA
PERVERSA EST. ET COCHLEAR ET LITTERA INSTRUMENTA SUNT; CAPIT
ALTERUM CIBUM E CATILLO, ALTERA INDICIUM E PAGINA. UBI FORMA
DIGNA EST, LECTOR COMMODE FIET QUONIAM LITTERA ET TRITA ET
DECORA EST. SI FORMAM COCHLEARIS TUI POST PRANDIUM RECORDARIS,
EA FORMA PERVERSA EST. ET COCHLEAR ET LITTERA INSTRUMENTA SUNT;
CAPIT ALTERUM CIBUM E CATILLO, ALTERA INDICIUM E PAGINA.

8/10 ITC Caribbean Regular unjustified, +20 units of tracking

A condensed sans serif with a strong contrast of stem thickness, showing the influence of the 1920s. It consists of capitals and small capitals with no lowercase. A hand-drawn, textured appearance gives it freshness and spontaneity.

Chromium One

ABCDEFGHIJ
KLMNOPQRST
UVWXYZ
1234567890
&!?;;""*

SI FORMAM COCHLEARIS TUI POST
PRANDIUM RECORDARIS, EA FORMA
PERVERSA EST. ET COCHLEAR ET LITTERA
INSTRUMENTA SUNT; CAPIT ALTERUM CIBUM
E CATILLO, ALTERA INDICIUM E PAGINA.
UBI FORMA DIGNA EST, LECTOR COMMODE
FIET QUONIAM LITTERA ET TRITA ET

8/10 Chromium One Regular unjustified, +20 units of tracking

This gleaming set of capital letters was originally created by David Harris in 1983 for Letraset's dry transfer library. The highly polished three-dimensional chromium effect offers any number of uses in commercial design practice.

Conundrum

ABCDEFGHIJKLM
NOPQRSTUVWXYZ
abcdefghijklm
nopqrstuvwxyz
1234567890&!?;:*

SI formam cochlearis tui post prandium recordaris, ea
forma perversa est. Et cochlear et littera instrumenta sunt;
capit alterum cibum e catillo, altera indicium e pagina. Ubi
forma digna est, lector commode fiet quoniam littera et
trita et decora est. SI formam cochlearis tui post prandium
recordaris, ea forma perversa est. Et cochlear et littera
instrumenta sunt; capit alterum cibum e catillo, altera

9/10 Conundrum Regular unjustified, +10 units of tracking

Conundrum, a novelty sans serif font, gives the impression of being seen in a distorting mirror. Patrick Broderick's misshapen alphabet creates a font that is tongue in cheek and suggests a humorous, informal application.

Data 70

**ABCDEFGHIJKLM
NOPQRSTUVWXYZ
abcdefghijklm
nopqrstuvwxyz
1234567890&!?;:"***

Si formam cochlearis tui post prandium recordaris, ea forma perversa est. Et cochlear et littera instrumenta sunt; capit alterum cibum e catillo, altera indicium e pagina. Ubi forma digna est, lector commode fiet quoniam littera et trita et decora est. Si formam cochlearis tui post prandium recordaris, ea forma perversa est. Et cochlear et

9/10 Data 70 Regular unjustified, +10 units of tracking

Designed by Bob Newman for the Letraset dry transfer library in 1970, this single-style font retains a futuristic sense of hi-tech computer-related information—though today this sense is probably tinged with retro irony.

Dreamland

**ABCDEFGHIJKLM
NOPQRSTUVWXYZ
abcdefghijklm
nopqrstuvwxyz
1234567890@&!?;:"***

Si formam cochlearis tui post prandium recordaris, ea forma perversa est. Et cochlear et littera instrumenta sunt; capit alterum cibum e catillo, altera indicium e pagina. Ubi forma digna est, lector commode fiet quoniam littera et trita et decora est. Si formam cochlearis tui post prandium recordaris, ea forma perversa est. Et cochlear et littera instrumenta sunt;

8/10 Dreamland Regular unjustified, +10 units of tracking

This cheerful, bold font with its top-heavy swollen stem thickness and irregular baseline provides an alphabet that expresses energy and joy. Designed by Jim Parkinson in 1999, it was inspired by mid-twentieth-century poster faces.

ITC Drycut

**ABCDEFGHIJKLM
NOPQRSTUVWXYZ
ABCDEFGHIJKLM
NOPQRSTUVWXYZ
1234567890@&!?;:"***

SI FORMAM COCHLEARIS TUI POST PRANDIUM RECORDARIS, EA FORMA PERVERSA EST. ET COCHLEAR ET LITTERA INSTRUMENTA SUNT; CAPIT ALTERUM CIBUM E CATILLO, ALTERA INDICIUM E PAGINA. UBI FORMA DIGNA EST, LECTOR COMMODE FIET QUONIAM LITTERA ET TRITA ET DECORA EST. SI FORMAM COCHLEARIS

8/10 ITC Drycut Regular unjustified, +10 units of tracking

Designed in 1997 by Serge Pichii. The shards of shadow around each letter suggest they are cut from wood or lino. The irregular angles of stems and baseline terminals provide a font that has plenty of impact and informality.

Falstaff

ABCDEFGHI JKLMNOPQR STUVWXYZ abcdefghijklm nopqrstuvwxyz 1234567890&!?;:'"*

③ Falstaff is a fine example of an early nineteenth-century display face. However, Falstaff was originally cut much later, in 1932, for Monotype's hot metal typesetting system. Falstaff Festival, an engraved version, provides a lighter-hearted form that has a more modern appearance.

Si formam cochlearis tui post prandium recordaris, ea forma perversa est. Et cochlear et littera instrumenta sunt; capit alterum cibum e catillo, altera indicium e pagina. Ubi forma digna est, lector commode fiet quoniam littera et trita et decora est. Si formam cochlearis tui post prandium

8/11 Falstaff Regular unjustified

SI FORMAM COCHLEARIS TUI POST PRANDIUM RECORDARIS, EA FORMA PERVERSA EST. ET COCHLEAR ET LITTERA INSTRUMENTA SUNT; CAPIT ALTERUM CIBUM E CATILLO, ALTERA INDICIUM E PAGINA. UBI FORMA DIGNA EST, LECTOR COMMODE FIET

8/11 Falstaff Festival Regular unjustified, +20 units of tracking

Credit
Design: Shaz Madani
Client: YCN competition
(bag)

Fat Face

ABCDEFGHIJKLM
NOPQRSTUVWXYZ
abcdefghijklm
nopqrstuvwxyz
1234567890
&!?,;"*

Si formam cochlearis tui post prandium recordaris, ea
forma perversa est. Et cochlear et littera instrumenta sunt;
capit alterum cibum e catillo, altera indicium e pagina. Ubi
forma digna est, lector commode fiet quoniam littera et
trita et decora est. Si formam cochlearis tui post prandium
recordaris, ea forma perversa est. Et cochlear et littera
instrumenta sunt; capit alterum cibum e catillo, altera

8/10 Fat Face Regular unjustified

Influenced by the fattened modern faces of the early nineteenth century, Fat Face was designed by Herb Lubalin and Tom Carnase, introducing sensuous modern refinements to a historic style. This works well in large, colorful projects.

Festival Titling

ABCDEFGHIJ
KLMNOPQRST
UVWXYZ
1234567890&!?,;"*

SI FORMAM COCHLEARIS TUI POST PRANDIUM RECORDARIS.
EA FORMA PERVERSA EST. ET COCHLEAR ET LITTERA
INSTRUMENTA SUNT: CAPIT ALTERUM CIBUM E CATILLO.
ALTERA INDICIUM E PAGINA. UBI FORMA DIGNA EST. LECTOR
COMMODE FIET QUONIAM LITTERA ET TRITA ET DECORA EST.
SI FORMAM COCHLEARIS TUI POST PRANDIUM RECORDARIS.
EA FORMA PERVERSA EST. ET COCHLEAR ET LITTERA

8/10 Festival Titling Regular unjustified, +10 units of tracking

A delicate, condensed set of capitals expressed as extremes of light and shade. Designed by Phillip Boydell in 1950 as the official display font for all Festival of Britain announcements. Completed in 1951 and released in 1952.

Fette Fraktur

ABCDEFGHIJ
KLMNOPQRST
UVWXYZ
abcdefghijklm
nopqrstuvwxyz
1234567890&!?,;"*

Si formam cochlearis tui post prandium
recordaris, ea forma perversa est. Et cochlear
et littera instrumenta sunt; capit alterum cibum
e catillo, altera indicium e pagina. Ubi forma
digna est, lector commode fiet quoniam littera et
trita et decora est. Si formam cochlearis tui post
prandium recordaris, ea forma perversa est.

8/10 Fette Fraktur Regular unjustified

Originally released by the C. E. Weber type foundry in 1875, Fette Fraktur is the German equivalent of an English Fat Face. Recently updated by Linotype, the powerful gothic letterforms give any design a robust historical identity.

Frankfurter

ABCDEFGHIJKLM
NOPQRSTUVWXYZ
abcdefghijklm
nopqrstuvwxyz
1234567890&!?;:."*

4 Frankfurter is a sans serif with rounded terminals that offers legibility without the neutral quality of most sans serifs. It comes in Plain and Medium weights, with the addition of Highlighted and Inline versions. Developed during the 1970s and '80s by Bob Newman, Alan Meeks, and Nick Belshaw.

WURSTSALSICCIA

Si formam cochlearis tui post prandium recordaris, ea forma perversa est. Et cochlear et littera instrumenta sunt; capit alterum cibum e catillo, altera indicium e pagina. Ubi forma digna est, lector commode fiet quoniam littera et trita et decora est. Si formam cochlearis tui post

9/11 Frankfurter Medium unjustified

SI FORMAM COCHLEARIS TUI POST PRANDIUM RECORDARIS, EA FORMA PERVERSA EST. ET COCHLEAR ET LITTERA INSTRUMENTA SUNT; CAPIT ALTERUM CIBUM E CATILLO, ALTERA INDICIUM E PAGINA. UBI FORMA DIGNA EST, LECTOR COMMODE FIET QUONIAM

9/11 Frankfurter Highlight unjustified

SI FORMAM COCHLEARIS TUI POST PRANDIUM RECORDARIS, EA FORMA PERVERSA EST. ET COCHLEAR ET LITTERA INSTRUMENTA SUNT; CAPIT ALTERUM CIBUM E CATILLO, ALTERA INDICIUM E PAGINA. UBI FORMA DIGNA EST, LECTOR COMMODE FIET QUONIAM

9/11 Frankfurter Regular unjustified

SI FORMAM COCHLEARIS TUI POST PRANDIUM RECORDARIS, EA FORMA PERVERSA EST. ET COCHLEAR ET LITTERA INSTRUMENTA SUNT; CAPIT ALTERUM CIBUM E CATILLO, ALTERA INDICIUM E PAGINA. UBI FORMA DIGNA EST, LECTOR COMMODE FIET QUONIAM

9/11 Frankfurter Inline unjustified

Billboard & Poster Showcase

Braggadocio
(Above)
Design: Unfolding Terrain
Client: Cranbrook Art Museum
(postcard design)

Rosewood
(Below)
Design: Unfolding Terrain
Client: Corcoran College
of Art + Design
(postcard)

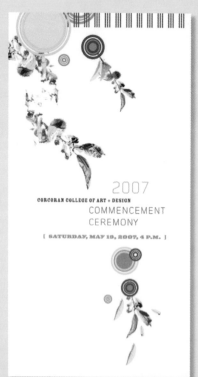

Bottleneck
(Above)
Design: Unfolding Terrain
Client: Cranbrook Academy
of Art
(exhibition)

Frankfurter
(Below)
Design: Lorenzo Geiger
Client: nationbiztribution.ch
(CD sleeve)

Gill Floriated Capitals

SI FORMAM COCHLEARIS TUI POST PRANDIUM RECORDARIS EA FORMA PERVERSA EST ET COCHLEAR ET LITTERA INSTRUMENTA SUNT CAPIT ALTERUM CIBUM E CATILLO ALTERA INDICIUM E PAGINA UBI FORMA DIGNA EST LECTOR COMMODE FIET QUONIAM LITTERA

8/10 Gill Floriated Capitals Regular unjustified, +10 units of tracking

One of Eric Gill's drawings from 1932 was developed by Monotype. It was not released until 1937, and was revived in 1995 in digital form. These ornamental capitals should be considered initial letters rather than as a full display font.

Hobo

ABCDEFGHIJKLM
NOPQRSTUVWXYZ
abcdefghijklm
nopqrstuvwxyz
1234567890&!?;:"" *

Si formam cochlearis tui post prandium recordaris, ea forma perversa est. Et cochlear et littera instrumenta sunt; capit alterum cibum e catillo, altera indicium e pagina. Ubi forma digna est, lector commode fiet quoniam littera et trita et decora est. Si formam cochlearis tui post prandium recordaris, ea forma perversa est. Et cochlear et littera instrumenta sunt;

7/10 Hobo Medium unjustified

A font with virtually no straight lines and its curves confirm their Art Nouveau aesthetic. Designed by Morris Fuller Benton in 1910, it is a unique form of titling, in that the lowercase has no descenders, enabling close line spacing.

Horseradish

ABCDEFGHIJKLM
NOPQRSTUVWXYZ
abcdefghijklm
nopqrstuvwxyz
1234567890@&!?;:*

Si formam cochlearis tui post prandium recordaris, ea forma perversa est. Et cochlear et littera instrumenta sunt; capit alterum cibum e catillo, altera indicium e pagina. Ubi forma digna est, lector commode fiet quoniam littera et trita et decora est. SSi formam cochlearis tui post prandium recordaris, ea forma perversa est. Et cochlear et littera instrumenta sunt;

7/10 Horseradish Regular unjustified

A freely downloadable example for personal use of what in metal type terms would be considered a "battered" font. The crumpled letterforms and irregular baseline can be used to express the extremes of humor or catastrophe.

Jazz

ABCDEFGHIJKLM
NOPQRSTUVWXYZ
abcdefghijklm
nopqrstuvwxyz
1234567890
&!?,:;"*

Si formam cochlearis tui post prandium recordaris, ea forma perversa est.
Et cochlear et littera instrumenta sunt;
capit alterum cibum e catillo, altera
indicium e pagina. Ubi forma digna
est, lector commode fiet quoniam
littera et trita et decora est. Si forman

8/10 Jazz Regular unjustified, +20 units of tracking

③

A self-evident title for a geometric sans serif with extreme thick and thin stem contrast, the thick stems being engraved with a linear pattern. Designed by Alan Meeks in 1992, its design recalls the jazz age of the 1920s.

Klang

ABCDEFGHIJKLM
NOPQRSTUVWXYZ
abcdefghijklm
nopqrstuvwxyz
1234567890&!?,:;"*

Si formam cochlearis tui post prandium recordaris,
ea forma perversa est.Et cochlear et littera
instrumenta sunt:capit alterum cibum e catillo,
altera indicium e pagina.Ubi forma digna est,lector
commode fiet quoniam littera et trita et decora est.
Si formam cochlearis tui post prandium recordaris,
ea forma perversa est.Et cochlear et littera

8/10 Klang Regular unjustified

③

A popular broad-pen script with a modern sans serif look. The simple clear forms of the capitals and lowercase make it suitable for posters, packaging, and display where a mild informality is appropriate. Designed in 1955 by Will Carter.

Madame

ABCDEFGHIJ
KLMNOPQRST
UVWXYZ
1234567890
@&!?,:;""*

SI FORMAM COCHLEARIS TUI POST
PRANDIUM RECORDARIS, EA FORMA
PERVERSA EST. ET COCHLEAR
ET LITTERA INSTRUMENTA SUNT;
CAPIT ALTERUM CIBUM E CATILLO,
ALTERA INDICIUM E PAGINA.
UBI FORMA DIGNA EST, LECTOR

8/10 Madame Regular unjustified, +80 units of tracking

This extremely ornate alphabet of capitals represents possibly the peak of nineteenth-century display type design. Madame, as the name suggests, hails initially from France. It is very evocative of the *fin de siècle*, which may restrict its use.

Moonbase Alpha

ABCDEFGHIJKLM
NOPQRSTUVWXYZ
abcdefghijklm
nopqrstuvwxyz
1234567890@+!?;:"✛

Si formam cochlearis tui post prandium recordaris, ea forma perversa est. Et cochlear et littera instrumenta sunt; capit alterum cibum e catillo, altera indicium e pagina. Ubi forma digna est, lector commode fiet quoniam littera et trita et decora est. Si formam cochlearis

8/10 Moonbase Alpha Regular unjustified, +10 units of tracking

3

Moonbase Alpha makes obvious reference to space travel and hi-tech applications. The letterforms suggest an electronic grid system, and are reminiscent of fonts by Wim Crowel. Atmospheric as it is, legibility may be a problem.

ITC Posterboy

ABCDEFGHIJKLM
NOPQRSTUVWXYZ
abcdefghijklm
nopqrstuvwxyz
1234567890@&!?;:'*

Si formam cochlearis tui post prandium recordaris, ea forma perversa est. Et cochlear et littera instrumenta sunt; capit alterum cibum e catillo, altera indicium e pagina. Ubi forma digna est, lector commode fiet quoniam littera et trita et decora est. Si formam cochlearis tui post prandium

8.5/10 ITC Posterboy Regular unjustified, +10 units of tracking

3

A bold, calligraphic sans serif letterform of changing stroke thickness and small x-height. Designed in 2000 by Chester Wajda, it is classified as a brush script, and is a cheerful, friendly font that will be a useful display type for informal occasions.

Rosewood

ABCDEFGHIJ
KLMNOPQRST
UVWXYZ
1234567890
&!?;:""✻

SI FORMAM COCHLEARIS TUI POST PRANDIUM RECORDARIS, EA FORMA PERVERSA EST. ET COCHLEAR ET LITTERA INSTRUMENTA SUNT; CAPIT ALTERUM CIBUM E CATILLO, ALTERA INDICIUM E PAGINA. UBI FORMA DIGNA EST, LECTOR COMMODE FIET QUONIAM LITTERA ET TRITA ET DECORA EST. SI

8/10 Rosewood Regular unjustified, +40 units of tracking

3 ✪

Design credits go to Carl Crossgrove, Carol Twombly, and Kim Buker Chansler for this reworking of an 1874 woodletter released digitally in 1994. It is popular for many kinds of announcements, mostly entertainment promotions.

Rubber Stamp

ABCDEFGHIJ KLMNOPQRST UVWXYZ 1234567890 &!?;:"*

SI FORMAM COCHLEARIS TUI POST PRANDIUM RECORDARIS, EA FORMA PERVERSA EST. ET COCHLEAR ET LITTERA INSTRUMENTA SUNT; CAPIT ALTERUM CIBUM E CATILLO, ALTERA INDICIUM E PAGINA. UBI FORMA DIGNA EST, LECTOR COMMODE FIET QUONIAM LITTERA ET TRITA ET DECORA EST. SI FORMAM

8/10 Rubber Stamp Regular unjustified, +50 units of tracking

3

This font reproduces the characteristics of a stencil type that has suffered the wear and tear of use as a rubber stamp.

Designed by Alan Birch in 1988, it pays tribute to a classic bold stencil design by Gerry Powell for ATF in 1938.

Schuriken Boy

ABCDEFGHIJKLM NOPQRSTUVWXYZ abcdefghijklm nopqrstuvwxyz 1234567890 ƎƆ!?;:"*

Si formam cochlearis tui post prandium recordaris, ea forma perversa est. Et cochlear et littera instrumenta sunt; capit alterum cibum e catillo, altera indicium e pagina. Ubi forma digna est, lector commode fiet quoniam littera et trita et decora est. Si formam cochlearis tui post prandium

7/10 Schuriken Boy Regular unjustified

3

Designed in 1996 by Joachim Müller-Lancé. Elementary letter silhouettes are overlayed with triangular white forms, creating

a very distinctive alphabet. This font has a hi-tech personality, good for packaging and jackets relating to electronic issues.

Scriptek

ABCDEFGHIJKLM NOPQRSTUVWXYZ abcdefghijklm nopqrstuvwxyz 1234567890&!?;:"*

Si formam cochlearis tui post prandium recordaris, ea forma perversa est. Et cochlear et littera instrumenta sunt; capit alterum cibum e catillo, altera indicium e pagina. Ubi forma digna est, lector commode fiet quoniam littera et trita et decora est. Si formam cochlearis tui post prandium recordaris, ea forma perversa est. Et cochlear et littera instrumenta sunt; capit alterum cibum e catillo, altera indicium e pagina.

8/10 Scriptek Regular unjustified, +20 units of tracking

3

David Quay created Scriptek in 1992. It is a condensed slab serif with a single stroke thickness. The serifs are not

symmetrical, and there is a repetitive oblique stroke in the lowercase that contributes to its strong character.

Sinaloa

ABCDEFGHIJ
KLMNOPQRST
UVWXYZ
1234567890
&!?;:""*

SI FORMAM COCHLEARIS TUI POST
PRANDIUM RECORDARIS, EA FORMA
PERVERSA EST. ET COCHLEAR ET
LITTERA INSTRUMENTA SUNT; CAPIT
ALTERUM CIBUM E CATILLO, ALTERA
INDICIUM E PAGINA. UBI FORMA DIGNA
EST, LECTOR COMMODE FIET QUONIAM

8/10 Sinaloa Regular unjustified, +60 units of tracking

3

Sinaloa has a strong flavor of Art Nouveau, but was designed by Rosemarie Tissi in 1974. It has elemental capitals, each of which is engraved with a group of lines. The monolithic quality of these letters suggests that they should be used sparingly.

Slipstream

ABCDEFGHIJ
KLMNOPQRST
UVWXYZ
1234567890
&!?;:""×

SI FORMAM COCHLEARIS TUI POST
PRANDIUM RECORDARIS, EA FORMA
PERVERSA EST. ET COCHLEAR ET LITTERA
INSTRUMENTA SUNT; CAPIT ALTERUM
CIBUM E CATILLO, ALTERA INDICIUM E
PAGINA. UBI FORMA DIGNA EST, LECTOR
COMMODE FIET QUONIAM LITTERA

7/10 Slipstream Regular unjustified, +80 units of tracking

3

A graphically articulate titling font designed by members of the Letraset team in 1985. A must-have font for occasions when the visual effect of speed is required. The italic letterforms and tapering horizontal lines are impossible to misinterpret.

Surfboard

ABCDEFGHIJ
KLMNOPQRST
UVWXYZ
1234567890
@&!?;:""*

SI FORMAM COCHLEARIS TUI POST PRANDIUM
RECORDARIS, EA FORMA PERVERSA EST. ET
COCHLEAR ET LITTERA INSTRUMENTA SUNT;
CAPIT ALTERUM CIBUM E CATILLO, ALTERA
INDICIUM E PAGINA. UBI FORMA DIGNA EST,
LECTOR COMMODE FIET QUONIAM LITTERA ET
TRITA ET DECORA EST. SI FORMAM COCHLEARIS

8/10 Surfboard Regular unjustified, +40 units of tracking

3

An alphabet of rugged, improvised, spiky-shaped capitals, formed possibly from cut paper. The bold, flamboyant letterforms were created by West Coast designer Teri Kahan to express the informality of Californian beach life.

Tephe

ABCDEEGHI
JKLMNQPQR
STUVWXYZ
1234567890
@&!?;;"†

STOPPEN
STOP
ARRÊTER
PARAR
FERMARE

③ ⭐

Designed by Verena Gerlach in 2002, inspired by the office directory panels systems found in the entrance halls of office buildings in the former GDR. There are two basic fonts—with and without the spacing bars that underline the baseline.

SI FORMAM COCHLEARIS TUI POST PRANDIUM RECORDARIS. EA FORMA PERVERSA EST. ET CO- CHLEAR ET LITTERA INSTRUMENTA SUNT: CAPIT ALTERUM CIBUM E CATILLO. ALTERA INDICIUM E PAGINA. UBI FORMA DIGNA EST. LECTOR

8/10 Tephe-Line Regular unjustified

SI FORMAM COCHLEARIS TUI POST PRANDIUM RECORDARIS, EA FORMA PERVERSA EST. ET COCHLEAR ET LITTERA INSTRUMENTA SUNT; CAPIT ALTERUM CIBUM E CATILLO, ALTERA INDICIUM E PAGINA. UBI FORMA DIGNA EST,

8/10 Tephe-Regular unjustified

Twentieth Century Poster

ABCDEFGHIJ
KLMNOPQRST
UVWXYZ
1234567890
&!?;;"*

SI FORMAM COCHLEARIS TUI POST PRANDIUM RECORDARIS, EA FORMA PERVERSA EST. ET COCHLEAR ET LITTERA INSTRUMENTA SUNT; CAPIT ALTERUM CIBUM E CATILLO, ALTERA INDICIUM E PAGINA. UBI FORMA DIGNA EST, LECTOR COMMODE FIET QUONIAM LITTERA ET TRITA ET DECORA EST. SI FORMAM COCHLEARIS TUI POST PRANDIUM RECORDARIS,

8/10 Twentieth Century Poster Regular unjustified, + 20 units of tracking

③

A poster font expressing all the characteristics of a twentieth-century sans serif. Most letters are condensed, but the circular ones are full width; letters with crossbars have an additional alternative with overlapping oblique terminals.

Umbra

ABCDEFGHIJ
KLMNOPQRST
UVWXYZ
1234567890
@&!?;;""❋

SI FORMAM COCHLEARIS TUI POST PRANDIUM
RECORDARIS. EA FORMA PERVERSA EST. ET
COCHLEAR ET LITTERA INSTRUMENTA SUNT;
CAPIT ALTERUM CIBUM E CATILLO. ALTERA
INDICIUM E PAGINA. UBI FORMA DIGNA EST.
LECTOR COMMODE FIET QUONIAM LITTERA ET
TRITA ET DECORA EST. SI FORMAM COCHLEARIS

8/10 Umbra Medium unjustified

③

Umbra is a sans serif shadowed titling font, similar to Gill Light Shadowed which was released at about the same time. Umbra was designed in 1932 by Robert Hunter Middleton. The shadow device makes an attractive impression in color.

Waterloo Bold

ABCDEFGHIJKLM
NOPQRSTUVWXYZ
abcdefghijklm
nopqrstuvwxyz
1234567890&!?;:"*

Si formam cochlearis tui post prandium recordaris, ea forma perversa est. Et cochlear et littera instrumenta sunt; capit alterum cibum e catillo, altera indicium e pagina. Ubi forma digna est, lector commode fiet quoniam littera et trita et decora est. Si formam cochlearis tui post prandium recordaris, ea forma perversa est. Et cochlear et littera instrumenta sunt;

8/10 Waterloo Bold unjustified

③

This one-style display font, designed by Alan Meeks in 1987, is a powerful condensed Egyptian. It has a slight tilt toward an italic and the high crossbars create some unique capitals. It becomes far more friendly with careful use of color.

Zebrawood

SI FORMAM COCHLEARIS TUI POST
PRANDIUM RECORDARIS, EA FORMA
PERVERSA EST. ET COCHLEAR ET
LITTERA INSTRUMENTA SUNT; CAPIT
ALTERUM CIBUM E CATILLO, ALTERA
INDICIUM E PAGINA. UBI FORMA DIGNA
EST, LECTOR COMMODE FIET QUONIAM

8/10 Zebrawood Regular unjustified, +70 units of tracking

③ ✪

One of Adobe's original woodletter series, released in 1994 and designed by Carl Crossgrove, Carol Twombly, and Kim Buker Chansler. It is a highly ornate Tuscan font derived from an 1854 Wells and Webb specimen book.

Monospaced

OCR-A page 420

MONOSPACED TYPE DESIGNS OCCUPY A SPECIAL NICHE IN THE FONT WORLD. Every character in a monospaced typeface has the same width, whether it is a comma, the letter i, or a capital W. This design concept has two main roots, both technology-based. The first lies in the invention of the typewriter. The printing system of the mechanical typewriter required each character to have the same width, so monospaced typeface designs were created. Wider characters are made slimmer and naturally narrow ones are given extra-wide serifs. Punctuation characters can't be spread, so commas, semicolons, and so on are normally placed centrally within the fixed width.

This solved the mechanical problem of handling the type, but it led to other issues. Monospaced typewriters are responsible for the belief that there should be two spaces between sentences. With typewritten work, a single space wasn't wide enough to make sentence breaks obvious, so double-spacing was taught in typing classes. This is anathema to typographers, and should never be used with text set in normal "proportional-width" typefaces. Book and screenplay manuscripts used to be requested in fixed-width type—normally Courier or Prestige Elite, both originally designed for IBM typewriters in the 1950s—partly because the fixed character widths helped to estimate word counts.

Monospaced type is aesthetically cruder than proportionally spaced fonts, but one important advantage it gives is that columns of data can always be made to line up perfectly. This can be very useful when dealing with finance, stocktaking, or any similar task. This advantage carried over to the early computing world, too. Before computers had graphical user interfaces such as the Mac OS and Windows, text-based displays were the norm. These used fixed-width screen fonts (normally with black backgrounds and colored or white type), and they had all the same limitations and data-alignment advantages of monospaced typewriter output.

Monospaced typefaces help data line up very simply, and they can also give a clear, mechanized feeling to text. Some designs recreate the look of mechanical typewriter output, a few were originally made for different kinds of machine recognition, and some take the basic fixed-space concept and use it to produce new typographic designs.

Arcade Classic

ABCDEFGHI
JKLMNOPQ
RSTUVWXYZ
1234567890
@&/?;:"*

SI FORMAM COCHLEARIS TUI POST
PRANDIUM RECORDARIS, EA FORMA
PERVERSA EST. ET COCHLEAR
ET LITTERA INSTRUMENTA SUNT;
CAPIT ALTERUM CIBUM E CATILLO,
ALTERA INDICIUM E PAGINA.
UBI FORMA DIGNA EST, LECTOR

8/10 Arcade Classic Regular unjustified

❸

Those who grew up in the 1980s will feel a twinge of nostalgia upon seeing this pixel-perfect rendition of primitive, blocky arcade-game lettering. Designed with obvious enthusiasm by Jakob Fischer from Copenhagen, Denmark.

Feggolite Mono

ABCDEFGHIJKLM
NOPQRSTUVWXYZ
abcdefghijklm
nopqrstuvwxyz
1234567890
@&!?;:"*

Si formam cochlearis tui post
prandium recordaris, ea forma
perversa est. Et cochlear et
littera instrumenta sunt; capit
alterum cibum e catillo, altera
indicium e pagina. Ubi forma digna
est, lector commode fiet quoniam

10/10 Feggolite Mono Regular unjustified

❸

Not your average monospaced font, Feggolite Mono has a very small x-height, varied ascender heights with almost disturbingly long descenders, a rather non-mechanical feel to a number of the lowercase forms, and a fairly thin stroke.

Interstate Mono

ABCDEFGHIJKLM
NOPQRSTUVWXYZ
abcdefghijklm
nopqrstuvwxyz
1234567890
@&!?;:"*

Si formam cochlearis tui post
prandium recordaris, ea forma
perversa est. Et cochlear et littera
instrumenta sunt; capit alterum
cibum e catillo, altera indicium e
pagina. Ubi forma digna est, lector
commode fiet quoniam littera et trita

8/10 Interstate Mono Regular unjustified

❸

Interstate Mono is the monospaced version of Interstate, a sans serif design by Tobias Frere-Jones based on the lettering in US Federal Highway signage. This monospaced version is a useful and well-designed sans.

TBMatrix

ABCDEFGHIJKLM
NOPQRSTUVWXYZ
abcdefghijklm
nopqrstuvwxyz
1234567890
@&!?;:"*

Si formam cochlearis tui post
prandium recordaris, ea forma
perversa est. Et cochlear et
littera instrumenta sunt; capit
alterum cibum e catillo, altera
indicium e pagina. Ubi forma digna
est, lector commode fiet quoniam

8/10 TBMatrix Regular unjustified

A seventeen-style dot matrix
font by Gianni Marcolongo.
TBMatrix and TBMatrix Inverse
are ideal for emulating standard
illuminated digital displays, while
the variants, such as TBMatrix
Lady Bug and TBMatrix Heart,
add a touch of humor.

MICR

1 2 3 4 5
6 7 8 9 0

An acronym for Magnetic Ink
Character Recognition, with
characters read by scanners that
recognize the magnetic fields
rather than letter shapes. There
are only fourteen characters: 0
to 9, plus symbols for Amount,
Domestic, BSB, and Dash.

TX Monodular

ABCDEFGHIJKLM
NOPQRSTUVWXYZ
abcdefghijklm
nopqrstuvwxyz
1234567890
@&!?;:"*

Si formam cochlearis tui post
prandium recordaris, ea forma
perversa est. Et cochlear et
littera instrumenta sunt; capit
alterum cibum e catillo, altera
indicium e pagina. Ubi forma
digna est, lector commode fiet

8/10 TX Monodular Square Roman unjustified

A slightly modular construction
by Joachin Müller-Lancé; the
letterforms are constructed
from a small set of similar
elements. Monodular Round has
virtually all corners rounded off;
Monodular Square includes one
square corner where possible.

FF Nexus Typewriter

ABCDEFGHIJKLM
NOPQRSTUVWXYZ
abcdefghijklm
nopqrstuvwxyz
1234567890@&!?;:"*

An attractive monospaced font. The italic has a very shallow slant, the loop of the single-story lowercase g extends to the left and appears to defy its monospaced credentials, and the lowercase I has only half a serif, which makes even tracking a problem.

Si formam cochlearis tui post
prandium recordaris, ea forma
perversa est. Et cochlear et littera
instrumenta sunt; capit alterum
cibum e catillo, altera indicium

8/10 FF Nexus Typewriter Regular unjustified

Si formam cochlearis tui post
prandium recordaris, ea forma
perversa est. Et cochlear et littera
instrumenta sunt; capit alterum
cibum e catillo, altera indicium

8/10 FF Nexus Typewriter Bold unjustified

*Si formam cochlearis tui post
prandium recordaris, ea forma
perversa est. Et cochlear et littera
instrumenta sunt; capit alterum
cibum e catillo, altera indicium*

8/10 FF Nexus Typewriter Italic unjustified

***Si formam cochlearis tui post
prandium recordaris, ea forma
perversa est. Et cochlear et littera
instrumenta sunt; capit alterum
cibum e catillo, altera indicium***

8/10 FF Nexus Typewriter Bold Italic unjustified

OCR-A

ABCDEFGHIJKLM
NOPQRSTUVWXYZ
abcdefghijklm
nopqrstuvwxyz
1234567890
@&!?;:"*

Si formam cochlearis tui post
prandium recordaris, ea forma
perversa est. Et cochlear et
littera instrumenta sunt;
capit alterum cibum e catillo,
altera indicium e pagina.
Ubi forma digna est, lector

8/10 OCR-A Regular unjustified

Designed in 1968, this angular face was designed to be readable by an optical character recognition machine—hence the name—but also to remain moderately legible to the human eye. The companion OCR-B is better for legibility.

Platelet

ABCDEFGHIJKLM
NOPQRSTUVWXYZ
abcdefghijklm
nopqrstuvwxyz
1234567890
@&!?;.'"*

si formam cochlearis tui post prandium
recordaris, ea forma perversa est. et
cochlear et littera instrumenta sunt;
capit alterum cibum e catillo, altera
indicium e pagina. ubi forma digna est,
lector commode fiet quoniam littera et
trita et decora est. si formam cochlearis

9/10 Platelet Regular unjustified

❸

Designed by Conor Mangat in 1993, Platelet aims to combat the uniformity of monospaced alphabets with highly distinctive features including the shortened center stems of the m and the w and most strikingly the double bowl of the lowercase b.

Secret Service Typewriter

ABCDEFGHIJKLM
NOPQRSTUVWXYZ
abcdefghijklm
nopqrstuvwxyz
1234567890
@&!?;:'"*

Si formam cochlearis tui post
prandium recordaris, ea forma
perversa est. Et cochlear et littera
instrumenta sunt; capit alterum
cibum e catillo, altera indicium e
pagina. Ubi forma digna est, lector
commode fiet quoniam littera et trita

8/10 Secret Service Typewriter Regular unjustified

❸

A font that recreates the look of an old-fashioned typewriter, with slightly ragged, wobbly strokes and a weight that matches a heavy-handed typist's output. Use at 10–12 pt for verisimilitude or as large as possible for visual impact.

Smith Premier NF

ABCDEFGHIJKLM
NOPQRSTUVWXYZ
abcdefghijklm
nopqrstuvwxyz
1234567890
@&!?;:'"*

Si formam cochlearis tui post prandium
recordaris, ea forma perversa est. Et cochlear
et littera instrumenta sunt; capit alterum
cibum e catillo, altera indicium e pagina. Ubi
forma digna est, lector commode fiet quoniam
littera et trita et decora est. Si formam
cochlearis tui post prandium recordaris, ea

8/10 Smith Premier NF Regular unjustified

❸

Drawn from the letters in the Smith Premier No. 3 typewriter, a double-keyboard typewriter dating from around 1900. There are two faces: Clean, with crisp, factory-fresh letters, and Schmutzy, with slightly furry, well-used characters.

Screen & web

Courier Bold page 426

WEB PAGE LAYOUTS, AND ANY OTHER KIND OF SCREEN-BASED DOCUMENTS FOR that matter, all rely on one thing: text that is legible when set as body text and small graphic labels. Any typeface can be used for large banner headlines and graphics, but when it comes to small text the options are limited—and for web-specific use the options are very limited indeed.

Discounting the option of presenting graphic images of text in the page, which are not accessible to and can't be seen by search engines, the range of faces that can be used is very small. This is because text formatted within HTML pages is displayed on the visitor's computer with whichever typeface they have installed, whether they're using a Mac or a Windows PC. This leaves just Verdana and Georgia as the traditional best choices (Arial, Helvetica, Times, et al. don't work as well at small sizes), although the latest releases of Microsoft Office and Windows have added new faces, particularly Constantia and Corbel, to the mix.

Other screen-based tasks aren't as font-restricted as web text layout. Any font can be used for multimedia and video titling, buttons, and other text graphics—as long as the face is legible in the pixel-based low-resolution environment. What makes a font good for screen use at medium or small sizes isn't always obvious. Details that work well in print can disappear on screen or become exaggerated and obtrusive. The fonts selected here all work well in low-resolution environments—not just desktop and laptop screens, but PDAs, cellphones, and portable game consoles. They work in low-resolution print media too, including faxes and "till-roll"-style printing. Technology is constantly improving, but the ability to select and use type that can stand up to poor reproduction is one of the necessary skills of a good practical designer.

One specialized subset of this particular branch of type is the pixel font. These are typefaces drawn using pixel blocks, crafted for specific sizes on screen so that the characters are as absolutely clear and crisp as possible when you set them as graphics in custom buttons, menus, or banners. There are a fair number of these available, and most are offered free online. The Mini family includes some of the best, and Silkscreen is an old-school classic. But remember to use them at the sizes they were made for (or at least an exact multiple of that size) and with anti-aliasing turned off, or you won't get the best results.

Avenir

ABCDEFGHI
JKLMNOPQR
STUVWXYZ
abcdefghijklm
nopqrstuvwxyz
1234567890
@&!?;:"*

4 ⭐

Created by Adrian Frutiger in 1988, Avenir is a strong sans serif family that works well both in print and on screen. The design is based in part on Futura and Erbar, both products of the Bauhaus. Use Light to contrast with Medium or heavier weights.

Si formam cochlearis tui post prandium recordaris, ea forma perversa est. Et cochlear et littera instrumenta sunt; capit alterum cibum e catillo, altera indicium e pagina. Ubi forma digna est, lector commode fiet quoniam littera et trita et

8/10 Avenir 55 Roman justified

Si formam cochlearis tui post prandium recordaris, ea forma perversa est. Et cochlear et littera instrumenta sunt; capit alterum cibum e catillo, altera indicium e pagina. Ubi forma digna est, lector commode fiet quoniam littera et trita et

8/10 Avenir 55 Oblique justified

Si formam cochlearis tui post prandium recordaris, ea forma perversa est. Et cochlear et littera instrumenta sunt; capit alterum cibum e catillo, altera indicium e pagina. Ubi forma digna est, lector commode fiet quoniam littera et trita et decora

8/10 Avenir 35 Light justified

Charter

ABCDEFGHI
JKLMNOPQR
STUVWXYZ
abcdefghijklm
nopqrstuvwxyz
1234567890
@&!?;:"*

3 ⭐

Designed by Matthew Carter, this has squared-off serifs and minimal curves and diagonal lines, helping it work well both on screen and in faxes and other low-resolution print output. It comes with small caps and alternate typographer sets.

Si formam cochlearis tui post prandium recordaris, ea forma perversa est. Et cochlear et littera instrumenta sunt; capit alterum cibum e catillo, altera indicium e pagina. Ubi forma digna est, lector commode fiet quoniam littera et trita et decora est.

8/10 Charter Regular justified

Si formam cochlearis tui post prandium recordaris, ea forma perversa est. Et cochlear et littera instrumenta sunt; capit alterum cibum e catillo, altera indicium e pagina. Ubi forma digna est, lector commode fiet quoniam littera et trita et decora est. Si

8/10 Charter Italic justified

Si formam cochlearis tui post prandium recordaris, ea forma perversa est. Et cochlear et littera instrumenta sunt; capit alterum cibum e catillo, altera indicium e pagina. Ubi forma digna est, lector commode fiet quoniam littera et trita et

8/10 Charter Bold justified

Chicago

ABCDEFGHIJKLM
NOPQRSTUVWXYZ
abcdefghijklm
nopqrstuvwxyz
1234567890
@&!?;:"'*

Si formam cochlearis tui post prandium recordaris, ea forma perversa est. Et cochlear et littera instrumenta sunt; capit alterum cibum e catillo, altera indicium e pagina. Ubi forma digna est, lector commode fiet quoniam littera et trita et decora. Si formam cochlearis tui post prandium recordaris, ea

5/10 Chicago Regular unjustified

Designed by Susan Kare, this was the original typeface used for Apple Macintosh menus and buttons until Mac OS 8. The design is impressively crisp and clear at 12 pt. It has a strong and curiously quirky quality when set much larger.

Constantia

ABCDEFGHIJKLM
NOPQRSTUVWXYZ
abcdefghijklm
nopqrstuvwxyz
1234567890@&!?;:"'*

Si formam cochlearis tui post prandium recordaris, ea forma perversa est. Et cochlear et littera instrumenta sunt; capit alterum cibum e catillo, altera indicium e pagina. Ubi forma digna est, lector commode fiet quoniam littera et trita et decora est. Si formam cochlearis tui post prandium recordaris, ea forma perversa est.

8/10 Constantia Regular unjustified

A pleasing wedge-serif design that is easy on the eye and designed for optimum readability both on screen and in print. This typeface is now bundled with Microsoft Vista and Office, and works well at body text as well as display sizes.

Corbel

ABCDEFGHIJKLM
NOPQRSTUVWXYZ
abcdefghijklm
nopqrstuvwxyz
1234567890
@&!?;:"'*

Si formam cochlearis tui post prandium recordaris, ea forma perversa est. Et cochlear et littera instrumenta sunt; capit alterum cibum e catillo, altera indicium e pagina. Ubi forma digna est, lector commode fiet quoniam littera et trita et decora est. Si formam cochlearis tui post prandium recordaris, ea forma perversa est. Et cochlear et littera

8/10 Corbel Regular unjustified

A very clear, unfussy sans serif with similarities to Frutiger, but with enough individuality to stand on its own merits. It was designed to work well in both print and screen-based design, and comes with Microsoft Vista and Office software.

Courier

ABCDEFGHIJKLM
NOPQRSTUVWXYZ
abcdefghijklm
nopqrstuvwxyz
1234567890
@&!?;:"*

Si formam cochlearis tui post
prandium recordaris, ea forma
perversa est. Et cochlear et
littera instrumenta sunt; capit
alterum cibum e catillo, altera

8/10 Courier Medium unjustified

*Si formam cochlearis tui post
prandium recordaris, ea forma
perversa est. Et cochlear et
littera instrumenta sunt; capit
alterum cibum e catillo, altera*

8/10 Courier Medium Oblique unjustified

**Si formam cochlearis tui post
prandium recordaris, ea forma
perversa est. Et cochlear et
littera instrumenta sunt; capit
alterum cibum e catillo, altera**

8/10 Courier Medium Bold unjustified

Courier first appeared as Howard Kettler's typewriter face for IBM typewriters in the 1950s. It soon became the standard face in the typewriter industry (IBM didn't establish exclusive rights to the design), and the monospaced, monoline serif design became the norm for screenplays and space-aligned data.

Georgia

ABCDEFGHI
JKLMNOPQR
STUVWXYZ
abcdefghijklm
nopqrstuvwxyz
1234567890
@&!?;:"*

Si formam cochlearis tui post prandium recordaris, ea forma perversa est. Et cochlear et littera instrumenta sunt; capit alterum cibum e catillo, altera indicium e pagina. Ubi forma digna est, lector commode fiet quoniam littera et trita

8/10 Georgia Regular unjustified

Si formam cochlearis tui post prandium recordaris, ea forma perversa est. Et cochlear et littera instrumenta sunt; capit alterum cibum e catillo, altera indicium e pagina. Ubi forma digna est, lector commode fiet quoniam littera

8/10 Georgia Italic unjustified

Si formam cochlearis tui post prandium recordaris, ea forma perversa est. Et cochlear et littera instrumenta sunt; capit alterum cibum e catillo, altera indicium e pagina. Ubi forma digna est, lector

8/10 Georgia Bold unjustified

Matthew Carter's exceptional serif design was created to provide a balance of clarity and personality at small sizes on screen while retaining its character in print and at larger sizes. A superb choice for establishing a sense of calm, personable professionalism, and a great companion to Verdana.

Lomo

ABCDEFGHIJKLM
NOPQRSTUVWXYZ
abcdefghijklm
nopqrstuvwxyz
1234567890
@&!?;:"x

❹

A sans serif pixel font created specifically for screen use, with different faces in the family intended for use at particular point sizes. This family produces exceptionally clear small text on screen, in bitmap graphics, and in Flash files.

Si formam cochlearis tui post prandium recordaris, ea forma perversa est. Et cochlear et littera instrumenta sunt; capit alterum cibum e catillo, altera indicium e pagina. Ubi forma digna est,

7/10 Lomo Copy LT Midi unjustified

Si formam cochlearis tui post prandium recordaris, ea forma perversa est. Et cochlear et littera instrumenta sunt; capit alterum cibum e catillo, altera

7/10 Lomo Copy LT Mezzo unjustified

Si formam cochlearis tui post prandium recordaris, ea forma perversa est. Et cochlear et littera instrumenta sunt; capit alterum cibum e catillo, altera

7/10 Lomo Copy LT Butt unjustified

Si formam cochlearis tui post prandium recordaris, ea forma perversa est. Et cochlear et littera instrumenta sunt; capit alterum cibum e catillo, altera indicium e pagina. Ubi forma

7/10 Lomo Copy LT Sall unjustified

Si formam cochlearis tui post prandium recordaris, ea forma perversa est. Et cochlear et littera instrumenta sunt; capit alterum cibum e catillo, altera indicium e pagina. Ubi forma digna est, lector commode fiet quoniam

7/10 Lomo Copy LT Light unjustified

Si formam cochlearis tui post prandium recordaris, ea forma perversa est. Et cochlear et littera instrumenta sunt; capit alterum cibum e catillo, altera indicium e pagina. Ubi forma digna est, lector commode fiet quoniam littera et trita et decora est. Si formam

7/10 Lomo Copy LT Zig unjustified

Mini 7

ABCDEFGHI
JKLMNOPQR
STUVWXYZ
1234567890
@&!?;:"*

SI FORMAM COCHLEARIS TUI POST PRANDIUM RECORDARIS, EA FORMA PERVERSA EST. ET COCHLEAR ET LITTERA INSTRUMENTA SUNT; CAPIT ALTERUM CIBUM E CATILLO, ALTERA INDICIUM E PAGINA. UBI FORMA DI

8/10 Mini 7 justified

SI FORMAM COCHLEARIS TUI POST PRANDIUM RECORDARIS, EA FORMA PERVERSA EST. ET COCHLEAR ET LITTERA INSTRUMENTA SUNT; CAPIT ALTERUM CIBUM E CATILLO,

8/10 Mni 7 Bold justified

A beautifully crafted caps-only pixel font that includes Tight, Bold, Condensed, Bold Condensed, Extended, and Bold Extended versions as well as regular—plus Extra Bold and Ultra Bold, available separately. Use at 10 pt to create the clearest, crispest small Flash and graphic text possible.

Silkscreen

ABCDEFGHI
JKLMNOPQR
STUVWXYZ
1234567890
@¢!?;:*

SI FORMAM COCHLEARIS TUI POST PRANDIUM RECORDARIS, EA FORMA PERVERSA EST. ET COCHLEAR ET LITTERA INSTRUMENTA SUNT; CAPIT ALTERUM CIBUM E CATILLO,

9/10 Silkscreen Normal unjustified, −10 units of kerning

SI FORMAM COCHLEARIS TUI POST PRANDIUM RECORDARIS, EA FORMA PERVERSA EST. ET COCHLEAR ET LITTERA INSTRUMENTA SUNT; CAPIT

9/10 Silkscreen Bold unjustified, −10 units of kerning

SI FORMAM COCHLEARIS TUI POST PRANDIUM RECORDARIS, EA FORMA PERVERSA EST. ET COCHLEAR ET LITTERA INSTRUMENTA SUNT; CAPIT

9/10 Silkscreen Expanded unjustified, −10 units of kerning

A popular pixel font created specifically for use in on screen situations where small, crisp graphic type is needed—for example, in menus, navigation bars, and image captions. It is best used at multiples of 8 pt (8 pt, 16 pt, etc.) and with anti-aliasing disabled, unless used at sizes of an inch or larger.

Stone Sans

ABCDEFGHIJKLM
NOPQRSTUVWXYZ
abcdefghijklm
nopqrstuvwxyz
1234567890
@&!?;:"*

Si formam cochlearis tui post prandium recordaris, ea forma perversa est. Et cochlear et littera instrumenta sunt; capit alterum cibum e catillo, altera indicium e pagina. Ubi forma digna est, lector commode fiet quoniam littera et trita et decora

8/10 Stone Sans Medium justified

Si formam cochlearis tui post prandium recordaris, ea forma perversa est. Et cochlear et littera instrumenta sunt; capit alterum cibum e catillo, altera indicium e pagina. Ubi forma digna est, lector commode fiet quoniam littera et trita et decora est.

8/10 Stone Sans Italic justified

Si formam cochlearis tui post prandium recordaris, ea forma perversa est. Et cochlear et littera instrumenta sunt; capit alterum cibum e catillo, altera indicium e pagina. Ubi forma digna est, lector commode fiet quonia

8/10 Stone Sans Semibold justified

❸ ✪

Stone Sans is part of the Stone family, Sumner Stone's suite of complementary sans, serif, and informal designs. This modern design is exceptionally well formed, with a balance and clarity that works beautifully on its own as well as when used with other Stone family designs.

Verdana

ABCDEFGHIJKLM
NOPQRSTUVWXYZ
abcdefghijklm
nopqrstuvwxyz
1234567890
@&!?;:"*

Si formam cochlearis tui post prandium recordaris, ea forma perversa est. Et cochlear et littera instrumenta sunt; capit alterum cibum e catillo, altera indicium e pagina. Ubi forma digna est, lector commode fiet quoniam littera et

7/10 Verdana Regular unjustified

Si formam cochlearis tui post prandium recordaris, ea forma perversa est. Et cochlear et littera instrumenta sunt; capit alterum cibum e catillo, altera indicium e pagina. Ubi forma digna est, lector commode fiet quoniam littera et trita

7/10 Verdana Italic unjustified

Si formam cochlearis tui post prandium recordaris, ea forma perversa est. Et cochlear et littera instrumenta sunt; capit alterum cibum e catillo, altera indicium e pagina. Ubi forma digna est, lector

7/10 Verdana Bold unjustified

❸ ✪

Matthew Carter's Verdana owes its legibility to its generous character width and carefully crafted forms. This is an impressively clear font, even at 9 pt, which is why it has become one of the most commonly used fonts in professional web design. Verdana is bundled with both Windows and Mac computers.

Inline
& Stencil

Congo Brava Stencil page 433

INLINE AND STENCIL FONTS ARE MORE OVERTLY CONCERNED WITH CHARACTER structure and shape than most other designs, even many regular billboard and poster typefaces. The base letterforms themselves are modified by being broken into parts or by creating open sections within strokes, changing the effect of the main character designs subtly or dramatically.

Inlines are simply characters that have part of their character structures opened up in some way, whether by the addition of a simple thin line or a more complex decorative element, perhaps to produce a 3D sculpted effect. (Note, however, that fonts with particularly ornamental inner designs are normally classed as poster designs rather than inlines. Examples of these can be found in almost any circus poster, whether vintage or modern.)

Inline fonts have been around for centuries. The nineteenth century saw a big rise in the popularity of this kind of design, particularly with woodcut display fonts, where experimentation was easier than with punch-cut metal type. But inline typeface designs were created long before this; attractive "handtooled" typefaces with hollow inlines acting as an offset character highlight were made as far back as the sixteenth century.

Stencils for creating lettering have been used throughout the twentieth century, but a big surge in interest came with the start of the Stenso Lettering Company in 1940, started by Ruth Hormats, a schoolteacher in Maryland. The Stenso designs used cardboard templates and letter shapes that didn't have narrow serifs, making them easier for children to use with crayons and pencils.

One feature that inline type designs allow that is unique to this format is the ability to fill in open sections in the strokes with different colors. This can be left for the reader to do with colored pens or pencils, or it can be done during the layout phase so that the result is part of the final design. A few inline typefaces even include companion designs that are meant to be used directly on top and to fill in the holes in the main shapes. Set one of these in a different color, and you get instant two-color constructed typography. For inline designs that don't offer fill-in shapes or solid versions of the fonts, the effect can still be achieved by drawing the fill shapes manually and sending them behind the type, but this is best done with larger headlines.

Ashley Inline

ABCDEFGHI
JKLMNOPQR
STUVWXYZ
1234567890
&!?₀₀⁹⁹✳

SI FORMAM COCHLEARIS TUI POST
PRANDIUM RECORDARIS, EA FORMA
PERVERSA EST. ET COCHLEAR ET
LITTERA INSTRUMENTA SUNT; CAPIT
ALTERUM CIBUM E CATILLO, ALTERA
INDICIUM E PAGINA. UBI FORMA
DIGNA EST, LECTOR COMMODE FIET

8/10 Ashley Inline Regular unjustified

This design by Ashley Havinden is a bold, monowidth inline font with no lowercase letterforms, part of the Ashley Crawford family. The shapes are drawn with precision, but have the essence of fine woodcut lettering from the 1920s and '30s.

Authentic Stencil

ABCDEFGHIJKLM
NOPQRSTUVWXYZ
abcdefghijklm
nopqrstuvwxyz
1234567890@&!?;:"*

For an authentic stenciled lettering effect, the obvious choice is Karin Huschka's Authentic Stencil. The core type forms are heavy with slab serifs, and the vertical breaks that create the stencil effect are placed with logical precision. Reserve this face for short display texts.

Si formam cochlearis tui post prandium recordaris, ea forma perversa est. Et cochlear et littera instrumenta sunt; capit alterum cibum e catillo, altera indicium

9/10 Authentic Stencil Regular unjustified

Si formam cochlearis tui post prandium recordaris, ea forma perversa est. Et cochlear et littera instrumenta sunt; capit alterum cibum e catillo, altera indicium

9/10 Authentic Stencil Heavy unjustified

Si formam cochlearis tui post prandium recordaris, ea forma perversa est. Et cochlear et littera instrumenta sunt; capit alterum cibum e catillo, altera indicium

9/10 Authentic Stencil Italic unjustified

Si formam cochlearis tui post prandium recordaris, ea forma perversa est. Et cochlear et littera instrumenta sunt; capit alterum cibum e catillo, altera indicium

9/10 Authentic Stencil Black unjustified

Belter Mega Outline

ABCDEFGHI
JKLMNOPQR
STUVWXYZ
1234567890
@&!?;:"*

Si formam cochlearis tui
post prandium recordaris,
ea forma perversa est.
Et cochlear et littera
instrumenta sunt; capit
alterum cibum e catillo,
altera indicium e pagina.

7/10 Belter Mega Outline Regular unjustified, +70 units of tracking

Andreu Balius constructed the Belter face from a limited range of stroke shapes. The balloon-like Mega Outline face is both coolly mechanical and curiously cartoon-like. Virtually all lines are terminated with cross strokes.

Conga Brava Stencil

ABCDEFGHIJKLM
NOPQRSTUVWXYZ
abcdefghijklm
nopqrstuvwxyz
1234567890@&!?;:"*

Named after a Duke Ellington jazz classic, Conga Brava Stencil was the result of Michael Harvey's combination of purist calligraphy lettering and industrial stenciling treatments. The delicate slant and humanist lines work surprisingly well with the stencil cuts. Try mixing it with the nonstencil Conga Brava designs.

Si formam cochlearis tui post prandium recordaris, ea forma perversa est. Et cochlear et littera instrumenta sunt; capit alterum cibum e catillo, altera indicium e pagina. Ubi forma digna est, lector commode fiet quoniam littera et

9/10 Conga Brava Stencil Semibold unjustified, +5 units of tracking

Si formam cochlearis tui post prandium recordaris, ea forma perversa est. Et cochlear et littera instrumenta sunt; capit alterum cibum e catillo, altera indicium e pagina. Ubi forma digna est, lector commode fiet quoniam

9/10 Conga Brava Stencil Bold unjustified, +5 units of tracking

Si formam cochlearis tui post prandium recordaris, ea forma perversa est. Et cochlear et littera instrumenta sunt; capit alterum cibum e catillo, altera indicium e pagina. Ubi forma digna est, lector

9/10 Conga Brava Stencil Black unjustified, +5 units of tracking

Debonair Inline NF

ABCDEFGHIJKLM
NOPQRSTUVWXYZ
abcdefghijklm
nopqrstuvwxyz
1234567890
@&!?;:"*

Si formam cochlearis tui post prandium
recordaris, ea forma perversa est. Et cochlear
et littera instrumenta sunt, capit alterum cibum
e catillo, altera indicium e pagina. Ubi forma
digna est, lector commode fiet quoniam littera
et trita et decora est. Si formam cochlearis tui
post prandium recordaris, ea forma perversa

8/10 Debonair Inline NF Regular unjustified, +40 units of tracking

An Art Deco design created by Nick Curtis, Debonair Inline is influenced by the typographic work of Herbert Bayer. The inline effect is strikingly architectural and fits perfectly with the period feel that the overall letterforms provide. Use as display type.

Glaser Stencil

ABCDEFGHI
JKLMNOPQR
STUVWXYZ
123-4567890
@&!?;:"*

SI FORMAM COCHLEARIS TUI POST
PRANDIUM RECORDARIS, EA FORMA
PERVERSA EST. ET COCHLEAR ET LITTERA
INSTRUMENTA SUNT; CAPIT ALTERUM
CIBUM E CATILLO, ALTERA INDICIUM E
PAGINA. UBI FORMA DIGNA EST, LECTOR
COMMODE FIET QUONIAM LITTERA

8/10 Glaser Stencil Regular unjustified, +20 units of tracking

Designed by Milton Glaser, this is a strong stencil design with wide breaks in the template shapes. The underlying type is a broad, highly geometric sans serif display design. Only capital letters, numbers, and basic punctuation are provided.

Helix

ABCDEFGHIJKLM
NOPQRSTUVWXYZ
abcdefghijklm
nopqrstuvwxyz
1234567890
@&!?;:"*

Si formam cochlearis tui post prandium
recordaris, ea forma perversa est. Et
cochlear et littera instrumenta sunt; capit
alterum cibum e catillo, altera indicium e
pagina. Ubi forma digna est, lector commode
et quoniam littera et trita et decora est.
Si formam cochlearis tui post prandium

8/10 Helix Regular unjustified, +10 units of tracking

A stencil font that replicates the look of a slightly dirty and worn set of letter stamps, with ink spots and lines appearing at points around the very mechanistic sans serif characters. Use for a grunge or crude hand-stenciled look.

Lyric Stencil NF

ABCDEFGHI
JKLMNOPQR
STUVWXYZ
1234567890
@&!?;: " *

SI FORMAM COCHLEARIS TUI POST PRANDIUM RECORDARIS, EA
FORMA PERVERSA EST. ET COCHLEAR ET LITTERA INSTRUMENTA
SUNT; CAPIT ALTERUM CIBUM E CATILLO, ALTERA INDICIUM E
PAGINA. UBI FORMA DIGNA EST, LECTOR COMMODE FIET
QUONIAM LITTERA ET TRITA ET DECORA EST. SI FORMAM
COCHLEARIS TUI POST PRANDIUM RECORDARIS, EA FORMA
PERVERSA EST. ET COCHLEAR ET LITTERA INSTRUMENTA SUNT;

7/10 Lyric Stencil NF Regular unjustified, +50 units of tracking

A monoline Art Deco font by
Nick Curtis, drawn using the
stencil cutout technique of
leaving breaks at key points in
the letterforms. The O, zero,
and 8 don't have breaks in their
lines, as this wouldn't have
suited the period flavor.

Montara Bold Initials

ABCDEFGHI
JKLMNOPQR
STUVWXYZ
1234567890
@&!?;; ""*

SI FORMAM COCHLEARIS TUI POST PRANDIUM
RECORDARIS, EA FORMA PERVERSA EST.
ET COCHLEAR ET LITTERA INSTRUMENTA
SUNT; CAPIT ALTERUM CIBUM E CATILLO,
ALTERA INDICIUM E PAGINA. UBI FORMA
DIGNA EST, LECTOR COMMODE FIET QUONIAM
LITTERA ET TRITA ET DECORA EST. SI

8/10 Montara Bold Initials unjustified

Modeled on the bold
brushstroke designs of early-
twentieth-century American
signwriters, Montara Bold Initials
recreates the inline styles of this
period but in a modern form, in
which the inner strokes project
beyond the ends of the strokes.

Stencil Bold

ABCDEFGHI
JKLMNOPQR
STUVWXYZ
1234567890
@&!?;:"*

SI FORMAM COCHLEARIS TUI POST
PRANDIUM RECORDARIS, EA FORMA
PERVERSA EST. ET COCHLEAR ET LITTERA
INSTRUMENTA SUNT; CAPIT ALTERUM CIBUM
E CATILLO, ALTERA INDICIUM E PAGINA.
UBI FORMA DIGNA EST, LECTOR COMMODE
FIET QUONIAM LITTERA ET TRITA ET

7/10 Stencil Bold unjustified, +20 units of tracking

Designed for ATF by Gerry
Powell in 1937, this font has
established itself as a popular
stencil for occasions, and is the
template for numerous copies
and modifications—such as
Rubber Stamp by Alan Birch
in 1983.

ORNAMENTAL

Web-O-Mints page 445 / **Viva** page 333

THE ORNAMENTAL FONT IS A STRANGE BREED. MANY AREN'T WHAT MOST PEOPLE consider to be typefaces at all: instead of the normal letters, numbers, and punctuation glyphs, the different character slots are filled with individual ornamental graphics, generally designed to be repeatedly or used in a series as decorative borders. A few ornamental fonts contain the more usual sets of alphanumeric characters, but they are drawn with a whimsical flair that makes them more of a typographic curiosity than a regular font workhorse.

Ornamental fonts are not synonymous with display fonts, or even with billboard and poster designs. The difference between an ornamental font, a dingbat font, and an illustrative font is not always clear, but in general this category covers fonts meant for use as borders of one sort or another, generally with abstracted rather than realistic illustrative content. Graphic-ornament fonts can be useful for constructing frames and edging strips or providing decorative accents, normally composite ones that are built up from multiple typed characters in a layout. They are also frequently themed in some way, as our selection here shows.

The various Astype Ornaments typeface families have highly illustrative characteristics, each family drawn to suit a different theme. Layering different sets of characters down together and applying different fill colors can produce surprisingly complex full-color illustrations, with little more work than hitting a few keystrokes. Of the non-border-related typefaces here, the characters of Floral Ornaments and Intellecta Monograms are meant for use as single elements in layouts, as are some of the glyphs in the otherwise border-producing Web-O-Mints.

Occasionally, the complexity of detailed ornamental type can lead to problems printing or generating other output. When characters are excessively complex in terms of the number of points and lines that make up the shapes, printers can struggle to generate the pages. The solution, where the design software allows it, is to convert the final typeset arrangement to vector graphic outlines or, a pinch, to a bitmap image. This kind of "pre-rendering" will speed up output. It also means in that editing the type in the usual way is no longer possible, so keep that issue in mind.

Adobe Caslon Ornaments

Adobe Caslon Ornaments is a collection of classic Caslon decorative graphic elements for use individually or as part of typographic borders. The various fleurons and embellishments can be used to produce fine traditional typeset graphics that complement the Caslon text faces beautifully.

Christmas Ornaments

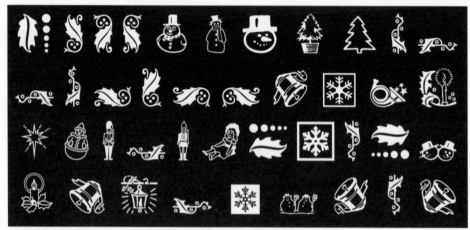

The highly stylized graphics in Christmas Ornaments provide seasonal decorative elements and icons. Along with the basic decorative items, there are many figurative designs, such as marching toy soldiers, children with candlesticks, ice skaters, and Santa Claus flying in his sleigh.

DF Calligraphic Ornaments

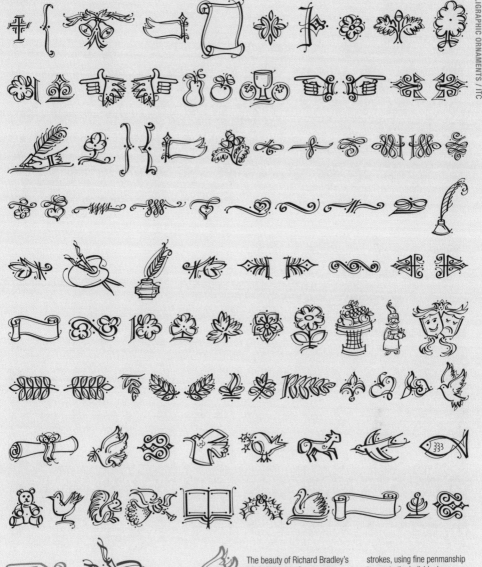

The beauty of Richard Bradley's DF Calligraphic Ornaments lies in its construction: it is drawn with loose but exquisitely formed calligraphic pen strokes, using fine penmanship to create the individual illustrations. Browse the face and use individual characters as decorative adornments.

Floral Ornaments

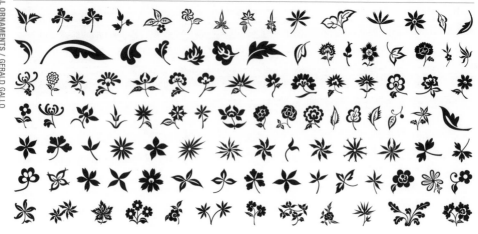

Crisp and highly stylized images of flowers and leaves, drawn as if made from the finest cut-paper designs. Use them singly or mix a few characters together; either way, this font can provide a touch of botanical elegance to your work.

Framealot Filled

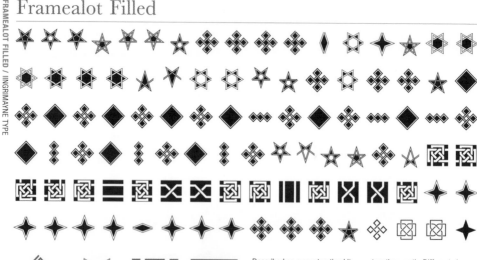

Described as a construction kit for frames, borders, or graphic dividers, this font provides a broad selection of different geometric elements that plug together neatly. Different sizes, weights, and styles are spread across the capitals, lowercase, numbers, and punctuation characters.

The Intellecta Monograms suite of faces provides a huge selection of different monogram-style combined initials in gloriously Victorian decorative splendor. This collection is meant for specialized monogram use rather than as normal drop cap style type.

Japanese Garden Ornaments

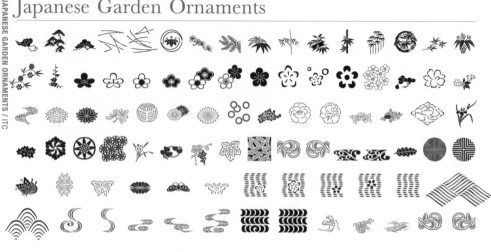

This symbol font by Akira Kobayashi contains a selection of plant-derived symbols that are developed from the designs used in traditional Japanese stencil dyeing. Traced from scanned drawings, some characters fit together as an extended repeating design, while others work individually.

Monkton Ornaments

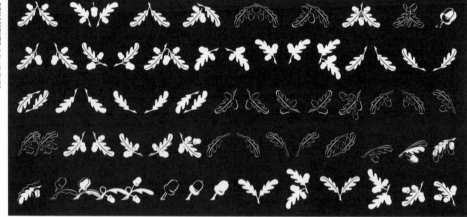

Inspiration for the Monkton family came partly from lettering and numerals on gravestones near the village of Monkton in the UK. The companion Monkton Ornaments is a delicately drawn series of very British oak leaf and acorn silhouettes and calligraphic outlines.

Nat Vignette One

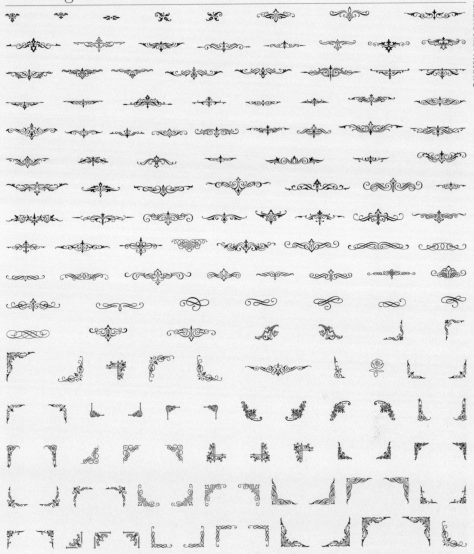

Natalia Vasilyeva's Nat Vignette is a collection of wide-set and beautifully drawn vignette graphics of the kind used for centuries in fine letterpress work, typically in title-page designs. The drawings in this font and the companion Nat Vignette Two, however, are original designs from 2000.

Nat Vignette Two

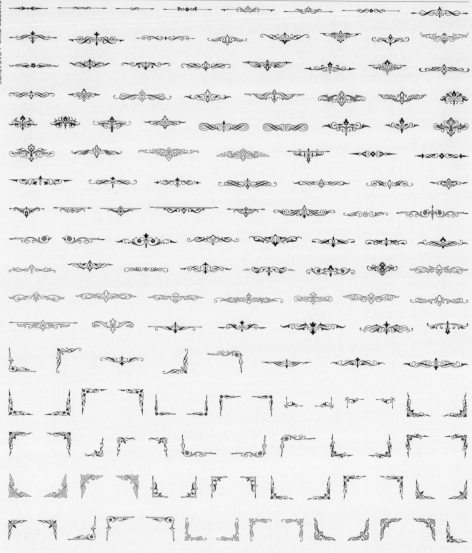

A collection of over 150 different decorative borders, corners, fleurons and other delicately inscribed flourishes. Use these for creating traditional page designs for books, certificates, or posters with an upscale touch. Designed by Natalia Vasilyeva in 2000.

LTC Water Garden Ornaments

Use this to create borders that have the feel of vintage ornamental tiles. The A font is a complete composite, while the rest of the letter-named styles are made from different elements—shell graphics, borders, and backgrounds—allowing multicolored artwork to be built up.

Web-O-Mints

A selection of traditional typographic ornament symbols intended for use as sophisticated decorative ornaments in a layout. Some connect to build up fine calligraphic borders, while others are self-contained dingbat symbols or other printer's ornaments.

SYMBOLS & DINGBATS

Beesknees page 400

SYMBOLS AND DINGBATS HAVE BEEN THE TYPESETTER'S FRIEND FOR CENTURIES. Sometimes referred to more formally as printer's ornaments, they are traditionally used within a typeset layout to decorate part of the page. The origins of the name "dingbat" are obscure, and it has various meanings in different contexts: a stupid person, a thrown object, and even a particular kind of mid-century Californian home. However, it is likely that the typographic term was the first. One theory is that it was named onomatopoeically, after the supposed "ding-bat" sound of a Linotype typecaster, although some claim it derives from typesetters' working lexicon: "dinging a type ornament into place and batting it tight." Whatever the origin, this category of type design is where you'll find, at the traditional end, simple geometric shapes and very basic graphics, and at the other extreme, collections of highly themed illustrations ready to be dropped into place wherever they are needed.

Today, the core set of ornaments in classic dingbat designs is very clearly specified as part of the Unicode universal character set, even though the styles of each item will differ from one dingbat font to another. The dingbat glyphs covered by this standardization include old favorites such as scissors, checks, and crosses (religious, Maltese, form-filling, and others), hearts, fleurons, numbered bullets, and more kinds of arrows than you'll probably ever need. Zapf Dingbats by Hermann Zapf is the definitive modern source of classic plain dingbat designs, with the Wingdings fonts adding to the range.

Our selection also takes in themed dingbat icons, woodcut illustrations, linocut graphics, chess pieces, and many more. One dingbat font—Dancebats— contains nothing but silhouettes of dancers in practically every dance pose imaginable. Some dingbat designs have been created for specific communications purposes. Semaphore includes every semaphore signal position plus the International Maritime Signal flags.

This genre seems to bring out the surreal side of many type designers. Straying close to the Illustrative category, many designs have a distinct comic-book sophistication to them. They can't be used very often, but you'll know when the right moment arises.

Almanac Pi

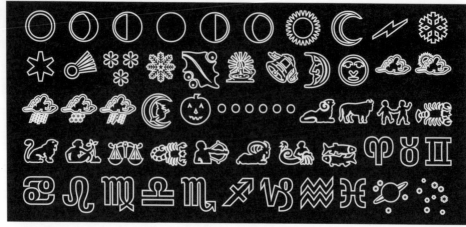

This specialist pi font provides graphics for phases of the moon, weather symbols, and a suite of astrology symbols in both illustrative and abstract symbol form. A few extras are thrown in for good measure, including a woodcut-style candle and holder, and a silhouette of Saturn with stars.

Altemus Sports

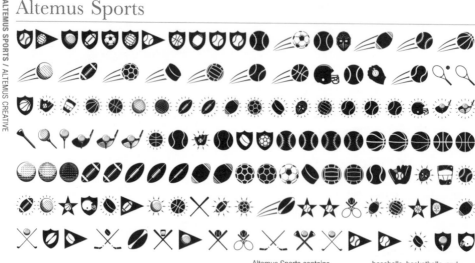

Altemus Sports contains icons for a wide variety of sports, 174 items in all. These include graphics for footballs (both soccer and American), baseballs, basketballs, and many others, plus catcher's mitts, helmets, pennants, and so on. A treasure trove for sports iconography.

Cheq

Cheq and mate: This font contains only stylized chesspiece graphics, with different ones assigned to appropriate letters and the black and white split between the upper and the lower cases. A simple concept, but one that could save you a lot of time in the right circumstances.

ClickBits

ClickBits is a complete family of dingbat designs, organized into logical groups. The Arrow Bullets set provides filled circles with various arrows inside, while Arrow Pods have rounded square containers. ClickBit Icons provides simple, stylized graphics: lightning bolts, coffee cups, and so on.

Dancebats

Dancebats is an impressive collection of silhouetted dancers, jumping and jiving. There's no attempt to match body shapes to specific letterforms, but there's everything from swing to jazz to disco to breakdance; just browse to see which ones you prefer.

Dinky Dinks

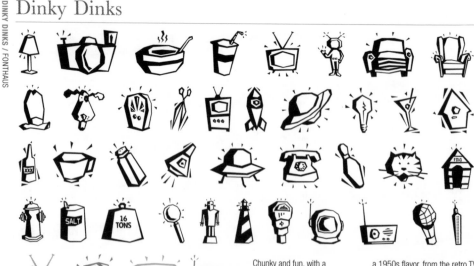

Chunky and fun, with a specifically angular linocut appearance that gives the various images a lively, playful feel. The images generally have a 1950s flavor, from the retro TV set and rocket ship and *Sputnik* to a radio set, car and friendly alien. A treasure trove for sports iconography.

DF Diversions

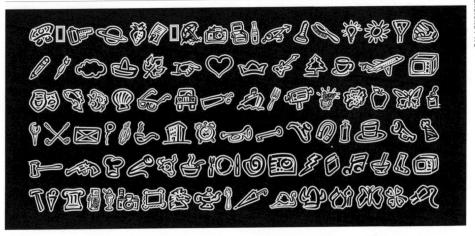

DF Diversions is a collection of linocut-style illustrations of various "diversions," ranging from pottery, reading, and flower arranging to basketball, do-it-yourself, and backgammon. They are all presented in a consistent, stylized form, ready to use in any suitable design.

Eclectic Pixel Web

Crammed with icons aimed at web designers, including shopping carts, padlocks, keys, and arrow buttons, these are all rendered using simple lines and silhouettes, and presented as low-resolution pixel-based graphics. Eclectic Web also gives the same graphics in smooth vector form.

DF Inspirations

Inspirations is, like Diversions, a collection of ready-made illustrations. However, this set is more detailed, like fine woodcut images. The graphics include a bee, a television set, a glass of wine, suitcases, a mountain range, and so on, all with an early-twentieth-century illustrative feel.

Lil Diddles

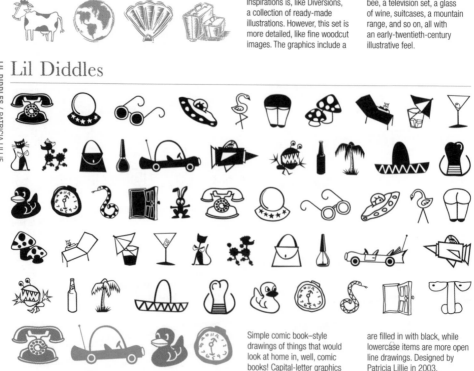

Simple comic book–style drawings of things that would look at home in, well, comic books! Capital-letter graphics are filled in with black, while lowercase items are more open line drawings. Designed by Patricia Lillie in 2003.

Semaphore

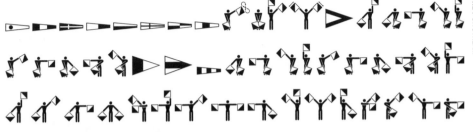

A font dedicated to semaphore signals shown with stick men, plus the full range of International Maritime Signal flags—both ways of communicating short messages either as individual characters or in groups that have specific meanings. All are in black and white, but are still useful.

Tree Assortment

Exactly as the name implies, this type design comprises an assortment of tree icons, forty-eight in all, from the highly stylized and symbolic tree graphics to relatively detailed silhouettes of various deciduous and evergreen varieties.

Wingdings

Kris Holmes and Charles Bigelow designed Lucida Icons, Arrows, and Stars at the beginning of the 1990s to accompany their Lucida text designs. This font was reorganized and reissued as Microsoft Wingdings in 1993, and provides a wealth of simple IT, religious, and other icons.

XBats

A selection of Christmas and Winter holiday-themed greeting card graphics, ready to enlarge for a full-sized card or place as a dingbat character stamp on the page. The lowercase letters provide inverted versions, as do half of the numerals. XBats was created by Dutch designer Max Kisman.

Xmas Essentials

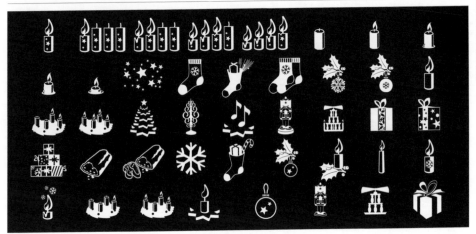

This provides Christmas graphics galore, including starry skies, various snowflake designs, stockings (with and without presents), holly, and candles. The companion Xmas Modern adds snowy windows, snowmen, and Santa Claus on a Vespa, while Xmas Story offers a selection of nativity graphics.

Zapf Dingbats

Designed by Hermann Zapf in 1978, the ubiquitous Zapf Dingbats is crammed with graphics of scissors, pointing hands, checks and crosses (from mathematical to religious), stars, and asterisks of almost every conceivable design, and a set of the fattest quote marks you'll ever see.

FUN

Astro Black page 461

"FUN" IS A STRANGE GENRE, AS IT INCLUDES FONT DESIGNS THAT COULD BE very much at home in the Display, Billboard, or even Script categories. What defines the designs in this chapter isn't the presence or lack of specific elements such as serifs, swash strokes, or inline details. These are all fonts that have an element of humor; giving designers the chance to kick back and enjoy themselves with typefaces brimming with quirkiness and exuberance.

Fun fonts should not be confused with illustrative fonts; however enjoyable illustrative typeface designs may be, they belong in the Dingbat or Illustrative categories. The fonts in this section are all alphanumeric designs that can be used to set words and sentences. But if you use fun fonts, the typographic medium will be an unmistakably playful part of your message.

Comic-book lettering is almost a sub genre in itself. It has a surprisingly strong style and aesthetic, although there is clear crossover with the showcard type styles of handlettered advertising posters. A couple of the faces in this section are classic comic–book–style designs, while Tremor adds life to the characters by building in a sense of movement. Chiller takes the anarchic theme to its logical conclusion with shapes made from sprays and spatters of ink.

Inspiration has been drawn from many different sources. Joan Miro's unmistakable style of drawing and painting is interpreted through bold pen-stroke forms in Peter's Miro, while Faithful Fly's highly stylized swoops and spikes replicate the imagined flight path of a hyperactive fly.

Even more unrestrained shapes are available if required—for example, there are even fonts like Kidy Kaps that seem to come have come to life from someone's telephone doodle pad. Many crazy typefaces are a typographically irreverent delight, although finding appropriate uses isn't always easy. As should be immediately apparent, the "Fun" category is a wild, almost chaotic affair, filled with innovative ideas and experiments. It isn't a new genre, but the freedom that digital design tools provides has led to an explosion of creativity in recent years.

Aftershock

ABCDEFGHIJKLM NOPQRSTUVWXYZ abcdefghijklm nopqrstuvwxyz 1234567890 @&!?;:"*

Si formam cochlearis tui post prandium recordaris, ea forma perversa est. Et cochlear et littera instrumenta sunt; capit alterum cibum e catillo, altera indicium e pagina. Ubi forma digna est, lector commode fiet quoniam littera et trita et decora est. Si formam cochlearis tui post prandium recordaris, ea

8/10 Aftershock Regular unjustified, +10 units of tracking

A chunky woodcut-style design that comes complete with stray lines around the letterforms. The overall design style is based around square-shaped and thick horizontal strokes, giving it an unusual feel. Despite these quirks it sets surprisingly evenly.

Agrafie

aBCDEFGHIJKLM NOPQRSTUVWxYZ abcdefghijklm NOPQrstuvWxyz 1234567890

Si formam cochlearis tui post prandium recordaris, ea forma perversa est. Et cochlear et littera instrumenta sunt; capit alterum cibum e catillo, altera indicium e pagina. Ubi forma digna est, lector commode fiet quoniam littera et trita et decora est. Si formam cochlearis tui post prandium

8/10 Agrafie Regular unjustified

This mid-1990s design by Roland Goulsbra has a childlike quality, as if it was the careful but chaotic print lettering of a six-year-old. The apparent immaturity of its appearance belies the high level of care that has gone into its construction.

Albafire

ABCDEFGHIJKLM NOPQRSTUVWXYZ abcdefghijklm nopqrstuvwxyz 1234567890@&!?;:"*

Si formam cochlearis tui post prandium recordaris, ea forma perversa est. Et cochlear et littera instrumenta sunt; capit alterum cibum e catillo, altera indicium e pagina. Ubi forma digna est, lector commode fiet quoniam littera et trita et decora est. Si formam cochlearis tui post prandium

10/10 Albafire Regular unjustified

Jürgen Ellenberger's Albafire is a typographic abstraction of the flames from hotrod exhausts. The flickering streaks are distinctive, but the shapes behind the special effects have an elegant simplicity. Try using with Albatross and Albawing.

Angryhog

ABCDEFGHIJKLM
NOPQRSTUVWXYZ
abcdefghijklm
nopqrstuvwxyz
1234567890@&!?;:"*

Si formam cochlearis tui post prandium recordaris, ea forma perversa est. Et cochlear et littera instrumenta sunt; capit alterum cibum e catillo, altera indicium e pagina. Ubi forma digna est, lector commode fiet quoniam littera et trita et decora est. Si formam cochlearis tui post prandium recordaris, ea forma perversa est. Et cochlear et littera instrumenta sunt; capit alterum cibum e catillo, altera indicium e pagina.

8/10 Angryhog Regular unjustified

Timothy Donaldson's Angryhog is a narrow-set and spiky design. The serifs in particular are almost dangerously sharp, and many of them project in unexpected directions. It is ideal for headlines and display text that need a dramatic touch.

Anlinear

ABCDEFGHIJKLM
NOPQRSTUVWXYZ
abcdefghijklm
nopqrstuvwxyz
1234567890 ▣?!?;:•

Si formam cochlearis tui post prandium recordaris, ea forma perversa est. Et cochlear et littera instrumenta sunt; capit alterum cibum e catillo, altera indicium e pagina. Ubi forma digna est, lector commode fiet quoniam littera et trita et decora est. Si formam cochlearis

8/10 Anlinear Bold unjustified, +10 units of tracking

Anlinear was developed from typographic experiments by Michael Parson. The entire family is made up of nothing but horizontal and vertical lines, giving text a geometric but also curiously lively feel that looks best at larger sizes.

Araby Rafique

ABCDEFGHIJKLM
NOPQRSTUVWXYZ
abcdefghijklm
nopqrstuvwxyz
1234567890@&!?;:"*

Si formam cochlearis tui post prandium recordaris. Ea forma perversa est. Et cochlear et littera instrumenta sunt; capit alterum cibum e catillo, altera indicium e pagina. Ubi forma digna est. Lector commode fiet quoniam littera et trita

8/10 Araby Rafique Regular unjustified

Tehmina Rafique's design pushes droplet shapes into strangely angled and reflected organic distortions. The larger drop shapes are linked by fine, tapering strokes, and the letters lean in random directions. Its legibility is low, but it has style.

Arecibo

ABCDEFGHIJKLM
NOPQRSTUVWXYZ
ABCDEFGHIJKLM
NOPQRSTUVWXYZ
1234567890@&!?;:"*

Si formam cochlearis tui post prandium recordaris, ea forma perversa est. Et cochlear et littera instrumenta sunt; capit alterum cibum e catillo, altera indicium e pagina. Ubi forma digna est, lector commode fiet quoniam littera et trita et decora est. Si formam cochlearis tui post prandium recordaris, ea forma perversa est. Et cochlear et littera instrumenta sunt; capit alterum cibum e catillo, altera indicium e pagina.

8/10 Arecibo Regular unjustified

A tall, narrow, woodcut-style display face with a striking drop-shadow effect that is also a form of incised inline. The lowercase is a set of small caps, with the middle stroke height placement varying between Arecibo and Arecibo Too.

Arriba Arriba

ABCDEFGHIJKLM
NOPQRSTUVWXYZ
abcdefghijklm
nopqrstuvwxyz
1234567890&!?;:"*

Si formam cochlearis tui post prandium recordaris, ea forma perversa est. Et cochlear et littera instrumenta sunt; capit alterum cibum e catillo, altera indicium e pagina. Ubi forma digna est, lector commode fiet quoniam littera et trita et decora est. Si formam cochlearis tui post prandium

8/10 Arriba Arriba Regular unjustified, +20 units of tracking

Arriba's broad-nib calligraphic penstrokes make this a lively face, and the decorative inline wiggle in the design make it virtually dance off the page with a Latin American flair. Use this when your work needs some fine jalapeño sauce.

Artemisia

ABCDEFGHIJKLM
NOPQRSTUVWXYZ
abcdefghijklm
nopqrstuvwxyz
1234567890@&!?;:"*

Si formam cochlearis tui post prandium recordaris, ea forma perversa est. Et cochlear et littera instrumenta sunt; capit alterum cibum e catillo, altera indicium e pagina. Ubi forma digna est, lector commode fiet quoniam littera et trita et decora est. Si formam cochlearis tui post

8/10 Artemisia Regular unjustified

Nick Curtis's Artemisia is a 2002 remake of William Sniffin's Adonis, an Art Deco-style greeting card font made in 1930. The structure is based on simple lines with angled connecting strokes, but includes ornamented loops and curves.

Astro Black

ABCDEFGHIJKLM
NOPQRSTUVWXYZ
ABCDEFGHIJKLM
NOPQRSTUVWXYZ
1234567890@&/?;:"*

Si formam cochlearis tui post prandium
recordaris, ea forma perversa est. Et cochlear
et littera instrumenta sunt: capit alterum cibum
e catillo, altera indicium e pagina. Ubi forma
digna est, lector commode fiet quoniam littera
et trita et decora est. Si formam cochlearis tui
post prandium recordaris, ea forma perversa

8/10 Astro Black Regular unjustified

③

Sasa Petricic's Astro began
life as doodles drawn while
watching the retro-futuristic
cartoon *The Jetsons*. The

simplistic modernist shapes
bounce along their built-in
baseline with humor and charm.
There is an Astro White variation.

Auferstehung

ABCDEFGHIJKLM
NOPQRSTUVWXYZ
abcdefghijklm
nopqrstuvwxyz
1234567890@&!?;:"*

Si formam cochlearis tui post prandium recordaris, ea forma
perversa est. Et cochlear et littera instrumenta sunt; capit
alterum cibum e catillo, altera indicium e pagina. Ubi forma
digna est, lector commode fiet quoniam littera et trita et
decora est. Si formam cochlearis tui post prandium recordaris,
ea forma perversa est. Et cochlear et littera instrumenta sunt;
capit alterum cibum e catillo, altera indicium e pagina. Ubi

8/10 Auferstehung Regular unjustified, +10 units of tracking

③ ⑦

A reprise of traditional fraktur
designs, but drawn with a
mono-width line and simplified
angled strokes, softened by

rounded caps on the stroke
ends and corners. The result is
a modern blackletter, good for
impactful headlines.

Bandalero

ABCDEFGHIJKLM
NOPQRSTUVWXYZ
abcdefghijklm
nopqrstuvwxyz
1234567890€£+!?;:"*

Si formam cochlearis tui post prandium
recordaris, ea forma perversa est. Et cochlear
et littera instrumenta sunt; capit alterum cibum
e catillo, altera indicium e pagina. Ubi forma digna
est, lector commode fiet quoniam littera et trita
et decora est. Si formam cochlearis tui post
prandium recordaris, ea forma perversa est.

8/10 Bandalero Regular unjustified

③

Richard Yeend's Bandalero is
a curious face; wide-set and
rather square, with a heavy top
stroke on the capitals—even

on characters that normally
don't have any—and decorative
graphic elements scattered
about. It demands attention.

Bang

ABCDEFGHI
JKLMNOPQR
STUVWXYZ
1234567890
0&!?.: ⁂ ✳

8/10 Bang Regular unjustified, +50 units of tracking

Bang is derived from the surreal linework of Joan Miró. It is made from extravagant curls, small decorative circles, and quick strokes, all drawn with the same confident thin line. To appreciate the detail, David Sagorski's design is best used large.

Beluga

ABCDEFGHIJKLM
NOPQRSTUVWXYZ
abcdefghijklm
nopqrstuvwxyz
1234567890
@&!?;:"*

Si formam cochlearis tui post pran
dium recordaris, ea forma perversa
est. Et cochlear et littera instrumenta
sunt; capit alterum cibum e catillo,
altera indicium e pagina. Ubi forma
digna est, lector commode fiet quoniam
littera et trita et decora est. Si formam

7/10 Beluga Regular unjustified

Beluga has a distinct medieval air, with its strong "quill on vellum" strokes, broad design, and pen-based serifs, yet it was created with no original face as its base. It works well at all sizes and can be combined with most type designs.

Bermuda

ABCDEFGHIJKLM
NOPQRSTUVWXYZ
ABCDEFGHIJKLM
NOPQRSTUVWXYZ
1234567890
@&!?.: ""*

7/10 Bermuda Dots unjustified, +40 units of tracking

Designed in the mid-1990s, the styling of Bermuda harks back to cartoon titling from the first half of the twentieth century as well as advertising showcards. It was sketched with a pen commonly used by showcard designers.

Bertram

ABCDEFGHI
JKLMNOPQR
STUVWXYZ
1234567890
&!?;:"*

SI FORMAM COCHLEARIS TUI POST PRANDIUM RECORDARIS, EA FORMA PERVERSA EST. ET COCHLEAR ET LITTERA INSTRUMENTA SUNT; CAPIT ALTERUM CIBUM E CATILLO, ALTERA INDICIUM E PAGINA. UBI FORMA DIGNA EST, LECTOR COMMODE FIET QUONIAM LITTERA ET TRITA ET DECORA

8/10 Bertram Regular unjustified

Designed in 1991 by Martin Wait, a British typographer with such well-known logos as *Radio Times* magazine and Alpen cereal to his credit, and inspired by circus lettering, Bertram is a strong, casual design with a comic-book titling feel.

Bigband Terrazzo

ABCDEFGHIJKLM
NOPQRSTUVWXYZ
abcdefghijklm
nopqrstuvwxyz
1234567890
@&!?;:"*

Si formam cochlearis tui post prandium recordaris, ea forma perversa est. Et cochlear et littera instrumenta sunt; capit alterum cibum e catillo, altera indicium e pagina. Ubi forma digna est, lector commode fiet

8/10 Bigband Terrazzo Regular unjustified

Karlgeorg Hoefer's Bigband was designed in 1974 as a modern ultra-heavy display face. The lowercase forms are almost as tall as the capitals, and its angled curves give it a sense of irregularity. Its fractured appearance adds visual interest.

Blackcurrant Cameo

ABCDEFGHIJKLM
NOPQRSTUVWXYZ
abcdefghijklm
nopqrstuvwxyz
1234567890
@&!?;:"*

SI FORMAM COCHLEARIS TUI POST PRANDIUM RECORDARIS, EA FORMA PERVERSA EST; ET COCHLEAR ET LITTERA INSTRUMENTA SUNT; CAPIT ALTERUM CIBUM E CATILLO, ALTERA INDICIUM E PAGINA; UBI FORMA DIGNA EST, LECTOR COMMODE EST QUONIAM LITTERA ET TRITA

8/10 Blackcurrant Cameo unjustified

One of a vast stable of fun fonts from the Device label of Rian Hughes. Blackcurrant is typically bold and wacky, putting down plenty of ink for maximum effect. Evocative of cut paper shapes, balloons and parties.

Boogie

ABCDEFGHIJKLM
NOPQRSTUVWXYZ
1234567890
@&!?;:
♡◇△⬡✦⬣⬟⬢
⬤◉◯◍⚭

SI FORMAM COCHLEARIS
TUI POST PRANDIUM
RECORDARIS, EA FORMA
PERVERSA EST. ET COCHLEAR
ET LITTERA INSTRUMENTA
SUNT; CAPIT ALTERUM CIBUM
E CATILLO, ALTERA INDICIUM

8/10 Boogie Regular unjustified

Boogie encapsulates the neon tube shapes that light up busy city streets. The main design is made of four concentric outlines, but each is also available singly as a separate face. Stack them together and set in color for full jazz effect.

Breeze

ABCDEFGHIJKLM
NOPQRSTUVWXYZ
abcdefghijklm
nopqrstuvwxyz
1234567890
@&)?;:"*

Si formam cochlearis tui post prandium recordaris, ea forma perversa est. Et cochlear et littera instrumenta sunt; capit alterum cibum e catillo, altera indicium e pagina. Ubi forma digna est, Lector commode fiet quoniam littera et trita et decora est. Si formam cochlearis tui post prandium

8/10 Breeze Left unjustified

Frank Marciuliano's Breeze is modeled on the shapes of a boat's headsail when filled by a stiff breeze, although it could be taken for woodcarving scraps or corn chips. Use large to make sure thin strokes hold up, and stick to a few words at a time.

Buzzer Three

ABCDEFGHI
JKLMNOPQR
STUVWXYZ
1234567890
&!?;:"*

SI FORMAM COCHLEARIS TUI POST PRANDIUM RECORDARIS, EA FORMA PERVERSA EST. ET COCHLEAR ET LITTERA INSTRUMENTA SUNT; CAPIT ALTERUM CIBUM E CATILLO, ALTERA INDICIUM E PAGINA. UBI FORMA DIGNA EST, LECTOR COMMODE FIET QUONIAM LITTERA ET TRITA ET DECORA EST. SI FORMAM COCHLEARIS TUI POST PRANDIUM

7/10 Buzzer Three Regular unjustified

This may appear to be another OCR-style machine-readable face, but this is done for futuristic graphic effect. It is less geometrically predictable than true OCR fonts, and more legible. Try this for retro sci-fi computer effects.

Cabarga Cursiva

ABCDEFGHI
JKLMNOPQR
STUVWXYZ
abcdefghijklm
nopqrstuvwxyz
1234567890&!?;:"*

Si formam cochlearis tui post prandium recordaris, ea forma perversa est. Et cochlear et littera instrumenta sunt; capit alterum cibum e catillo, altera indicium e pagina. Ubi forma digna est, lector commode fiet quoniam littera et trita et decora est. Si formam cochlearis tui post prandium recordaris, ea forma perversa est. Et cochlear et littera

8/10 Cabarga Cursiva Regular unjustified

3

Cabarga Cursiva, drawn in 1982, is a particularly strong calligraphic script typeface with an unusually angular feel and surprisingly legible lowercase letterforms. Never set this in all caps; always work with lowercase letters as well.

Chiller

ABCDEFGHIJKLM
NOPQRSTUVWXYZ
abcdefghijklm
nopqrstuvwxyz
1234567890&!?;:"*

Si formam cochlearis tui post prandium recordaris, ea forma perversa est. Et cochlear et littera instrumenta sunt; capit alterum cibum e catillo, altera indicium e pagina. Ubi forma digna est, lector commode fiet quoniam littera et trita et decora est. Si formam cochlearis tui post prandium recordaris, ea forma perversa est. Et cochlear et littera instrumenta sunt; capit alterum cibum e catillo, altera

10/10 Chiller Regular unjustified

3

Chiller is an inkblot typeface created with far more care than is immediately apparent. Andrew Smith's chaotic design is a compendium of blots, spatters, and sprays that come together to produce a surprisingly legible result.

Chipper

ABCDEFGHIJKLM
NOPQRSTUVWXYZ
abcdefghijklm
nopqrstuvwxyz
1234567890&!?;:"*

Si formam cochlearis tui post prandium recordaris, ea forma perversa est. Et cochlear et littera instrumenta sunt; capit alterum cibum e catillo, altera indicium e pagina. Ubi forma digna est, lector commode fiet quoniam littera et trita et decora est. Si formam cochlearis tui post prandium recordaris, ea forma perversa est. Et cochlear et littera

10/10 Chipper Regular unjustified

3

This looks like it was scrawled by a child, but it also balances very well on the page and has an impressive consistency of line. Each letter is surrounded by small flecks, and a choice of naïve graphics is hidden in the more obscure character slots.

ITC Cinderella

ABCDEFGHIJKLM
NOPQRSTUVWXYZ
abcdefghijklm
nopqrstuvwxyz
1234567890@&!?;:"*

Si formam cochlearis tui post prandium recordaris, ea forma perversa est. Et cochlear et littera instrumenta sunt; capit alterum cibum e catillo, altera indicium e pagina. Ubi forma digna est, lector commode fiet quoniam littera et trita et decora est. Si formam cochlearis tui post prandium recordaris, ea forma perversa est. Et cochlear et littera instrumenta sunt; capit alterum cibum

8.5/10 ITC Cinderella Regular unjustified

A whimsical, crisply rendered font with decorative teardrop terminals, jaunty angles, and quirky, variable stroke widths.

There's something of the playful early-1960s look about this design, which suggests some of its possible uses.

Clascon

ABCDEFGHI
JKLMNOPQR
STUVWXYZ
1234567890
@&!?;: 99 *

SI FORMAM COCHLEARIS TUI POST PRANDIUM RECORDARIS, EA FORMA PERVERSA EST. ET COCHLEAR ET LITTERA INSTRUMENTA SUNT; CAPIT ALTERUM CIBUM E CATILLO, ALTERA INDICIUM E PAGINA. UBI FORMA DIGNA EST, LECTOR COMMODE FIET QUONIAM LITTERA ET

6/10 Clascon Regular unjustified, +20 units of tracking

Rachel Godfrey's Clascon is a cleverly dissected and partially reconstructed alphabet that explores the mathematical

principles behind Transitional and Modern type styles. Built partly from classic forms and partly from geometric primitives.

Compendio

ABCDEFGHI
JKLMNOPQR
STUVWXYZ
abcdefghijklm
nopqrstuvwxyz
1234567890@&!?;:"*

Si formam cochlearis tui post prandium recordaris, ea forma perversa est. Et cochlear et littera instrumenta sunt; capit alterum cibum e catillo, altera indicium e pagina. Ubi forma digna est, lector commode fiet quoniam littera et trita et decora est. Si formam cochlearis tui post prandium recordaris, ea forma perversa est. Et cochlear et

9/10 Compendio Regular unjustified

Designed by Christian Bauer in the 1990s, but mirroring the Transitional forms of the seventeenth century, down to

the rough effect of letterpress on low-quality paper. The intentional drop in legibility makes it best for larger type.

Cool Wool

ABCDEFGHIJKLM
NOPQRSTUVWXYZ
abcdefghijklm
nopqrstuvwxyz
1234567890&!?;:"*

Si formam cochlearis tui post prandium recordaris, ea forma perversa est. Et cochlear et littera instrumenta sunt; capit alterum cibum e catillo, altera indicium e pagina. Ubi forma digna est, lector commode fiet quoniam littera et trita et decora est. Si formam cochlearis tui post prandium recordaris, ea forma perversa est. Et cochlear et littera

8/10 Cool Wool Regular unjustified

The inspiration for Cool Wool came from wash-care labels. The concept is carried through into its different styles, which

offer the bolder Stone Washed and the outline Cotton Club. This is a compact and simplified sans best suited to headlines.

Coriander

Si formam cochlearis tui post prandium recordaris, ea forma perversa est. Et cochlear et littera instrumenta sunt; capit alterum cibum e catillo, altera indicium e pagina. Ubi forma digna est, lector commode fiet quoniam littera et trita et decora est. Si formam cochlearis tui post prandium recordaris, ea forma perversa est. Et cochlear et littera

9/10 Coriander Regular unjustified

Timothy Donaldson's Coriander started life as a doodle that was expanded into a complete alphabet in his sketchbook

before being traced into digital form. A boxy outline display font that could have come straight from a telephone sketchpad.

Coventry

ABCDEFGHIJKLM
NOPQRSTUVWXYZ
abcdefghijklm
nopqrstuvwxyz
1234567890
@&!?;:"*

Si formam cochlearis tui post prandium recordaris, ea forma perversa est. Et cochlear et littera instrumenta sunt; capit alterum cibum e catillo, altera indicium e pagina. Ubi forma digna est, lector commode fiet quoniam littera et trita et decora est. Si formam cochlearis tui post prandium recordaris, ea forma perversa est. Et cochlear et littera

8/10 Coventry Thin unjustified

Brian Sooy's Coventry looks like the output from a home letterpress kit. This cleverly roughened design with

imperfectly placed characters is perfect for rough signage effects, and it comes in three weights for maximum flexibility.

Curlz

ABCDEFGHIJKLM
NOPQRSTUVWXYZ
abcdefghijklm
nopqrstuvwxyz
1234567890

Si formam cochlearis tui post prandium recordaris, ea forma perversa est. Et cochlear et littera instrumenta sunt; capit alterum cibum e catillo, altera indicium e pagina. Ubi forma digna est, lector commode fiet quoniam littera et trita et decora est. Si formam cochlearis tui post prandium recordaris, ea forma perversa est. Et cochlear et littera instrumenta sunt;

8/10 Curlz Regular unjustified, +10 units of tracking

Curlz exploded onto the advertising display stage in the mid-1990s. Its flamboyant handcut curlicues give text an

irrepressible sense of fun and an unmistakable look, ideal for headline and display work. Use large and with courage.

Dancin

ABCDEFGHIJKLM
NOPQRSTUVWXYZ
abcdefghijklm
nopqrstuvwxyz
1234567890&!?;,""*

Si formam cochlearis tui post prandium recordaris, ea forma perversa est. Et cochlear et littera instrumenta sunt; capit alterum cibum e catillo, altera indicium e pagina. Ubi forma digna est, lector commode fiet quoniam littera et trita et decora est. Si formam cochlearis tui post prandium recordaris, ea forma perversa est. Et cochlear et littera instrumenta

8/10 Dancin Regular unjustified, +10 units of tracking

David Sagorski's Dancin is drawn with the look of a medium-thin marker pen and the confidence of a master.

Many character counters and empty spaces are adorned with a quick dot. The construction is dynamic, casual, and effective.

Dinitials Positive

SI FORMAM COCHLEARIS TUI POST PRANDIUM RECORDARIS EA FORMA PERVERSA EST ET COCHLEAR ET LITTERA INSTRUMENTA SUNT CAPIT ALTERUM CIBUM E CATILLO ALTERA INDICIUM E PAGINAUBI FORMA DIGNA EST LECTOR COMMODE

8/10 Dinitials Positive Regular unjustified, +30 units of tracking

Helga Jörgenson's Dinitials is a lush set of illustrated initials decorated with prehistoric lizards and fantastic creatures.

This mid-1990s design could have come straight from the pages of a Victorian children's book. It is best used large.

Downtown

ABCDEFGHIJKLM
NOPQRSTUVWXYZ
abcdefghijklm
nopqrstuvwxyz
1234567890@&!?;:"*

Si formam cochlearis tui post prandium recordaris, ea forma perversa est. Et cochlear et littera instrumenta sunt; capit alterum cibum e catillo, altera indicium e pagina. Ubi forma digna est, lector commode fiet quoniam littera et trita et decora est. Si formam cochlearis tui post prandium recordaris, ea forma perversa est. Et cochlear et littera instrumenta sunt;

8/10 Downtown Regular unjustified

The highly compact forms of Downtown have two baselines; the lowercase forms sit centered within the height of the capital letters. The small, strong serifs, the Art Deco flavor, and their emphatic slant combine strength and typographic delicacy.

Dublon

ABCDEFGHIJKLM
NOPQRSTUVWXYZ
abcdefghijklm
nopqrstuvwxyz
1234567890
@&!?;:"*

Si formam cochlearis tui post prandium recordaris, ea forma perversa est. Et cochlear et littera instrumenta sunt; capit alterum cibum e catillo, altera indicium e pagina. Ubi forma digna est, lector commode fiet quoniam littera et trita et decora est. Si formam cochlearis

8/10 Dublon Regular unjustified, +10 units of tracking

A decorative Op Art design by Oleg Karpinsky in 1994, this display face comes in many weights, created using different thicknesses of the white inline stroke. Only set a few words; that's all you need for its powerful geometric effects.

Faithful Fly

ABCDEFGHI
JKLMNOPQR
STUVWXYZ
1234567890
&!?;:"*

SI FORMAM COCHLEARIS TUI POST PRANDIUM RECORDARIS, EA FORMA PERVERSA EST. ET COCHLEAR ET LITTERA INSTRUMENTA SUNT; CAPIT ALTERUM CIBUM E CATILLO, ALTERA INDICIUM E PAGINA. UBI FORMA DIGNA EST, LECTOR COMMODE FIET QUONIAM LITTERA ET TRITA ET DECORA EST.

8/10 Faithful Fly Regular unjustified, +50 units of tracking

Built from fine lines set in spikes and swirls that look like the stylized path of a busy insect, each character is accented with a tiny halo. There is no lowercase in this typeface, but the design is complemented by some bizarre dingbat illustrations.

Fakir

ABCDEFGHIJKLM
NOPQRSTUVWXYZ
abcdefghijklm
nopqrstuvwxyz
1234567890@&!?;:"'*

Si formam cochlearis tui post prandium recordaris, ea forma perversa est. Et cochlear et littera instrumenta sunt; capit alterum cibum e catillo, altera indicium e pagina. Ubi forma digna est, lector commode fiet quoniam littera et trita et decora est. Si formam cochlearis tui post prandium recordaris, ea forma perversa est. Et cochlear et littera instrumenta sunt;

8/10 Fakir Regular unjustified

③

A blackletter design that has its roots in medieval scripts but was born in the twenty-first century. The shapes are fractured and edgy, and it comes in two sets, one for text and another for display, each with a wide range of weights.

Freddo

ABCDEFGHIJKLM
NOPQRSTUVWXYZ
abcdefghijklm
nopqrstuvwxyz
1234567890
@&!?;:"'*

Si formam cochlearis tui post prandium recordaris, ea forma perversa est. Et cochlear et littera instrumenta sunt; capit alterum cibum e catillo, altera indicium e pagina. Ubi forma digna est, lector commode fiet quoniam

7/10 Freddo Regular unjustified

③

The inspiration for Freddo came from a 1930s sign-lettering book, although James Montalbano reinterpreted the proportions to improve the balance. The letterforms have been inflated almost to the point of bursting.

Frutiger Stones

ABCDEFGHI
JKLMNOPQR
STUVWXYZ
1234567890
@&!?;:"'*

Si formam cochlearis tui post prandium recordaris. Ea forma perversa est. Et cochlear et littera instrumenta sunt; capit alterum cibum e catillo. Altera indicium e pagina.

8/10 Frutiger Stones Regular unjustified, +60 units of tracking

③ ★

Breaking away from his normal classics-based type designs, Adrian Frutiger's casual and jaunty Frutiger Stones was inspired by the rounded pebbles found in rivers. Each character is formed from natural negative and positive curved shapes.

Giddyup

ABCDEFGHIJ
KLMNOPQRS
TUVWXYZ
abcdefghijklm
nopqrstuvwxyz
1234567890@&!?.;"*

Si formam cochlearis tui post prandium recordaris, ea
forma perversa est. Et cochlear et littera instrumenta sunt;
capit alterum cibum e catillo, altera indicium e pagina. Ubi
forma digna est, lector commode fiet quoniam littera et
trita et decora est. Si formam cochlearis tui post prandium
recordaris, ea forma perversa est. Et cochlear et littera
instrumenta sunt; capit alterum cibum e catillo, altera indicium

8/10 Giddyup Regular unjustified

A swirly monoline font that takes its shapes from the lariat looping ropes of cowboys, Giddyup lends text a Western feel. This works as string too, as it is rather abstracted from actual ropes. It can be used for body text as well as display text.

Gigi

ABCDEFGHIJKLM
NOPQRSTUVWXYZ
abcdefghijklm
nopqrstuvwxyz
1234567890&!?.;"*

Si formam cochlearis tui post prandium
recordaris, ea forma perversa est. Et cochlear et
littera instrumenta sunt; capit alterum cibum
e catillo, altera indicium e pagina. Ubi forma
digna est, lector commode fiet quoniam littera
et trita et decora est. Si formam cochlearis tui
post prandium recordaris, ea forma perversa est.

910 Gigi Regular unjustified, +10 units of tracking

A rather beautiful but also impressively ragged design that contains dramatic, almost excessive swirls and also incredibly rough, weathered stroke edges. This is great for initial caps as well as decorative typesetting in general.

Goodies

ABCDEF HIJKLM
NOPQRSTUVWXYZ
ABCDEFGHIJKLM
NOPQRST UVWXYZ
1234567890&!?.;"*

SI FORMAM COCHLEARIS TUI POST
PRANDIUM RECORDARIS, EA FORMA
PERVERSA EST. ET COCHLEAR ET LITTERA
INSTRUMENTA SUNT; CAPIT ALTERUM
CIBUM E CATILLO, ALTERA INDICIUM E
PAGINA. UBI FORMA DIGNA EST, LECTOR
COMMODE FIET QUONIAM LITTERA ET

8/10 Goodies unjustified

Goodies was created by Anne Boskamp in 2002. It consists of two faces, Goodies A and B, which both contain highly illustrative renderings of characters. The designs bear similarities to some of Joan Miró's surrealist paintings.

GIGI / ITC

GOODIES / LINOTYPE

Jan

ΛΒCᴄᵈᴉᴇϝGHᴉᴊᴊᴄʟᴍ
ΠΟᵖᴏᴑQRS↓ᴜᴜ_ᴜᴜ_↓_↓_
ᴜᴜᴄᴏᴅᴇϝghijkᴌm
ΠΟᴩΟᴩᴦ↓ᴜᴜᴜᴡᴚᴧᴇ
ᴉᴄᴈᴊᴚᴚᴈᴊᴇᴏᴏ
ᴩᴂ↓ᴉᴦᴦᴦᴦᴦᴦᴦᴦᴦ

Si formum cochleuris tui post
prundium recordaris, eu formu
perverru est. Et cochleur et littera
instrumentu sunt; cupit ulterum
cibum e cutillo, ultera indicium e
pugina. Ubi formu dignu est, lector
commode fiet quonium littera

10/10 Jan Regular unjustified

Michael Parson's Jan is a rather unusual display font. It is drawn using small, simple geometric shapes and horizontal joining strokes that sit right in the middle of the x-height. This is surprisingly legible, although not at small sizes.

Jiggery Pokery

ABCDEFGHIJKLM
NOPQRSTUVWXYZ
abcdefghijklm
nopqrstuvwxyz
1234567890
@&!?;:"*

Si formam cochlearis tvi post prandivm
recordaris— ea forma perversa est. Et cochlear
et littera instrumenta svnt; capit altervm cibvm e
catillo— altera indicivm e pagina. Ubi forma digna
est— lector commode fiet quoniam littera et trita et
decora est. Si formam cochlearis tvi post prandivm
recordaris— ea forma perversa est. Et cochlear et

8/10 Jiggery Pokery Regular unjustified

Carol Kemp's Jiggery Pokery was developed from a design project whose goal was to create something with a sense of fun. The characters are based on moderately regular forms, but are drawn with an irreverent disregard for tradition.

Jokerman

ABCDEFGHIJKLM
NOPQRSTUVWXYZ
abcdefghijklm
nopqrstuvwxyz
1234567890&!?;:"*

Si formam cochlearis tui post prandium
recordaris, ea forma perversa est. Et cochlear
et littera instrumenta sunt; capit alterum cibum
e catillo, altera indicium e pagina. Ubi forma
digna est, lector commode fiet quoniam littera
et trita et decora est. Si formam cochlearis tui
post prandium recordaris, ea forma perversa

9/10 Jokerman Regular unjustified

Jokerman has a youthful energy and an almost Cubist approach to decoration that enhances its sense of excitement. Designer Andrew Smith included a number of character alternates and decorative graphic devices, so be sure to explore everything.

Juanita Lino

ABCDEFGHIJKLM
NOPQRSTUVWXYZ
ABCDEFGHIJKLM
NOPQRSTUVWXYZ
1234567890
&!?;:"*

SI FORMAM COCHLEARIS TUI POST PRANDIUM RECORDARIS, EA FORMA PERVERSA EST. ET COCHLEAR ET LITTERA INSTRUMENTA SUNT; CAPIT ALTERUM CIBUM E CATILLO, ALTERA INDICIUM E PAGINA. UBI FORMA DIGNA EST, LECTOR COMMODE FIET QUONIAM LITTERA ET TRITA ET DECORA EST. SI

8/10 Juanita Lino Regular unjustified, +20 units of tracking

The Juanita family is a useful set of display fonts, with different treatments applied to the sturdy strokes. Juanita Lino has a loose linocut style, wrapping each character in its own rough-cut outline to emphasize the treatment.

Kanban

ABCDEFGHI
JKLMNOPQR
STUVWXYZ
1234567890
&!?;:"*

SI FORMAM COCHLEARIS TUI POST PRANDIUM RECORDARIS, EA FORMA PERVERSA EST. ET COCHLEAR ET LITTERA INSTRUMENTA SUNT; CAPIT ALTERUM CIBUM E CATILLO, ALTERA INDICIUM E PAGINA. UBI FORMA DIGNA EST, LECTOR COMMODE FIET QUONIAM LITTERA ET TRITA ET DECORA EST. SI FORMAM COCHLEARIS TUI POST PRANDIUM

7/10 Kanban Regular unjustified, +20 units of tracking

Kanban was taken from the traditional Japanese word for shop-sign, and Ed Bugg's design evokes the calligraphic look of oriental lettering but applies it to a caps-only Western alphabet. It is most effective when used for just a few words.

Kiddie Cocktails

ABCDEFGHI
JKLMNOPQR
STUVWXYZ
1234567890
@&!?;:"*

SI FORMAM COCHLEARIS TUI POST PRANDIUM RECORDARIS, EA FORMA PERVERSA EST. ET COCHLEAR ET LITTERA INSTRUMENTA SUNT; CAPIT ALTERUM CIBUM E CATILLO, ALTERA INDICIUM E PAGINA. UBI FORMA DIGNA EST, LECTOR COMMODE FIET QUONIAM LITTERA ET TRITA ET DECORA EST. SI FORMAM COCHLEARIS TUI POST PRANDIUM RECORDARIS, EA FORMA PERVERSA EST.

8/10 Kiddie Cocktails Regular unjustified, +60 units of tracking

Stuart Sandler's Kiddie Cocktails is based on highly serifed display and titling designs from the 1950s. The slender scalpel-cut shapes and oversized serifs are a caricature of traditional lettering. Ideal for headlines with a retro American feel.

Kidy Caps

ABCDEFGHI
JKLMNOPQR
STUVWXYZ
*✝123456789Ø
©&!?.;''' ❋

SI FORMAM COCHLEARIS TUI POST
PRANDIUM RECORDARIS, EA FORMA
PERVERSA EST. ET COCHLEAR
ET LITTERA INSTRUMENTA
SUNT; CAPIT ALTERUM CIBUM
E CATILLO, ALTERA INDICIUM
E PAGINA. UBI FORMA DIGNA

7/10 Kidy Caps Regular unjustified, +90 units of tracking

This is what you'd get if you doodled block capitals while on the phone; characters are marked out by lines and shapes drawn with marginal attention and frequent adjustment of strokes. This caps-only font lacks lowercase letterforms.

Kismet

ABCDEFGH
IJKLMNOPQR
STUVWXYZ
abcdefghijklm
nopqrstuvwxyz
1234567890@&!?;:''*

Si formam cochlearis tui post prandium recordaris, ea forma perversa est. Et cochlear et littera instrumenta sunt; capit alterum cibum e catillo, altera indicium e pagina. Ubi forma digna est, lector commode fiet quoniam littera et trita et decora est. Si formam cochlearis tui post prandium recordaris, ea forma perversa est.

8/10 Kismet Regular unjustified

The ornamental Kismet is far older than it looks. This decorative, geometrically constructed face was created by John Cummings in 1879, and repeats the graphic themes of circles, spirals, and inner dots throughout the design.

Klee

ABCDEFGHIJKLM
NOPQRSTUVWXYZ
abcdefghijklm
nopqrstuvwxyz
1234567890&!?;:''*

Si formam cochlearis tui post prandium recordaris, ea forma perversa est. Et cochlear et littera instrumenta sunt; capit alterum cibum e catillo, altera indicium e pagina. Ubi forma digna est, lector commode fiet quoniam littera et trita et decora est. Si formam cochlearis tui post prandium recordaris, ea forma perversa est. Et cochlear et littera instrumenta sunt; capit alterum cibum e catillo, altera

9/10 Klee Regular unjustified

Timothy Donaldson's Klee takes its style from the line work of Expressionist painter Paul Klee. Loose, almost sketchy lines form the character shapes, outlining a moderately calligraphic letterform with casual confidence.

Kokoa

ABCDEFGHIJKLM
NOPQRSTUVWXYZ
ABCDEFGHIJKLM
NOPQRSTUVWXYZ
1234567890@&!?.:"*

Si formam cochlearis tui post prandium recordaris, ea forma perversa est. Et cochlear et littera instrumenta sunt; capit alterum cibum e catillo, altera indicium e pagina. Ubi forma digna est, lector commode fiet quoniam littera et trita et decora est. Si formam cochlearis tui post prandium recordaris, ea forma perversa

10/10 Kokoa Regular unjustified, +40 units of tracking

Jochen Schuss created Kokoa after a trip to Ghana. The characters are built from strong, straight-cut shapes that often form both inline and outline at the same time. Its roots in African art are clear, but it is a broadly usable fun display face.

La Bamba

ABCDEFGHIJKLM
NOPQRSTUVWXYZ
abcdefghijklm
nopqrstuvwxyz
1234567890&!?;:"*

Si formam cochlearis tui post prandium recordaris, ea forma perversa est. Et cochlear et littera instrumenta sunt; capit alterum cibum e catillo, altera indicium e pagina. Ubi forma digna est, lector commode fiet quoniam littera et trita et decora est. Si formam cochlearis tui post prandium recordaris, ea forma perversa est. Et cochlear et littera instrumenta sunt;

8/10 La Bamba Regular unjustified

David Quay's casual typeface from 1992 has the hand-cut serifs and strong strokes of typical 1950s informal display lettering, and includes a set of strong initial capital designs. The face has a slightly jumpy feel, but flows well on the page.

Lambada

ABCDEFGHIJKLM
NOPQRSTUVWXYZ
abcdefghijklm
nopqrstuvwxyz
1234567890&!?;:"*

Si formam cochlearis tui post prandium recordaris, ea forma perversa est. Et cochlear et littera instrumenta sunt; capit alterum cibum e catillo, altera indicium e pagina. Ubi forma digna est, lector commode fiet quoniam littera et trita et decora est. Si formam cochlearis tui post prandium recordaris, ea forma perversa est. Et cochlear et littera instrumenta sunt; capit alterum cibum e catillo,

8/10 Lambada Regular unjustified

David Quay's Lambada takes a fairly regular wedge-serif design, knocks it about a bit to shake up the lines, then integrates swirls using a faintly linocut-based drawing style. Not delicate, but it has an unexpected elegance.

Lingo

ABCDEFGHIJKLM
NOPQRSTUVWXYZ
abcdefghijklm
nopqrstuvwxyz
1234567890@&!?.。"*

Si formam cochlearis tui post prandium recordaris, ea forma perversa est. Et cochlear et littera instrumenta sunt; capit alterum cibum e catillo, altera indicium e pagina. Ubi forma digna est, lector commode fiet quoniam littera et trita et decora est. Si formam cochlearis tui post prandium recordaris, ea forma perversa est. Et cochlear et littera instrumenta sunt; capit alterum cibum e catillo, altera

8/10 Lingo Regular unjustified, +10 units of tracking

3

Pelle Piano's experiment in rendering a formal Bodoni-like face using nothing but loose, casual outline strokes. The

result is like a designer's quick mock-up sketch of headline type, recreating thicks and thins with deft strokes of a pen.

Lino Cut

ABCDEFGHIJKLM
NOPQRSTUVWXYZ
abcdefghijklm
nopqrstuvwxyz
1234567890&!?.. ""*

Si formam cochlearis tui post prandium recordaris, ea forma perversa est. Et cochlear et littera instrumenta sunt; capit alterum cibum e catillo, altera indicium e pagina. Ubi forma digna est, lector commode fiet quoniam littera et trita et decora est. Si formam cochlearis tui post prandium recordaris, ea forma perversa est. Et cochlear et littera

9/10 Lino Cut Regular unjustified

3

Bob Anderton's Lino Cut typeface was inspired by the rough imperfection of cutaway spaces in linocut prints. In his

1990 design he surrounds his core hand-cut letterforms with the remains of the gouged-out surface. Set tightly.

Masterpiece

ABCDEFGHIJ
JKLMNOPQR
STUVWXYZ
abcdefghijklm
nopqrstuvwxyz

Si forman cochlearis tui post prandium recordaris, ea forma perversa est. Et cochlear et littera instrumenta sunt; capit alterum cibum e catillo, altera indicium e pagina. Ubi forma digna est, lector commode fiet quoniam littera et trita et decora est. Si forman cochlearis tui post prandium recordaris, ea forma perversa est. Et cochlear et littera instrumenta sunt; capit alterum cibum e catillo, altera

10/10 Masterpiece Regular unjustified

3

Exactly what the name implies. This is a fine script face drawn with a scratchy pen on paper that snags and blots. Andante

is drawn slowly with style and swashes, Allegro is dashed off more quickly, while Initials and Expert give all the extras.

McKracken

ABCDEFGHIJKLM
NOPQRSTUVWXYZ
abcdefghijklm
nopqrstuvwxyz
1234567890@&!?;:"'*

Si formam cochlearis tui post prandium recordaris, ea
forma perversa est. Et cochlear et littera instrumenta sunt;
capit alterum cibum e catillo, altera indicium e pagina. Ubi
forma digna est, lector commode quoniam littera et
trita et decora est. Si formam cochlearis tui post prandium
recordaris, ea forma perversa est. Et cochlear et littera
instrumenta sunt; capit alterum cibum e catillo, altera

8/10 McKracken Regular unjustified

Imagine a serious Transitional serif book face, something that sets well and is pleasingly compact. Now sketch out the letterforms with a pencil as if mocking up a layout by hand. David Buck's McKracken gives you this effect with zero effort.

Mr Frisky and Uncle Stinky

ABCDEFGHIJKLM
NOPQRSTUVWXYZ
abcdefghijklm
nopqrstuvwxyz
1234567890@&!?;:"'*

Si formam cochlearis tui post prandium recordaris, ea
forma perversa est. Et cochlear et littera instrumenta sunt;
capit alterum cibum e catillo, altera indicium e pagina. Ubi
forma digna est, lector commode fiet quoniam littera et
trita et decora est. Si formam cochlearis tui post prandium
recordaris, ea forma perversa est. Et cochlear et littera
instrumenta sunt; capit alterum cibum e catillo, altera

8/10 Mr Frisky and Uncle Stinky Regular unjustified, +10 units of tracking

A curious pair. At first glance they seem identical, both having a cartoony anarchy to their hand-drawn serif shapes. On closer examination you'll see differences between most characters, giving Uncle Stinky a slightly broader and lighter feel.

Montage

ABCDEFGHI
JKLMNOPQR
STUVWXYZ
1234567890
&!?;:"'*

Si formam cochlearis tui post prandium recordaris, ea forma perversa est. Et cochlear et littera instrumenta sunt; capit alterum cibum e catillo, altera indicium e pagina. Ubi forma digna est, lector commode fiet quoniam littera

8/10 Montage Regular unjustified

Alan Dempsey's Montage is a collection of letters from different type styles, all rendered in casual form and reversed out of paint-like patches. Well suited for use as single characters, but think carefully before setting as words or sentences.

Party

A B C D E F G H
I J K L M N O P Q R
S T U V W X Y Z
a b c d e f g h i j k l m
n o p q r s t u v w x y z
1 2 3 4 5 6 7 8 9 0 & ! ? ; : " *

Si formam cochlearis tui post prandium recordaris, ea forma perversa est. Et cochlear et littera instrumenta sunt: capit alterum cibum e catillo, altera indicium e pagina. Ubi forma digna est, lector commode fiet quoniam littera et trita et decora est. Si formam cochlearis tui post prandium recordaris, ea forma perversa est. Et cochlear et littera instrumenta sunt; capit alterum cibum e catillo, altera indicium e pagina.

11/10 Party Regular unjustified

Carol Kemp's Party font is modeled on inline display designs, with the main strokes in many letters being doubled up. A whimsical but cultured product with decorative swirls and a functional—in the display sense—lowercase design.

Party Time

A B C D E F G H I
J K L M N O P Q
R S T U V W X Y Z
1 2 3 4 5 6 7 8 9 0
@ & . ! ? ; : " *

SI FORMAM COCHLEARIS TUI POST PRANDIUM RECORDARIS, EA FORMA PERVERSA EST. ET COCHLEAR ET LITTERA INSTRUMENTA SUNT; CAPIT ALTERUM CIBUM E CATILLO, ALTERA INDICIUM E PAGINA. UBI FORMA DIGNA EST, LECTOR COMMODE FIET QUONIAM LITTERA ET TRITA ET DECORA EST. SI FORMAM

8/10 Party Time Regular unjustified, +40 units of tracking

Designed by Christo Velikov in the mid-1990s, this is a playful face built from dots, lines, triangles, and simple graphics that simply cannot be taken seriously. Party Time Drunk uses the same letterforms, but they all stagger at slight angles.

Peter's Miro

A B C D E F G H I J K L M
N O P Q R S T U V W X Y Z
a b c d e f g h i j k l m
n o p q r s t u v w x y z
1 2 3 4 5 6 7 8 9 0 @ & ! ? ; : " *

Si formam cochlearis tui post prandium recordaris, ea forma perversa est. Et cochlear et littera instrumenta sunt: capit alterum cibum e catillo, altera indicium e pagina. Ubi forma digna est, lector commode fiet quoniam littera et trita et decora est. Si formam cochlearis tui post prandium

8/10 Peter's Miro Regular unjustified

Peter's Miro is drawn with single strokes of a pen. It comes in two forms, each giving a slightly different version of the design. Based on Joan Miro's drawing style, there are dots scattered seemingly at random within character cups and bowls.

Scratch

ABCDEFGHIJKLM
NOPQRSTUVWXYZ
abcdefghijklm
nopqrstuvwxyz
1234567890&!?;:"*

Si formam cochlearis tui post prandium recordaris, ea forma perversa est. Et cochlear et littera instrumenta sunt; capit alterum cibum e catillo, altera indicium e pagina. Ubi forma digna est, lector commode fiet quoniam littera et trita et decora est. Si formam cochlearis tui post prandium recordaris, ea forma perversa est. Et cochlear et littera instrumenta sunt;

9/10 Scratch Regular unjustified

Modeled on traditional forms but drawn without due care and attention, this scratch-drawn typeface sets surprisingly well and includes both italic and bold styles. The almost child-like forms remain legible almost down to book type sizes.

ITC Snap

ABCDEFGHIJKLM
NOPQRSTUVWXYZ
abcdefghijklm
nopqrstuvwxyz
1234567890
@&!?;:"*

Si formam cochlearis tui post prandium recordaris, ea forma perversa est. Et cochlear et littera instrumenta sunt; capit alterum cibum e catillo, altera indicium e pagina. Ubi forma digna est, lector commode fiet quoniam littera et trita et decora est. Si formam cochlearis tui post prandium

7/10 ITC Snap Regular unjustified, +10 units of tracking

Fat and spiky, this design combines an inflated body structure and massively offset counters with large, sharp serifs. The Alt version uses a selection of enlarged lowercase characters for the capital vowels, plus dingbats.

ITC Tremor

ABCDEFGHIJKLM
NOPQRSTUVWXYZ
abcdefghijklm
nopqrstuvwxyz
1234567890@&!?;:"*

Si formam cochlearis tui post prandium recordaris, ea forma perversa est. Et cochlear et littera instrumenta sunt; capit alterum cibum e catillo, altera indicium e pagina. Ubi forma digna est, lector commode fiet quoniam littera et trita et decora est. Si formam cochlearis tui post prandium recordaris, ea forma perversa est. Et cochlear et littera instrumenta sunt; capit alterum cibum e catillo, altera

9/10 ITC Tremor Regular unjustified

A classic cartoon-like design with irregular angles and stylized movement lines. Alan Dempsey made this to create the effect of a lively teenager bouncing around a room. Crisp and clear, this works well as both initials and runs of set type.

Illustrative

Blushbutter Fairy Floss page 482 / Cactus Sandwich page 483

ILLUSTRATIVE FONTS ARE, OF COURSE, CRAMMED WITH DECORATED CHARACTERS and complete illustrations of all kinds. But this simple description can barely begin to convey the incredible variety of faces available in this category. Some of the designers evidently had their own interests in mind when they set to work, leading to many collections of illustrative type that you would never think you could find a use for—until the moment when one of them offers the perfect solution to a big design or production challenge.

Heraldic Creatures is a perfect resource for anyone building heraldic-style graphics, as that's exactly what you get: drawings of different animals in archetypal heraldic poses, ideal for any coat-of-arms. When mess and grunge is what you need, Insigne Splats delivers beautifully rendered ink splashes and splatters. Strange, certainly—but so much simpler than trying to make your own.

There are fonts built from totally abstract forms, graphics that are fully non-representational, and fonts at the other end of the scale that provide the user with, for example, Victorian-style decorated illustrative title lettering, or Art Nouveau fairies draped around stylish capitals.

The theme of faces, heads, and whole-body drawings of people or animals, produced in a stylized fashion, seems to be a regular inspiration for font designers. The design style varies widely, from childish drawings that capture the look of animals as drawn by very young children through to funny but distinctly mature and unsettling illustrations of weird creatures.

This category is as diverse as the Fun fonts chapter. Some fonts contain fairly regular type forms that have been decorated—or are based on different concepts of lettering—but many illlustrative typefaces are exactly that: illustrations, collections of themed drawings. The key to using illustrative fonts is to survey the selection on offer and make a mental note of what's available. Then, when the right project comes up, you'll be able to find that perfect illustration with just a few keystrokes.

Blushbutter Fairy Floss

A capital letters-only initials font (although the characters are in the lowercase slots) filled with Art Nouveau-style fairies draped on or hovering around fanciful letters. These are quite beautifully illustrated, although not something you'll need to use often.

Cactus Sandwich FM

Based on a loose, hand-lettered font with a comic-book Wild West feel. The main style has cactus spines sticking out all over, Plain is actually a slightly shadowed outline, and Fill is solid. Humorous and cartoony with a cowboy touch.

Candybits

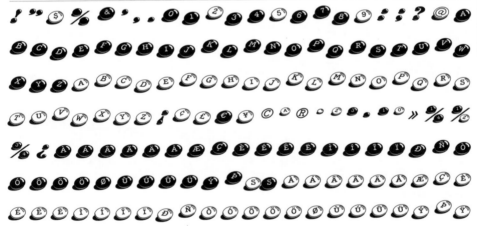

Crunchy sugar-coated candy balls, like M&M's but with every letter you could want, plus numbers and a pick'n'mix selection of punctuation. Variety is easy to achieve; different characters sit at different places on the baseline, and you can mix the case to get filled and hollow ones.

Chucklehead

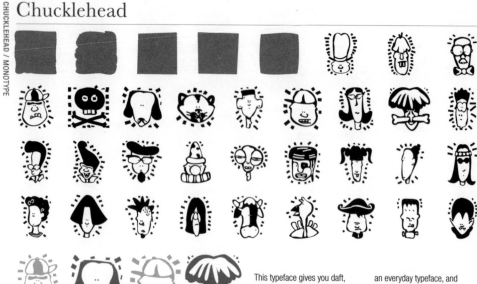

This typeface gives you daft, amusing cartoon illustrations of silly heads, as you'd expect from the name. This is far from an everyday typeface, and you only get thirty heads in total, but they are well worth a closer look.

DF Expressions

Heraldic Creatures

A selection of forty-seven different drawings of animals commonly found on heraldic crests. The formal illustration style works very well, making this a very useful font to have around if you need to mock up a quick, convincing coat of arms.

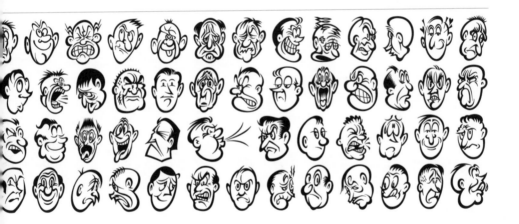

A hundred and fifteen different expressions in one font, each portrayed with an emotion or reaction shown at maximum impact level. These are drawn with well-balanced sweeps and curves, and they all work very well at any size.

DF Journeys

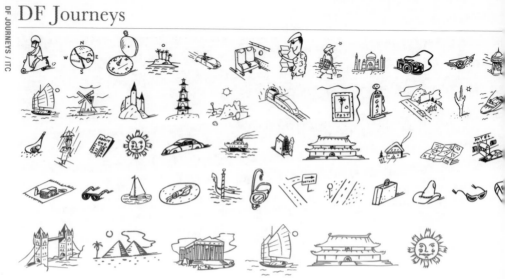

DF Wildlife

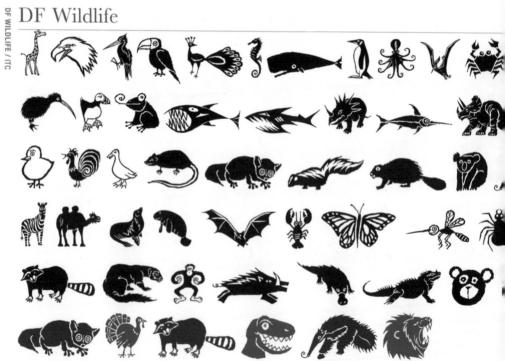

Eric Hanson's DF Journeys packs seventy travel-themed icons into one handy font. The illustrations are drawn with a casual cartoon-like touch and cover all the subjects that would be expected, from snorkels and suitcases to books and beaches.

Designer David Sagorski may be from New York City, but he has packed his DF Wildlife font with an eclectic range of wildlife from around the world. Everything is drawn with a woodcut-like style, and in case you ever need it, there's even a flying pig.

Insigne Abstractions

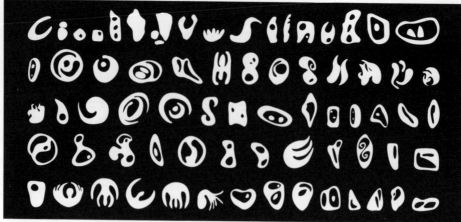

The characters in this font are designed to be completely non-representational. They are pure abstracted forms that are organic and ornamental, and look a little like Henry Moore sculptures or images of micro-organisms.

Insigne Splats

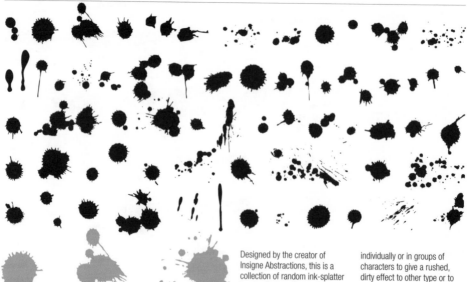

Designed by the creator of Insigne Abstractions, this is a collection of random ink-splatter images that can be used individually or in groups of characters to give a rushed, dirty effect to other type or to layouts as a whole.

Kartoon Kutz 4 NF

A collection of cartoon characters drawn in a crisp 1930s comic style, reminiscent of Krazy Kat and its peers and all based on authentic period artwork. Peer through this collection and add a dash of humor to your designs.

Lil Mug Shots Humanoids

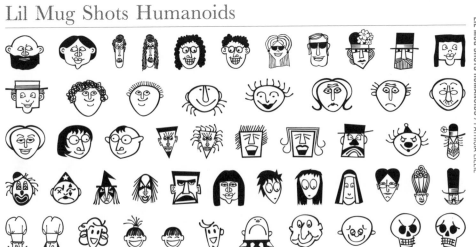

This is full of some seriously wacky face doodles, some generic and others on themes such as clowns, chefs, nuns, skulls, cowboys, and other random types. There are fifty-two graphics, filling the upper- and lowercase alphabet slots.

Party Doodles

A minimal set of icons, all centered around the theme of parties, celebrations, and presents. There are twenty-five graphics, including party hats, fancy cakes, and six "party words" in a clear hand-printed script.

Pixelville

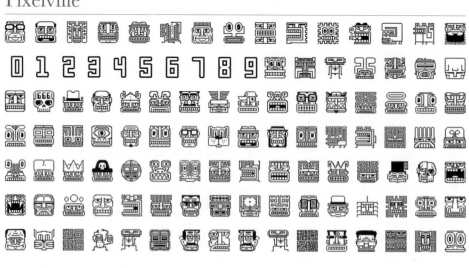

Stylized boxy graphics drawn with a coarse pixel grid and a rather strange twist of the imagination. These look like 1980s monochrome computer game icons, although from an unusually surreal, almost psychedelic game.

Quirkies

A strange group of silhouetted icons. Some of the images are relatively ordinary, such as the chicken, TV set, or bee, but many others are strange to the point of defying easy description. Designed by Ethan Paul Dunham in 2006

Relatives

The designer of this font may have had a large number of rockabilly relatives, but the full range of oddball relations reflected in this typeface is impressive. Spiky old maids, gap-toothed great uncles, and, yes, a rockabilly jailbird cousin.

Sports One

Sports One takes the sports-themed approach of Sports Four and puts it into a more gym and fitness-based context.

This presents illustrations of people performing gym routines, aerobics, and watersports—plus, oddly, two fishing graphics.

Sports Four

Sports Four is a collection of twenty-six different illustrations of sports players in action, all based on football, soccer,

and baseball, games popular in North America. Use these images individually for any decorative sports graphic needs.

Superchunk

!"#§%&'()*+,.·/0123456789:;<=>?@ABCDEFGH
IJKLMNOPQRSTUVWXYZ[\]^_`©◯☺☻♪♫◙☼►◄↕‼

The capital letters are loosely hand-drawn, 3D-esque shapes, while the lowercase slots are filled with weird, rough-edged,

and almost grotesque cartoon figures. The designs were inspired by punk-rock posters and flyers.

Tomoli

Simple, stylized drawings of animals, food, and assorted other objects, all drafted using strong lines and basic shapes.

Tomoli is an acronym for Things of More or Less Importance. Designed by Jakob Fischer in 2005.

Tomoli 2

A further fifty-two graphics in the Things of More or Less Importance suite, Tomoli 2 contains hyper-simplified, stylized images of robots, palm trees, elephants, and many other items. Fill them in with your own colors.

Voila Flares & Voila Saggies

A three-font typeface family of different funky characters, posing and prancing about. The different Voila designs are called Slim, Flares, and Saggies, and show different sartorial trouser forms that effectively produce different type weights.

Font Economics

Font	Sample	Font	Sample
Albertus	abcdefghijklmnopqrstuvwxyz	Clarendon	abcdefghijklmnopqrstuvwxyz
Alinea	abcdefghijklmnopqrstuvwxyz	Clearface	abcdefghijklmnopqrstuvwxyz
Americana	abcdefghijklmnopqrstuvwxyz	Columbus	abcdefghijklmnopqrstuvwxyz
Angie	abcdefghijklmnopqrstuvwxyz	Didot	abcdefghijklmnopqrstuvwxyz
Angkoon	abcdefghijklmnopqrstuvwxyz	Egyptienne	abcdefghijklmnopqrstuvwxyz
Baskerville	abcdefghijklmnopqrstuvwxyz	Ehrhardt	abcdefghijklmnopqrstuvwxyz
Bauer Bodoni	abcdefghijklmnopqrstuvwxyz	Else	abcdefghijklmnopqrstuvwxyz
Bell	abcdefghijklmnopqrstuvwxyz	Enigma	abcdefghijklmnopqrstuvwxyz
Belwe	abcdefghijklmnopqrstuvwxyz	Esquisse	abcdefghijklmnopqrstuvwxyz
Bembo	abcdefghijklmnopqrstuvwxyz	Excalibur	abcdefghijklmnopqrstuvwxyz
Berkeley Old Style	abcdefghijklmnopqrstuvwxyz	Fenice	abcdefghijklmnopqrstuvwxyz
Berling	abcdefghijklmnopqrstuvwxyz	Fournier	abcdefghijklmnopqrstuvwxyz
Bookman	abcdefghijklmnopqrstuvwxyz	Friz Quadrata	abcdefghijklmnopqrstuvwxyz
Calisto	abcdefghijklmnopqrstuvwxyz	Frutiger Serif	abcdefghijklmnopqrstuvwxyz
Caslon	abcdefghijklmnopqrstuvwxyz	Galliard	abcdefghijklmnopqrstuvwxyz
Caxton	abcdefghijklmnopqrstuvwxyz	Garamond	abcdefghijklmnopqrstuvwxyz
Centaur	abcdefghijklmnopqrstuvwxyz	Gill Facia	abcdefghijklmnopqrstuvwxyz
Centennial	abcdefghijklmnopqrstuvwxyz	Giovanni	abcdefghijklmnopqrstuvwxyz
Century	abcdefghijklmnopqrstuvwxyz	Glypha	abcdefghijklmnopqrstuvwxyz
Chaparral	abcdefghijklmnopqrstuvwxyz	Goudy	abcdefghijklmnopqrstuvwxyz
Cheltenham	abcdefghijklmnopqrstuvwxyz	Granjon	abcdefghijklmnopqrstuvwxyz
Cicero	abcdefghijklmnopqrstuvwxyz	Horley Old Style	abcdefghijklmnopqrstuvwxyz

Different typefaces, of a common body height, can occupy varying amounts of area, meaning that the same amount of text in one font may take up more or less space on the printed page than another. The table above shows very clearly the relative setting widths of a selection of our most popular text fonts. These are shown against a benchmark of 100%, represented by Times New Roman.

Ionic	abcdefghijklmnopqrstuvwxyz	Oranda BT	abcdefghijklmnopqrstuvwxyz
Italian Old Style	abcdefghijklmnopqrstuvwxyz	Page Serif	abcdefghijklmnopqrstuvwxyz
ITC Clearface	abcdefghijklmnopqrstuvwxyz	Palatino	abcdefghijklmnopqrstuvwxyz
Janson	abcdefghijklmnopqrstuvwxyz	Perpetua	abcdefghijklmnopqrstuvwxyz
Jenson Pro	abcdefghijklmnopqrstuvwxyz	Photina	abcdefghijklmnopqrstuvwxyz
Joanna	abcdefghijklmnopqrstuvwxyz	Plantin	abcdefghijklmnopqrstuvwxyz
Kepler	abcdefghijklmnopqrstuvwxyz	Proforma	abcdefghijklmnopqrstuvwxyz
Korinna	abcdefghijklmnopqrstuvwxyz	Quadraat	abcdefghijklmnopqrstuvwxyz
ITC Legacy Serif	abcdefghijklmnopqrstuvwxyz	Rockwell	**abcdefghijklmnopqrstuvwxyz**
Lubalin Graph	abcdefghijklmnopqrstuvwxyz	Rotis	abcdefghijklmnopqrstuvwxyz
Lucida	abcdefghijklmnopqrstuvwxyz	Sabon	abcdefghijklmnopqrstuvwxyz
Lucida Bright	abcdefghijklmnopqrstuvwxyz	Scala	abcdefghijklmnopqrstuvwxyz
Melior	abcdefghijklmnopqrstuvwxyz	Scotch Roman	abcdefghijklmnopqrstuvwxyz
Memphis	abcdefghijklmnopqrstuvwxyz	Serifa	abcdefghijklmnopqrstuvwxyz
Minion	abcdefghijklmnopqrstuvwxyz	Slimbach	abcdefghijklmnopqrstuvwxyz
Mrs Eaves	abcdefghijklmnopqrstuvwxyz	ITC Souvenir	abcdefghijklmnopqrstuvwxyz
ITC New Baskerville	abcdefghijklmnopqrstuvwxyz	ITC Stone Serif	abcdefghijklmnopqrstuvwxyz
New Caledonia	abcdefghijklmnopqrstuvwxyz	Tiffany	abcdefghijklmnopqrstuvwxyz
Octava	abcdefghijklmnopqrstuvwxyz	Times New Roman	abcdefghijklmnopqrstuvwxyz
Officina Serif	abcdefghijklmnopqrstuvwxyz	Walbaum	abcdefghijklmnopqrstuvwxyz
Old Style MT	abcdefghijklmnopqrstuvwxyz	Zapf Book	abcdefghijklmnopqrstuvwxyz
Olympian	abcdefghijklmnopqrstuvwxyz	Zapf International	abcdefghijklmnopqrstuvwxyz

Font Designers—The Classics

John Baskerville

1706–1775

John Baskerville was a master craftsman and printer and a typographic visionary, although his desire for perfection meant that he wasn't always financially successful. His broad-ranging career began as a writing master and stonecutter and engraver; he didn't set up as a printer until 1750. His perfectionist tendencies meant that it took seven years for his first complete book to be produced, although he did produce other work as well. During this time he improved printing-press construction, concocted a new type of printing ink that printed more evenly and dried faster, contributed to the invention of woven papermaking techniques, and designed several new typefaces—which were so advanced in their precision that they required all of his innovations in equipment, ink, and paper.

Giambattista Bodoni

1740–1813

Giambattista Bodoni was an renowned Italian typographer and engraver with highly developed skills in printing and type-cutting. He managed to achieve an astonishing level of technical precision with both his type designs and his printing techniques. This was an important part of the development of the font we now call Bodoni, with its hairline-thin strokes and pure, uncluttered forms. This highly rational style was influenced by the contemporary Didot and also the experiments in increased type stroke contrast that were made by John Baskerville, whom Bodoni greatly admired. However, Bodoni's designs have their own strong, almost dazzling visual identity. He began his career as a typesetter in the Vatican, and was appointed court typographer to Charles III of Spain in 1782.

Morris Fuller Benton

1872–1948

Morris Fuller Benton studied mechanical engineering before joining his father at American Type Founders (ATF) and was their chief type designer from 1900 to 1937. During that time he developed and revived over two hundred alphabets, many of which remain popular to this day. As well as being a prolific and talented type designer, he was a superb technician and a demanding perfectionist. His father invented the Pantographic engraving machine, used for scaling and adapting type designs, and he and his father refined the product at ATF to extreme levels of precision. Benton is said to have demanded a maximum tolerance in machining or casting of two ten-thousandths of an inch, a level of accuracy that outstrips many digital RIPs today.

William Caslon

1692–1766

William Caslon began as a gunsmith and engraver who also cut tools for bookbinders. He was persuaded to set up a type foundry, and his designs quickly became popular with printers across Europe and in the American colonies. "When in doubt use Caslon," became a well-known expression in the printing industry. He was inspired by the Dutch Baroque fonts that were popular in England then, but his type designs advanced the field considerably and later influenced John Baskerville's work. Many important documents were set in his typefaces, including the first printed copy of the American Declaration of Independence. His Caslon Foundry was established around 1720, and his descendants remained involved in type design and foundry management until well into the twentieth century.

Claude Garamond

c.1480–1561

Claude Garamond was a sixteenth-century French type designer and the first independent type-cutter. His first type design was based on a face by Aldus Manutius from 1455, and was used in an edition of a book by Erasmus. He later cut a set of Greek type designs under commission for King Francis I of France, basing the forms on the handwriting of the King's librarian and his ten-year-old pupil. His Roman face followed soon after. Many typefaces with the name Garamond aren't actually based directly on his designs, although their root inspirations can be traced back to Garamond's originals. The type designs he produced between 1530 and 1545 are widely regarded as the best the sixteenth century had to offer, and they remain popular and widely imitated today.

Eric Gill

1882–1940

Eric Gill was a prolific sculptor and stonecutter, graphic artist, printer, and typographer. He began his working life in 1900 as a trainee architect but gave up his training to work as a calligrapher, monumental mason, and sculptor. Although he created numerous calligraphic and inscription works, he didn't start producing complete typeface designs until the late 1920s. These include the famous and typographically important Gill Sans, plus Perpetua, Joanna, and lesser-known gems such as Golden Cockerel Press Type, Floriated Capitals, and Solus. In addition to his visual output Gill wrote philosophical works on craft, culture, and religion, set and printed in his own printing works. There were some fairly controversial aspects to Gill's personal life, but his work was unarguably important and groundbreaking.

Edward Johnston

1872–1944

Edward Johnston was born in Uruguay and studied medicine at the University of Edinburgh in Scotland, but he is best known today for designing the typeface used in London Transport's bus and underground train services. He was also responsible, while teaching at London's Central School of Arts and Crafts (now Central Saint Martins College of Art and Design), for inspiring Eric Gill's interest in type. Johnston's *Writing and Illuminating and Lettering* is regarded by some as the most influential book ever published on calligraphy, and it caused a significant surge of interest in the subject when it was published in 1906. Although he designed a number of other faces, it is his 1916 London Transport type, reworked in 1979 as New Johnston, that ensures his place in typographic history.

Max Miedinger

1910–1980

Max Miedinger is the name behind Helvetica, the classic typeface design that has long been seen to represent Swiss design purity, order, and precision. Miedinger trained as a typesetter, but worked for many years in the sales departments of the Haas Type Foundry in Switzerland. After leaving this post to become a freelance designer, he was commissioned by Haas'sche to develop a new sans serif type design that could compete with Akzidenz Grotesk. Based on Schelter Grotesk, it was originally called Neue Haas Grotesk. In 1958 and 1959 the Roman and Bold weights were released, and the following year the name was changed to Helvetica to help with international marketing. Miedinger's work was expanded in later years, but he remains the hand behind one of the most widely used fonts ever.

Font Designers—Contemporary

Matthew Carter
1937–

Matthew Carter is an English type designer whose professional experience includes training as a punchcutter in the Netherlands in the 1950s and type design with Mergenthaler-Linotype in the US in the 1960s. In the 1980s he was made a Royal Designer for Industry and worked as typography consultant to Her Majesty's Stationery Office. In 1993, Carter created the Transitional-style font Georgia, with the Humanist sans serif Verdana design following three years later. These were specifically intended to provide high legibility for onscreen type, and they have become two of the most-viewed typefaces in the world. Carter is also the designer of numerous other well-known faces, including Skia, Charter, Shelley Script, and the impressive Bell Centennial.

Adrian Frutiger
1928–

Adrian Frutiger is one of the most prominent type designers of our time. As well as being the creator of many of the most important type designs of the twentieth century—Univers and Frutiger being the two best known—he remains active in type design in the twenty-first century: his font Frutiger Serif was released in May 2008, on his 80th birthday. Frutiger's two-digit type-numbering system was introduced with Univers. This uses the first digit (3 to 8) to show the weight and the second digit to show the width, with odd or even numbers indicating upright or oblique. This naming system has proved invaluable for very large type families, and it works well even with the recent growth of Univers to sixty-three variants.

Tobias Frere-Jones
1970–

Tobias Frere-Jones is an American type designer who works alongside Jonathan Hoefler (see below) in Hoefler & Frere-Jones, a New York–based digital type foundry. Prior to this, he worked as a senior designer at Font Bureau, where he created the extremely popular Interstate and Poynter Oldstyle and Gothic. His typeface output numbers in the hundreds, and he has created designs for the *New York Times*, Nike, Pentagram, Neville Brody, and many others. Frere-Jones teaches typography at the Yale School of Art alongside Matthew Carter, and he has lectured at the Royal College of Art in London and numerous other institutions. His work is included in the permanent collection of the Victoria & Albert Museum in London.

Verena Gerlach
1971–

Verena Gerlach was involved with photography at the Hochschule der Künste in Berlin before studying communication design both in Berlin and as an exchange student at the London College of Printing (now the London College of Communication). She has produced a number of experimental typeface designs, including the blown-ink effect of Aranea and the clever Linotype Pide Nashi, a faux-Arabic calligraphic face selected from entries in the International Digital Type Design contests of 1994 and 1997 to be part of Linotype's Take Type collection. She runs her own design studio in Berlin, where she works on corporate design projects as well as experimenting with new typographic developments.

Jonathan Hoefler

1970–

Jonathan Hoefler is an American type designer based in New York. He was named by *ID* magazine as one of the forty most influential designers in America, and founded the type company Hoefler & Frere-Jones with Tobias Frere-Jones, another well-known modern typographer. One regular characteristic of his work is the creative balance of classical historical elements with contemporary cultural references and requirements. Along with his typefaces, he has developed a reputation for the beauty of his typeface specimen layouts. Much of his work is by commission for clients as diverse as *Esquire* and *Rolling Stone*, the Guggenheim Museum, and rock band They Might Be Giants. His Hoefler Text family was created for Apple Computer and is distributed with the Macintosh operating system.

Jean François Porchez

1964–

Jean François Porchez is a leading French typographer with an impressive portfolio. His custom typeface clients include the newspaper *Le Monde*, France Télécom, Peugeot, and the R&B singer Beyoncé Knowles. In 2002 he designed Linotype Sabon Next, a revival of Jan Tschichold's Sabon, which was in turn a revival of the Garamond model. From 2004 to 2007 Porchez was president of ATypl, the Association Typographique Internationale. He has also been a visiting lecturer at Reading University in the UK, and in 2001 he was the president of a jury set up to select a new handwriting model for the education system in France.

Zuzana Licko

1961–

Zuzana Licko is the co-founder of Émigré and the creator of a large number of fonts—from the retro Emperor, Émigré, and Oakland to the elegantly old-fashioned Mrs Eaves; from the restrained Solex to the modern Filosofia and the idiosyncratic, Bayer-like Variex. Licko was one of the first type designers to use an Apple Macintosh computer, and has been inspirational in the desktop typographic design revolution. Licko studied architecture, photography, and programming in California before taking a degree in graphic communication. Her first fonts were created with freeware bitmap font tools and were the start of an exploration into new ideas of legibility. Her type soon moved from cult status into mainstream use, and she is now recognized as an important innovator in modern typography.

David Quay

1948–

David Quay is an English typographer and graphic designer who now lives and works in Amsterdam designing custom fonts. He studied Graphic Communication at Ravensbourne College of Art & Design in the UK, then worked for two decades as a graphic designer specializing in packaging, lettering, and logotype design. His first complete text faces weren't designed until 1987, but from this point he chose to devote much of his creative energy to custom typefaces for clients such as Yellow Pages, NatWest bank, the UK's RailTrack, and Portugal's Lisbon Metro. Quay lectures in typography around the world and has a long association with the London College of Communication as well as other educational establishments in Sweden, Holland, and Germany.

Font Designers—Contemporary

Robert Slimbach
1956–

Robert Slimbach is an award-winning American type designer who has worked at Adobe since 1987. He went to college on a gymnastics scholarship and is an accomplished photographer; his interest in graphic design and type developed when he ran a small screenprinting workshop producing posters and cards. After working as a typographer and calligrapher at Autologic, he became a self-employed type designer, creating ITC Slimbach and ITC Giovanni for the International Typeface Corporation. Since he joined Adobe, Slimbach has focused on creating classically inspired typefaces for digital use. His fonts include Adobe Garamond, Minion, Poetica, and Utopia. His Garamond Premier Pro, a new variation on the Garamond design, took fifteen years to complete and was released in 2004.

Erik Spiekermann
1947–

Erik Spiekermann is a German graphic designer and typographer whose interest in type began when he was a child—he set his first type when he was just 12 years old. He studied art history in Berlin, and he ran a hot-metal printing press in his basement to fund his education. Spiekermann has worked as a graphic designer since 1972, and in 1989 he and Neville Brody started FontShop, a digital design foundry and the first mail-order distributor of digital fonts. As well as designing popular and critically acclaimed fonts such as the Meta and Officina families, he wrote the seminal typography manual *Stop Stealing Sheep and Find Out How Type Works*. He is known for his forthright views on font design and its use and misuse.

Fred Smeijers
1961–

Fred Smeijers is a Dutch type designer with many years' experience in creating type for product design, and a client list that includes Philips, Canon, and Heijmans, an international property developer. His typeface designs include FF Quadraat and Quadraat Sans, Arnhem, and Custodia. As well as practicing typographic design, Smeijers is active in research and development and education. He received an award for his achievements in these fields in 2000, followed by a retrospective exhibition of work in The Hague in 2003. The following year he was appointed Professor of Digital Typography at the Hochschul für Grafik und Buchkunst in Leipzig, Germany. His books *Type Now* and *Counterpunch* are considered by many to be essential reading for aspiring type designers.

Sumner Stone
1945–

Sumner Stone is an American type designer with a background in farming and sociology and an interest in numbers (he eventually earned an MA in mathematics at California State University) as well as typography and calligraphy. He intended to pursue a career in mathematics, but his love of type pushed him in different directions. Stone worked as a lettering artist for Hallmark Cards for a while, but then started his own design studio. Since 1990 he has run the Stone Type Foundry, creating original type designs as well as historical revivals in digital formats. The large Stone set of typeface families is a good example of his tremendous skill, with its beautifully balanced Stone Sans, Serif, and Informal family groups.

Frantisek Storm

1966–

Frantisek Storm is a Czech type designer working in Prague, continuing in a long tradition of Czech typographers. He studied book and type design at the Academy of Applied Arts in Prague. Along with creating his own designs, Storm has a passion for reviving and recreating original fonts in digital form. He is keen to preserve the natural curve of original lines rather than allowing digital tools to simplify and straighten them. He is an advocate of starting designs with a pencil, although he is highly adept with technology. He was awarded the Excellence in Typography award from the New York–based Type Designers Club.

Storm also creates wood engravings, etchings, and landscape photography, and produces his own letterpress printing.

Carol Twombly

1959–

Carol Twombly is an American calligrapher and typographer who has created many original and revival typefaces, including Adobe Caslon, Lithos, Myriad (with Robert Slimbach), and Trajan. She began her career as a sculptor before switching to graphic design and studying under Charles Bigelow and Kris Holmes, and later moved into digital typography at Stanford University in California. Twombly worked as a type designer at Adobe from 1988 to 1999. She has made important contributions to type design and development and has received international acclaim and awards for her work. Sadly for the world of typographic design, she retired from type design in 1999 to concentrate on designing textiles and jewelry instead.

Jeremy Tankard

1969–

Jeremy Tankard is an English graphic designer and typographer who has developed a diverse selection of fonts, ranging from the restrained sans of Corbel and the quiet Englishness of Bliss to the experimental structures of FF Disturbance and Blue Island. The idea behind Blue Island was to design a typeface that was constructed entirely of ligatures; individual characters lack the usual expected forms and can be hard to decipher, but when they are set as words the shapes fall into place. Much of Tankard's experimental work builds on the experiments in alphabet structure and legibility done by Bayer, Tschichold, de Roos, and Crouwel during the twentieth century, and he has taken this area of development forward into the world of digital typography.

Hermann Zapf

1918–

Hermann Zapf is the designer of some very widely used typefaces, including Palatino and Optima. He initially wanted to pursue a career in electrical engineering, but he ended up as a retoucher's apprentice. After being drafted, he developed heart trouble, so spent much of WWII working as a calligrapher and cartographer, which helped him to find work teaching and designing type after the war. One issue that always frustrated Zapf was the way in which typefaces were frequently copied without permission. He has said that his Palatino design holds a world record as the "most copied typeface." Zapf is a typographic visionary, having worked on computer-controlled typesetting ideas continually since the 1960s. Some of his hyphenation and justification work found its way into Adobe InDesign.

Glossary

Aliasing The jagged or stepped appearance of type or images on screen, caused by low resolution. *See also Jaggies.*

Aligned left (flush left, ranged left) The arrangement of lines of type so that the left edges are aligned, leaving the right edges ragged.

Aligned right The arrangement of lines of type so that the right edges are aligned, leaving the left edges ragged.

Aligning numerals A set of numerals of the same height that sit on the baseline. They are usually the same height as the capitals.

Alphanumeric set (character set) A complete set of letters, numerals, and punctuation.

Anti-aliasing (font smoothing) In bitmapped type or images, this is the placing of intermediary pixels between the edge of one color and another to create the appearance of a smooth transition.

Antiqua Classification or group of typefaces with Old Style letterforms.

Apex Part of a letter where two stems meet at the top, as in A, M, and the center of W.

Arabic numbers Numeral shapes of Indian/Arabic origin—1, 2, 3, 4, etc.—as distinct from Roman numerals (I, II, III, IV, etc.).

Arm The short stroke leading away from a vertical within a character, as in E, F, and L.

Ascender The vertical stroke of a lowercase character, rising above the x-height, as in b, f, and k.

Ascender height A point slightly below the body height of a typeface.

Ball terminals The ends of character strokes that are blob-shaped rather than serifed or cut off sharply.

Baseline The line on which all lowercase and uppercase letters sit.

Baseline grid A DTP function providing a grid based on a user-definable leading depth (line feed).

Baseline shift A DTP function allowing for selected characters to be displayed above or below the true baseline.

Bitmap font A font in which the characters are defined by the arrangement of pixels on a grid.

Blackletter Heavy black script-like traditional letterform. Also a classification or group of typefaces.

Body The total height of a typeface, including ascenders, descenders, and body clearance.

Body clearance A very small amount of space above and below the ascender height and descender depth, to make sure printed lines of type do not touch.

Body copy The bulk of the text in a layout, excluding headings and all forms of subheading.

Bold face Typeface design with heavy, wide strokes.

Bowl The fully enclosing round or oval stroke found in letterforms such as b, g, and o.

Bowl-to-stem junction The point at which the vertical stroke of a letterform meets the bowl shape, as in the letters b, d, p, and q.

Bracketed serif A serif that is connected to the main letterform stroke by a smooth curve.

Calligraphy The art of elegant writing or penmanship.

Capitals Large initial letters usually referred to as "caps" or "uppercase."

Cap height The height from the baseline to the top of a capital/uppercase letter.

Centered The arrangement of lines of type one under the other on a centered axis, where both left and right edges appear ragged.

Character The term used to describe any letterform, number, punctuation mark, or symbol.

Character space The white space inserted between each word, the width of which remains constant in unjustified text but varies when text is justified.

ClearType Fonts that have been designed to read better on screen by use of a smoothing technology (in Microsoft Windows XP and Vista).

Color (typographic) The relative grayness or tonal value that a body of text may create on a page.

Column width The left and right extremes to which type may be set.

Composition size Text sizes up to about 14 pt. Used to differentiate between text and display sizes.

Condensed type A deliberately compressed typeface design with a narrow character width.

Contrast Typographic features used to highlight differences in size, color, weight, or disposition.

Copy Generic term to describe written material before it is typeset.

Counter (shape/form) The enclosed white space within letterforms, as in b, B, d, etc.

Crossbar Horizontal stroke of a letterform, as in H.

Crossed strokes Crossed strokes within a letterform, as seen in the capital W of some typefaces.

Cursive Type that imitates handwritten text.

Dazzle Term used to describe the sparkling visual effect created by type with extreme stroke contrast when set in large text areas.

Descender Downward vertical stroke of a character, falling below the baseline, as in g, j, and p.

Descender depth A point slightly above the base of the body size of a typeface.

Didone Late eighteenth-century type classification that has nonbracketed hairline serifs (also called Modern).

Differential spacing The space each character of type occupies. Varies between characters unless the font is monospaced. *See also Monospaced.*

Dingbat/Wingding A nonalphanumeric symbol.

Diphthong A single glyph formed from two vowel characters, such as Æ or œ.

Display type Larger type, usually above 14 pt, used for headings and subheadings.

Dots per inch (DPI) An expression of resolution; the number of dots across (and down) a linear inch that is used to record or display an image.

Drop cap A large capital at the start of a paragraph, hanging from the top of the first-line cap height.

Drop shadow (typographic) A copy of a type composition placed in an offset position behind the original to create a three-dimensional shadow effect.

Ear A small projecting stroke seen on a character, such as the r or the serifed g.

Egyptian A wide, slab-serif typeface.

Em Unit of width equal to the body height of type. As the size of the typeface changes, the em value changes correspondingly. Therefore a 12 pt type em is 12 pts wide, a 7 pt type em is 7 pts wide, and so on.

English Roundhand Scripts imitating handwriting, usually with well-defined thick and thin strokes.

EPS (Encapsulated PostScript) A file format that is capable of containing vector information. *See also Vector.*

Expanded (extended) type A deliberately expanded typeface.

Expert set A font with an extended range of characters such as non-aligning (Old Style) numerals, small caps, fractions, and other symbols.

Eye The small enclosed counter shape seen in the letter e.

Face Short for "typeface."

Family Related variations of weight, width, and style in a single typeface design concept.

Fat face Used to describe unusually bold typefaces.

Figures Numerals/numbers.

Finial *see Terminal*

Fixed-size font (bitmap font) A font file containing precise information for displaying characters at a single size only for optimum viewing.

Fixed word spacing Equal spacing between words. Only achievable with unjustified text setting.

Fleuron A decorative (often flowerlike) typographic ornament often used at the beginning and end of a paragraph.

Font/fount A complete collection of alphanumeric characters, symbols, punctuation, and the accompanying font metrics. The term is often used (but not accurately) to describe a typeface. Some typeface designs can be made up from several fonts.

Fractur A blackletter typeface first used in the late fifteenth century.

Garalde Classification of the group of typefaces with strong calligraphic (pen-like) influences. *See also Old Face.*

Glyph Generic term for the shape of a character, accent, or graphic icon.

Grotesque Type classification for sans serif faces.

H & J Hyphenation and Justification. Used as a single term, as their behaviors are often interlinked.

Hanging cap *See Drop cap.*

Hanging indent Where the first lines of a paragraph start at a point to the left of the main alignment. Sometimes referred to as a reverse indent.

Hanging punctuation Punctuation placed, for aesthetic reasons, marginally outside the perceived column width.

Horizontal scaling The modification of a typeface by altering the relationship of the width to the height.

House style A uniform style of typography and system of layout rules adopted by businesses and other organizations.

Humanist Classification of the group of typefaces based on the proportions of the Roman capital and the minuscule letterform.

Indent A white space at the beginning of the first line of a paragraph.

Inferior character A small character placed below the baseline, as in CO_2, or to cross-reference a footnote. *See also Subscript.*

Italic A sloping, script-like version of an upright or Roman typeface, frequently specially designed and incorporating highly individual letters. A true italic is not to be confused with a "sloped Roman." *See also Sloped Roman.*

Jaggies The visible stepping of pixels seen in low-resolution graphics.

Junction Where the end of one stroke of a letter meets the length of another, as in K and R.

Justification The arrangement of words and spaces in a paragraph to create lines of equal length.

Kerning The adjustment of letter spacing between a pair of letters. Kerning values are relative (as they are for tracking) and are expressed as plus or minus 1/500 or 1/1000 of a body-size em, depending on the application used. *See also Tracking.*

Latin Used to describe the Western-style characters used in most European languages.

Leading Describes the additional space inserted between lines of type. Its value also includes the type size. Therefore, leading is the distance from one baseline to the preceding baseline.

Leg The right-hand, downward letter stroke found on K and R. *See also Tail.*

Legibility In typographic terms, legibility refers strictly to whether individual letterforms can be easily distinguished from each other—which may or may not necessarily contribute to readability. *See also Readability.*

Letter spacing The introduction of extra or reduced space between letters (especially in display type) to achieve optical harmony.

Ligature A composite character created by typeface designers for aesthetic reasons. Ligatures are usually used for commonly occurring pairs of letters such as fi and fl.

Light face A lightweight typeface with particularly thin strokes.

Lineale Classification of the group of typefaces without serifs (sans serif). *See also Sans serif.*

Link The connecting stroke in a character, as seen in a two-story g.

Loop The enclosed bowl of a lowercase g that falls below the baseline.

Lowercase Small characters whose forms were originally derived from handwritten minuscules. *See also Minuscule.*

Measure Term used to describe the width of a column of text.

Metrics Values and units held in a font file for controlling the accurate spacing of type.

Minuscule A hand-drawn letter dating back to the seventh and ninth centuries from which modern-day lowercase letters are derived.

Modern Face Classification of the group of typefaces with contrasting characteristics, showing less reference to handwritten letterforms.

Monoline A typeface in which all strokes are of an even width.

Monospaced A typeface in which all letters occupy the same amount of space, such as those produced by manual typewriters.

Negative leading The ability to place type on baselines that are spaced at a distance smaller than the type size. Formerly impossible to do with physical metal type.

Non-aligning numerals These numbers align above and below the baseline. Regular numerals all align on the baseline. *See also Old Style numerals.*

Noncursive Term referring to non-linked letterforms.

Oblique An italic style that is the same as the upright/Roman version in all respects other than its slope. *See also Sloped Roman.*

OCR Optical Character Recognition. Typefaces originally designed to make text scanning easy. OCR typefaces have remained as a design style in their own right.

Old Face *see Garalde*

Old Style numerals *see Non-aligning numerals*

OpenType Cross-platform font format allowing TrueType and Type 1 fonts to be enclosed in one "wrapper" and offering the possibility of a much larger character set. *See also TrueType fonts and Type 1 fonts.*

Orphan A single word sitting in the last line of a paragraph (especially bad at the top of a column) or the first line of a new paragraph sitting at the base of a column. *See also Widow.*

Outline font A font that contains the vector-based description of a set of character outlines.

Overshoot The small amount by which the upper and lower curves of letters exceed the top and bottom of the x-height. This is done to optically maintain their perceived size.

Pi character Special characters that are not included in a normal character set, such as mathematical signs, reference marks, and other symbols.

Pica A standard Anglo-American typographic unit which has a width of 12 points.

Pixel The smallest unit of a digital image and the smallest unit on a display device such as a monitor.

Pixelation The apparent clumping of color into visible small squares due to insufficient image resolution. *See also Jaggies.*

Point An Anglo-American unit of typographic measurement equal to 0.03837 in or 0.351 mm. There are 72.27 points to the inch. This has been rounded down on the Apple Mac operating system to coincide with the display resolution of exactly 72 pixels to the inch.

PostScript Adobe's patented page description language that enables vectored or outline information to be rasterized efficiently.

PostScript font A font that contains outline information in a separate file, as in all Type 1 fonts. *See also Type 1 fonts.*

Printer font An outline font that is specifically designed to provide adequate information for good-quality printing.

Proportional spacing *see Differential spacing*

Raised cap To create emphasis, the first character of an article or paragraph is larger than the following text but sits on the same baseline.

Raster (rasterization) The conversion of outline or vector information to a grid of dots (a bitmap).

Readability The extent to which the layout, spacing, and typeface make for comfortable, sustained reading.

River Name given to ragged white spaces running downward through lines of continuous text.

Roman Regular upright style of typeface or character.

Running text Long sections of continuous body text.

Sans serif A typeface without serifs.

Screen font A bitmap font with only sufficient information to display text on screen.

Semibold A typeface heavier than Medium but less heavy than Bold.

Serif The small finishing stroke on serifed letterforms. Serifs can be bracketed, slab, fine, heavy, horizontal, or oblique.

Side bearing The amount of space on either side of a character or glyph.

Sloped Roman A simulated italic. *See also Oblique.*

Small caps Letterforms in the shape of capitals but with the approximate height of lowercase letters.

Spine The main curved stroke of the S.

Spur The small projection at the base of the stem of some capital Gs.

Stem The main vertical stroke of a letter.

Stress The vertical or angled direction of a character's form.

Stroke A line that forms part of a letter.

Style Refers to Plain, Bold, Italic, and other variations of the same typeface. *See also Family.*

Subscript characters A character or characters set below the baseline by a specified amount.

Suitcase The name of the folder containing a family of fonts. Also, a font-management application.

Superior characters A character that is made smaller and placed in such a way that it lines up with the cap height—e.g., 20º (20 degrees).

Superscript characters A selected character or characters raised above the baseline by a specified amount.

Swash An exaggerated flourish that is part of the design of some letterforms, usually capitals for use with italic alphabets.

Swell The thickening of a curved character stroke.

Symbol A graphic character that is neither alphanumeric nor punctuation. *See also Pi character and Glyph.*

Tabular figures Fixed-spaced characters (unkerned) used for accounting work.

Tail The lower downward-sweeping stroke of a character, as in R, K, and Q. *See also Leg.*

Terminal The end of a letter stroke.

Thicks and Thins The relative widths of strokes that make a letterform.

Tight Colloquialism to denote significant negative tracking. Sometimes called a "miser."

Titling A capitals-only typeface with no descenders.

Tracking The amount of space between characters, as applied to a range of characters—as distinct from kerning, which only applies to the space between two individual characters. *See also Kerning.*

Transitional The group of typefaces that combine the characteristics of Old Style types and Modern types.

TrueType fonts These consist of a single file, also called a suitcase. All the information for a limited number of styles—such as Italic, Bold, and Bold Italic—is held in this one file.

Tuscan Letterforms richly decorated with serifs, curls, and projections.

Type 1 fonts These fonts require multiple files. The first file, called a suitcase, tells applications that the font is loaded. Additional files are needed for each style that is included.

Typeface The designed (aesthetic) appearance of a character set or font.

Typesetting The process of assembling type to form running text, together with any associated display type.

Typography The art of designing with the medium of type and letterforms.

Uppercase Capital letters.

U/LC An abbreviation that denotes a combination of uppercase and lowercase letters.

Uncial A majuscule script used by Latin and Greek scribes during the third to the eighth centuries C.E.

Unicode An international standard for describing a character set.

Units per em A unit of measure based on the division of the em. There are 1,000 units to the em. *See also Em.*

Unjustified Type that aligns on one edge only, with the opposite edge remaining ragged.

Vectors Straight or curved lines between two points, expressed as a mathematical formula.

Venetian A term sometimes used to describe the classification of Humanist or Old Face typefaces. *See also Humanist and Old Face.*

Vertical alignment Within a text box, column, or page, text may hang from the top, rise up from the base, be centered between top and bottom, or be leaded out to fit the space.

Weight The relative lightness or thickness of the stroke used in a typeface design.

Widow *see Orphan.*

x-height The distance between the baseline and the tops of the main body of the lowercase letters.

Resources

FURTHER READING

130 Alphabets and Other Signs
Ed. Julian Rothenstein and Mel Gooding,
Redstone Press 1991

ABZ More Alphabets and Other Signs
Ed. Julian Rothenstein and Mel Gooding,
Redstone Press 2003

An Introduction to the History of Printing Types
Geoffrey Dowding,
Oak Knoll Press with The British Library 1998

Anatomy of a Typeface Alexander S Lawson,
Godine 1990

From Gutenberg to OpenType Robin Dodd,
Hartley and Marks 2006

Letters of Credit Walter Tracy, *Godine 2003*

Making Digital Type Look Good Bob Gordon,
Watson Guptill 2001

**Rookledge's International Handbook
of Type-designers**
Ron Eason and Sarah Rookledge, *Moyer Bell 1993*

Wim Crouwel Alphabets
BIS Publishers 2003

USEFUL WEBSITES

www.1001freefonts.com
Online font shop, offering free and pay-to-download fonts as well as links to other font resources

www.alphabetandletter.com
Historical overview of alphabets from across the world

www.creativepro.com/article/dot-font-not-your-usual-type
Great source for creatives, with details of well-designed typefaces

www.dafont.com
Huge selection of free fonts and links to other resources

www.designtalkboard.com/glossary
Reference guide and resource for anyone wishing to check up on unfamiliar typographical terms

desktoppub.about.com
Front page of a resource with numerous articles on many aspects of desktop publishing, including typography

fontforge.sourceforge.net
Source for FontForge, a free font-editing program to create your own fonts, edit existing ones, or convert from one format to another

www.freetype.org/patents.html
Offers FreeType, a free font engine for type rasterization

home.kabelfoon.nl/~slam/fonts/fonts.html
Source for a number of freeware OpenType fonts

home.kabelfoon.nl/~slam/fonts/truetypeviewer.html
Source for TrueTypeViewer, a free program that shows any TrueType font and is also used to debug TrueType instructions and view OpenType layout features

www.identifont.com
Independent directory of typefaces with information and contact details of font publishers and vendors and a find-a-font function

www.microsoft.com/typography/default.mspx
Section of Microsoft site devoted to research and development of fonts and font technologies—a great resource for information on digital font use for Windows

www.fonts.com
Online store from Monotype Imaging offers font products for you to preview, purchase, and download

www.myfonts.com
Online source for finding, sampling and buying fonts.

www.paratype.com/store
Develops computer fonts, offering services including font smithing and personalized typefaces

tpgbuenosaires.tipografica.com/introduction.html
Organizes and publicizes workshops, lectures, and other forums aimed at design and type professionals

www.typophile.com
Wide range of discussion forums and information for typographers and designers

wvdg.westvalley.edu/wvdg-tipstricks/lexicon.html
A great resource of typographical terms, part of a site aimed at graphic designers

DIGITAL FOUNDRIES

Monotype Imaging Inc. (Corporate)
500 Unicorn Park Drive, Woburn, MA 01801
Tel: (781) 970-6000 / Fax:(781) 970-6001
Toll Free: (800) 424-8973, prompt 2
www.monotypeimaging.com

Monotype Imaging Ltd.
Unit 2, Perrywood Business Park, Salfords, Redhill, Surrey
RH1 5DZ, U.K.
Tel: +44 (0)1737 765959/ Fax: (0)1737 769243
www.monotypefonts.com

Linotype GmbH
Werner-Reimers-Straße 2-4,
D-61352 Bad Homburg, Germany
Tel: +49 (0) 6172 484-418 / Fax: +49 (0) 6172 484-429
www.linotype.com

2Rebels www.2rebels.com
3ip Three Islands Press www.3ip.com
Adobe www.adobe.com
Altemus Creative www.altemus.com
Altered Ego www.alteredegofonts.com
Apple Computer Inc www.apple.com
Archive Type www.archivetype.com
Bauer Types www.ftbauer.com
Berthold www.bertholdtypes.com
Bitstream www.bitstream.com
Bluhead Studio www.bluheadstudio.com
Carter & Cone www.carterandcone.com
Canada Type www.canadatype.com
CastleType www.castletype.com
Chank www.chank.com
Clubtype www.clubtype.co.uk
Device Fonts www.devicefonts.co.uk
DSType www.dstype.com
Elemeno www.alexandergrecian.com
Elsner+Flake www.elsner-flake.com
Émigré Graphics www.emigre.com
The Enschedé Font Foundry www.teff.nl
E-phemera www.ahleman.com
Font Bureau www.fontbureau.com
Font Company www.fontfactory.com
FontFont www.fontfont.com
FontHaus/TypeCulture www.fonthaus.com
Fonthead www.fonthead.com
FontShop International www.fontshop.com
Fontsmith www.fontsmith.com
The Foundry www.foundrytypes.co.uk
Fountain www.fountain.nu
Fundicion Tipografia Neufville www.neufville.com
G-type www.type.co.uk
Galapagos Design Group www.galapagosdesign.com
GarageFonts www.garagefonts.com
Gerald Gallo www.graphicsbygallo.com
Hoefler & Frere-Jones www.typography.com
Holland Fonts www.hollandfonts.com

House Industries www.houseind.com
Iconian Fonts www.iconian.com
Image Club www.imageclub.com
Ingrimayne Type ingrimayne.com
Insigne www.insignedesign.com
Intellecta Design www.intellectadesign.com
ITC www.itcfonts.com
Jeremy Tankard Typography www.typography.net
Lanston Type Company www.p22.com/lanston
Larabie Fonts www.larabiefonts.com
Letterhead Fonts www.letterheadfonts.com
LetterPerfect www.letterspace.com
LucasFonts www.lucasfonts.com
MADType www.madtype.net
Mark Simonson www.marksimonson.com
Melissa Lapadula web.aanet.com.au/mlapadula
Microsoft Typography www.microsoft.com/typography
Minifonts minifonts.com
MVB Fonts www.mvbfonts.com
Nick's Fonts www.nicksfonts.com
Neutura neutura.org
Omnibus Typografi www.omnibus.se
OurType www.ourtype.be
Outside the Line www.outside-the-line.com
Page Studio Graphics www.vershen.com
ParaType www.paratype.com
Patricia Lillie www.patricialillie.com
Pizzadude www.pizzadude.dk
Primetype www.primetype.com
ProcessTypeFoundry www.processtypefoundry.com
Profonts www.profonts.com
Prototype Experimental www.prototypefonts.com
Red Rooster Collection www.roostertypes.com
Sam Wang www.fontspace.com/sam-wang/harrington
Scangraphic Prepress Technology www.scangraphic-fonts.com
Scholtz Fonts www.design-africa.com
Scriptorium www.fontcraft.com
ShinnType shinntype.com
Sparky Type www.sparkytype.com
Storm Type Foundry www.stormtype.com
Thirstype vllg.com/Thirstype/
TrueBlue www.myfonts.com/foundry/trueblue
TypeArt www.typeart.com
Typography www.typography.com
Typotheque www.typotheque.com
Umbrella Type www.veer.com/products/vendor.aspx?vendor=umt
Underware www.underware.nl
URW www.urwpp.de
Wiescher Design www.wiescher-design.de

Font Index

Aachen™ 282
Abadi® 184
EF Abetka™ 338
URW Accent 338
Ad Lib™ 398
Adagio 338
Adesso 184
Adobe Caslon®
  Ornaments 438
ITC Aftershock™ 458
Agency Gothic CT 185
Agenda 186
Agrafie™ 458
DF Ainsdale 186
ITC Airstream™ 339
Akzidenz-Grotesk® 187, 205
Linotype Albafire™ 458
FS Albert 188
Albertus® 14
FF Alega™ 189
Algerian™ 398
Alinea 14
Alisal™ 14
Alleycat™ 282
Almanac Pi
Altemus Sports 448
Alternate Gothic EF™ 189
Amadeo™ 339
Amasis™ 15
Amber 340
American Scribe™ 346
ITC American Typewriter™
  283, 307
Americana® 15
Amore 340
Amplitude™ 190
FF Angie® 16
FF Angkoon™ 17
ITC Angryhog™ 459
Anlinear™ 459
ITC Anna™ 399
Antique Olive™ 190, 204
Aquiline® 341
Linotype Araby Rafique™ 459
EF Aranea™ 341
Arcade Classic 418
Archive Tilt 399
ITC Arecibo™ 460
Arepo™ 18
Arial® 191, 232
ITC Arid™ 341
Aristocrat™ 342
Armada® 191
Arnhem 18
Arnold Böcklin™ 399
ITC Arnova™ 342
Linotype Aroma™ 192
Arriba™ 342

Arriba Arriba 460
Arrus BT™ 18
Arta™ 192
Artcraft 19
EF Artemisia™ (script) 343
Artemisia NF (fun) 460
LTC Artscript™ 343
Ashley Inline™ 422
ITC Aspera™ 343
ITC Astro™ Black 461
FF Atma Serif™ 19
ITC Atmosphere™ 344
Linotype Auferstehung™ 461
Augusta™ 344
Linotype Authentic™ Sans
  192
Authentic Stencil 422
Auto 3™ 193
EF Autograph™ 344
Avalon® 345
ITC Avant Garde® 194–5
Avenir® 424
FF Bagel™ 345
ITC Bailey Sans™ 196
Ballantines Script EF™ 345
ITC Ballerino™ 346
Balloon SB™ 346
Balmoral™ 347
Balzano™ 347
Bandalero™ 461
Bang™ 462
Bank Gothic™ 284
Bank Script 347
Barbedor™ 20
ITC Barcelona™ 20
Base Nine & Twelve™ 196
Basilia® 20
Monotype Baskerville™ 21
Bauer Bodoni™ 22
Bauhaus® 197
Baxter 24
Beaufort™ 24
ITC Beesknees™ 400
Bell™ 24
Bell Centennial™ 197
Bell Gothic™ 198
Bella 348
ITC Belter™ Mega Outline 433
Belucian® 25
Beluga™ 462
Belwe™ 25
Bembo® 26
ITC Benguiat Gothic™ 198–9
Benton Sans® 199
ITC Berkeley Old Style™ 27
Berlin Sans® 200
Berling™ 27
Bermuda LP™ 462

Bernhard Bold
  Condensed™ 284
Bernhard
  Schoenschrift EF 348
Bernhard Tango™ 349
ITC Berranger Hand™ 349
Berthold Englische
  Schreibschrift™ BQ 349
Bertram™ 463
ITC Bette™ 350
Bible Script™ 350
Biblon™ 28
Bickham Script™ 350
Bickley™ 351
Biffo™ 351
Bigband Terrazzo™ 463
Birka™ 28
Black Boton™ 400
Blackadder™ 351
Blackcurrant Cameo 463
Blackmoor™ 400
Blackoak™ 285
Bliss 200–1
Blizzard 352
Block BE™ 201
Blushbutter Fairy Floss™ 482
Boberia™ 28
Bodega Sans® 202
Bodoni Brush™ 352
Bodoni Poster™ 285
Bonita™ 401
Boogie™ 464
ITC Bookman® 29
Bordeaux Script™ 352
BottleKaps 286, 307
ITC Bottleneck™ 40, 408
ITC Bradley Hand™ 353
ITC Braganza™ 353
Braggadocio® 401, 408
Breeze™ 464
Bremen™ 286
Breughel® 30
Linotype Brewery™ 202
Briem Akademi 203
Brioso™ 30
Britannic 203
Broadway™ 402
Bruno™ 353
Brush Script™ 355
ITC Buckeroo™ 402
Buffalo Gal™ 287
Bulmer® 31
Buzzer Three™ 464
Cabarga Cursiva™ 465
Cactus Sandwich FM 483
PMN Caecilia® 31
Caflisch Script Pro™ 355
Calcite™ Pro 287

ITC Cali™ 355
Calibri® 203
Californian FB® 32
Calisto® 32
DF Calligraphic
  Ornaments™ 439
Calligraphica™ 356
Calvert™ 288
Campaign™ 402
Cancellaresca Script™ 356
Candida® 32
Candybits™ 483
Cantoria® 33
ITC Caribbean™ 403
Carlin Script™ 357
Carmine Tango™ 357
Carre Noir™ 33
Cartier™ 33
Carumba™ 358
Casablanca 206
Cascade Script® 358
Case Study No 1™ 206
Caslon™ 34
Caslon Open Face 288
Castellar® 289
Castle 206
Cataneo BT™ 358
Caxton™ 36
FF Celeste® 36
FF Cellini® 37
Centaur® 37
Linotype Centennial® 38
Central Station™ 38
ITC Century® 39
Century Gothic™ 207, 271
ITC Cerigo™ 40
P22 Cezanne 359
Chalet 207
Channel 4 208
Chaparral Pro™ 40–1
Charlemagne™ 289
Charlotte™ 41
Charlotte Sans™ 209
Charter™ 424
ITC Cheltenham® 42
Cheq™ 449
FF Chernobyl 289, 322
Chevalier™ 290
Chianti BT™ 209
Chicago 425
FF Child's Play® 359
Chiller™ 465
Linotype Chineze™ 359
Chipper™ 465
ITC Chivalry™ 360
Cholla™ Sans 210
Christmas Ornaments™ 438
ITC Christoph's Quill™ 360

Chromium One® 403
Chucklehead 484
Cicero™ 43
Cimiez 211
ITC Cinderella™ 466
City® 43
FF City Street Type 211
Civilité MJ™ 360
Claire News™ 43
Clairvaux™ 361
Clarendon® 44
CG Claridge™ 45
Clascon™ 466
Classic Roman™ 45
Classica™ 45
ITC Clearface® 46
Clearface Gothic MT 211
ClickBits 449
FF Clifford™ 46
Cloister™ 46
ITC Clover™ 361
Cobra Regular 290, 322
Cochin™ 47
Cold Mountain 361
Colmcille® 290
Colonna® 291
Columbus® 47
Column 48
Comix 362
Commerce Gothic™ 291
Commercial Script™ 362
Compacta™ 291
Linotype Compendio™ 466
FF Confidential™ 292
Conga Brava™ Stencil 433
Constantia® 425
Contacta™ 292
Conundrum 403
Cool Wool™ 467
ITC Coolman™ 362
Cooper BT™ 48
Cooper Black™ 292, 322
Coptek™ 363
Coquette™ 363
Corbel® 425
Coriander™ 467
Corporate A 49
Corvalis 50
Cottingley 363
Cottonwood™ 293
Coupe 212
Courier 426
ITC Coventry™ 467
Crane 50
Craw Modern 50
Cresci 51
Crillee™ 293
Criterion 51
Cronos™ Pro 213
Cult™ 364
ITC CuppaJoe™ 293
Curlz™ 468
ITC Cushing™ 51
Custodia 52
ITC Cyberkugel™ 364
Daly Set 364

P22 Da Vinci™ 365
Dancebats™ 450
Dancin™ 468
Danmark 52
Dante® 52
FF Danubia™ 53
Data 70™ 404
FF Dax® 213
Debonair Inline NF 434
Décor 365
ITC Deelirious™ 365
Deepdene™ 53
Delicato 54
Delima™ 54
Delphin® 54
Demian™ 366
Democratica 55
Demos® 55
Deviant Strain™ 294
Devin™ 55
Diablo™ 294
Diamante EF™ 214
Linotype Didot™ 56
Dieselis 214
Digitek™ 294
FF DIN™ 215
ITC Dinitials™ Positive 468
Dinky Dinks 450
Diotima® 56
FF District™ 215
DF Diversions™ 451
Dolly™ 57
Dorchester Script™ 366
Dorothea 57
Linotype Downtown™ 469
Dragon EF™ 57
Dreamland™ 404
Linotype Dropink™ 366
ITC Drycut™ 404
Dublon 469
Duc de Berry™ 367
FF DuChirico™ 367
ITC Dyadis™ 58
FF Dynamoe™ 295
ITC Eastwood™ 295
Eclectic Pixel Web™ 451
Economist, The 58
Ed Roman 296
Edition 295
Edito 59
Edwardian Medium™ 59
ITC Edwardian Script™ 354,
367
Linotype Ego™ 368
Egyptian™ 505 296
Egyptienne F™ 59
Ehrhardt® 60
ITC Elan® 60
Eldorado® 61
Electra® 61
Elegante 62
EF Elf™ 368
Linotype Elisa™ 368
Ellington® 62
ITC Ellipse™ 216
Elmhurst® 62

Else NPL™ 63
EF Elysa 63
Elysium™ 64
Emona™ 64
Empire™ 296
Engravers™ 297
Engravers™ Old English 369
Enigma 65
Epokha™ 297
ITC Eras® 216
P22 Escher™ 297
Escript™ 369
Esperanto™ 66
ITC Esprit® 66
Esquisse 67
EstaPro 67
FF Eureka® 68
FF Eureka Mono® 216
FF Eureka Sans® 217
Eurostile® 217
Ex Ponto® 369
EF Excalibur™ 69
Exemplar 218
Expectation™ 370
DF Expressions™ 484–5
FF Fago™ 219
Fairbank™ 69
Fairfield® 69
Faithful Fly™ 469
Fakir™ 470
FF Falafel™ 370
Falstaff™ 405
Farnham™ 70
Fat Face 406
Fedra Sans 219
Fedra Serif 70
Feggolite Mono 418
Felix™ 71
Linotype Felt Pen™ 370
Felt Tip Roman™ 371
ITC Fenice® 71
Festival™ Titling 406
FetteFraktur™ 406
Figaro® 298
Figural™ 71
Fineliner™ 371
Flash™ 371
Flight™ 372
Fling™ 354, 372
Flood™ 372
Floral Ornaments 440
Florentine Script™ II 373
Floridian™ Script 373
Fluidum Bold 373
Folio® 205, 220
FF Fontesque™ 374, 388
Footlight® 72
EF Forlane™ 72
LTC Forum™ 73
Foundry Form Sans 220
Foundry Sterling 205, 221
Fournier™ 73
Framealot Filled 440
Frances™ Uncial 298
Frankfurter™ 407, 408
Franklin Gothic™ 221, 270

ITC Freddo™ 470
ITC Freemouse™ 374
Fresco 73
Fresco Informal Sans 222
Fresco Script Sans 375, 388
ITC Friz Quadrata™ 74
Fruitger Stones™ 470
Frutiger® 223
Frutiger Serif® 74
Futura® 224–5, 226–7
BD GalaQuadra 298
Galena™ 74
Galliard® 75
ITC Gamma® 75
Gangly™ 299
Garage Gothic® 299
Garaline 75
ITC Garamond™ 78–9, 128
Garth Graphic® 80
Gavotte™ 375
Gazette® 80
Georgia® 426
Giambattista 375
Giddyup™ 471
Gigi™ 471
Gill Facia MT 80
Gill Floriated Capitals MT 409
Gill Sans® 228–9
ITC Giovanni® 81
Girlfriend 299
EF Glaser Stencil™ 434
Gloucester™ 81
Glypha® 82
Golary Red® PTL 230
ITC Golden Cockerel™ 83
ITC Golden Type® 84
Goodchild® 84
Goodies™ 471
Gotham 205, 230, 270
MT Goudy™ 85
ITC Goudy Sans® 231
Grand Central® 300
Granjon® 86
Grantofte 86
Graphite® 376
Gravura™ 376
Greyton Script™ 376
ITC Grimshaw Hand™ 377
URW Grotesk 231
Grotesque MT® 233
Guardi® 86
Hadriano™ 87
Hamada™ 377
ITC Handel Gothic™ 233
Harlow™ 377
Harrington 300
Haverj 87
Hazel™ 378
ITC Hedera™ 378
Helix 434
Helvetica® Neue 234–5, 246–7
Heraldic Creatures 485
Hermes FB™ 236
Hightower® 87
Hiroshige™ 88
Hiroshige™ Sans 236

Hobo™ 409
Hoefler Text Engraved 300, 322
Hollander™ 88
Horley Old Style® 89
Horseradish 409
Humana™ Script 378
ITC Humana™ Serif 89
FF Hydra™ 236
Icone™ 90
Impact™ 295
Impakt™ 301, 332
URW Imperial 301
Imprint 88
Industria® 237
Industrial 736 90
Infinity 237
Inflex™ 91
FF Info Display® 232, 238
Insigne Abstractions™ 488
Insigne Splats™ 488
Insignia® 301
DF Inspirations™ 452
Intellecta Monograms 441
Interstate® 239, 270
Interstate Mono® 418
Ionic® 91
Iowan Old Style BT™ 91
Iridium® 92
Ironwood™ 302
Isabella 302
ITC Isadora® 379
ITC Isbell® 92
Isonorm™ 240
Italia™ 93
Italian Old Style™ 93
ITC Jamille® 94
Jan™ 472
Jandoni 240
Janson® 94
Jante Antiqua 95
ITC Japanese Garden Ornaments™ 442
Jazz™ 410
Adobe Jenson™ Pro 95
Jeunesse™ 95
Jeunesse™ Sans 240
Jeunesse™ Slab 96
Jiffy™ 379
ITC Jiggery Pokery™ 472
Joanna® 96
Jocelyn™ 241
ITC Johann Sparkling™ 379
John Handy™ 380
ITC Johnston™ 241
Jokerman™ 472
DF Journeys™ 486
ITC Juanita™ Lino 473
ITC Juice™ 302
Julia Script™ 354, 380
Juniper™ 303
LTC Kaatskill™ 96
Kabel® 241
Kallos™ 97
Kanban™ 473
Kandal™ 97

FF Karbid™ 242
Kartoon Kutz 4 NF 489
Katfish™ 380
Kendo 381
ITC Kendo™ 303
Kepler™ 98
Khaki™ 303
ITC Kick™ 381
ITC Kiddie Cocktails™ 473
Kidy Caps 474
EF Kiev 99
Kigali™ 304
Kino® 304
Kismet™ 474
Klang® 410
Klavika™ 242
Klee™ 474
Knockout 304
ITC Kokoa™ 475
ITC Korigan™ 305
ITC Korinna® 99
Kouros 243
Kuenstler Script® 381
Kulukundis™ 382
ITC Kumquat™ 305
Kuzanyan 100
La Bamba™ 475
Lacko 100
Lambada™ 475
Largo SB™ 100
Laricio 101
Lassigue D'Mato 382
Latienne EF™ 101
Latino™ Elongated 101
Laura™ 382
Laurentian™ 102
Lazurski 102
LCD™ 305
Leamington EF™ 102
ITC Leawood® 103
ITC Legacy® Serif 103
FF Legato 243
Leitura 306
ITC Lennox™ 243
Letter Gothic™ 204, 244
Linotype Lichtwerk™ 244
Lightnin™ 383
Lil Diddles 452
Lil Mug Shots Humanoids 489
Linex Sweet™ 103
ITC Lingo™ 476
Lingwood EF™ 104
Lino Cut™ 470
Linoletter™ 104
Literaturnaya 105
Lithos™ 245
Loire 105
Lomo™ 427
PTL Lore™ 306
Lubalin Graph® 106
Lucida® 107
Lucida Bright 107
Lucida Sans® 245
LuMarc™ 107
Lunatix™ 306

Lusta 308
Lyric Stencil NF 435
ITC Machine™ 308
Madame™ 410
Madisonian 383
FF Magda® 308
Magellan 108
Magna 108
ITC Magnifico™ 309
Mahsuri Sans 245
Maiandra 248
FF Maiola 108
Malibu™ 383
Manesca 384
PTL Manual Sans™ 248
Marathon™ 109
Marco Polo™ 109
Marguerita™ 384
Marigold™ 384
Mariposa™ 109
FF Marker™ 385
Mason™ 309
FF Masterpiece™ 476
Matisse® 310
TB Matrix 419
Matthia™ 385
PTL Maurea™ 248
FF Max Demi Serif 249
McKracken 477
ITC Medea™ 310
Mekanik™ 310
Melior® 110
Memo™ 110
Memphis® 111
ITC Mendoza® 112
Meno® 112
Mentor™ 112
Mentor™ Sans 249
Mercurius® 311
Meridien® 113
Mesquite™ 307, 311
FF Meta® 250–1
Mezz™ 311
MICR 419
Microgramma™ 250
Miller™ 113
Mini 7 428
Minion® 114
Minion® Pro 115
Minister™ 116
Miramar™ 116
Mirarae™ 116
Mistral® 385
Modern Twenty 312
Mojo™ 312
Mona Lisa® 312
Mondial Plus 251
Monkton 117
Monkton Ornaments 442
TX Monodular 419
Montage™ 477
Montara™ Bold Initials 435
Monteverdi 117
FF Moonbase Alpha™ 411
Moonglow™ 313
Mosquito™ Pro 252

Mostra™ 313
FF Motter Festival™ 313
ITC Motter Sparta™ 314
Mr Frisky & Uncle Stinky 477
Mrs Eaves™ 118
ITC Musica™ 386
Musketeer™ 119
Myriad™ 252
Namco 314
Naniara 253
Napoleone™ Slab 119
Nat Vignette™ One 443
Nat Vignette™ Two 444
Linotype Nautilus™ 253
Neo®Sans 253
Neotech™ 254
Neva 120
Nevada EF™ 120
New Aster™ 121
New Caledonia™ 121
ITC New Winchester™ 121
ITC New Baskerville® 122
News Gothic™ 254
Newtext™ 123
FF Nexus Serif™ 123
FF Nexus Typewriter™ 420
Nicholas™ 123
EF Nikis 124
Nimrod® 124
Nobel® 255
Nordik 124
Norma™ 255
ITC Novarese™ 314
Nuptial Script™ 386
Nyx™ 315
ITC Obelisk™ 125
Ocean Sans® 255
OCR A Tribute™ 256
OCR-A™ 420
Octava™ 125
Octavian™ 125
ITC Officina® Sans 256
ITC Officina® Serif 126
URW Oklahoma 315
Old Claude 126
Monotype Old Style™ 127
ITC Oldbook™ 127
ITC Oldrichium™ 129
Olympian® 130
Omnibus™ 130
FF Oneleigh™ 130
Onyx™ 315
Optima® 257
EF Optiscript 386
Oranda BT™ 131
Orange™ 316
ITC Orbon™ 258
Origami™ 131
Original Script™ 387
ITC Outpost™ 316
Oxalis™ 258
Pablo™ 3871
FF Page Serif™ 132
Palace Script™ 387
Palatino® 133
Palazzo Caps 134

EF Panther™ 134
Parade 389
Paradigm 134
Parisian™ 316
Park Avenue® 389
Parkinson® 135
Parry OT 135
Party™ 478
Party Doodles 490
Linotype Party Time™ 478
Pasquale™ 135
Pastonchi™ 136
Pax™ 136
Penumbra Half Serif™ 317
Penumbra Sans™ 317
Pepita® 389
Percival 136
Perpetua® 137
Perrywood™ 138
ITC Peter's Miro™ 478
EF Petras Script™ 390
Phaistos® 139
Photina® 139
Pike 318
Pilgrim® 139
Pink™ 318
Pixelville 490
Placard® 259
Plantin® 140–1
Plastik 259
Platelet™ 421
Playbill™ 318, 332
Plaza™ 319
Pockotype 142
Poetica™ 390
Pompei™ 142
Pontif™ 142
ITC Portago™ 319
ITC Posterboy™ 411
Postino™ 319
Preface™ 260
Premier™ Shaded 320
Prensa® 143
Present® 390
Princetown™ 320
Pritchard™ 320
FF Profile® 260
Proforma® 143
FF Providence® Roman 391
Pump™ 321
FF Quadraat® 144
Quartz 321
ITC Quay Sans® 261
Quill™ 391
Quirkies 491
ITC Quorum® 321
Raleigh™ 144
ITC Redonda™ 391
Regatta Condensed™ 323
Relatives 491
Reliq™ 323
FF Reminga™ 145
ITC Rennie Mackintosh™ 324
ITC Resavska™ 145
Retro™ 324
Revival 261

Revue™ 324
ITC Riptide™ 386
Riviera Script™ 392
Road Trip 325
Robotik™ 325
Rockwell® 128, 146
FF Roice™ 261
Romana™ 147
Rosewood™ 408, 411
ITC Roswell™ 262
Rotis® 147
Rotis® Sans Serif 262
Linotype Rowena™ 148
Rubber Stamp™ 412
Runa Serif™ 148
Rusticana™ 325
Rustika™ 148
Sabon® 128, 149
Sackers™ Roman 326
Salto™ 392
SamSans® 262
Sansa Professional 263
Sassafras™ 326
Sassoon® Book 149
Sassoon® Sans 263
Sava™ Pro 150
FF Scala® 128, 150
FF Scala Sans® 264
Scenario 151
Scotch Roman™ 151
ITC Scratch™ 479
Scripps College
    Old Style™ 152
Scriptek™ 412
Scriptissimo 393
Secret Service
    Typewriter™ 421
Selune 152
Semaphore 453
Semper™ 152
FF Seria Sans® 265
ITC Serif Gothic® 153
Serifa® 154
Serlio™ 326
Serpentine™ 327
Shatter™ 327
Shelley® 393
Shuriken Boy™ 412
FF Signa™ 232, 265
FF Signa Serif 155
Signature 155
Silkscreen 428
Simplex TR 327, 332
Sinaloa™ 413
ITC Slimbach® 156
Slipstream™ 413
Sloop® 354, 393
Smack™ 394
Smith Premier NF 421
ITC Snap® 479
Snell Roundhand® 394
Soho™ 156
EF Solaris™ 266
ITC Souvenir® 157
Spartan® 266
Spectrum™ 157

Spira® 157
ITC Spooky™ 328
Sports™ Four 492
Sports™ One 492
Stainless® 266
Stellar 267
Stempel Schneidler™ 158
Stencil™ Bold 435
ITC Stepp™ 158
ITC Stenberg™ 328
Stockholm™ 159
ITC Stoclet™ 328
ITC Stone® Sans 429
ITC Stone® Serif 159
FF Strada™ 267
Strayhorn™ 267
Streamline® 394
Sun 232, 268
Superchunk™ 492
Superstar™ 329
ITC Surfboard™ 413
Svetlana 160
Swift™ 160
Symbol 160
ITC Symbol® 161
ITC Syndor™ 161
Syntax® 268
Syrup 329, 332
ITC Tactile™ 162
FF Tarquinius™ 162
Tasse® 269
Template Gothic® 329
Tempo® 269
PTL Tephe™ 414
Linotype Tetria™ 269
TheAntiqua 163
TheMix 272
TheSans 273
Throhand™ 164
Thunderbird™ 330
FF Tibere™ 164
Tiemann™ 165
Tiepolo™ 165
Tiffany™ 128, 165
Times New Roman® 166
Today Sans Serif B EF™ 274
Tombstone 330
Tomoli 492
Tomoli 2 493
Trade Gothic™ 274
Trajan™ 167
Linotype Trajanus™ 167
FF Transit™ 274
Transport™ 275
Tree Assortment 453
ITC Tremor™ 479
Tresillian™ Roman 168
Trieste EF™ 168
Trixie FF® 330
Truesdell 169
Trump Mediäval® 169
Twentieth Century Poster™
    414
ITC Tyfa™ 170
ITC Tyke™ 170
Umbra® 415

Uncial™ 331
FF Unit™ 275
Univers® 270, 271, 276–7
ITC Usherwood® 171
Usuzi 331
Utopia™ 171
VAG Rounded™ 270, 278
Van Dijck™ 172
Variable 278
ITC Veljovic® 172
Vendome™ 173
Verdana® 429
Veritas™ 173
Verona SB™ 173
Versa 174
Versailles™ 175
Verve™ 331
Victorian™ Titling
    Condensed 333
Village® 175
Viva™ 333
Vivaldi™ 395
Voila 493
Wade™ Sans Light 334
Walbaum™ 175
Wanted™ 334
Warnock Pro™ 176
Washington 278
LTC Water Garden
    Ornaments™ 445
Waterloo™ Bold 415
Waters Titling™ 334
Web-O-Mints GD™ 445
ITC Weidemann® 177
Weiss® 177
DF Wildlife™ 486
Wile™ Roman 178
Wilke™ 178
Willow™ 335
Winchester 178
Windsor™ 179
Wingdings® 454
ITC Woodland™ 279
Worcester 179
XBats 454
Xmas™ Essentials 455
Zanzibar 395
ITC Zapf Book® 179
Zapf Dingbats® 455
ITC Zapf International® 180
Zapf Renaissance EF™ 180
Zapfino® 388, 395
Zebrawood™ 415
Zingha® 180
ITC Zipper™ 335
Zrnic™ 335
PTL Zupra Sans™ 279

Acknowledgments

The publisher would particularly like to thank Monotype Imaging for supplying fonts from the company's foundries: Linotype, Monotype, and ITC for use in this book.

Monotype Imaging Ltd.
Unit 2, Perrywood Business Park,
Salfords, Redhill, Surrey RH1 5DZ, U.K.
Tel: +44 (0)1737 765959/ Fax: +44 (0)1737 769243
www.monotypefonts.com

Monotype Imaging Inc. (Corporate)
500 Unicorn Park Drive, Woburn, MA 01801
Tel: (781) 970-6000 / Fax:(781) 970-6001
Toll Free: (800) 424-8973, prompt 2
www.monotypeimaging.com

Linotype GmbH
Werner-Reimers-Straße 2-4,
D-61352 Bad Homburg, Germany
Tel: +49 (0) 6172 484-418 / Fax: +49 (0) 6172 484-429
www.linotype.com

The publisher would also like to thank the following individuals and organizations for their kind permission to reproduce the fonts in this book. Every effort has been made to acknowledge the fonts and their suppliers, however we apologize if there are any unintentional omissions.

2Rebels; Adobe; Alias; Altemus Creative; Altered Ego BA Graphics; Bitstream; Bluhead Studio; Blushbutter; BuroDestruct ;Canada Type; Chank; Club Type; Device Fonts; DSType; Elsner + Flake; Font Bureau; FontFont; Font Haus; Fontsmith; Fountain; Fundicion Tipografia Neufville; G-type; Hoefler & Frere-Jones; Holland Fonts; Ingrimayne Type; Insigne; Lanston Type Company; Larabie Fonts; Lucas; MADType; Mark Simonson; Mecanorma; Microsoft Typography/Ascender Corporation; Nick's Fonts; OurType; P22; Page Studio Graphics; Panache Graphics; Pizzadude; Présence Typography; Primetype; ProcessTypeFoundry; Prototype Experimental; Psy/Ops; T26; Thirstype; Typebox; Typotheque, Red Rooster Collection; ShinnType; Sparky Type; Spiece Graphics; StormType; SynFonts; Underware; URW

The publisher would also like to thank the following individuals and organizations for their kind permission to reproduce the images and artwork in this book. Every effort has been made to acknowledge the images, however we apologize if there are any unintentional omissions.

25ah; Ahonen & Lamberg; Dustin E. Arnold; // Avec Marc Belle; Beautiful Britain; Chris Beetles; Bigfish; Wayne Blades; Chris Bolton; C100 Studio; Abby Carson; Daniel Carter, MAKE: Magazine (makezine.com); Tommaso Catalucci, k12m; Chrissie Charlton & Company; Stephen Coles, Typographica; David Costa; Peter Crnokrak, Plusminus; Cuartopiso; Emil Dacanay; Graham Davis, Design Alternative; Grant Dickson, nothingdiluted; Paulus M. Dreibholz; Aliza Dzik Emmi; Xavier Encinas, peter&wendy; Matthias Ernstberger; Oded Ezer; Martin Fewell, Yolo; Gary Fogelson; Fontsmith Lazarus Fortuna; Dylan Fracareta; Sarah France; Lorenzo Geiger; Rebecca Gimenez; Christopher Gray; David Harrison; Pete Hellicar; Bernard Higton; Didier Hilhorst; James Hollywell; Homework; Eloisa Iturbe; Holly James; Philipp Koerber, Plasticbag; lemoustache!; Loz Ives, Because Studio; Roger Kennedy, Saatchi & Saatchi; Shaz Madani; Keith Martin; Kimberley Medeiros; Leo Mendes; Meta Design; Jan Middendorp, Lucasfonts; Forrest Mitchell; Mike Morey; Jason Munn, The Small Stakes; Camille Neilson; Julien Notter; Alan Osbahr; PHS (Purple Haze Studio); Plusminus; Nikita Prokhorov, npgraphicdesign; Roy Rub; Stefan Sagmeister; San Francisco Conservatory of Music; San Francisco Museum of Modern Art; Bryan Sanders; Tom Sanderson; Kosal Sen; Seripop; Tracey Shiffman; Jason Smith, Fontsmith; Sopp Collective (Kåre Martens); Kevin Summers; Thinkdust; Three Rooms; Kaloian Toshev; Geoff Truesdale; Unfolding Terrain; Povilas Utovka; Clovis Vallois; Sébastien Vigne; Clark Whitehead; Zion Graphics